PHONOLOGIE ET LINÉARITÉ

Collection «NUMÉROS SPÉCIAUX»
dirigée par Luc BOUQUIAUX et Jacqueline M. C. THOMAS.

Volumes parus :

1. Luc BOUQUIAUX et Jacqueline M. C. THOMAS (éds.). Enquête et description des langues à tradition orale. 1971. 1976 (2ème éd.). 3 volumes, 950 p.
   I. L'enquête de terrain et l'analyse grammaticale.
   II. Approche linguistique (questionnaires grammaticaux et phrases).
   III. Approche thématique (questionnaire technique et guides thématiques).
2. Denise FRANÇOIS. Français parlé. Analyse des unités phoniques et significatives d'un corpus recueilli dans la région parisienne. 1974. 2 volumes, 842 p.
3. Actes du Colloque International du C. N. R. S. Les langues sans tradition écrite : méthodes d'enquête et de description. Nice, 28 juin - 2 juillet 1971. 1975. 651 p.
4. Bernard Murray HAGGIS. La phonie du français chez les trilingues twi. 1975. 111 p. Carte.
5. Daniel CAZES. Epigrafia maya y lingüistica mayance. Bibliografia preliminar. 1976. 196 p.
6. V. G. GAK. L'orthographe du français. Essai de description théorique et pratique. 1976. 318 p.

* 7. Catherine FUCHS et Judith MILNER. A propos des relatives. Étude empirique des faits français, anglais et allemands, et tentative d'interprétation. 1979. 150 p.

8. Odette METTAS. La prononciation parisienne. Aspects phoniques d'un sociolecte parisien (du faubourg Saint-Germain à la Muette). 1979. 564 p. Sonagrammes.

* 9. Luc BOUQUIAUX, Larry M. HYMAN et Jan VOORHOEVE (éds.). L'expansion bantoue (Actes du Colloque International du C. N. R. S. Viviers, 4-16 avril 1977). 1980. 3 volumes, 848 p.

* 10. Bernard POTTIER (éd.). Les sciences du langage en France au XXe siècle. 1980. 824 p.

11. Jacqueline M. C. THOMAS et Anne BÉHAGHEL. La linguistique africaniste française (en France et en Afrique). Le point de la question en 1980. 1980. 85 p.
12. Marie-Thérèse MORLET. Les études d'onomastique en France de 1938 à 1970. 1981. 214 p.
13. André et Jeanne MARTINET. Dictionnaire de l'orthographe, Alfonic. 1980. 201 p.
14. Moshe STARETS. L'opposition duratif/ponctuel en français et en hébreu contemporains. 1982. 60 p.
15. Françoise SKODA. Le redoublement expressif : un universal linguistique. Analyse du procédé en grec ancien et en d'autres langues. **Prix Desrousseaux de l'Association des Études Grecques. Prix de Chenier de l'Académie des Inscriptions et Belles Lettres**. 1982. 270 p.
16. Franck ALVAREZ-PEREYRE. Qu'est-ce que parler ? Langue et société en Sarthe et en Mayenne. 1984. 206 p.
17. Jacqueline M. C. THOMAS (éd.). Linguistique, ethnologie, ethnolinguistique (la pratique de l'anthropologie aujourd'hui). 1985. 176 p.

SOCIÉTÉ D'ÉTUDES LINGUISTIQUES ET ANTHROPOLOGIQUES DE FRANCE

18

NUMÉRO SPÉCIAL

CAO XUAN HAO

PHONOLOGIE ET LINÉARITÉ

Réflexions critiques sur les postulats
de la phonologie contemporaine

SELAF

5, rue de Marseille –75010 PARIS

1985

ISSN: 0249-70-69

ISBN: 2-85297-172-0

Dépot légal: Avril 1985

RÉSUMÉS

Cao Xuan Hao, Phonologie et linéarité, Réflexions critiques sur les concepts et principes de base de la phonologie contemporaine.
1985, Paris, SELAF.

Le présent ouvrage voudrait contribuer à montrer au phonologue "ce qu'il fait" et à jeter les bases d'une phonologie vraiment structurale, fonctionnelle et non eurocentrique. En s'appuyant en particulier sur l'analyse des langues à tons et sur les résultats de la phonétique acoustique, on expose comment l'idée de la segmentation naturelle de la chaîne parlée en unités discrètes linéaires, idée suggérée par la structure phonologique propre aux langues européennes, imprègne l'appareil conceptuel de la phonologie classique comme ses techniques descriptives (la commutation ou la transcription, par exemple). On examine ensuite les tendances antisegmentalistes, inabouties, qui se sont manifestées notamment chez les linguistes orientalistes ou locuteurs de langues à tons. On formule, en conclusion, les postulats, restés souvent implicites, de la phonologie classique et l'on propose un ensemble de principes alternatifs qui pourraient être à la base d'une phonologie libérée de ses a-priori parce que conforme aux principes reconnus par la linguistique structurale depuis Saussure.

Cao Xuan Hao, Phonology and Linearity, Critical Reflections about the Basic Concepts and Principles of Contemporary Phonology.
1985, Paris, SELAF.

The purpose of this work is to make evident to the eyes of the phonologist, what he really does and to contribute to the foundation of a purely structural and functional, non eurocentric phonology. Basing especially on the analysis of tone languages and on the results of acustic phonetics, the autor showes how the representation of the natural division of the *chaîne parlée* into segmental, linear units, as suggested by the typical phonologic patterns of European languages, influences the whole apparatus of classical phonology and so its technical procedures (for example commutation test or A.P.I. transcription) . The unachevied anti-segmentalist trends, which appeared particularly among linguists working on (or speaking) tone languages, are then considered. In conclusion, the autor formules the often implicit postulates of classical phonology and propounds an alternative set of principles. They could be the new base of a non aprioristic phonology according to the Saussurean principles of structural linguistics.

Cao Xuan Hao, Phonologie und Linearität. Kritische Ueberlegungen zu den Konsepten und Basisprinzipien der zeitgenössischen Phonologie.
1985, Paris, SELAF.

Die vorliegende Arbeit möchte einerseits dazu beitragen, dem Phonologen zu zeigen, "was er tut", und andererseits die Fundamente zu einer wirklich strukuralistischen, funktionalistischen und nicht eurozentrierten Phonologie zu legen. Auf der Grundlage der Analyse der Tonsprachen und der Resultate der akustischen Phonetik wird dargelegt, wie die Vorstellung der natürlichen Segmentierung der Redekette in diskrete lineare Einheiten, wie sie von der Lautstruktur der europäischen Sprachen suggeriert wird, sowohl den konzeptuellen Apparat der klassischen Phonologie als auch ihre Techniken wie z.B. die Kommutation oder die Transkription prägt. In weiteren werden antisegmentalistiche, nicht zum Ziel gelangte Strömungen untersucht, die vor allem bei den Orientalisten und den Linguisten, die selbst Sprecher von Tonsprachen sind, manifest geworden sind. Abschliessend werden oft im Impliziten steckengebliebene, Postulate der Klassischen Phonologie formuliert und eine Anzahl alternativer Prinzipien vorgeschlagen. Diese könnten als Basis einer von ihrer Apriori befreiten Phonologie dienen, die mit den von der strukturellen Linguistik seit Saussure erkannten Prinzipien übereinstimmt.

Cao Xuan Hao, Fonología y linealidad, reflexiones críticas acerca de los conceptos y principios básicos de la fonología contemporánea.
1985, Paris, SELAF.

La présente obra quiere contribuir a demostrar al fonólogo "lo que está haciendo" y a echar los cimientos de una fonología realmente estructural, funcional y no eurocéntrica. Basándose especialmente en el análisis de las lenguas tonales y en los resultados de la fonética acústica, se expone cómo la idea de la segmentación natural de la cadena fónica en unidades discretas lineales — idea sugerida por la estructura fonológica propia de las lenguas europeas — impregna el instrumentario conceptual de la fonología clásica así como sus técnicas descriptivas (la conmutación o la transcripción, por ejemplo). A continuación se examinan las tendencias antisegmentalistas que, sin haber llegado a concolidarse, se han manifestado sobre todo entre los lingüistas orientalistas o hablantes de lenguas tonales. A modo de conclusión, se formulan los postulados de la fonología clásica, dejados a menudo implícitos, y se propone un conjunto de principios alternativos que podrían formar la base de una fonología liberada de elementos apriorísticos, ajustándose a los principios reconocidos por la lingüística estructural desde Saussure.

Am-vân-hoc va chinh-dao-tinh, suy nghi va phê binh vê khai-niêm, va nguyên-tac can ban âm-vân-hoc hiên-dai, 1985, Paris, SELAF.

Tac-phâm nây uoc gop phân trinh bay cho nha âm-vân-hoc "cai gi ho nên lam" va xây co-so cho môt nên âm-vân-hoc dich-thuc câu tao, co-nang va không lây Au Châu lam trung-tâm-diêm.

Bang cach nuong tua riêng biêt vao phep phân-giai ngôn ngu co giong, va vao kêt-qua cua thanh-âm-hoc va thuc-âm-hoc, nguoi ta trinh bay lam sao tu-tuong vê su phân-cat tu-nhiên cua tiêng noi liên tiêp ra tung don vi chinh dao gian-doan, tu tuong ma su câu tao âm vân riêng cua Au ngu da dân khoi, dâm-thâm dô-thiêt-bi khai niêm âm-vân-hoc cô-diên cung nhu ky-thuât muu ta (vi du su giao-hoan hoac viêc phiên-âm).

Sau lai nguoi ta xem xet khuynh-huong chông phân-cat tu tuong, bât thanh tuu, da biêu-lô dang kê nhât noi nha ngu-hoc - dông-phuong-hoc hay nha thanh-ngu-hoc vê moi ngôn-ngu co giong.

Dê kêt luân, nguoi ta phat biêu nhung dinh ly cua âm-vân-hoc cô-diên, luôn con ân-tang, va dê-nghi môt su tâp-hop nguyên-tac luân-phiên co thê la nên-gôc cua môt âm-vân-hoc thoat khoi tiên-thiên-luân, vi hop voi nguyên-tac duoc ngôn-ngu-hoc câu tao, công nhân tu doi Saussure tiên-sinh.

SOMMAIRE

AVERTISSEMENT

Cet ouvrage fait partie des travaux prévus par le Plan de Recherches Scientifiques ratifié par la Direction de l'Institut des Sciences Sociales de Hochiminhville pour les années 1978-1979.

L'auteur tient à exprimer sa vive gratitude aux camarades Nguyên Công Bình, Directeur de l'Institut, et Hô Lê, Chef du département de linguistique, qui ont donné leur appui au présent travail, au camarade Nguyên Khăc Viên, Directeur des Etudes Vietnamiennes, qui s'est personnellement occupé de la publication de la version française, ainsi qu'à ses collègues et amis, linguistes vietnamiens et étrangers, qui lui ont été d'un précieux soutien moral et ont contribué à l'amélioration du livre : Mmes Natalja Sokolovskaja et Nonna V. Stankevitch, MM. Luc Bouquiaux, Jean-Pierre Chambon, Ivó Vasiljev, Nguyên Tai Cân, Pham Đuc Duong, Nguyên Đuc Duong, Vu Loc et Hoang Tuc.

I. INTRODUCTION

La linguistique synchronique n'admet qu'une seule perspective, celle du sujet parlant.

Ferdinand de SAUSSURE

Les fondateurs de la linguistique moderne, J. BAUDOIN de COURTENAY, F. de SAUSSURE et E. SAPIR, peu après la révolution qu'ils ont déclenchée, ont été plus ou moins vivement critiqués de divers côtés pour leur psychologisme, ou "mentalisme", au nom d'une attitude plus objective, plus matérialiste, plus scientifique, croit-on, vis-à-vis du langage. On s'est, dès lors, efforcé d'écarter de la démarche linguistique toute considération d'ordre psychologique, visant ainsi à faire de la linguistique une science aussi objective que la physique ou la mathématique. C'est dans ce contexte qu'est née l'attitude nominaliste qui caractérise certaines écoles linguistiques contemporaines.

Parmi ces écoles, à côté de celles qui condamnent sans appel le réalisme en linguistique, on peut en signaler certaines autres qui adoptent à l'égard de celui-ci une attitude plus tolérante, dictée par la considération que le problème du choix d'une approche réaliste ou nominaliste, relevant de l'épistémologie, "n'est pas pertinent pour le linguiste" (HJELMSLEV, 1958), et qu'il serait par conséquent superflu de ressusciter la querelle médiévale des universaux dans ce domaine.

Identifier l'opposition des deux attitudes réaliste et nominaliste en linguistique à celle des partis de l'ancienne controverse des universaux constitue le premier des grands malentendus de la pensée linguistique contemporaine, et il est étonnant que même certains linguistes modernes qui se réclament de l'enseignement de SAUSSURE puissent partager cette opinion.

Si la linguistique a su conquérir le statut scientifique qui lui a valu son prestige actuel, c'est précisément grâce à sa prise de conscience sur le plan épistémologique, grâce à la découverte du seul point de vue qui puisse lui donner un objet propre — le point de vue sémiotique —, qui consiste à aborder la langue comme un système de signes. Les conséquences épistémologiques et méthodologiques de cette approche sont déterminées par ce fait crucial que rien dans le monde objectif n'est en soi un signe, qu'un signe n'est tel que pour un être quelconque qui puisse l'interpréter, qui puisse en comprendre la signification. Sans ce dernier, il ne pourrait y avoir de signe. Il n'y aurait plus qu'un objet ou un phénomène physique, ou peut-être autre chose, en tout cas absolument pas un signe. Un objet quelconque n'est signe que pour le sujet interprétant ou pour celui qui sait se placer à son point de vue. C'est là le sens de la formule, souvent accusée d'idéalisme, de SAUSSURE qui disait que dans le domaine de la linguistique "c'est le point de vue qui crée l'objet" (1916 : 23). Autrement dit, seul le point de vue du sujet parlant permet de découvrir et d'aborder le signe linguistique. C'est là le trait fondamental qui distingue la linguistique et les autres sciences sémiotiques des sciences de la nature.

Toute science se doit d'être objective. Mais la linguistique ne peut acquérir son statut de science objective qu'en se plaçant du point de vue subjectif (ou, mieux, intersubjectif) de ceux pour qui une langue donnée est une langue. Elle est donc une science objective de l'intersubjectivité (cf. AMACKER 1975).

Si l'idéal visé par les sciences de la nature est de découvrir la vérité objective donnée d'avance et indépendante de la perception de l'homme en surmontant l'interprétation subjective dictée par les données sensorielles et le 'bon sens' (qui nous disent par exemple que le soleil tourne autour de la terre), celui visé par la linguistique est au contraire de surmonter en quelque sorte les données physiques 'objectives', qui ne relèvent pas de son domaine, pour arriver à ce que le sujet perçoit, à la façon dont il fait usage de la substance physique à des fins communicatives. C'est là ce qui constitue le fond même de l'approche fonctionnelle et structurale en linguistique.

Or, ce que le sujet perçoit et la façon dont il organise la substance physique à ses fins ne sont pas directement observables pour le linguiste. Pour arriver à les saisir, ce dernier est obligé d'avoir recours à des opérations d'analyse, de classification, de réduction, de construction, bref, à des opérations d'abstraction, analogues à celles qu'on voit effectuer dans les sciences de la nature. Le concept de 'phonème', par exemple, n'est pas moins une abstraction, un "construit", que celui de 'masse' ou de 'gravitation'. Mais si les concepts avec lesquels opèrent les sciences de la nature sont par définition foncièrement abstraits, les phonèmes et les autres unités structurales dégagées par l'analyse linguistique ne le sont que pour le linguiste, en tant que résultats d'opérations abstrayantes. Pour la langue, pour le sujet parlant, ils sont immédiatement perçus, donc foncièrement concrets. L'illusion qui fait croire que les unités linguistiques seraient des abstractions, des constructions, et même des fictions, résulte d'une simple confusion des niveaux linguistique et métalinguistique. L'impression de désordre et de contradiction que donne l'usage fait par SAUSSURE des qualificatifs "concret" et "abstrait" en parlant des entités linguistiques semble bien provenir dans une large mesure de ce qu'il ne précisait pas à chaque fois le point de vue auquel il se plaçait en employant l'un ou l'autre terme (cf. GODEL, 1957 : 120 et sq.). Les unités structurales de la langue sont abstraites pour le linguiste, mais concrètes pour le sujet parlant. Elles existent comme des objets réels dans leur propre monde, celui de la langue en tant que système nécessairement structuré, monde inaccessible à l'observation directe du linguiste, mais réellement vécu par le sujet parlant, et dont la reconnaissance explicite permet de comprendre et d'expliquer scientifiquement les faits linguistiques.

L'attitude nominaliste, qui consiste à nier l'existence objective de la structure et des éléments structuraux de la langue, voire celle de la langue elle-même, ou à écarter comme non-pertinente la question de cette existence, est donc le fruit d'un malentendu. Elle est difficilement concevable chez un linguiste, car l'adopter veut dire simplement refuser de croire que les locuteurs d'une langue se comprennent. La prise de position épistémologique vis-à-vis de l'objet de la linguistique est donc hautement pertinente pour le linguiste, car seule une attitude réaliste lui permet d'atteindre le véritable objet de sa discipline. On peut donc dire que l'épistémologie fait partie de la linguistique, qu'elle lui est inhérente et nécessaire (cf. GODEL, 1957 ; AMACKER, 1975).

Du point de vue épistémologique, la linguistique a affaire à un objet tel que dans son domaine "la chose en soi" (*das Ding an sich*) ne fait qu'un avec "la chose pour l'homme", c'est-à-dire pour le sujet parlant. En perdant de vue le caractère spécifique de l'objet de la linguistique, le phonéticien instrumentaliste est facilement porté à voir dans ses enregistrements des faits de langue alors que ce ne sont que des données purement physiques — de là le fétichisme puéril des données "expérimentales" fréquemment promues seules et uniques réalités linguistiques objectives —, et, de son côté, le phonologue a facilement l'illusion que les unités qu'il a établies au moyen de procédures dont il ne saisit pas toujours le sens ne seraient que le fruit d'une construction de son esprit, d'autant plus qu'on le déclare libre de choisir parmi les diverses solutions (censées être également correctes) celle qui lui convient le mieux.

En principe, dès qu'un linguiste adopte l'attitude nominaliste, il cesse *ipso facto* de l'être, car il a abandonné son objet et sa discipline pour s'enrôler dans on ne sait quelle autre relevant de la physique ou de la physiologie.

Mais, s'il en est ainsi, comment se fait-il que les linguistes qui se déclarent ouvertement nominalistes (ou physicalistes, mécanicistes, opérationnalistes, behavioristes, abstractionnistes, etc.) aient pu obtenir des résultats aussi positifs et aient pu contribuer aussi largement aux progrès de la linguistique ? Comment se fait-il que dans la pratique de l'analyse linguistique les *hocus-pocus linguists* et les *God's truth linguists* arrivent aussi souvent à des résultats qui s'accordent presque entièrement ? N'est-ce pas là la preuve évidente que la position épistémologique du linguiste est indifférente à la méthode qu'il emploie et à l'efficacité de sa démarche ?

Il n'en est rien. Si les linguistes nominalistes emploient des méthodes qui sont, en principe, à peu près les mêmes que celles dictées par un point de vue réaliste et mènent à des résultats presque identiques, c'est simplement parce que leur nominalisme est pour l'essentiel purement déclaratif et que leur démarche, affublée d'une phraséologie démonstrativement nominaliste, est presque entièrement dictée par les faits structuraux de la langue, tels qu'ils sont reflétés dans leur "conscience linguistique", dont ils subissent inconsciemment l'emprise. Tous ces linguistes visent malgré eux le même but que leurs collègues réalistes tout en le déniant et en trouvant au fur et à mesure des prétextes physicalistes aussi cohérents que possible à leurs démarches, même au détriment de la rigueur formelle à laquelle ils prétendent, et même en escamotant les opérations qu'ils ne peuvent justifier en termes physicalistes. Dans ces derniers cas, c'est naturellement le sentiment linguistique tant décrié qui décide de tout. On peut en trouver de nombreuses illustrations dans les ouvrages de linguistique générale de tendance nominaliste, et nous y reviendrons en traitant des problèmes techniques de la phonologie.

Ce qui caractérise ces linguistes, ce n'est pas proprement leur nominalisme, mais leur inconséquence, qui résulte inévitablement du caractère implicite et généralement inconscient de leur réalisme. De plus, par leur fréquente obstination à ignorer coûte que coûte la réalité, ils refusent de savoir ce qu'ils font effectivement. L'attitude nominaliste constitue ainsi un obstacle de plus sur le chemin du développement de la linguistique, dont la tâche principale, comme nous essayerons de le montrer, consiste à rendre explicite les postulats de base de sa théorie qui sont restés jusqu'ici implicites, malgré l'avènement de l'approche fonctionnelle et structurale qui a révolutionné cette discipline.

Si les linguistes nominalistes étaient aussi conséquents et leur démarche aussi rigoureuse qu'ils le croient ou le disent, l'analyse qu'ils auraient tenté d'effectuer ne pourrait avancer d'un seul pas, car en faisant abstraction de la fonction communicative du langage et du comportement linguistique du sujet parlant, ils se seraient privés du seul moyen qui rend possible cette analyse. Ainsi, l'analyse phonématique physicaliste n'arriverait jamais à réaliser la segmentation du continuum sonore de l'énoncé en sons ou *phones* correspondant *grosso modo* aux phonèmes, même si l'on a recours au *differential meaning* détecté avec l'aide de l'informateur. Cette segmentation est toujours effectuée intuitivement lors du processus de transcription "phonétique", démarche qui est considérée comme un simple enregistrement des données physiques, et qui constitue en réalité l'opération de beaucoup la plus importante de toute la procédure d'analyse phonologique.

La critique du psychologisme est juste et nécessaire. BAUDOUIN de COURTENAY, ses contemporains et ses disciples ont certes commis une erreur en assimilant les concepts linguistiques à des faits psychiques. Mais ce ne fut en fin de compte qu'une erreur de formulation sans conséquences appréciables. Un phonème n'est certes pas une 'représentation phonique' (BAUDOUIN, 1899 : 791) ou 'l'équivalent psychique d'un son du langage' (BAUDOUIN, 1899 : 787). Mais ce que BAUDOUIN appelait 'phonème' a des chances d'être le reflet, l'image univoque du vrai phonème — unité structurale de la langue —, image qui serait d'une fidélité absolue, parce que la connaissance que le locuteur natif possède de sa langue est elle-même absolue. Tandis que la 'classe de segments' dont parlent les physicalistes n'a rien à voir avec le phonème, car une unité linguistique ne peut être définie comme un ensemble quelconque d'objets non linguistiques. Les pionniers de la linguistique structurale sont infiniment plus près de la vérité que ceux qui ont réagi à leur encontre en se plaçant à l'extrême opposé. En tous cas, c'est précisément dans la direction qu'ils ont indiquée que s'est accomplie la révolution qui a fait de la linguistique ce qu'elle est aujourd'hui.

Chaque étape décisive du développement d'une science est marquée par une prise de conscience de l'objectif véritable visé par les démarches du savant (TRÂN DUC THAO, 1951 : 165 et sq.). A la veille de la révolution qui a donné naissance à la linguistique contemporaine, SAUSSURE a bien mesuré "l'immensité du travail qu'il faudrait pour montrer au linguiste ce qu'il fait" (1964 : 95). Or, jusqu'ici cette tâche est encore loin d'être menée à son terme, et la plupart des linguistes contemporains n'ont pas encore saisi toute la portée des exigences épistémologiques et méthodologiques impliquées dans la théorie saussurienne.

Dans le domaine du signifiant, les phonologues ont rénové la phonétique en découvrant l'objet véritable de celle-ci en tant que discipline linguistique. Mais, en réalité, ils sont eux-mêmes loin d'être pleinement conscients de ce en quoi consiste leur innovation. Ils ont l'illusion d'avoir fondé une discipline nouvelle, indépendante de l'ancienne phonétique et opposée à elle, alors qu'ils ont simplement explicité le but véritable visé inconsciemment par cette dernière. La phonologie n'est pas une discipline nouvelle, elle n'est que la phonétique qui serait parvenue à prendre conscience de ce qu'elle fait. Or, depuis BAUDOUIN de COURTENAY, on a toujours enseigné que, à la différence de la phonétique (ou anthropophonique, ou physiologie du son, etc.), science naturelle dont l'objet est l'étude des sons du langage en tant que phénomènes acoustiques et articulatoires, la phonologie, discipline proprement linguistique, a pour objet l'étude des moyens phoniques du langage d'un point de vue structural et fonctionnel. En parlant du point de vue 'phonétique', auquel ils opposent le point de vue phonologique, ces linguistes ont l'illusion que c'est ce même point de vue 'phonétique', c'est-à-dire purement physique ou physiologique, qui aurait réellement gouverné tout le travail effectué par les anciens phonéticiens. En réalité, la phonétique en tant que science naturelle orientée vers l'étude de l'aspect purement physique des sons du langage n'a jamais existé. Une telle science si elle avait existé, n'aurait pu délimiter et décrire les unités phoniques discrètes que l'ancienne phonétique a délimitées et décrites. Les 'sons' dont parlait celle-ci, par exemple, n'ont pu être dégagés du continuum sonore que sur la base de critères fonctionnels et structuraux. Si les anciens phonéticiens ont pu les dégager sans avoir recours à ces critères de façon explicite, c'est qu'ils ont eu à leur disposition l'alphabet, fruit d'analyses phonologiques spontanées et implicites auxquelles a contribué le sentiment linguistique de centaines de générations.

L'ancienne phonétique n'était nullement une science naturelle. Elle n'était qu'une phonologie qui s'ignorait et, partant, ne pouvait être conséquente avec elle-même. Ce n'est pas par hasard qu'elle décrivait les 'sons' en termes de propriétés qui coïncident largement avec les traits pertinents de la phonologie moderne. Les anciens phonéticiens, en opérant avec des unités linguistiques, croyaient opérer avec des grandeurs physiques données d'avance dans la nature. Cette méprise n'a jamais été relevée par les phonologues[1].

Si la théorie phonologique avait été élaborée sur la base d'une critique exhaustive visant à rendre explicite le contenu linguistique (la nature profondément phonologique) de la phonétique classique, les fondements théoriques de cette dernière auraient été élucidés, et la phonologie actuelle disposerait d'un appareil conceptuel et méthodologique libre de postulats implicites. Mais les choses se sont passées tout autrement.

Au lieu de prendre conscience des fondements linguistiques de ce que leurs prédécesseurs faisaient sans le savoir, les phonologues ont hérité telle quelle de leur méprise en prenant les résultats des descriptions phonétiques pour des matériaux bruts, des données physiques objectives sur lesquelles ils seraient les premiers à effectuer une structuration basée sur des critères linguistiques.[2]

---

(1) A part quelques rares remarques sur le caractère subjectif des transcriptions phonétiques (p.ex. BLOOMFIELD, 1933 : 84 sq.), remarques qui, d'ailleurs, n'ont eu aucune influence sur la théorie et la pratique de la phonologie actuelle.

(2) Cf. PIKE, 1947 : 57 : "Phonetics gathers raw material, phonemics cooks it".

Il en résulte que la majeure partie des principes implicites qui sous-tendent l'analyse phonologique inconsciente des anciens phonéticiens reste inexplicitée.

En fin de compte, les phonologues sont donc loin d'avoir entièrement pris conscience de la nature de leur travail, et l'avènement de la phonologie présente ainsi le fait paradoxal d'une prise de conscience qui s'ignore.

La tâche incombe donc aux théoriciens de la phonologie de prendre pleinement conscience du sens véritable du travail des phonéticiens d'autrefois et de celui des phonologues d'aujourd'hui, et d'élucider les fondements théoriques véritables de leur démarche, en soumettant à une critique exhaustive tous les postulats restés implicites qui gouvernent la pensée phonologique contemporaine, en particulier ceux que celle-ci a hérités de l'ancienne phonétique.

Car il est évident que la phonologie actuelle est loin d'être aussi structuraliste, aussi fonctionnaliste, aussi phonologique pour tout dire, qu'elle en a l'ambition, malgré les efforts persévérants des différentes écoles et les progrès fort positifs qui en résultent.

Le développement de la phonologie s'est réalisé surtout au cours d'une lutte continue menée contre le phonéticisme. C'est-à-dire contre l'intrusion, souvent inaperçue, de considérations basées sur des faits non linguistiques, d'ordre purement physique ou physiologique, dans la pratique de l'analyse phonologique, dans l'appareil méthodologique ou dans la théorie même de la phonologie. Les meilleurs linguistes de notre temps ont contribué à cette lutte, et cependant ils sont loin d'avoir remporté un succès total. Peut-être ce travail de "déphonéticisation" aurait-il été déjà mené à bien si le phonéticisme avait été toujours aussi explicite qu'il l'a été chez TRUBETZKOY par exemple, dont les règles d'analyse et d'interprétation phonématiques fondées sur des critères non linguistiques ont pu être soumises à des critiques substantielles, telle que celle formulée par André MARTINET (1942 : 23-33). Malheureusement, certains principes et critères en vigueur dans la phonologie contemporaine sont reconnus implicitement alors qu'ils ne découlent nullement des principes premiers, des principes définitoires du langage.

Mais ce qui est le plus remarquable, c'est que l'existence même de certains de ces postulats et principes à la base de la théorie et de la méthode phonologique soit rarement soupçonnée. De sorte que même la découverte de faits jusque là ignorés qui les infirment de façon décisive, est impuissante à provoquer un ressaisissement qui mènerait à la révision de ces postulats et principes : rien ne peut infirmer quelque chose dont on ne soupçonne même pas l'existence.

Tout chercheur formé à l'école de la linguistique structurale moderne, qu'il soit théoricien ou praticien, met naturellement en oeuvre tout son savoir, toute la rigueur de ses méthodes pour que son travail soit autant que possible objectif et libre de tout apriorisme. Mais il n'est à même de réaliser cette aspiration que dans la mesure où il a conscience de ce que peut représenter un apriorisme. Or, on ne peut avoir conscience que de ce qui ne fait pas partie du cadre mental de sa vie quotidienne (WHORF, 1956).

Les lois de la nature qui régissent l'existence de l'homme inculte et qu'il met sans cesse à l'oeuvre pour subsister ne peuvent émerger de son inconscient. Il ne peut soupçonner qu'il existe une loi de la pesanteur ou de la gravitation universelle. Ce n'est pas qu'il lui soit impossible de comprendre pourquoi il adhère au sol. Il ne peut, simplement, pas songer à se poser une telle question. L'homme de science peut cependant assez facilement prendre conscience de l'existence de telles lois, ayant pris connaissance d'un nombre de faits assez grand pour lui montrer le domaine et surtout les limites de leur action. Il est plus difficile de faire émerger de l'inconscient les lois relevant du monde psychique. Montrer à l'homme inculte que les objets qu'il voit à quelques mètres ou à quelques kilomètres de lui ne sont en réalité que des images rétiniennes exige déjà des procédés didactiques sophistiqués et l'on ne peut être sûr du résultat obtenu, tant l'extériorité et la distance de ces images par rapport au sujet lui semblent évidentes et certaines, étant liées de façon constante à chaque expérience de sa vie quotidienne. Laissé à lui-même, il ne peut songer à se poser la question de savoir pourquoi ce qui se trouve à l'intérieur de lui-même est perçu comme quelque chose qui se trouverait là, devant lui.

En matière de langue, les faits ayant trait au plan du signifié semblent plus prêts à émerger de l'inconscient que les faits d'expression. Il suffit en effet, paraît-il, de confronter quelques sous-systèmes de dénomination par exemple, pour que l'homme inculte se rende compte du principe de l'arbitraire du signe et qu'il comprenne que la combinaison phonique [ma] n'est pas nécessairement la seule qui puisse être employée pour désigner le cheval, et est encore moins quelque chose qui serait inhérent à la nature chevaline. Il suffit, d'autre part, de confronter une traduction à l'original pour montrer que telle ou telle catégorie grammaticale ou sémantique existe ou n'existe pas dans celle-là ou dans celui-ci, que les mots des diverses langues ne forment pas des nomenclatures qui serviraient à désigner des choses données d'avance, mais représentent des structurations différentes, parce qu'arbitraires, du monde réel, etc.

Au contraire, le plan du signifiant, c'est-à-dire celui de l'organisation et de l'utilisation de la substance sonore de l'expression, ne semble pas se soumettre aussi facilement à une confrontation, car la substance phonique est absolument la même pour toutes les langues. On peut bien douter de l'unicité de la substance du signifié, peut-être même (au moins jusqu'à un certain niveau de l'analyse du contenu) affirmer sa diversité, conditionnée par celle de sa forme. L'hypothèse de la relativité psycholinguistique est loin d'être gratuite. Sur le plan du signifiant, au contraire, on ne peut mettre en doute le fait que le linguiste a toujours devant lui la même substance phonique, quelles que soient les structurations que les langues différentes peuvent lui avoir imposées. Substance qui se prête à n'importe quel principe d'organisation dans les limites des mêmes paramètres acoustiques, des mêmes latitudes articulatoires. La forme dépend largement de la substance dans ce plan de l'expression, en ce sens qu'elle n'a à sa disposition que les distinctions qui peuvent être réalisées dans les paramètres de cette substance. Elle en est, d'autre part, indépendante car elle est libre de choisir les dimensions qui lui conviennent et de les utiliser d'une façon ou d'une autre à telle ou telle fin. Tout ceci est devenu un lieu commun en linguistique, et constitue le fond même de la théorie du langage.

Ce qui reste à souligner, c'est que cette unicité, cette immuabilité de la substance du signifiant, qui se prête si facilement à diverses structurations plus ou moins arbitraires, mène à une situation toute particulière, lourde de conséquences théoriques et pratiques pour la phonologie.

Dans le domaine de la forme de l'expression, l'arbitraire de l'analyse est imprévisible et quasi indécelable. Aucune analyse phonologique régulière ne peut être 'falsifiée'. Toute description logiquement conséquente et exhaustive est valide. Les faits sont tels qu'ils peuvent rentrer dans n'importe quel cadre préconçu. N'importe quel système phonologique peut être décrit dans les termes de n'importe quel autre : le résultat en est toujours assez satisfaisant. Et de ces descriptions on peut induire tout un inventaire d'universaux qui ne sont, en fait, que des tautologies.

Un modèle phonologique élaboré sur la base d'une généralisation des observations effectuées sur un type donné de langues peut être imposé à n'importe quel autre type de langues. Le fait que les énoncés de toutes les langues peuvent être transcrits à l'aide de n'importe lequel des systèmes d'écriture existants en est une preuve suffisante. Notamment, la transcription à l'aide de l'API, système élaboré d'après les principes de l'alphabet latin, s'est montré universellement efficace. Et c'est l'efficacité pratique de telles transcriptions, comprise comme l'indice de l'adéquation des descriptions phonologiques et même identifiée à elle, qui perpétue et renforce l'illusion d'une unicité de forme sur le plan du signifiant. Les linguistes sont généralement convaincus que toutes les langues organisent la substance phonique essentiellement de la même façon, suivant le même modèle.

Mais ce qui est le plus remarquable, c'est que cette soi-disant unicité de forme est généralement comprise comme étant conditionnée par une structuration naturelle qui serait inhérente à la substance phonique. Ce qui est assez naturel, puisque si dans le domaine du signifié on a facilement l'illusion que le monde est structuré d'avance en catégories définies que les langues n'ont qu'à nommer, dans le domaine du signifiant on est de même porté à croire que la substance phonique est structurée d'avance en grandeurs définies que les langues n'ont qu'à assembler chacune à sa façon en mosaïques linéaires pour former des mots.

Sur le plan paradigmatique, c'est-à-dire en ce qui concerne l'inventaire des unités phonologiques distinctes du système, la phonologie a pris conscience de l'influence du modèle maternel sur la perception des sons d'une langue étrangère, et des mesures plus ou moins efficaces ont été prises pour y remédier. Ceci ne veut pas dire que ces mesures sont à même de garantir une analyse adéquate. Mais l'existence même de ces mesures est déjà hautement significative pour la théorie phonologique en tant que témoignage d'une prise de conscience relative à l'un des aspects de la nature phonologique de la transcription dite phonétique.

Au contraire, sur le plan syntagmatique, c'est-à-dire pour ce qui concerne la structuration des énoncés et des unités signifiantes en éléments phonologiques, le linguiste moderne n'est guère mieux armé que l'homme inculte face aux illusions et aux erreurs dues à l'influence du modèle de sa langue maternelle.

La méthode phonologique contemporaine prescrit une vérification de la transcription phonétique en vue d'une réduction du nombre des unités phoniques au moyen de l'élagage des distinctions non pertinentes notées par le transcripteur. Mais elle ne songe jamais à vérifier la segmentation de la chaîne parlée en ces unités (qui sont appelées "sons" et ensuite "phonèmes"), effectuée spontanément par le phonéticien lors de ladite transcription. Cette segmentation est considérée comme la seule possible, parce qu'elle est censée donnée d'avance dans la substance phonique. Or les résultats obtenus par les recherches instrumentales et expérimentales depuis voici presque un demi-siècle sont unanimes à montrer que ce n'est qu'une illusion. Cette segmentation est phonologiquement déterminée, et le caractère perceptuellement discret du 'son' résulte des facteurs structuraux qui n'ont jamais été rendus explicites en théorie phonologique.

De même que les faits perceptuels non explicités font en général figure de vérités objectives absolues aux yeux du sujet percevant, la quantification du continuum sonore du discours en des grandeurs segmentales appelées 'sons' fait figure d'une vérité objective absolue pour les locuteurs natifs des langues flexionnelles d'Europe. Et la transcription dite phonétique dans laquelle la chaîne parlée est segmentée en 'sons' représente à leurs yeux une simple reproduction de celle-ci, reproduction qu'ils reconnaissent volontiers sommaire, grossière même, mais dont la fidélité absolue à sa division naturelle sur l'axe du temps ne peut faire de doute.

La théorie phonologique laisse ainsi dans l'ombre de l'implicite l'opération la plus importante de toute l'analyse phonologique : la quantification de la chaîne parlée en unités phonologiques de base qui la constituent.

Cependant, la majeure partie des efforts actuels visant à améliorer la théorie phonologique n'est pas orientée vers un examen approfondi de l'appareil conceptuel et méthodologique de la phonologie classique, en vue d'une explicitation radicale de ses postulats de base et d'une reformulation de ceux d'entre eux qui sont incorrectement formulés. De cette façon l'on surmonterait ce qu'il y a d'apriorique et d'inconséquent dans la théorie phonologique actuelle, et l'on élaborerait un appareil conceptuel et méthodologique plus rigoureux et plus efficace. Mais ces efforts tendent vers une soi-disant formalisation, qui consiste en réalité dans l'introduction de nouveaux métalangages généralement empruntés aux sciences dites exactes qui donnent une apparence de rigueur formelle à des idées représentant souvent ce qu'il y a de plus trivial et de plus simpliste dans les théories phonologiques actuelles (cf. KIEFER, 1968 : 50 ; KORTLANDT, 1972 : 46 et sq.).

Les 'formalisations' et les 'modélisations' les plus réussies de la théorie et de la technique phonologiques n'ont jamais rien élucidé dans les postulats restés implicites de la phonologie classique. Au contraire, pour faire rentrer la phonologie dans le cadre de telle ou telle théorie à la mode, les linguistes sont souvent enclins à donner la préférence aux systèmes physicalistes, qui leur permettent de simplifier les choses, de substituer aux faits structuraux réels des schémas grossiers et caricaturaux représentant des idées que personne n'aurait tolérées si elles étaient formulées en bonne métalangue linguistique.

La rigueur d'une science ne peut être empruntée à d'autres sciences. Son statut authentiquement scientifique ne peut résulter que du caractère formel de ses propres concepts et de la rigueur de ses propres méthodes. Une phraséologie et une démarche empruntées à des sciences étrangères ne peuvent que masquer ses inconséquences et son apriorisme, et par suite lui ôter toute chance de formalisation. C'est là la leçon qu'il est grand temps de tirer des résultats des tentatives de 'formalisation' entreprises au cours de ces dernières décennies.

Pour le moment, du moins, la phonologie n'a que faire de pareilles 'formalisations'. Ce dont elle a surtout besoin, c'est d'une révision systématique de ses propres concepts et méthodes, et, étant donné le caractère spécifique — subjectif ou intersubjectif — de son objet et la situation particulière du linguiste par rapport à celui-ci, cette révision aura l'allure d'une sorte de psychanalyse linguistique visant à élever au niveau du conscient tout ce qui, dans l'appareil conceptuel et méthodologique qu'il met en oeuvre, se trouve jusqu'ici submergé dans son inconscient. C'est seulement sur la base d'une semblable révision qu'on peut faire de la phonologie une discipline proprement linguistique et authentiquement formelle.

Il n'y aura pas de révolution à faire, parce que la révolution a déjà été faite, de façon radicale et définitive, par les pionniers de la linguistique moderne qui ont découvert la langue et le point de vue qui nous permet de l'aborder comme l'objet propre d'une science indépendante. Les principes fondamentaux ont été formulés par eux de façon suffisamment explicite et présice. Les inconséquences et les erreurs qu'on a commises en les mettant en oeuvre ne peuvent les infirmer. La tâche qui nous incombe, à nous, successeurs fortunés de ces maîtres, consiste simplement à appliquer de façon plus radicale les principes de base qu'ils ont pu établir, à en déduire toutes les conséquences et à débarrasser la théorie linguistique de tout ce qui ne découle pas directement de ces principes. Ce faisant, il n'est pas exclu qu'on se voit parfois obligé de défendre ce qui constitue l'essence de l'enseignement des maîtres contre leur propre inconséquence.

La phonologie détient tous les atouts pour une amélioration radicale. Atouts qui résident dans son essence même, car ils sont contenus dans le principe fondamental de la démarche phonologique, celui de la pertinence linguistique, principe dont les violations fréquentes et quelquefois systématiques n'ont été possibles que parce qu'elles étaient inconscientes.

II. LE PRINCIPE DE LA LINÉARITÉ DU SIGNIFIANT EN PHONOLOGIE

> *La critique n'est féconde que dans la mesure où elle révèle au sujet les intentions profondes de ses propres démarches... A chaque étape décisive du développement de la science, des doutes s'élèvent sur la nature même de l'objet scientifique et des démarches qui le constituent. Il ne saurait être question de contester la valeur de la pensée scientifique comme telle : une critique n'en est pas moins nécessaire, sous la forme d'une explication du sens véritable des concepts fondamentaux qui définissent la structure de son domaine et, corrélativement, du type d'évidence où ils se constituent.*
>
> TRÂN DUC THAO

Le principe fondamental de la phonologie consiste à vérifier par des méthodes explicites et rigoureuses la pertinence linguistique de toutes les propriétés et différences physiques observables dans l'enveloppe phonique des énoncés de la langue étudiée, et à fonder toute délimitation et toute classification des unités phoniques sur, et seulement sur, des critères structuraux et fonctionnels. Dans la pratique de la phonologie contemporaine, cependant, certaines propriétés et différences physiques du discours échappent à ce principe. Les unes étant implicitement considérées *a priori* comme universellement pertinentes, ou, au contraire, universellement non-pertinentes, les autres étant *a priori* classées dans une catégorie ou dans une autre indépendamment de leur fonction et de leur statut structural. En particulier, les propriétés et les différences ayant trait à la dimension temporelle du discours sont traitées de façon tout autre que les propriétés et différences relevant des dimensions non-temporelles de la matière phonique. Ainsi, l'ordre temporel des sons, c'est-à-dire la place de chacun d'eux par rapport à celle des autres sur la ligne du temps, est universellement considéré comme pertinent, et le corollaire en est que les traits 'positionnels', tels que le caractère explosif ou implosif, sont considérés comme universellement non-pertinents. La différence entre simultanéité et successivité est érigée *a priori* en critère universel pour la séparation des niveaux phonématique et mérismatique, c'est-à-dire pour la distinction entre unités phonologiques 'segmentales' (phonèmes) et 'non-segmentales' ou 'suprasegmentales' (traits pertinents et prosodèmes), ces dernières étant distinguées les unes des autres par l'"extension" ou la "longueur", mesurée en termes du nombre des segments qui les contiennent. La quantité temporelle (la durée) est généralement considérée comme un trait contrastif ou prosodique, à la différence des autres propriétés physiques qui sont dites oppositives ou 'inhérentes'.

Cette violation du principe de la pertinence linguistique, qui supprime du même coup la délimitation saussurienne entre forme et substance, semble reposer sur la représentation traditionnelle du discours comme une suite linéaire de sons, représentation qui est profondément enracinée dans la conscience linguistique des sujets parlants européens, et que SAUSSURE lui-même a érigée en un principe fondamental de la langue.

> Le signifiant, étant de nature auditive, se déroule dans le temps seul et a les caractères qu'il emprunte au temps : a) il représente une étendue, et b) cette étendue est mesurable dans une seule dimension : c'est une ligne (SAUSSURE, 1916 : 103).
>
> Il y a ici un caractère capital de la matière phonique, non mis suffisamment en relief, c'est de se présenter à nous comme une chaîne acoustique, ce qui entraîne immédiatement le caractère temporel qui est de n'avoir qu'une seule dimension. On pourrait dire que c'est un caractère linéaire : la chaîne de la parole, forcément, se présente à nous comme une ligne, et cela a une immense portée pour tous les rapports postérieurs qui s'établiront. Les différences qualitatives... n'arrivent à se traduire que successivement... Tout forme une ligne, comme d'ailleurs en musique (SAUSSURE dans GODEL, 1957 : 205 et sq.).
>
> Il n'y a rien de plus uniforme, de plus pauvre, que l'ordre de la langue : la parole (comme la musique sans les accords) est linéaire (*ibid.*).

La chaîne parlée est en effet linéaire, tout comme la mélodie musicale, car la substance phonique qu'utilisent la langue et la musique ne peut se dérouler que dans le temps. Pour la musique, qui "s'organise au sein même du temps, lequel constitue son essence", "la question du temps doit en fin de compte l'emporter sur toutes les autres, car elle est en principe liée à la définition des catégories premières de la musique" (SOUVTCHINSKY, 1939 : 312). Pour la musique, la substance phonique, qui lui est essentielle, est précisément "la révélation du temps" (BRELET, 1949 : 73). Et pourtant, en musique, le caractère linéaire n'est réel et absolu que sur le plan purement physique : sur le plan esthétique, c'est-à-dire perceptuel, ou autrement dit proprement musical, sa réalité s'estompe, et sa pertinence, qui dépend largement des facteurs structuraux, est même souvent neutralisée, de sorte qu'une mélodie ne peut être considérée comme une simple suite de sons, car "le son est contemporain de son souvenir, et le souvenir d'un son est encore un son" (BRELET, *ibid.* : 486). Par ailleurs, la suite de sons, en laquelle consiste un accord arpégé est perçue comme une unité sans dimension temporelle, une combinaison de notes simultanées. D'autre part un accord (plaqué) qui est par définition ponctuel, n'est pas dépourvu d'une certaine linéarité, car en lui "la fondamentale est première et engendre l'une après l'autre ses harmoniques suivant un ordre défini, ordre indissolublement phonique et temporel" (*ibid.*). Même dans un discours musical d'assez grandes dimensions, "le retour obstiné à un seul et même motif agit comme un accord sans cesse arpégé", c'est-à-dire comme un ensemble perceptuellement simultané (SCHAEFFNER, 1936 : 317).

Ainsi, les musicologues ont bien vu qu'il n'y a pas de correspondance univoque entre les niveaux acoustique et perceptuel en ce qui concerne la linéarité et en particulier la distinction entre simultanéité et successivité, même en musique, où le son est en même temps substance et forme, et où le temps est "principe et essence". Cette absence de correspondance doit être d'autant plus marquée dans le domaine du langage, où le son n'est que substance et support, et où le temps "n'est qu'instrument au service de la signification logique qui le transcende et qui en est indépendant", car le discours "ne se présente dans le temps que phénoménalement" (BRELET, *ibid.* : 489).

Et cependant, chez SAUSSURE, le caractère linéaire n'est pas simplement posé comme une propriété essentielle de la parole. Le maître genevois l'érige en une condition nécessaire de la délimitation des unités linguistiques et, par suite, en un principe fondamental régissant la structure de la langue elle-même.

> La ligne phonique doit être découpée comme aux ciseaux... C'est ainsi que s'affirment les unités (SAUSSURE *in* GODEL, 1957 : 211).

> Un syntagme comporte un ordre, une suite linéaire, quelle qu'en soit l'ampleur... Si nous pouvons découper les mots, c'est une des conséquences de ce principe (*ibid.* : 206; cf. aussi SAUSSURE, 1916 : 170).

La succession linéaire est ainsi identifiée à la syntagmatique des unités linguistiques, et la possibilité d'être découpé sur la ligne du temps au caractère discret de ces dernières.

Quand on confronte les réflexions de musicologues citées plus haut à ces passages tirés des divers cours de SAUSSURE, on ne peut s'empêcher de s'étonner en voyant combien celles-là sont profondément saussuriennes et combien ceux-ci ressemblent peu à la pensée du maître.

Il semble bien que SAUSSURE avait en vue tout autre chose que la structure phonématique de l'énoncé, et que l'expression de "système linéaire" ne désigne pas autre chose que cet ordre discursif "qui est forcément celui de chaque unité dans la phrase ou dans le mot (signifer)" (GODEL, 1957 : 203 ; cf. DE MAURO, 1972 : 447 sq.). Mais le fait qu'il érige quand même l'unidimensionnalité temporelle de la substance sonore en principe fondamental de la forme linguistique est manifestement contraire à ce qui constitue l'essence même de son enseignement. Et on se voit obligé d'approuver E. BUYSSENS quand il reproche à SAUSSURE de confondre la langue et la parole (BUYSSENS, 1942 : 46) et R. JAKOBSON quand il fait remarquer que :

> L'attidude néo-grammairienne qui élimine l'axe de la simultanéité a survécu dans la doctrine saussurienne, qui postule le "caractère linéaire du signifiant". La tentative de justifier ce "principe fondamental" en se référant à l'impossibilité de réaliser deux phonèmes en même temps, n'aboutit qu'à un cercle vicieux, puisque le phonème est précisément défini par l'impossibilité d'une telle réalisation. Cette thèse arbitraire a empêché son auteur aussi bien que les phonologues qui suivent ses traces de résoudre le problème crucial que lui-même a prévu de façon si perspicace : celui de la détermination des traits distinctifs (des 'éléments différentiels' selon sa terminologie) des phonèmes (JAKOBSON, 1962 a : 105 et sq.).

Une des conséquences de l'identification substantialiste du rapport syntagmatique des unités linguistiques à la concaténation séquentielle de leurs corrélats physiques, et de l'axe syntagmatique à la ligne du temps, est que les combinaisons de traits pertinents et celles d'une unité prosodique à son thème ne sont jamais reconnues comme des syntagmes. Et cela pour la raison que "les combinaisons de traits distinctifs ne sont pas soumises à des règles de succession (puisque les phonèmes n'ont pas de dimension syntagmatique)" (MALMBERG, 1971 : 68 sq.)[1]. Or, si le rapport qui unit les traits pertinents d'un phonème n'est pas un rapport syntagmatique, quel pourrait donc être ce rapport *in praesentia* ? (cf. JAKOBSON, 1962a : 307). Les combinaisons de traits distinctifs ne sont pourtant pas moins soumises à des règles syntagmatiques que les combinaisons de phonèmes (cf. HJELMSLEV, 1943 : 53 sq.).

Il est vrai que la structure d'un système sémiotique dépend largement des latitudes dont dispose la substance qu'il utilise, car le système ne peut mettre en oeuvre d'autres moyens sémiotiques que ceux qu'il peut trouver dans cette dernière. Mais il n'en reste pas moins libre de choisir parmi ces moyens ceux qui lui conviennent et d'en faire usage à sa façon. Les paramètres temporels de la substance phonique se trouvent peut-être parmi les moyens qui conviennent le mieux à des fins diacritiques, et il est invraisemblable qu'un code linguistique quelconque s'abstienne de profiter d'un moyen aussi commode. Mais on doit s'attendre à ce que chaque code utilise ce moyen d'une façon qui lui est propre, et il n'y a aucune raison pour affirmer *a priori*, par exemple, que dans toutes les langues humaines, l'ordre séquentiel de toutes les unités linguistiques est toujours utilisé comme un signe ou un moyen diacritique. L'absurdité d'une telle affirmation est évidente. Or celle-ci n'est qu'une autre formulation du principe de la linéarité du signifiant de la langue en tant que forme. On ne pourrait ériger le caractère linéaire de la matière phonique en principe fondamental de la langue que dans le cas où une telle affirmation serait vraie.

Le principe de la linéarité et la définition du phonème

Dans les théories non physicalistes de la phonologie contemporaine, l'unité phonologique de base de la langue — le phonème — est défini à l'aide de déterminations relevant de deux plans différents : le plan fonctionnel (distinctif), c'est-à-dire linguistique, ou formel, et

---

(1) Cf. aussi REFORMATSKIJ (1975 : 95) : "Les traits pertinents ne peuvent avoir aucun rapport avec le plan syntagmatique".

le plan temporel, c'est-à-dire phonétique ou substantiel. Le phonème est soit une unité phonologique (distinctive) non-analysable en unités successives plus petites, soit un ensemble (ou faisceau) de traits distinctifs qui se réalisent simultanément, ce qui représente simplement une formulation différente des mêmes déterminations.[2]

Ainsi, à la différence des définitions d'autres unités linguistiques, telles que celles du morphème et du trait pertinent, qui sont formulées en termes strictement linguistiques et ne comportent que des déterminations fonctionnelles et structurales, la définition du phonème comporte une détermination non linguistique qui concerne la façon dont cette unité est réalisée dans la substance phonique. Elle représente la codification d'une conception unanimement acceptée par les linguistes occidentaux selon laquelle il y a une correspondance univoque ou quasi univoque sur le plan syntagmatique entre phonèmes et sons. Ces derniers étant entendus comme des tranches phoniques, caractérisées par une qualité relativement homogène, qui se succèdent sur la chaîne unidimensionnelle du discours. Le corrélat physique du phonème est nécessairement une de ces tranches, et généralement une seule.

Si le morphème, signe minimal du code linguistique, peut se réaliser soit comme un segment dans la chaîne, soit comme plusieurs segments non continus ('morphèmes discontinus'), soit comme un dessin mélodique apparaissant en même temps que d'autres morphèmes ('morphèmes intonatifs'), et si plusieurs morphèmes peuvent se réaliser simultanément dans les limites d'un segment ('amalgame de morphèmes'), le phonème, en revanche, ne peut être que 'segmental'. Un phonème discontinu ou

---

(2) TRUBETZKOY donne les deux formulations : "die phonologische Einheiten die sich vom Standpunkt der betreffenden Sprache nicht in noch kurzere aufeinander folgenden Einheiten zerlegen lassen" et "die Gesamtheit der relevanten phonologischen Eingenschaften eines Lautgebildes" (1939 : 34, 37). JAKOBSON définit le phonème comme "a set of concurrent distinctive features" (1956 : 60 et sq.; cf. aussi *ibid.* : 22 : "The distinctive features are aligned into simultaneous bundles called phonemes; phonemes are concatenated into sequences"). MARTINET définit le phonème comme "un ensemble de traits pertinents qui se réalisent simultanément" (1956b : 11). Les autres définitions non physicalistes du phonème comme "un son distinctif", comme "la plus petite unité distinctive commutable" etc. ne diffèrent en fait des définitions citées plus haut que par leur forme plus abrégée et moins explicite. C'est toujours la même représentation qui les sous-tend, et qui est partagée, souvent de façon implicite, par la quasi-totalité des linguistes contemporains, y compris les physicalistes, dans leur théorie et/ou dans leur pratique d'analyse phonologique.

réalisé en même temps qu'un autre est simplement inconcevable[3].

On est cependant en droit de se demander pourquoi une unité linguistique — c'est-à-dire une entité structurale dont le statut est par définition entièrement déterminé par sa fonction et sa place dans l'organisation hiérarchisée du système de la langue — devrait nécessairement être réalisée dans la substance d'une certaine façon et non d'une autre. Le fait est que la seconde détermination de cette définition, formulée en termes non linguistiques de propriétés temporelles, lui fait perdre sa rigueur formelle et sa pertinence en tant que formulation d'un statut structural à établir dans le système des unités linguistiques, sans pour cela lui conférer la valeur opératoire qui constitue le mérite pratique des définitions physicalistes du phonème comme une 'classe de segments' ou 'un type phonique', etc. Si ces dernières définitions, bien que théoriquement inacceptables (cf. REFORMATSKIJ, 1966), peuvent toutefois servir tant bien que mal de prémisses conventionnelles aux procédures d'analyse et de réduction phonématique, la définition examinée, elle, ne peut servir ni à délimiter les phonèmes dans la chaîne, ni à les établir par regroupement des traits pertinents (voir pp. 27, 199). Par ailleurs, sa seconde détermination, profondément phonéticiste, ravale le phonème fonctionnaliste au niveau du phonème physicaliste et en fin de compte l'identifie à celui-ci, ce qui explique, entre autres choses, pourquoi les représentants des écoles fonctionnalistes et physicalistes sont arrivés à des résultats essentiellement identiques dans leur pratique d'analyse phonologique, notamment quand il s'agit de systèmes non européens.

Cette détermination met en jeu la distinction entre 'simultanéité' et 'successivité', qui est ainsi érigée en principe d'identifica-

---

(3) On peut pourtant imaginer une langue dans laquelle chaque mot (ou chaque morphème) commence et se termine toujours par le même son, par exemple. Ce serait une langue à phonèmes discontinus, et si invraisemblable qu'elle puisse paraître, on n'a toujours aucune raison pour lui refuser la qualité de langue. On peut d'ailleurs citer certains cas analogues relevés dans diverses langues existantes. Ainsi E.D. POLINANOV (1928) signale dans la langue lettone des groupes phoniques qui commencent et se terminent par la même voyelle, avec une occlusive glottale entre les deux réalisations de celle-ci (p. ex. [neʔe] 'non'), et les caractérise précisément comme des 'voyelles discontinues' (ce même phonème reçoit chez JAKOBSON (1931) le nom de *gebrochener Ton*). YUEN REN CHAO signale un phénomène analogue dans le dialecte du Huang-Yan, où le groupe [ɔʔɔ], "du point de vue phonétique, ressemble beaucoup à trois sons formant deux syllabes", mais du point de vue phonématique il serait plus naturel de le traiter "comme une forme de [ɔ] avec un certain ton" (1942 : 41). Pour les cas de phonèmes simultanés, voir plus bas, pp. 25 et sq.

tion phonématique et de séparation de niveaux. Elle donne l'impression de présenter un critère formel pouvant servir à déterminer l'appartenance des traits distinctifs concernés à tel ou tel phonème du syntagme, et en même temps à délimiter les deux niveaux formés respectivement par le trait pertinent et le phonème dans la hiérarchie des unités phonologiques. Il ressort en effet de ce principe :

1. que les traits pertinents qui constituent le même phonème sont ceux dont la réalisation est simultanée et par suite, sont compris dans un seul segment. Nous verrons plus loin dans quelle mesure ce critère est opérant;

2. qu'à la différence des traits pertinents appartenant au même phonème, les phonèmes se succèdent toujours dans le temps, de sorte qu'un segment phonétiquement homogène correspond toujours à un seul phonème, et ne doit donc en aucun cas être interprété comme la réalisation de deux phonèmes contigus : une violation de cette règle équivaudrait à une confusion de niveaux (cf. MALMBERG, 1963 : 84; KORTLANDT, 1972 : 142 sq.).

Cependant, dans la pratique de beaucoup de linguistes, et non des moindres, on peut relever de nombreuses interprétations qui enfreignent ce principe, mais dont la plupart reçoivent cependant l'approbation de la majorité des phonologues, tant elles répondent à l'intuition des sujets parlants.

Ainsi F. de SAUSSURE (1879) voit dans la voyelle longue ā de l'indo-européen la réalisation d'une combinaison de /a/ bref avec un phonème indéfini que par la suite on a identifiéé comme une 'laryngale' ; BAUDOUIN de COURTENAY (1881, 1912) analyse la chuintante longue [š':] du russe en une suite de deux phonèmes /šč/, analyse acceptée par la majorité des spécialistes contemporains; N.S. TRUBETZKOY (1939) interprète le [ọ] ouvert du russe [sọncə] comme un groupe biphonématique /ol/, les voyelles nasales du polonais comme des combinaisons de voyelles orales avec une consonne nasale indéterminée, les sonantes syllabiques de l'allemand comme des combinaisons de /ə/ avec les sonantes non-syllabiques correspondantes; E. SAPIR (1925) analyse le [ŋ] anglais en /ng/; l. BLOOMFIELD décompose le [r] syllabique (ou ə "rétroflexe") de l'anglais américain en /ər/, analyse approuvée par YUEN REN CHAO, lequel à son tour voit dans les voyelles aspirées de certains dialectes Wu du chinois un groupe /h/ plus voyelle; P. PASSY (1914) interprète les voyelles nasales du français comme des combinaisons de voyelles orales avec /ŋ/; ces mêmes voyelles nasales sont traitées comme des voyelles orales plus /n/ par G.L. TRAGER (1944) et K. TOGEBY (1951), et B. MALM-

BERG (1963) ne trouve "rien dans la théorie structurale qui nous empêche d'accepter une analyse semblable" ; le [ʍ] sourd de l'anglais est décomposé par J. VACHEK (1954) en un groupe /hw/ ; les apicales [ṭ] et [ḍ] du suédois sont analysées par L.R. ZINDER respectivement comme des suites /rt/ et /rd/, analyse approuvée par C.Hj. BORGSTRØM (1958) et B. MALMBERG (1963) ; A. MARTINET interprète le [š] danois comme une combinaison /sj/ (1937) ; Z.S. HARRIS fait de même avec le [t] anglais qu'il décompose en /tj/, et accepte l'interprétation de l'*alveolar flap* nasalisé comme une suite /nt/ (1952); B. MALMBERG interprète respectivement les occlusives voisées [b], [d], [g] du grec moderne comme /mp/, /nt/, /ŋk/ ; les voyelles longues en général sont interprétées par de nombreux linguistes américains comme des voyelles brèves suivies de /h/ (BLOCH et TRAGER 1941) ou de /r/ (WHORF, 1943) ; etc.[4]

En proposant ou en approuvant ces interprétations peu orthodoxes les linguistes semblent souvent éprouver un certain complexe de culpabilité et, en avançant parfois des motifs *ad hoc* pour les justifier, ils n'ont jamais remis en question le principe manifestement phonéticiste qu'ils enfreignent en traitant des cas qu'ils semblent considérer comme des exceptions, et la majorité semble partager l'opinion de J. VACHEK qui recommande "la plus grande circonspection" dans la manipulation d'un pareil procédé, qu'il juge "toujours associé à certaines suspicions méthodologiques" (1964 : 193)[5].

---

(4) La tradition semble en remonter jusqu'aux auteurs des *prātiçākhyas* de l'Inde antique. Les sons vocaliques homogènes [e] et [o] du sanskrit sont analysés par ces grammairiens comme des diphtongues (*sandhyaksara*), respectivement /ai/ et /au/, en raison de leur traitement 'euphonique' devant les voyelles, qui est le même que celui des diphtongues /āi/ et /āu/ dans ce contexte (comparer *naya (ne-a) et naya (nai-a)*, *bhava (bo-a) et bhāva (bhāua)*. Cette interprétation authentiquement phonologique est acceptée par la majorité des indoeuropéanistes (cf. WHITNEY, 1879 : 45).

(5) Cf. toutefois CHAO (1942 : 42) : "there seems to be nothing wrong so far as in other cases usage goes with representing one-piece sounds by two-piece symbols .. since .. a significant feature .. does not necessarily occupy any time of its own".

Cf. cependant FANT (1958 : 495) : "The bundle of distinctive features composing a phoneme is generally spread out over several successive segments, but at least one such segment is needed".

Cf. aussi l'opinion d'un auteur qui défend explicitement le principe de linéarité et par suite rejette l'analyse de CHAO (1942) mentionnée à la page précédente : "If the breathiness referred to... is inseparable from vocalic articulation, it is a feature of the vowel and not a separate phoneme. In that case the existence of an extra series of breathy vowels must be recognized, like the existence of a series of nasal vowels in French or of palatalized consonants in Russian" (KORTLANDT 1973, 143).

On est en droit de se demander sur quoi ce principe est fondé exactement pour qu'on craigne à ce point de l'enfreindre tout en l'enfreignant si souvent.

En premier lieu, la question doit naturellement se poser de savoir ce que signifient au juste 'simultané' et 'successif' en phonologie, et à quel niveau du procès de la communication verbale ces propriétés doivent être situées quand elles sont censées servir de critère pour la séparation des niveaux dans la hiérarchie des unités phonologiques et/ou pour le regroupement des traits distinctifs en phonèmes, car personne n'a jamais pris la peine de le préciser. Le fait est qu'il n'y a pas de correspondance univoque entre les niveaux articulatoire, acoustique et auditif sous ce rapport. Ce qui est successif au niveau articulatoire et/ou acoustique est souvent perçu comme simultané, et *vice versa*.

Au niveau acoustique, les traits pertinents d'une occlusive prévocalique, par exemple, ne sont nullement réalisés en même temps. Les traits relevant du mode d'articulation et du voisement sont réalisés dans le segment qui correspond à sa tenue. Les traits relevant du point d'articulation sont signalés ensuite, dans la première moitié du segment assigné à la voyelle suivante (FISCHER-JØRGENSEN, 1958 ; FANT, 1960). Assez nombreux sont les cas où l'on peut même discerner une suite de quatre phases acoustiques "presque linéairement ordonnées" (c'est-à-dire dans laquelle la succession temporelle est aussi nette que celle que l'on peut observer dans une combinaison de consonnes telle que le groupe [str] par exemple), dont la première phase signale le mode d'articulation, la seconde le point d'articulation, la troisième la présence ou l'absence du son laryngal, et la quatrième la mouillure ou la non-mouillure d'une consonne occlusive ou nasale (REVZIN, 1977 : 84; cf. aussi DUKELSKIJ, 1962 ; ČISTOVIČ, 1961, 1962).

La situation est essentiellement la même au niveau articulatoire. Ici non plus il n'y a pas de correspondance univoque avec les niveaux auditif et phonologique. Il suffit pour le moment de rappeler que l'arrondissement d'une voyelle postconsonantique est réalisé en même temps que la prise de position de la consonne précédente, et que le trait "aspiré" d'une consonne est réalisé après le trait "occlusif" (cf. KROHE, 1972 ; pour une discussion plus approfondie, voir Ch. III).

D'autre part on ne peut affirmer sans réserve que les phonèmes se réalisent successivement. La successivité objective de la réalisation des phonèmes n'est observée qu'à la frontière des syllabes, car sur les plans acoustique et articulatoire ce sont les syllabes qui représentent les grandeurs phonétiques successives minimales, non les corrélats physiques des phonèmes (les sons). Dans une même syllabe, surtout quand il s'agit d'une combinaison CV, VC ou CVC, les phonèmes ne sont pas réalisés plus "successivement" que les traits pertinents qui constituent chacun d'eux : les recouvrements et les décalages temporels sont sensiblement les mêmes. C'est là un des faits les plus positifs que les recherches instrumentales et expérimentales ont pu établir durant les trois dernières décennies.

La simultanéité et la successivité dont il s'agit dans la définition du phonème ne peuvent donc être situées qu'au niveau auditif ou perceptuel qui est d'ailleurs le seul niveau phonétique véritablement pertinent pour la phonologie. Or si c'était à ce niveau qu'on se plaçait pour se servir de la définition du phonème comme d'un critère dans l'analyse phonologique, on tomberait dans un cercle vicieux, car à ce niveau c'est précisément le facteur phonologique — en l'occurrence l'appartenance ou la non-appartenance des traits pertinents en cause au même phonème — qui détermine la perception. Les traits pertinents ne constituent pas un seul phonème par le fait qu'ils se réalisent simultanément, mais sont perçus comme simultanés quand ils constituent un seul phonème[6].

Si la suite des corrélats acoustiques des traits 'occlusif' et 'dental', par exemple, est perçue comme un ensemble de faits simultanés, c'est parce que ces traits appartiennent au même phonème dans la langue en question, ou, autrement dit, que dans cette langue il n'y a pas d'opposition phonologique entre la succession 'occlusif'-'dental' (consonne en position prévocalique) et la succession inverse, 'dental'-'occlusif' (consonne en position postvocalique). Et si la combinaison transcrite [tu] par exemple est perçue comme une suite, ce n'est pas parce que ses éléments présentent une succession plus nette que celle des traits pertinents appartenant au même phonème, mais parce que dans la langue en question elle est phonologiquement opposée à la combinaison [ut], qui est composée des mêmes éléments mais qui présente une

(6) Il faut noter que si cette définition avait été utilisée effectivement dans l'analyse phonologique, on en aurait sûrement remarqué la circularité. Mais en fait on ne s'est jamais basé sur elle ni pour grouper les traits pertinents en phonèmes, ni pour dégager ceux-ci de la chaîne parlée. Ces opérations sont toujours effectuées intuitivement lors de la transcription "phonétique".

succession inverse.

De même que l'altérité et l'identité linguistiques (et, partant, perceptuelles) des éléments phoniques sont respectivement fonction de l'opposition et de la non-opposition phonologiques de leurs propriétés physiques, la successivité et la simultanéité linguistiques (et, partant, perceptuelles) des éléments phoniques sont respectivement fonction de l'opposition et de la non-opposition phonologiques de leurs différents ordres de succession éventuels dans le temps objectif. Le problème se ramène donc toujours à celui de la pertinence linguistique, de l'opposition significative, ce qui est d'ailleurs parfaitement naturel et inévitable en matière de langue, pour ne pas dire qu'il s'agit là d'un vrai truisme.

Si dans une chaîne on a une combinaison *ab* où *a* peut être dit précéder *b* d'une certaine façon[7] et que dans une autre chaîne on a une combinaison dont les éléments sont identifiables à *a* et *b*, mais où *b* peut être dit précéder *a* d'une certaine façon, et que ces deux chaînes se distinguent phonologiquement l'une de l'autre par cette seule différence de combinaison, alors l'ordre séquentiel de ces combinaisons est phonologiquement pertinent, et dans les deux cas ces éléments sont phonologiquement successifs et perçus comme tels par le sujet parlant (cf. BAZELL, 1949).

Si au contraire dans le système en question la substitution de ce qu'on peut transcrire comme *ab* à ce qu'on peut transcrire comme *ba* (et *vice versa*) ne se traduit par aucun changement sur le plan du signifié, ou que le système ne connaît que l'une de ces deux combinaisons, alors l'ordre séquentiel de ces éléments est non-pertinent, et ces éléments sont phonologiquement simultanés et perçus comme tels par le sujet parlant.

Si l'on a, à présent, une combinaison $\substack{a \\ b}$ parfaitement simultanée du point de vue physique et phonologiquement distincte de la suite *ab*, et si la suite *ba* est impossible dans le système, alors la combinaison $\substack{a \\ b}$ est à interpréter comme une suite /*ba*/ opposée à /*ab*/ (à condition, bien entendu, que dans le système en question les unités du même

(7) C'est-à-dire où la réalisation de *ab* est telle qu'on puisse y déceler un décalage temporel plus ou moins perceptible (ce dernier peut consister en une succession proprement dite ou en un recouvrement partiel des éléments en cause qui permet de constater une précession relative de l'un d'eux par rapport à l'autre).

niveau participent à des termes d'oppositions d'ordre séquentiel). Autrement dit, l'un des termes d'une opposition d'ordre séquentiel peut être réalisé comme une combinaison physiquement simultanée qui est cependant perçue par le sujet parlant comme une succession en vertu du fait qu'étant constituée par des éléments phonologiquement identifiables à ceux de la succession inverse, elle est phonologiquement opposée à celle-ci. C'est en vertu du même principe que les rétroflexes [ṭ ḍ ṣ] du suédois, qui sont respectivement opposées à /tr/, /dr/, /sr/ en l'absence de [rt], [rd], [rs] dans le système, sont perçues respectivement comme /rt/, /rd/, /rs/ (cf. LINELL, 1979 : 7).

La perception de certains sons communément qualifiés d'homogènes comme des combinaisons de deux sons est un phénomène assez banal (cf. TROUBETZKOY, 1933 : 236 ss). Les voyelles nasales sont presque toujours perçues par les locuteurs natifs et/ou étrangers comme des combinaisons de voyelles orales avec des consonnes nasales. Les voyelles antérieures arrondies sont perçues par les étrangers comme des groupes 'voyelle antérieure non-arrondie + voyelle postérieures arrondie' : ainsi le [y] français, allemand ou chinois (mandarin) est perçu par les Vietnamiens et les Thai comme [u̯i], par les Anglais et les Russes comme [ju]. Les sonantes syllabiques sont généralement perçues par les locuteurs natifs et/ou étrangers comme des groupes 'voyelle + sonante' (en général c'est une voyelle neutre qui est entendue devant la sonante). Les fricatives voisées syllabiques [ɣ], [ɣ°], [ž], [ž°], [j] sont perçues respectivement comme [ɣɯ], [ɣu], [žɯ], [žu], [ji], etc. La fricative sourde [ɮ̥] est perçue par les étrangers comme [sl], [hl] ou [θl]. Les groupes [hm], [ʔŋ], [št] sont souvent perçus respectivement comme [hɯm], [ʔɯŋ], [šyt] (ou [šɨt], selon que dans la langue en question le [š] est prononcé avec ou sans protrusion des lèvres), etc.

Ainsi, la simultanéité (*vs* successivité) dont il s'agit dans la définition examinée du phonème n'est pas une propriété objective observable dans le signal verbal, sur laquelle on puisse se baser pour séparer le niveau des phonèmes de celui des traits pertinents, pour distinguer les phonèmes ('segmentaux') des prosodèmes (ou 'phonèmes suprasegmentaux'), pour délimiter les phonèmes dans la chaîne ni pour déterminer l'appartenance de traits pertinents donnés à tel ou tel phonème, comme le laissent supposer les termes de la formulation de cette définition, mais représente une impression subjective du sujet parlant qui est entièrement déterminée par la participation ou la non-participation des grandeurs phoniques en cause à une opposition phonologique d'ordre séquentiel ou, autrement dit, par le caractère phonématique ou non-phonématique des grandeurs en cause. Le cercle vicieux est évident.

La seconde détermination de la définition examinée du phonème n'est donc pas proprement phonéticiste. Elle est plutôt impressionniste, et résulte d'une erreur grossière : ce qui est la conséquence au niveau perceptuel d'un facteur linguistique — le statut phonématique des grandeurs phoniques en cause — est pris pour un fait physique objectif et censé constituer le facteur même qui détermine ce statut.

Tout ceci concerne non seulement une définition incorrectement formulée, mais aussi et surtout la conception implicite qui la sous-tend, conception qui est profondément enracinée dans le sentiment linguistique des locuteurs natifs des langues européennes et qui domine sans partage la pensée phonologique contemporaine, sans quoi la définition elle-même, dont l'incorrection saute aux yeux, n'aurait jamais connu un tel succès.

Nous reparlerons de cette conception, qui repose entièrement sur une illusion auditive propre aux locuteurs d'un type de langues défini, et de ses conséquences théoriques et techniques (voir Ch. III). Pour le moment nous jugeons utile de tenter une reformulation de la définition du phonème telle que celle-ci garde la détermination de linéarité syntagmatique (la seule qui, dans le cadre de la théorie phonologique classique, puisse conférer à cette unité un statut distinct de celui du trait pertinent, la fonction distinctive étant la même pour les deux), en veillant toutefois à ce que cette détermination soit formulée en termes linguistiques d'oppositions significatives et non en termes de propriétés physiques de la substance sonore, telles que la simultanéité et la successivité. C'est à cette seule condition qu'on pourra se servir de la définition du phonème pour vérifier l'universalité de ce concept.

Reformulée conformément à cette exigence, la définition classique (pragoise) du phonème aura en conséquence l'aspect suivant : "Le phonème est la plus petite unité phonique distinctive susceptible de participer à l'un des termes d'une opposition phonologique d'ordre séquentiel"[8] ou "la plus petite unité phonologique dont la position par

(8) C.E. BAZELL suggère une autre définition dont la teneur est la même : "The phoneme may be defined as the maximal unit in which there are no oppositions of order" (1949 : 214, n.13) en ajoutant aussitôt : "i.e. the phonemic features are necessarily simultaneous", proposition redondante qui laisse le lecteur perplexe au sujet du sens qu'il donne aux notions d'"ordre" et de "simultanéité". Si elle est entendue comme une explication phonétique de l'absence d'oppositions d'ordre séquentiel à l'intérieur du phonème, la définition perd son intégrité linguistique.

rapport à celle de ses homologues à l'intérieur de l'unité du niveau supérieure est pertinente" ou, plus simplement, "l'unité phonologique minimale à syntagmatique linéaire", ou encore "la plus petite unité phonologique permutable", ce dernier terme étant entendu dans le sens que lui donne A. MARTINET (1969 : 73), L. HJELMSLEV (1943 : 101) et d'autres (par ex. DUCROT, 1969 : 29)[9].

Voyons maintenant si la définition ainsi reformulée est assez formelle pour délimiter de façon assez rigoureuse le phonème par rapport aux autres unités phonologiques de la langue.

On peut répondre par l'affirmative pour ce qui concerne la différence de statut structural qui sépare phonèmes et traits pertinents. En effet, la linéarité (phonologique) de la syntagmatique des phonèmes, c'est-à-dire la participation de ceux-ci à une opposition phonologique à laquelle les traits pertinents en tant que tels ne participent pas, est suffisante, sinon nécessaire, pour leur conférer un statut distinct de celui des traits pertinents dont la syntagmatique est (phonologiquement) non-linéaire.

Il en est de même pour la délimitation du phonème par rapport aux unités phonologiques des niveaux supérieurs, qui sont non-minimales.

En outre, cette définition semble être en mesure de présenter un critère formel, c'est-à-dire strictement linguistique, pour la distinction entre phonèmes et faits prosodiques.

Jusqu'à présent, cette distinction est formulée dans les mêmes termes phonétiques (qui se réfèrent en réalité à des faits perceptuels)

---

(9) HJELMSLEV, par exemple, définit la permutation comme "une relation et un échange dans la chaîne qui a des rapports avec une relation et un échange correspondant dans une chaîne de l'autre plan de la langue" (1943 : 101). Naturellement, on fera abstraction dans cette définition de ce qui a trait à la thèse hjelmslevienne de l'isomorphisme des deux plans de la langue.

Il est à remarquer que HJELMSLEV, aussi bien que MARTINET, a en vue en parlant de permutations les "signes d'extension relativement grande" - les mots et les syntagmes, qu'ils semblent considérer comme les seules unités permutables.

DUCROT, cependant, parle de permutation dans un sens plus général : "On parlera de *permutation* lorsque l'ordre de deux éléments est déterminant pour le sens (on dira donc que /l/ et /i/ dans /il/ et /li/"lit" ou *Pierre* et *Paul* dans *Pierre aime Paul* et *Paul aime Pierre* permutent). L'existence de la permutation permet ainsi de considérer l'ordre linéaire comme linguistiquement pertinent. Certes, il peut arriver que la langue impose dans certains cas un ordre déterminé, qui perd alors toute sa fonction informative ; la succession des phonèmes dans *la montagne* ne transmet aucun renseignement particulier, puisque la succession *montagne la* serait impossible" (1969 : 29). L'exposé s'arrête là : DUCROT, comme presque tous les autres linguistes, n'envisage même pas la possibilité de cas où "la langue impose un ordre déterminé" aux phonèmes. Pour ces derniers, la question de la pertinence de l'ordre séquentiel, ne peut et ne doit pas, semble-t-il, être posée.

en lesquels est formulée la distinction entre phonèmes et traits pertinents : les phonèmes représentent des segments successifs; les traits pertinents se réalisent simultanément dans les limites du segment assigné au phonème qu'ils constituent, tandis que les prosodèmes recouvrent un thème constitué par une unité d'un niveau supérieur à celui du phonème (une syllabe, un morphème, un mot, un syntagme, etc.) ; ils se réalisent 'simultanément' à cette unité et "s'étendent ainsi sur plusieurs segments" (HILL, 1958 : 69) à la façon d'une "couche de mortier qui recouvre une série de briques" (HAUGEN, 1949 : 278).

Ce critère phonéticiste (ou plutôt impressionniste) de la simultanéité avec le thème semble recevoir le suffrage de la majorité des linguistes. Louis HJELMSLEV, dont l'attitude radicale à l'égard de la substance est notoire et même difficilement acceptable pour les linguistes réalistes, reconnaît cependant la validité de ce critère dans sa contribution au IIe Congrès International des Sciences Phonétiques (1935). Dans son article de 1936 sur les faits prosodiques il réunit les accents et les intonations dans la catégorie des 'exposants' (prosodèmes) qu'il oppose à celle des 'constituants' (phonèmes) : "l'accent et l'intonation ont ceci de particulier qu'ils caractérisent le chaînon sans le constituer" (1936 : 6).

Ainsi, les phonèmes 'constituent' le chaînon, parce qu'ils représentent des segments qui, par définition, occupent des portions à eux sur la ligne du temps, tandis que les faits prosodiques, étant simultanés à leur thème, n'occupent aucune portion du temps et par suite ne participent pas à la 'constitution' du chaînon[10], bien qu'ils le 'caractérisent', c'est-à-dire qu'ils en sont un élément distinctif.

La constatation de HJELMSLEV est entièrement conforme à la façon dont les sujets parlants européens se représentent la structure phonématique et prosodique de leurs énoncés. Elle est cependant contraire à la pensée linguistique saussurienne et témoigne d'une confusion inadmissible entre forme et substance. Ce que les unités phonologiques constituent, ce n'est pas la chaîne sonore qui se déroule linéairement dans le temps, mais les unités signifiantes de différents niveaux qui

(10) Cf. CHAO, 1968 : 38 : "The elements which occur simultaneously with the segmental phonemes, such as stress and intonation, which do not occupy extra time in speech (nor usually space on paper when written), are known as suprasegmental phonemes".

se combinent pour représenter la teneur sémiotique de l'énoncé et dont cette chaîne est le support matériel. Elles les constituent uniquement en les caractérisant (en les distinguant des autres unités signifiantes). En ce sens, les faits prosodiques linguistiquement pertinents constituent l'énoncé ou les unités linguistiques qui le composent, tout aussi bien que les faits segmentaux. La chaîne sonore qui sert de support matériel au discours est constituée par les faits phoniques qui servent de support matériel à la réalisation des unités phonologiques, non par ces unités elles-mêmes.

SAUSSURE lui-même nous le dit :

> *(Aphorisme XII)* Eléments et caractères sont la même chose. C'est un trait de la langue, comme de tout système sémiologique en général, qu'il ne puisse y avoir de différence chez elle entre ce qui distingue une chose et ce qui la constitue (1954 : 71).

La division de HJELMSLEV, qui pourrait donner l'impression d'être formulée en termes fonctionnels, est en réalité profondément phonéticiste.

Un autre critère est proposé par Roman JAKOBSON et ses collaborateurs. D'après ces linguistes, les traits prosodiques sont ceux qui ne peuvent se définir que par référence à la chaîne, c'est-à-dire par une comparaison des diverses portions de l'énoncé (contraste *in praesentia*), à la différence des traits phonématiques ('inhérents') qui se définissent par leur opposition *in absentia* à leurs homologues indépendamment de toute comparaison entre les éléments de la chaîne (JAKOBSON et al., 1951 : 13; JAKOBSON et HALLE, 1956 : 25sq.; cf. EBELING, 1968 : 135).

Le critère de la référence à la chaîne est d'une allure plus formelle que ceux mentionnés plus haut, mais il est peu opérant. La référence à la chaîne n'est en effet nécessaire que pour l'identification de certains cas de tons à registre (tons ponctuels) et d'accent d'intensité. La majorité écrasante des faits prosodiques, notamment les intonations de phrase, les tons mélodiques et les accents d'intensité et/ou de quantité accompagnés d'alternances vocaliques, n'ont aucun besoin d'un contraste dans la chaîne pour être identifiés. Les tons du vietnamien, du chinois ou du suédois sont toujours infailliblement identifiés même si l'énoncé en comporte un seul. Une voyelle longue du vietnamien, de l'anglais ou de l'allemand n'a pas non plus besoin de la présence d'une voyelle brève dans le même énoncé pour être reconnue comme une voyelle longue (il en est de même dans toutes les langues à corrélation de coupe de syllabe). Dans la phrase russe *tut brat vz'al nož*, tous les mots (toutes les syllabes) sont accentué(e)s et perçu(e)s comme tels (exemple de L.V. ŠČERBA chez ZINDER, 1960; cf. REFORMATSKIJ, 1975 : 39 sq.). Le critère de la référence à la chaîne est également inopérant pour les unités prosodiques réalisées segmentalement telles que le stød danois ou l'esprit rude du grec[11].

D'autre part, on ne peut affirmer sans réserve que les traits "inhérents" sont identifiés indépendamment de toute référence au contexte. Des tests d'audition ont montré que certaines voyelles sont identifiées différemment par les sujets selon les *stimuli* qui les précèdent immédiatement (LADEFOGED et BROADBENT, 1957 : 98 sq.; FRY, 1964 : 69). Selon LIEBERMAN (1973), si l'auditeur n'a pas entendu préalablement des "signaux calibrants" (voyelles i, a, u, ou *glides* y, w) qui l'aident à déterminer la tessiture vocalique du locuteur, il ne peut identifier correctement les voyelles. Il semble en être de même avec les consonnes (FOURCIN, 1968). L'encadrement consonantique réduit de beaucoup les erreurs dans l'identification des voyelles (STRANGE et al., 1974).

On ne peut non plus approuver JAKOBSON et al. quand ils classent *a priori* les traits distinctifs de quantité dans la catégorie des traits prosodiques. Le caractère prosodique ou inhérent des traits pertinents dépend de la structure phonologique de la langue qui en fait usage. Dans beaucoup de langues la quantité vocalique est indubitablement un trait inhérent (HOCKETT, 1955).

A la différence des critères brièvement discutés plus haut, celui de la participation à l'opposition phonologique d'ordre séquentiel (de la permutabilité) semble permettre une distinction authentiquement formelle entre phonèmes et prosodèmes, entre traits phonématiques

---

(11) Voici le raisonnement auquel JAKOBSON et al. ont recours pour rassembler les tons mélodiques et le stød sous le critère de la référence à la chaîne : ces unités prosodiques, il est vrai, n'ont pas à être comparées avec leurs antagonistes respectifs dans la chaîne pour être identifiées, mais leur identification suppose quand même une comparaison des fractions initiale et finale des segments qu'elles affectent. Ainsi le ton descendant du lituanien, qui est opposé au ton montant et est caractérisé par un abaissement de la fréquence accompagné d'une diminution d'amplitude, est censé être identifié en comparant les fractions initiale et finale de la voyelle affectée. Par une comparaison similaire, nous identifierons le stød du danois qui est caractérisé par "une diminution d'amplitude souvent accompagnée d'un abaissement de fréquence", laquelle est observée dans la réalisation de la voyelle qui précède l'occlusion ou la constriction glottale (1951 : 13 et sq. cf. MARTINET 1934 : 1937). Ainsi ces traits prosodiques ne sont plus identifiés grâce à un contraste avec leurs antagonistes dans la chaîne, mais grâce à un changement qui a lieu au cours de leur réalisation ou de celle de l'unité affectée. Ces auteurs semblent ne pas se rendre compte qu'une pareille interprétation du critère rassemblerait dans la catégorie des traits prosodiques la diphtongaison, l'affrication et les consonnes dont l'articulation affecte les voyelles adjacentes à la façon du stød (en modifiant leurs configurations spectrales), c'est-à-dire toutes les occlusives implosives.

("inhérents") et traits prosodiques. En se basant sur la participation *vs* la non-participation des unités en cause à l'opposition phonologique d'ordre séquentiel (autrement dit, sur la linéarité *vs* non-linéarité phonologique de leur syntagmatique, ou sur leur permutabilité *vs* non-permutabilité) à l'intérieur de l'unité linguistique qu'elles caractérisent directement (dont elles sont les composantes immédiates), on peut formuler cette distinction de la façon suivante :

Les traits prosodiques et les prosodèmes, de même que les traits pertinents phonématiques, se distinguent linguistiquement des phonèmes par le fait qu'ils ne participent pas à l'opposition d'ordre séquentiel (qu'ils ne sont pas concaténés en un syntagme phonologiquement linéaire, qu'ils ne sont pas permutables) à l'intérieur de l'unité linguistique qu'ils caractérisent directement ; mais si pour les traits phonématiques cette dernière est représentée par le phonème, pour les traits prosodiques et les prosodèmes elle est représentée par une unité linguistique d'un niveau supérieur à celui du phonème, laquelle peut être soit celle même que caractérise directement le phonème (la syllabe, le morphème ou le mot phonologique), soit une unité plus grande (telle que le syntagme lexical, le groupe rythmique, la phrase phonologique, etc.).

Au lieu d'être défini à l'aide de notions phonétiques (qui représentent en réalité des faits perceptuels) telles que la non-segmentalité et le domaine d'extension, entendu comme une grandeur temporelle mesurable en termes de segments phoniques — définition non-linguistique qui d'ailleurs ne cadre pas toujours avec la réalisation phonétique de l'unité en question —, le prosodème peut donc être défini comme un trait pertinent ou un ensemble de traits pertinents qui caractérise directement une unité linguistique d'un niveau supérieur au phonème et dont la place par rapport aux phonèmes qui constituent cette unité est non-pertinente (autrement dit : qui ne participe pas à l'opposition d'ordre séquentiel à laquelle participent les phonèmes à l'intérieur de cette unité).

Ainsi, les tons du suédois ou du lituanien peuvent être qualifiés de prosodèmes en vertu du fait qu'à la différence des voyelles et des consonnes de ces langues, ils ne participent pas à l'opposition d'ordre séquentiel à l'intérieur du morphème. Il en est de même pour les accents dits d'intensité qui caractérisent les syllabes dans diverses langues.

Les considérations concernant la simultanéité avec le thème ou l'extension plurisegmentale ne sont pas pertinentes pour le statut du prosodème, car celui-ci peut parfaitement se réaliser dans la substance d'une toute autre façon, par exemple sous la forme d'un son communément caractérisé comme segmental. Ainsi le stød danois, qui est réalisé comme une occlusive ou une constrictive glottale, est un prosodème en vertu de sa non-participation à l'opposition d'ordre temporel à laquelle participent les voyelles et les consonnes de cette langue. Du point de vue phonétique, c'est une consonne, un segment, mais sa place par rapport aux autres sons segmentaux étant fixe — il est toujours placé après une voyelle longue ou un groupe "voyelle brève + consonne continue sonore" —, elle ne peut avoir de valeur distinctive. Par suite, cet élément phonétiquement segmental est perçu par le sujet parlant danois comme un ton ("Stosstone") (MARTINET, 1934 : 52 sq.; MARTINET, 1937 : 169 sq.).

Un exemple analogue est présenté par l'esprit rude du grec ancien. Ce prosodème est réalisé comme une spirante laryngale sourde représentant un segment qui précède la voyelle initiale d'un mot (ou, dans certains cas, d'une racine) ou comme le dévoisement de la première fraction d'un p initial. Comme c'est la seule place qu'il peut occuper dans le mot (ou dans la racine), l'esprit rude ne peut participer à l'opposition d'ordre séquentiel à laquelle participent les autres sons segmentaux du système, et par suite ne peut être doté du statut phonématique. Ce son consonantique est donc un prosodème et est perçu comme tel (comme un "accent") par les grecs qui le notaient par un signe diacritique suscrit, au même titre que l'esprit doux (un zéro phonétique qui doit son statut phonologique à son opposition à l'esprit rude), l'accent aigu, l'accent grave et l'accent circonflexe (il est intéressant de remarquer que les signes suscrits employés pour ces 'esprits' et 'accents' sont appelés "prosōdiai" par les anciens Grecs).

Naturellement, cette définition du prosodème ne peut être valable pour *tous* les faits habituellement qualifiés de "prosodiques", étant donné le caractère extrêmement hétéroclite de ces derniers au point de vue de leur fonction et de leur statut structural : en effet, sous cette étiquette on voit accumuler toutes sortes de phénomènes, linguistiques aussi bien que non linguistiques, discrets aussi bien que continus, depuis les unités signifiantes de la langue que sont les morphèmes grammaticaux intonatifs jusqu'aux manifestations émotionnelles qui n'ont rien à voir avec le code linguistique, en passant par les divers "accents" de hauteur et d'intensité et les *long components* qui n'ont rien de commun entre eux du point de vue linguistique. Ceci est d'ailleurs naturel et inévitable, étant donné le critère phonétique qui est à la base de leur groupement : celui de la non-segmentalité (du caractère "suprasegmental"), entendue comme une propriété physique objective. Et c'est ici que le phonéticisme qui, comme nous l'avons vu, agit en arbitre dans la dimension temporelle de la langue, se montre sous son jour le moins favorable.

André MARTINET trouve cependant que "le maintien d'un chapitre "prosodie" où l'on trouve mêlés tons, accents et intonations" peut être expliqué et justifié par "le fait qu'il s'agit, dans tous les cas, d'unités qui caractérisent des segments qui ne coïncident pas nécessairement avec les phonèmes". Et il conclut qu' "... on ne saurait donc recommander un traitement de la phonologie où la fonction prendrait, dans tous les cas, le pas sur la segmentation, et où les tons, parce que distinctifs, se verraient confondus avec les phonèmes et séparés des faits accentuels" (1965 : 149).

Cette concession de MARTINET au phonéticisme est aussi étonnante que l'attitude substantialiste de HJELMSLEV quand il érige la simultanéité avec le thème en trait définitoire du prosodème. A lire les passages précités de MARTINET, on croirait que la "segmentation" est un certain aspect autonome de la langue qui n'aurait rien à voir avec sa structure, et que la fonction significative et distinctive des unités linguistiques ne serait pas la seule et unique condition de toute segmentation. La raison qu'il donne pour séparer les prosodèmes des phonèmes porte à faux : le fait que les prosodèmes caractérisent des unités de dimensions plus grandes que les phonèmes les distinguent des traits pertinents phonématiques, non des phonèmes, qui caractérisent précisément ces mêmes unités.

Toujours selon MARTINET, les faits prosodiques (que ce soient des unités distinctives "qui présentent les mêmes rapports mutuels que les phonèmes" et "forment des séries et des ordres analogues à ceux des phonèmes" comme "les tons du chinois ou du vietnamien" ou des "faits marginaux" non discrets comme les intonations émotionnelles) ont encore ceci de commun qu'ils "échappent d'une façon ou d'une autre à la double articulation" au même titre que les faits marginaux non discrets tels que les interjections, etc. (1955 : 157, 1956 : 13, 1957 : 105 sq., 1967 : 83). On ne voit pas pourquoi des unités structurales discrètes à fonction distinctive comme les tons échapperaient à la double articulation, alors que leur statut d'unités linguistiques proprement dites est indiscutable et que MARTINET lui-même le reconnaît. Un morphème discontinu, intonatif ou subphonématique (tel que l'*umlaut* ou le morphème amalgamé) ne peut perdre sa qualité d'unité signifiante (de signe) et cesser ainsi d'appartenir à la première articulation pour la simple raison qu'il n'est pas segmental. Un tonème ne peut non plus pour la même raison perdre son statut d'unité discrète distinctive et non-signifiante (de "figure", selon la terminologie hjelmslevienne) et cesser ainsi d'appartenir à la deuxième articulation. Si ces unités échappent à la double articulation, c'est parce que celle-ci, au lieu d'être conçue en termes de fonction communicative et de statut structural, l'a été en termes phonéticistes de segmentation linéaire.

Au nom d'une dimension de la substance phonique — la succession dans le temps —, MARTINET a relégué au second plan ce qui constitue le fond même de son système linguistique : le point de vue fonctionnel, qu'il a défendu avec tant de ferveur et de patience. Si une unité discrète, dont la fonction et le statut sont identiques à ceux du phonème, telle que le ton, échappe à la double articulation, cela signifie simplement que la théorie de la double articulation est fausse. Heureusement, le ton n'échappe pas à la double articulation. Il échappe seulement à la segmentation comprise d'après la doctrine linéariste qui confond rapport syntagmatique et succession, analyse structurale et découpage dans le temps. Pour les linguistes qui sont locuteurs natifs de langues européennes, la représentation segmentaliste de la syntagmatique des unités linguistiques est en effet difficilement surmontable. Tout en reconnaissant la légitimité exclusive des critères fonctionnels et structuraux dans l'analyse et la description linguistique, ils n'arrivent toujours pas à concevoir qu'un fait "supra-segmental" puisse être traité sur un pied d'égalité avec une unité "segmentale".

YEN REN CHAO, qui est locuteur natif d'une langue à tons, a une attitude toute différente à l'égard de ceux-ci. Tout en formulant la définition des unités prosodiques en termes de simultanéité et de non-segmentalité, il reconnaît cependant que le ton constitue "une exception importante dans laquelle un élément simultané joue un rôle qui est essentiellement le même que celui d'une consonne ou d'une voyelle" et, par suite, "doit être traité au même titre que les phonèmes segmentaux", mieux, "doit être considéré comme les phonèmes segmentaux", d'autant plus que "son origine remonte souvent au mode d'articulation des consonnes" (CHAO, 1968 : 39 ; cf. aussi HAUDRICOURT, 1954 ; HOMBERT et al., 1979). La manière dont il traite les faits analogues dans d'autres langues témoigne également d'une moindre influence du segmentalisme. En mentionnant le cas de la constriction glottale en danois, il constate que la présence ou l'absence de cette articulation correspond parfois à une différence de tons en suédois, ce qui confirme l'interprétation de "ces distinctions consonantales comme des tons" (*ibid.*). Il semble reconnaître volontiers le statut phonématique aux accents là où "ils font une différence dans les mots" et méritent ainsi d'être "traités comme des phonèmes constitutifs de mots (*word-forming phonemes*)" (*ibid.* : 38)[12].

La terminologie des linguistes américains, en réunissant les unités phonologiques "segmentales" et "suprasegmentales" sous le même terme de "phonème", pourrait donner l'impression de représenter une vue moins substantialiste que celle de leurs collègues européens. Il est cependant évident que leur conception des principes de délimitation des unités en cause est exactement la même, et si cet usage élargi du terme "phonème" a été possible, c'est uniquement grâce à l'imprécision des définitions qu'ils donnent à ce terme. Celles-ci sont d'ailleurs formulées en termes purement phonétiques et se réfèrent presque toujours au "son" ou "phone", notion qui, à son tour, est très mal définie. Si on se base sur les définitions assez précises du son (par exemple celle formulée par PIKE, 1944) ou sur les définitions du phonème qui ne se réfèrent pas au son (par exemple celle formulée par HOCKETT, 1947a), le terme de "segmental phoneme" s'avérera un pléonasme et celui de "suprasegmental phoneme" une contradiction dans les termes (cf. HAUGEN, 1949).

Il semble cependant que pour les systèmes phonologiques qui réunissent deux catégories d'unités distinctives du même niveau dont l'une ne se distingue de l'autre que par la participation *vs* la non-participation à une opposition d'ordre séquentiel (la permutabilité *vs* la non-permutabilité), l'usage du terme "phonème" accompagné d'épithètes spécificatives différentes pour ces deux catégories d'unités serait pleinement justifié, à condition, bien entendu, que la détermination de permutabilité du phonème soit remplacée par une autre[13].

---

(12) Cf. aussi RYGALOFF (1973 : 25) : "Il n'y a rien de commun entre l'intonation et le ton ..., sauf le fait simplement matériel que les deux choses consistent apparemment en variations de la hauteur mélodique ; du point de vue de la fonction, qui est déterminant, le ton ne diffère en rien des éléments dits segmentaux".

(13) On notera que les réflexions critiques contenues dans les pages qui précèdent sont principalement dirigées sur la conception classique qui sous-tend les définitions examinées du phonème (et qui est, à quelques rares exceptions près, celle de tous les linguistes locuteurs de langues européennes, y compris ceux qui s'élèvent contre ces définitions), non sur le texte même de ces définitions, compris à la lettre. Si nous nous en tenions à ce dernier, nombre de problèmes surgiraient qui rendraient encore plus évidente l'incorrection de ces définitions. Leur formulation est en effet défectueuse même par rapport à la conception classique des unités phonologiques "segmentales" et "non segmentales" qui, comme nous l'avons vu, est issue d'une simple illusion. En particulier, on ne voit pas pourquoi les linguistes mêmes qui ont formulé ou accepté la définition du phonème comme "un ensemble de traits

Nous venons d'examiner dans les paragraphes qui précèdent quelques-uns des concepts de base de la phonologie — celui du phonème et celui du prosodème —, tels qu'ils sont définis en linguistique contemporaine et certaines notions auxquelles ils sont reliés — celles de simultanéité et de successivité (ou segmentalité) —, en essayant d'en comprendre les véritables connotations, de déchiffrer les représentations qui les sous-tendent et d'en élucider les fondements. La première remarque que nous sommes en mesure de tirer de cet examen est que les définitions du phonème et du prosodème sont incorrectement formulées et gagneraient à être remaniées. Telles qu'elles sont dans leurs formulations actuelles, ces définitions nous empêchent de pousser plus loin l'analyse du système conceptuel de la théorie phonologique contemporaine et d'en évaluer l'universalité. Les reformulations que nous avons proposées, faites en termes strictement linguistiques, semblent permettre de mieux déceler le contenu véritable de ces définitions et d'employer leurs déterminations comme des critères opérationnels.

Ce qui est particulièrement remarquable dans les définitions classiques examinées, ce n'est pas tant leur formulation en termes phonétiques que le contenu impressionniste de ces termes. Nous avons vu que ce qu'on désigne par "simultané" et "successif", "segmental" et "suprasegmental" ne représente nullement des propriétés phonétiques objectives observables dans la chaîne parlée. Ce sont des images qui ont leur siège dans le psychisme du sujet parlant, des impressions auditives conditionnées par des facteurs linguistiques. Les linguistes qui ont formulé ces définitions et ceux qui les acceptent sont cependant loin d'en être conscients. Pour eux, le caractère segmental des "sons", leur succession dans le temps, la simultanéité des traits pertinents appartenant au même phonème, la superposition d'un prosodème sur une suite de phonèmes, connaissances premières parce que vécues, sont des vérités objectives et absolues, des données premières qui font partie du cadre mental de leur vie quotidienne, et il leur est

---

pertinents qui se réalisent simultanément" refusent la qualité de phonème à des unités phonologiques discrètes comme les tons des langues tonales qui sont précisément des ensembles de traits pertinents réalisés simultanément (les tons du vietnamien par exemple sont constitués chacun par trois traits pertinents simultanés : haut *vs* bas, uni *vs* mélodique, glottal *vs* non-glottal). Si cette qualité leur est refusée, c'est au nom de certains critères qui ne sont nullement impliqués dans cette définition si elle est comprise à la lettre.

impossible de les isoler de cet arrière-plan inconscient. Si par hasard il vient à l'esprit de l'un d'entre eux de remettre en question la validité de telles formulations, le mieux qu'il puisse faire serait d'en découvrir et dénoncer le phonéticisme. Or, la simultanéité et la successivité dont il s'agit ne sont pas des propriétés phonétiques, ce sont des représentations psychophoniques.

L'erreur des théoriciens de la phonologie provient donc de ce qu'ils n'ont pas su, en qualité de linguistes, rendre explicite leur comportement linguistique en qualité de sujet parlant. Leur connaissance implicite de la structure phonologique de leur langue n'a pas été explicitée par une analyse métaphonologique assez approfondie qui leur aurait montré le sens véritable de ce qu'ils avancent comme déterminations pour la définition des unités phonologiques de base de la langue en général. Ce qui est la conséquence au niveau perceptuel de la permutabilité d'une certaine grandeur phonétique dans un type de langues défini est pris pour une propriété inhérente à cette grandeur, et est, en tant que telle, érigée en trait définitoire universel d'une unité linguistique.

Le son est-il le corrélat physique universel du phonème ?

La linéarité phonologique (et perceptuelle) de la syntagmatique des "sons" (voyelles et consonnes) dans certaines langues, due à ce que dans ces langues leur ordre séquentiel est pertinent, étant prise pour une propriété phonétique, il est naturel qu'on lui attribue une valeur universelle. En phonologie contemporaine, le phonème est toujours et dans toutes les langues réalisé comme un "son". Autrement dit, le "son", en tant que grandeur phonétique "segmentale" par définition, est le corrélat physique universel du phonème.

Or nous avons vu que ce qu'on désigne par "segmentalité" n'est pas une propriété physique inhérente à telle ou telle grandeur phonétique; elle l'est encore moins au "son" qui, au point de vue physique, est essentiellement non-discret et transsegmental (les sons d'une même syllabe sont produits quasi simultanément, et les faits de coarticulation, de transition, de chevauchement, de télescopage sont tels qu'il est parfaitement correct de dire qu'ils sont au moins aussi simultanés que les traits pertinents qu'ils contiennent)[14]. La soi-disant "seg-

(14) Pour une discussion plus approfondie sur le caractère illusoire de la "segmentalité" (de la successivité) des "sons", voir plus loin, Ch. III.

mentalité" d'un "son" est la conséquence perceptuelle de la permutabilité de l'unité phonologique qu'il incarne. Le son n'est pas segmental. Il est perçu comme étant segmental si, et seulement si, dans la langue en question sa place par rapport à ses homologues dans la chaîne est pertinente. Mieux : il doit son existence même de grandeur phonétique syntagmatiquement discrète (c'est-à-dire susceptible d'être dégagée du continuum sonore par la conscience linguistique du sujet parlant) à sa qualité de corrélat physique d'une unité phonologique permutable. Sans cette qualité, il n'existerait simplement nulle part, ni dans la réalité objective, ni dans le psychisme du sujet parlant.

Le terme de "son" représente donc un concept de nature profondément phonologique. C'est, en fin de compte, une fiction, un mirage né de la projection de la structuration syntagmatique des signes linguistiques sur le continuum sonore qui les incarne, projection effectuée inconsciemment par les locuteurs natifs des langues dans lesquelles l'unité phonologique minimale à syntagmatique linéaire se réalise dans cette grandeur qui serait autrement indélimitable dans la chaîne.

La grave erreur qu'ont commise les linguistes physicalistes en définissant le phonème par une référence au "son", et qui consiste dans le renversement d'un rapport de déterminant à déterminé (ou de cause à effet), se retrouve, bien que sous une forme moins explicite, dans toutes les théories dominantes de la phonologie contemporaine, qui sont unanimes à admettre *a priori* que la seule réalisation possible du phonème est un son, et que le son est doté dans toutes les langues du statut phonématique, et même ceux des linguistes qui donnent au phonème des définitions dans lesquelles ne figure aucune allusion au son, basent entièrement leur analyse sur ce postulat qui n'a aucun rapport avec les principes qui constituent le fond même de leur théorie.

Le caractère apriorique et théoriquement injustifié de ce postulat nous met en droit de douter de sa validité universelle. En mettant à l'oeuvre les critères strictement linguistiques qu'offre la définition reformulée du phonème, le problème de l'universalité du statut phonématique du "son" peut se poser de la façon suivante : il s'agit de savoir si dans toutes les langues humaines l'unité phonologique minimale à syntagmatique linéaire est réalisée comme un "son" (une voyelle, une consonne, une semi-voyelle, etc.); autrement dit, si dans toutes les langues les "sons" sont susceptibles de participer à une opposition phonologique d'ordre séquentiel et, par suite d'être les corrélats physiques des phonèmes.

Nous avons vu qu'un syntagme d'éléments phoniques est phonologiquement linéaire, et par suite perçu comme une succession de segments, si, et seulement si, il y a opposition significative entre leurs ordres de succession inverses. Dès lors il est parfaitement clair que les syntagmes phoniques ne peuvent être phonologiquement linéaires que dans les langues où la combinaison des sons jouit d'une liberté assez grande pour permettre de telles oppositions, comme c'est le cas dans les langues flexionnelles d'Europe. Ainsi, en russe, la pertinence phonologique de l'ordre séquentiel des sons à l'intérieur des morphèmes ou des mots est due à la grande liberté de distribution dont jouissent ces sons, ce qu'on peut constater en comparant, par exemple, *kot* "le chat", *kto* "qui", *tok* "le courant", morphèmes constitués par les mêmes sons et ne se distinguant l'un de l'autre que par leur ordre séquentiel. C'est cette liberté quasi illimitée de combinaison ou, autrement dit, cette grande diversité de modèles syllabiques, qui rend possible l'utilisation de l'ordre séquentiel des sons comme un moyen distinctif et confère aux ensembles de traits phonétiques qu'on appelle les sons le statut phonématique, lequel à son tour détermine la perception de ces ensembles de traits comme des grandeurs phonétiques segmentales par les locuteurs natifs des langues flexionnelles d'Europe, perception qui est à la base de l'écriture alphabétique, du système de transcription dite phonétique et de la théorie phonologique classique contemporaine.

Or cette liberté de combinaison des sons est loin d'être universelle. La linguistique connaît un grand nombre de langues dans lesquelles la distribution des sons à l'intérieur des syntagmes phoniques est soumise à des règles sévères qui déterminent en particulier la structure des syllabes, laquelle est dans certaines langues uniforme.

Prenons par exemple les nombreuses langues dont les seuls modèles syllabiques possibles à l'intérieur des morphèmes sont "voyelle seule" (V) et "consonne + voyelle" (CV). Dans ces langues, la place des sons formant la syllabe étant fixe, il ne peut y avoir d'opposition entre leurs ordres séquentiels inverses, et, par suite, la consonne et la voyelle qui la "suit" dans la syllabe sont phonologiquement simultanées et sont perçues comme telles par le sujet parlant[15]. Dans ces

---

(15) Il va de soi que l'usage de vocables tels que "sons", "voyelles", "consonnes" et d'expressions ayant trait à l'ordre temporel des grandeurs qu'ils désignent en parlant de langues dans lesquelles le phonème est réalisé dans une autre grandeur

langues, la syllabe est donc non-linéaire (non-divisible en unités (phonologiquement) successives plus petites) et par suite constitue un seul phonème (CAO, 1975).

Le japonais est du nombre de ces langues (le modèle syllabique "V" y étant représenté soit par un vocoïde, soit par un contoïde syllabique). En japonais, la syllabe est la grandeur phonétique minimale qui jouit de la liberté de distribution indispensable à la permutabilité. Le phonème japonais est donc syllabique, c'est-à-dire qu'il a pour corrélat physique la syllabe. Les cas où la voyelle d'une syllabe CV s'amuit[16] ou peut s'amuir en fonction du tempo du discours n'infirment pas cette constatation[17]. Le fait que les unités de l'armée japonaise, en communiquant entre elles par radio-télégraphie, s'envoient des signaux dans lesquels la voyelle de chaque syllabe précède la consonne initiale laisse supposer que le locuteur japonais perçoit la syllabe non comme une succession de deux éléments segmentaux, mais comme une unité sans dimension temporelle, supposition qui est d'ailleurs appuyée par le caractère syllabique de l'écriture japonaise (kana). Un tel procédé paraîtrait étrange et contre nature aux yeux

---

phonétique représente un pur non-sens, car dans ces langues rien ne permet d'isoler des "sons" dans la chaîne. Le "son" n'y existe simplement pas. Nous sommes néanmoins obligés, pour être intelligibles, de faire constamment usage de ces termes, en espérant que le lecteur prévenu aura en vue à chaque fois leur dénotation véritable : par "son" ("voyelle", "consonne", etc.), nous entendrons ce qu'un phonéticien formé à l'école traditionnelle, grâce à son ouïe phonologique de locuteur natif d'une langue européenne, pourrait isoler dans la chaîne et représenter par une lettre de l'Alphabet Phonétique International.

(16) En japonais, les voyelles post-consonantiques **u** et **i** s'amuissent (sont dévoisées) ou sont omises en certaines positions, de sorte que les syllabes qui les contiennent se réduisent phonétiquement à une consonne, tout en étant cependant perçues par le sujet parlant comme des syllabes. Les formes **de-su** [des] "copule", **-ma-su**, [mas] "désinence verbale", **mi-tsu** [mits] "miel", **hi-to** [hto] "homme" sont perçues par les Japonais comme des formes dissyllabiques (ou plus exactement biphonématiques au même titre que les formes **ma-ru** [marɯ], "cercle", ... **da-i** [dai] "grand", **ho-n** [hoŋ] "livre" etc. Les emprunts japonais aux langues européennes rendent les consonnes de fin de syllabes soit par des consonnes syllabiques similaires, soit par des syllabes CV dont la voyelle est généralement **u** : ex. **pe-n-si-ru** (< *pencil*), **ki-ro-gu-ra-mu** (< *kilogram*), **a-i- su-ku-ri-mu** (< *ice-cream*) **bi-he-e-bi-ya-ri-su-to** (<*behaviorist*), etc., ce qui semble laisser supposer que les syllabes sont à l'ouïe phonologique d'un Japonais ce que les "sons" sont à l'ouïe phonologique d'un Européen.

(17) Il faut toutefois remarquer que l'usage du mot "syllabe" est ici, dans une assez large mesure, conventionnel, bien que dans la plupart des cas il soit conforme à la définition généralement admise de cette grandeur phonétique. Le mot est ici employé dans un sens plutôt perceptuel que physique.

d'un Européen. Mais pour un Japonais c'est au contraire le procédé le plus naturel, car il est rationnel de signaler le timbre général, la couleur déterminante de la syllabe (qui est manifesté également dans la consonne initiale grâce à ce qu'on appelle en phonétique classique la coarticulation ou l'articulation accessoire) avant de signaler ce qui pourrait être considéré comme un détail concernant la manière d'attaquer la syllabe, un accent pour ainsi dire, d'autant plus que le nombre des voyelles du système, qui est cinq, est beaucoup plus réduit que celui des consonnes (qui représente le triple), de sorte qu'il est plus économique de ranger les syllabes sous les rubriques représentées par les voyelles sur le tableau du kana (cf. JOOS, 1948 : 80).

L.V. ŠČERBA fut probablement le premier linguiste à avoir considéré les situations de ce genre sous un angle proprement phonologique. Dans la période où, à la suite du BAUDOUIN de COURTENAY, il définissait encore le phonème en termes psychologiques, et considérait que le caractère discret des éléments phoniques (ou plutôt de leurs représentations) était dû à leur "susceptibilité d'être associés à des représentations de sens, c'est-à-dire à leur morphématicité virtuelle, il a imaginé et traité correctement la situation suivante.

> On peut se représenter une langue dans laquelle toutes les syllabes sont ouvertes et comportent une consonne quelconque précédant la voyelle [a] : dans une langue pareille les phonèmes seront **sa**, **ka**, **ta**, **sa**, etc., et *a* ne sera pas dégagé par la conscience du sujet parlant en une unité de la langue. En japonais ancien, semble-t-il, la situation est à un certain degré à peu près la même, ce que l'alphabet japonais laisse d'ailleurs supposer (ŠČERBA, 1912 : 426, n.1)[18].

C. HJ. BORGSTRØM (1949 : 137 sq.) suppose qu'à un certain stade de l'évolution du proto-indoeuropéen, le modèle syllabique uniforme de cette langue aurait été le même (CV), avec une voyelle neutre dont le timbre dépendrait des consonnes qui la précèdent (cf. MALMBERG, 1963 : 129). Les syllabes d'une telle langue seraient non seulement non linéaires, mais encore monophonématiques, car la voyelle n'aurait aucune valeur distinctive, et son unique fonction serait de rendre la consonne

---

(18) L'idée féconde contenue dans cette petite note de ŠČERBA ne fut développée nulle part, semble-t-il, dans ses écrits ultérieurs, ce qui est assez naturel, étant donné que dans la période qui suit ŠČERBA abandonna ses conceptions psychologistes pour une position substantialiste vis-à-vis des faits phonétiques qui empêche toute spéculation radicalement phonologique. La thèse des prémisses morphologiques de la délimitation des unités phonologiques dans la chaîne fut cependant reprise et développée par certains de ses disciples (cf. Ch. IV *infra*).

audible, comme l'a remarqué BORGSTRØM. Il serait incorrect d'appeler une telle langue une "langue à consonnes", comme on le fait quelquefois, car les voyelles étant linguistiquement inexistantes, cette appellation constituerait un non-sens. Il y aurait simplement identité entre phonèmes et syllabes (*ibid.* ; cf. aussi VAN GINNEKEN, 1939 : 34 sq.) :

> Si F. DE SAUSSURE (1879), H. MÖLLER (1909), A. CUNY (1912), J. KURYLOWICZ (1927), E. BENVENISTE (1935) et W. COUVREUR (1937) ont raison, la langue indo-européenne est sortie d'une langue à consonnes comme phonèmes lexicaux. Car selon eux nos voyelles ouvertes a, e, o ont leur origine dans trois quasi-sonantes ou consonnes laryngales différentes, h, h' et h° (cf. CUNY, 1924). Pour nos voyelles fermées i et u, la théorie des sonantes indo-européennes nous induit d'elle-même à supposer une origine consonantique aussi. Les y, w, m, n, r et l n'étaient primairement que des consonnes pures, mais quand la tendance vocalique s'éveillait, elles étaient prédéterminées, justement comme les h, à prendre le devant[19].

Imaginons avec MALMBERG l'étape suivante de cette évolution hypothétique, où une distinction apparaîtrait entre trois timbres vocaliques différents qui ne dépendraient plus du contexte. Nous aurions alors un système phonologique qui connaîtrait des oppositions du type /pi/-/pa/-/pu/ par exemple. Et si par la suite, selon MALMBERG, les phonèmes (*sic*) i, u et a deviennent capables de fonctionner seuls comme syllabes, alors que p, t, k, etc. sont toujours accompagnés de l'une des trois voyelles, nous aurons, toujours selon MALMBERG, une distinction fonctionnelle entre unités conditionnées et conditionnantes, c'est-à-dire entre consonnes et voyelles (ces termes étant entendus phonologiquement).

Ce raisonnement simpliste est évidemment faux et aboutit à une rechute dans le segmentalisme apriorique. L'existence d'oppositions du type [pa] *vs* [a] ne prouve pas encore que [pa] est divisible en deux *phonèmes*. L'illusion de cette divisibilité est produite par la transcription, qui segmente la combinaison [pa] de façon arbitraire, parce que linguistiquement injustifiée, et identifie *a priori* les deux [a], lesquels sont loin d'être identiques, que ce soit du point de vue phonétique (leur durée et leurs caractéristiques spectrales sont différentes) ou du point de vue structural (le [a] qui constitue à lui seul une syllabe se trouve *ipso facto* sur un niveau supérieur à celui du [a] de [pa] qui n'est qu'une certaine partie de cette syllabe).

---

(19) Cf. aussi VAN GINNEKEN (1939), TRUBETZKOY (1929), JAKOVLEV (1930) pour un cas analogue en adyghe (bas-tcherkesse). Cf. ALLEN (1965) pour des cas analogues en abaza.

Dans une langue où il n'y a pas d'oppositions d'ordre séquentiel à l'intérieur de la syllabe, de sorte que celle-ci coïncide avec le phonème en tant qu'unité permutable minimale, une syllabe V doit être traitée sur un pied d'égalité avec une syllabe CV, car les deux sont dotées du même statut linguistique (elles sont au même titre des phonèmes), et la syllabe [V] ne peut être considérée comme une certaine partie de la syllabe [CV], (comme la syllabe [CV] moins C), pas plus qu'un phonème /t/ par exemple dans une langue européenne ne peut être considéré comme une certaine partie du phonème /c/ (comme le phonème /c/ moins le [s]) ou du phonème /ṇ/ (comme le phonème /ṇ/ moins les traits "nasal", "voisé" et "rétroflexe")[20]. La principale différence qu'on peut relever entre les deux syllabes-phonèmes **pa** et **a** consiste en tout et pour tout en ceci que la première a quelques traits pertinents de plus que la seconde. Mais le nombre de traits pertinents n'a rien à voir avec le statut phonématique. Le phonème /l/ du français par exemple, qui, selon MARTINET, est constitué par un seul trait pertinent (la latéralité), n'est pas pour autant moins phonème que le phonème /a/ qui, selon le même auteur, en comporte quatre. La seule chose qui compte ici, c'est que les traits pertinents qui constituent **pa** dans la langue à syllabes-phonèmes ne sont pas plus ordonnés que ceux qui constituent **a** dans cette langue (dans les langues à "sons" phonématiques, au contraire, **pa** se distingue de **a** en tant qu'unité d'un niveau supérieur, ou au moins en tant qu'unité plus complexe, non par le nombre de traits pertinents, mais par le fait que ses traits pertinents sont ordonnés : il est en effet linguistiquement pertinent que les traits "occlusif", "labial", "non-voisé" précèdent d'une certaine

(20) C'est ce qu'a bien senti E.D. POLIVANOV, un autre disciple de BAUDOUIN de COURTENAY, quand il écrit : "Dans une langue qui possède *ku, ko, tu, to*, les éléments de la syllabe peuvent être dégagés et être morphologisés (être "associés à des représentations de sens", c'est-à-dire être pertinents - CAO). Mais comme *k* et *t* ne peuvent apparaître sans voyelle, on peut les placer approximativement au même rang que le kinème (le trait articulatoire - CAO) de palatalisation en russe qui est également morphologisé ... mais qui est impossible sans les autres activités articulatoires" (POLIVANOV, 1917 : 42), ce à quoi un adversaire de la théorie du phonème-syllabe trouve possible d'objecter en ces termes : "Mais le trait de patalalisation représente un des mouvements effectués simultanément lors de la prononciation des consonnes mouillées, tandis que le *k* et le *t* sont des phonèmes qui précèdent la voyelle dans le temps" (SYROM'ATNIKOV, 1972 : 41). Si de telles objections sont possibles, c'est parce que POLIVANOV, aussi bien que ŠČERBA et ses autres disciplines, se basent exclusivement sur la "morphologisation" pour examiner le statut du phonème, sans songer à considérer le problèmes de la linéarité syntagmatique des unités phonologiques et du vrai sens des propriétés temporelles attribuées à ces unités.

façon les traits "ouvert", "antérieur", "non-arrondi" et non le contraire, qui donnerait ap, lequel représente une autre unité signifiante — ce qui n'est pas le cas dans les syllabes ouvertes, ou ap est impossible —). Dans les langues à syllabes-phonèmes, l'absence de traits consonantiques dans la syllabe constitue donc en elle-même un trait pertinent non moins réel et positif que l'absence des traits "voisé", "nasal", "arrondi", ou de l'un d'eux, dans un son phonématique d'une langue européenne[21].

ŠČERBA et MALMBERG ont tort de limiter l'interprétation monophonématique de la syllabe aux seuls cas où l'élément vocalique de la syllabe CV est non-distinctif. La langue hypothétique mentionnée aurait un système de voyelles aussi développé que le japonais moderne ou le malgache que la situation resterait la même : il n'y aurait toujours pas d'opposition d'ordre séquentiel à l'intérieur de la syllabe qui resterait par suite non-linéaire, c'est-à-dire monophonématique.

On ne voit pas non plus pourquoi chez ŠČERBA la voyelle doit être unique pour ne pas être associée à des représentations de sens, cette propriété étant chez lui équivalente à la morphématicité virtuelle. Si la morphématicité virtuelle est reconnue comme la condition du dégagement d'un phonème, on devrait d'autant plus reconnaître qu'en japonais moderne aussi bien qu'en japonais ancien la syllabe est indivisible en phonèmes, étant elle-même phonème[22].

L'exemple de ŠČERBA a été récemment repris et modifié par I.I. REVZIN de la façon suivante :

> Soit un ensemble de minisegments *a*, *i*, *o*, *b*, *p*, et un ensemble de combinaisons signifiantes régulières *po*, *pi*, *pa*, *bibabo*, *bobipi*, *popabi*, *piboba*, *pobabi*, *bapibopi*, *popibaba*. On peut supposer pour ce système que chaque combinaison est formée d'un ensemble de segments élémentaire *po*, *pi*, *pa*, *bo*, *bi*, *ba*. Cet ensemble comporte un élément de plus que l'ensemble des minisegments, et néan-

(21) Dans les langues caractérisées par l'exclusivité des syllabes V et CV, la voyelle d'une syllabe V est presque toujours précédée d'un coup de glotte (ŠEVOROŠKIN, 1969) qui est rarement notée par le phonéticien (peut-être parce que, dans les langues européennes qui le connaissent, ce son n'a pas le statut d'un phonème et par suite n'est pas perçu comme un son), mais qu'il serait légitime de traiter comme une consonne en ayant en vue le principe de la "pattern congruity", de sorte que la situation est ramenée à celle des langues à modèle syllabique uniforme CV.

(22) Par ailleurs, la supposition d'une voyelle unique en japonais ancien est fausse (SYROM'ATNIKOV, 1972 : 39 sq.). Selon toute probabilité, il s'agit plutôt d'une vocalisation indistincte ou d'une non-distinction de couleur vocalique (KOLPKŠI, 1945 : 84) comme dans le cas du proto-indo-européen tel que nous le décrit Karl BORGSTRØM.

> moins beaucoup de linguistes l'auraient choisi.
> A ce qu'il paraît, les principes qui sous-tendent ce choix ne sont pas encore rendus explicites (1977 : 84).

Il est clair que les linguistes qui, par intuition, auraient choisi de reconnaître les syllabes CV du système comme des "segments élémentaires", autrement dit des phonèmes, l'auraient fait en se basant inconsciemment sur le critère de la permutabilité, trait définitoire véritable du phonème (cf. HOCKETT, 1963 : 24 sq. pour un traitement analogue de la syllabe kabardienne).

Un cas intéressant de langue à syllabes ouvertes est représenté par l'aranta, langue d'Australie. Dans cette langue polysyllabique dont les syllabes sont construites d'après le modèle V ou CV, les consonnes labiales ou labialisées (tonalité grave) sont toujours accompagnées de la voyelle [u] (facultativement [o]), les consonnes palatales ou patalalisées (tonalité aigüe) de la voyelle [i] (facultativement [e]), les consonnes neutres de la voyelle [a] (vers la fin du mot, cependant, celle-ci peut être combinée avec des consonnes d'une autre tonalité), de sorte que l'on peut dire que les éléments vocaliques n'ont d'autre fonction que celle d'augmenter l'audibilité des consonnes. D'après S.D. KACNELSON :

> ...l'action déterminante de la consonne sur le timbre vocalique peut s'exercer également sur la voyelle qui le précède, ce qui rend le vocalisme du mot extrêmement fluctuant et indéfini. Le mot qui signifie "ongle" peut se prononcer facultativement **itapmara**, **cipmura**, **thubmara** ou **itabmara**. La consonne labiale /**kw**/ peut être réalisée [ok], [uk], [ko], [ku], [uku] ou [kw]. Ainsi le mot qui signifie "oeuf" peut se prononcer [goda], [kwata] ou [okuta], le mot "chasseur" [atua], [atwa] ou [uta] (KACNELSON, 1958 : 54).

Bien qu'il trouve correcte l'interprétation proposée par A. SOMMERFELT (1939) de la tonalité des consonnes comme la réalisation de phonèmes vocaliques distincts, KACNELSON préfère traiter les complexes phoniques tels que le **kw** précité (avec ses variantes facultatives **ku**, **ko**, **go**, **uk**, **ok**, **uku**, **oko**, **oku**), etc., comme des unités phonologiques intégrales,

> ...dans lesquelles la part prédominante de rendement distinctif revient à l'élément consonantique. On pourrait bien appeler cette unité un phonème syllabique si n'était cette circonstance que sur le plan phonétique elle ne se réalise pas toujours comme une syllabe. Parfois elle se réduit à une consonne non accompagnée de voyelle, comme le /**t'**/ de **tjubmara** (où le [u] est déjà phonologiquement lié à la consonne suivante) ; parfois, au contraire, elle constitue deux syllabes phonétiques (**iti** dans **itibmara**), même trois (**atua** dans **atua** "chasseur")... Comme la tonalité englobe également la voyelle adjacente, celle-ci est également porteuse de l'élément différentiel qui s'étend ainsi sur toute la longueur du protophonème (c'est le terme que KACNELSON propose pour cette unité phonologique - CAO)... Dans la mesure seule où la voyelle reste neutre (**a**), elle ne participe pas à la distinction (*ibid.* : 55).

On ne peut que louer la perspicacité et le flair linguistique de KACNELSON et des linguistes qui, comme lui, se sont risqués à un traitement semblable des systèmes à syllabes ouvertes sans avoir préalablement révisé les principes qui sont mis explicitement ou implicitement à la base de l'analyse phonologique traditionnelle. Il est néanmoins à souligner que leurs démarches, qui représentent une véritable hérésie par rapport aux dogmes de la phonologie classique, n'ont cependant jamais mené à une discussion tant soit peu sérieuse qui aurait été hautement profitable à la théorie phonologique; l'une des raisons réside sans doute dans le fait que leur analyse peu orthodoxe n'est jamais appuyée par une argumentation consistante concernant ce qui détermine en réalité le statut structural du phonème. Ces auteurs n'ont jamais envisagé les conséquences que leur démarche implique pour la théorie du phonème, de sorte qu'elle se réduit en fin de compte à un traitement *ad hoc* qui serait tout au plus valable pour le seul cas des langues à syllabes ouvertes V et CV, considéré ainsi comme une curiosité, un phénomène anecdotique dont l'existence n'infirme en rien les postulats traditionnels. Or ce n'est pas le seul cas où le phonème est réalisé dans une grandeur phonétique qui ne coïncide pas avec le "son" de la phonétique classique occidentale.

Poursuivons notre petite expérience mentale avec la langue hypothétique à syllabes ouvertes, et supposons qu'au cours de son évolution, cette langue, par suite d'un changement quelconque (disons par exemple la chute de l'élément vocalique de la syllabe proclitique des mots plurisyllabiques), s'enrichit de groupes consonantiques de type tr, pr, kl, sl : la situation reste la même, tant qu'il n'y aura pas opposition phonologique entre l'ordre temporel propre à ces groupes et l'ordre inverse (tant que la langue ignorera les groupes rt, rp, lk, ls à l'intérieur du mot), et une syllabe du type pra reste une unité sans dimension temporelle, une unité indivisible en unités (phonologiquement) successives plus petites, bref, un phonème. Même si par la suite le vocalisme triadique (a, i, u) de la langue s'enrichit au compte de nouvelles oppositions de degré d'aperture, la situation reste inchangée tant qu'il n'y aura pas opposition phonologique entre présence et absence de voyelle dans le cadre d'une unité phonologique déterminée du système, opposition qui n'est d'ailleurs possible que dans une langue polysyllabique dans laquelle la syllabe est une grandeur purement phonétique. En effet, si dans une langue donnée les morphèmes (et/ou les mots) consistent en une seule syllabe, l'opposition entre les morphèmes (et/ou les mots) **a, pa, ra, pra** par exemple, qui sont tout aussi monophonématiques l'un que l'autre, ne peut être analysée que comme une opposition entre la présence et l'absence de certains traits pertinents. D'autre part, si une langue polysyllabique donnée connaît des oppositions du type **pra/para** entre deux morphèmes ou deux mots, le dégagement des voyelles et des consonnes comme des unités autonomes n'est possible que dans le cas où les syllabes de cette langue sont dépourvues en tant que telles de tout statut structural et le nombre de syllabes non pertinent, car dans le cas contraire l'opposition **pra/para** serait ramenée à une opposition entre **pra-∅** ou **∅-pra** et **pa-ra**[23]. Or dans une langue où la syllabe représente l'unité phonologique minimale à syntagmatique linéaire, c'est-à-dire le phonème, on ne peut dire que la syllabe est dépourvue du statut structural. Par conséquent, même dans les langues polysyllabiques, tant que la syllabe reste ouverte et que les consonnes sont groupées en ordre fixe, on ne peut ni parler d'une distinction fonctionnelle entre voyelles et consonnes, ni même considérer ces éléments comme des unités ayant une autonomie quelconque dans la chaîne. Cette situation peut être observée, par exemple, en chiricahua (apache) ou en mazateco, où la consonne initiale peut être prénasalisée, préspirantisée, pré- ou post-aspirée ou post-glottalisée, ce qui aboutit phonétiquement à des groupes consonantiques complexes du type [nth], [?nc], [sk?], etc., sans pour autant affecter la non-linéarité de la syllabe ouverte.

La noyau vocalique de la syllabe pourrait être long ou bref, de qualité homogène (monophtongoïdale) ou au contraire comporter une modulation de timbre non conditionnée par l'influence de la consonne (être diphtongué) que la situation resterait la même tant qu'il n'y

---

(23) Ici plusieurs alternatives sont possibles : (1) ou bien la première consonne du groupe continue à être traitée par la langue et perçue par le locuteur natif comme une syllabe-phonème qui peut être soit (a) distincte des autres syllabes comportant la même consonne en vertu de son timbre indéfini, comme dans le cas des présyllabes mon-khmères, soit (b) identifiable à une syllabe-phonème déterminée dont la voyelle est réalisée de façon audible dans certains contextes, comme dans le cas des syllabes-phonèmes à voyelles amuies en japonais ; (2) ou bien cette consonne est traitée et perçue comme une certaine accentuation de la syllabe (ou de l'initiale de syllabe), comme dans le cas des consonnes dites préglottalisées, prénasalisées préaspirées, etc. dans certaines langues d'Indochine ; (3) ou bien le groupe entier est traité et perçu comme une grandeur indivisible, c'est-à-dire pareille aux initiales de syllabe phonétiquement simples, comme dans le cas des consonnes rhotacisées dans les diverses langues à syllabes ouvertes qui les possèdent. Le choix de l'une ou de l'autre alternative par les langues en question est déterminé par la structure morphologique et phonologique de chacune d'elles.

aurait pas permutation à l'intérieur de ce noyau (les conditions nécessaires pour qu'il y ait permutation dans ces limites sont loin d'être aussi larges qu'on se l'imagine communément), car bien qu'au point de vue phonétique la syllabe puisse être décrite comme ayant la structure CVV ou CVVV, du point de vue phonologique le noyau reste indivisible. Cette situation peut être illustrée par le cas du maori, dont le noyau vocalique de la syllabe, quand il est modulant, est représenté uniformément par une diphtongue "descendante" : ai, au, ei, eu, oi.

Maintenant, si à la fin de la syllabe apparaît une consonne ou un groupe de consonnes à ordre fixe qui est inconnu en position initiale et ne peut être considéré comme la variante positionnelle de l'une des consonnes initiales ou de l'un des groupes de consonnes initiales, il est clair que cela ne change toujours rien à la situation, parce que l'ordre séquentiel des "sons" qui constituent la syllabe (C_1VC_2, $C_1V_1V_2C_2$, $C_1C_2V_1V_2C_3C_4$, etc.) reste fixe, et que ces sons, en dépit de l'importance de leur nombre, restent phonologiquement simultanés. Je ne connais pas de langues réelles qui puissent servir d'illustrations à cette situation ; mais il y a lieu de supposer que celle-ci n'a rien d'invraisemblable, car certaines langues bien connues possèdent des consonnes qui n'apparaissent qu'en position finale (par exemple la nasale vélaire en anglais, en allemand, en chinois mandarin, etc.), et on connaît d'autre part des langues dans lesquelles un nombre infime de consonnes apparaît dans les deux positions initiale et finale (ainsi le birman, où seule l'occlusive glottale apparaît dans les deux positions, le mixteco et le mandarin, où seul le [n] le fait). En tout cas, si la langue en question ne connaît que des syllabes CV et CVC et ignore les syllabes V et VC, il sera impossible de trouver des paires minimales dont les termes se distinguent uniquement par l'ordre séquentiel de leurs "sons", de sorte que la syllabe reste non-linéaire, ce qui semble être le cas en birman, du moins si on admet l'interprétation du coup de glotte initial comme une consonne au même titre que les autres occlusives.

La complexité de la syllabe peut être augmentée par suite de l'apparition d'une opposition de registre tonal (haut/bas ou haut/bas/moyen) et/ou de dessin mélodique (uni/modulant ou uni/montant/descendant) : la langue est maintenant ce qu'on appelle une langue à tons. Après tout ce qu'on vient de lire, il est évident que l'emploi de ce terme, en son acception courante, n'est justifié que du point de vue purement phonétique, car dans une langue semblable il n'y a aucune différence de fonction et de statut structural entre ce qu'on appelle les tons et ce qu'on appelle les sons. Les sons de cette langue, quand ils ne représentent pas des syllabes, sont tout aussi "prosodiques", tout aussi "non-segmentaux" que ses tons, et on peut dire que dans la syllabe phonématique de cette langue tout est ton. Exemple : mixteco, mazateco, birman.

De tout ce qui a été dit dans les paragraphes qui précèdent, on peut au moins voir que la linéarité (phonologique) de la syntagmatique des sons (voyelles et consonnes) ou, autrement dit, la réalisation du phonème dans ce qu'on appelle le son, est loin d'être aussi universelle qu'on le croit communément, et suppose des conditions déterminées concernant la structure syllabique ou, plus généralement, la structure morpho-phonologique des langues.

Structures morpho-phonologiques et types de phonèmes

Quelles sont donc les conditions dans lesquelles les "sons" d'une langue peuvent avoir le statut de phonèmes, c'est-à-dire participer à l'opposition d'ordre séquentiel ?

Il pourrait paraître évident qu'il suffirait qu'une langue connaisse des syllabes fermées, avec un système assez développé de consonnes finales dans lesquelles on peut reconnaître les variantes positionnelles de certaines consonnes initiales, pour qu'il y ait *ipso facto* opposition d'ordre séquentiel entre combinaisons CV et VC et que, par suite, les "sons" de cette langue soient dotés du statut structural d'unités phonologiques minimales à syntagmatique linéaire, c'est-à-dire de phonèmes.

Cela est vrai, à condition cependant que l'identité phonématique des consonnes initiales et finales soit prouvée. Or on n'a jamais songé à prouver cette identité. Ce qu'on appelle un "t final", à savoir un mouvement ascendant de l'apex vers les incisives supérieures et la modulation de timbre du noyau vocalique vers une coloration proche de celle de [ε] (une courbure de F_2 visant une zone de fréquence proche de celle du F_2 de [ε]) qui en résulte, est toujours *a priori* considéré comme la variante "positionnelle" d'un "t initial", c'est-à-dire un mouvement de l'apex quittant les incisives supérieures et le bruit d'explosion accompagné d'un mouvement de F_2 quittant la zone de fréquence du F_2 de [ε] pour rejoindre celle du F_2 de la voyelle en cause, et aucune procédure n'a jamais été prévue pour cette identification dans les manuels techniques de phonologie. Ce qui est assez naturel, puisque même dans les notations "phonétiques" les plus "serrées", la différence qui existe entre ces deux catégories de consonnes n'est presque jamais marquée.

Cette différence est pourtant considérable. Elle consiste en premier lieu dans la direction des deux mouvements articulatoires et de leurs corrélats acoustiques, qui sont inverses; ensuite, le bruit caractéristique d'explosion par lequel on reconnaît la consonne en position prévocalique fait souvent complètement défaut dans les consonnes finales, car la phase de relâchement (détente) est rarement obligatoire pour ces dernières. Dans beaucoup de langues, les consonnes finales, qui sont toujours des occlusives, sont articulées sans cette phase, de sorte que leur reconnaissance est effectuée uniquement sur la base des courbes de formants vocaliques contenues dans le segment communément attribué à la voyelle "précédente".

Les phonéticiens instrumentalistes ont constaté que les mouvements musculaires exigés pour la production d'une consonne explosive et de son homologue implosif sont différents et résultent d'ordres moteurs différents (FROMKIN, 1966). La démonstration de bandes magnétiques en sens inverse met en évidence la différence physique considérable qui existe entre ces deux catégories de consonnes. L'enregistrement d'une syllabe transcrite comme [tat] par exemple, démontré en sens inverse, donne à l'audition [xtast] ou [yast] selon que la consonne finale est articulée avec ou sans une phase de détente. La consonne implosive n'est donc même pas l'image inversée de la consonne explosive communément considérée comme lui étant phonétiquement identique.

La différence physique entre les "sons ouvrants" (dont les consonnes explosives) et les "sons fermants" (dont les consonnes implosives) est si considérable que SAUSSURE propose de "dédoubler le tableau des phonèmes (c'est-à-dire des "sons" - CAO) sauf pour **a**" (1916 : 81) et trouve que les sons ouvrants et les sons fermants "doivent être distingués dans une véritable écriture phonologique (c'est-à-dire phonétique - CAO)" (SAUSSURE *in* GODEL, 1957 : 80).

Il ne semble pas oiseux de poser le problème de l'identité phonologique des deux catégories de consonnes. Il ne s'agit pas tant de démontrer le mal fondé de leur identification *a priori* que de chercher à comprendre pourquoi le problème de leur identité n'a jamais été posé en linguistique générale, pourquoi la phonologie contemporaine juge cette identité si évidemment universelle qu'elle ne vaut pas la peine d'être vérifiée pour chaque langue.

Du point de vue linguistique, cette identité est pourtant à peine concevable, parce que les consonnes explosives et implosives remplissent des fonctions différentes dans la syllabe et dans le mot, et forment des paradigmes distincts dans le système phonologique d'une langue (cf. VOGT, 1942; HJELMSLEV, 1943 : 91, 102; CARNOCHAN, 1958 : 197; SPANG-HANSSEN, 1958 : 128sq.; MARTINET, 1963 : 17 sq.)[24].

Supposons qu'une langue donnée n'ait que des consonnes bruyantes sourdes en position finale, tandis qu'en position initiale elle a en outre des sonores et des sourdes aspirées. Même en déniant *a priori* la pertinence de la distinction explosive vs implosive, on ne peut pas ne pas reconnaître que le contenu phonologique d'un -t, défini par les traits pertinents "occlusif" et "dental", est différent de celui d'un t-, dont les traits pertinents sont "occlusif", "dental", "sourd" et "non-aspiré", ce qui rend impossible leur identification phonématique.

D'autre part, si dans la langue en question le système des consonnes finales présente un parallélisme total avec celui des consonnes initiales, leur identité reste problématique, car il reste toujours une différence physique dont on doit prouver la pertinence ou la non-pertinence.

Le recours à la distribution complémentaire pour prouver la non-pertinence de la différence explosive *vs* implosive constituerait un argument circulaire qui aurait pu tout autant servir à démontrer le contraire. On ne peut en effet résoudre que par décret le problème de savoir si la différence explosive *vs* implosive est non-pertinente, parce qu'elle est automatiquement conditionnée par la place des consonnes dans la syllabe, ou si cette place est non-pertinente, parce qu'elle est automatiquement conditionnée par la nature explosive ou implosive de ces consonnes.

Et si l'on a décidé d'identifier phonématiquement, au nom de la distribution complémentaire, les consonnes explosives et implosives

(24) Voici en particulier ce que MARTINET écrit à ce sujet : "Il est tout à fait essentiel d'essayer de comprendre pourquoi nous insistons tous pour considérer le [t] de *tare* et celui de *rate* comme un seul et même phonème. Nous ne le faisons pas pour des raisons théoriques et abstraites bien définies, mais seulement parce que ces deux **t** se révèlent être le produit de la même habitude musculaire, avec seulement des adaptations nécessaires imposées par les contextes respectifs. Tous deux sont empêchés de dériver par les mêmes inhibitions, créées par la nécessité de maintenir distinctes d'autres habitudes articulatoires, et qui sont les mêmes pour le **t** de *tare* et celui de *rate*. Si les habitudes articulatoires n'étaient pas les mêmes pour **t** initial et pour **t** final, si par exemple, la langue à l'étude n'était pas le français, où nous avons *rade* à côté de *rate*, mais une langue comme l'allemand ou le russe, où l'on ne saurait trouver une telle paire, quelques-unes des inhibitions empêchant le phonème de dériver à l'initiale seraient sans effet à la finale . Aussi étrange que cela puisse paraître, les vrais réalistes, dans un cas de ce genre, s'opposeraient à l'identification totale du **t** initial et du **t** final, même s'il était démontré qu'ils sont physiquement identiques" (1962 : 17 et sq.).

dans toutes les langues, même quand elles forment des paradigmes différents et représentent des ensembles de traits pertinents différents, en passant outre à toute considération d'ordre fonctionnel et structural, il est difficile de voir pourquoi on n'identifierait pas, en vertu de la même distribution complémentaire, les voyelles et les consonnes qui leur sont phonétiquement similaires. Ainsi [k] et [ǎ] sont en anglais en distribution complémentaire et ont en commun les traits "compact", "grave", "lâche" et "non-bémolisé" selon la terminologie de JAKOBSON et al., dont l'ensemble les distingue de tous les autres phonèmes de l'anglais. On pourrait donc les considérer comme un seul et même phonème et déclarant leur différence (consonantique *vs* vocalique) non-pertinente parce qu'automatiquement conditionnée par leur place respective par rapport à la crête de syllabe, tout comme on l'a fait (implicitement) avec la différence explosive *vs* implosive. Cette identification, qui semble intuitivement absurde, est théoriquement non moins correcte que celle des deux catégories de consonnes (CHOMSKY, 1964 : 103).

D'ailleurs la distribution complémentaire ne prouve rien si ce n'est la non-opposition d'éléments susceptibles d'apparaître dans une même position dans la chaîne. Elle ne peut être censée prouver l'identité d'éléments qui se trouvent dans des positions différentes. Les unités linguistiques qui appartiennent à des paradigmes différents et sont dotées de statuts différents et de fonctions différentes ne peuvent se trouver dans la même position et par suite sont toujours en rapport de distribution complémentaire. Dans ces conditions, la distribution complémentaire est précisément la conséquence de leur altérité. Elle en est la preuve.

Plusieurs auteurs ont constaté que "beaucoup de langues connaissent une opposition phonologique entre les consonnes explosives (initiales de syllabe) et implosives (finales de syllabe)" (MALMBERG, 1964 : 116; cf. aussi SOMMERFELT, 1935 : 305). Certes, l'implosion pourrait être interprétée comme la manifestation d'une frontière syllabique subséquente (une jonction) au lieu d'être considérée comme un trait pertinent de la consonne concernée. Mais cette subtilité technique se réduit en fait à jongler avec les mots. La "jonction" en question remplit à l'intérieur de la grandeur dissyllabique qui la contient (et qui est souvent une unité signifiante intégrale) une fonction distinctive identique à celle d'un trait pertinent "inhérent" de phonème. C'est elle qui distingue, par exemple, vietn. [fat̀haɲ] "distribuer" de [fat́haɲ] "démolir les murailles" (HOANG et HOANG, 1975 :

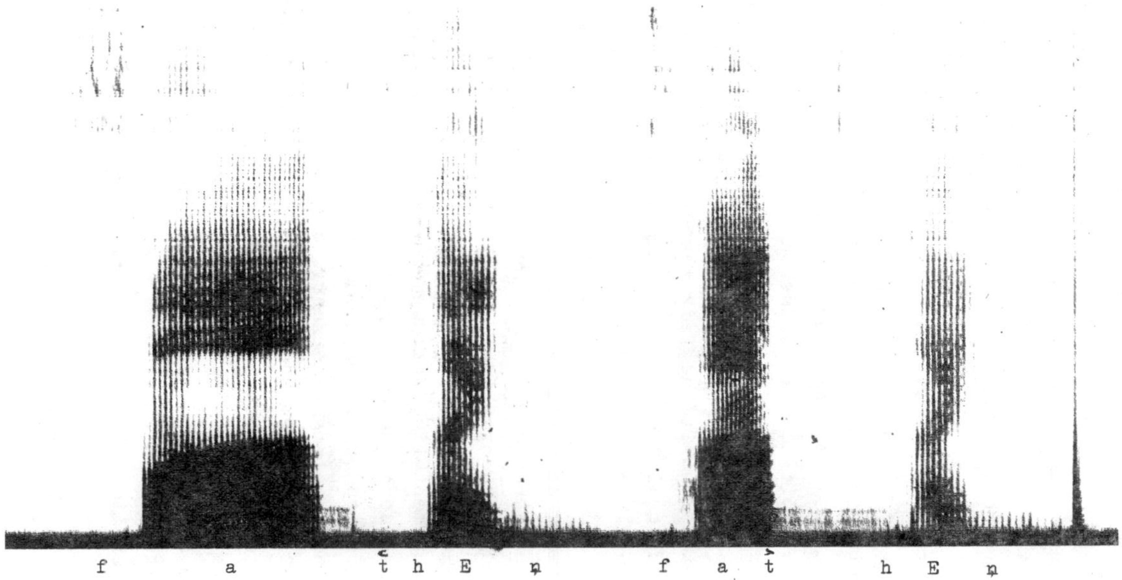

Planche 1 : *Sonagrammes de vietn. phá thành et phát hành*

Remarquer l'incurvation du second formant de la voyelle [a:] vers une fréquence plus haute dans le groupe *phát hành*, incurvation qui fait défaut dans le [a:] du groupe *phá thành* (voir aussi Pl. 2, cf. p. 84).

92). B. MALMBERG ne trouve qu'un seul avantage à l'introduction d'un "phonème de jonction" dans la description des cas semblables : la réduction du nombre des unités (1964 : 118). Et si l'introduction d'une telle unité dans la langue à l'étude ne mène même pas à cette économie ou y mène au détriment de l'adéquation de l'analyse, il n'y a plus aucune raison pour y recourir. Et cependant, même les linguistes qui n'ignorent pas l'existence d'oppositions analogues, et même ceux qui n'emploient jamais le mot "*joncture*", préfèrent recourir, explicitement ou implicitement, à cette notion, plutôt que de reconnaître la pertinence de la différence explosive *vs* implosive, qui est pourtant évidente dans les langues du même type que le vietnamien.

Pour les usagers des langues européennes, l'identité phonologique des consonnes explosives et implosives est tout à fait évidente et absolument certaine. Et les linguistes européens l'admettent comme une vérité universelle en dépit des principes qui constituent la base même de la théorie phonologique qu'ils ont eux-mêmes élaborée. Cette situation étrange et paradoxale devient compréhensible si l'on a en vue que la postulation de cette identité ne fait pas partie de la théorie phonologique. De même que celles qui ont trait à la segmentalité des sons, à leur succession dans le temps, etc., cette postulation implicite relève du cadre mental inconscient du locuteur natif d'une langue européenne, et par suite est au-dessus de toute théorie.

Cependant, la certitude qu'ont les sujets parlants européens de l'identité de ces deux catégories de consonnes n'est pas de nature proprement aprioristique et indépendante de la langue. Comme tous les faits relevant du sentiment linguistique, cette certitude intuitive ne peut être que la conséquence de certains faits structuraux propres aux langues maternelles des sujets parlants. Il est du ressort du métathéoricien de la langue non seulement de rendre explicite cette postulation intuitive et de poser le problème de sa validité universelle, mais aussi d'élucider ce qui dans la structure de la langue dicte au locuteur natif et au linguiste cette postulation, et c'est seulement après l'avoir fait qu'il sera en mesure de préciser en termes linguistiques les limites de sa validité.

André MARTINET explique l'identification intuitive en question par les "habitudes articulatoires" qui sont les mêmes pour les deux catégories de consonnes et qui sont sujettes aux mêmes "inhibitions". Ainsi, le t de *rate* et celui de *tare* en français sont phonologiquement identiques parce que les locuteurs, en les prononçant, sont obligés de les maintenir distincts d'autres sons (par ex. d, n, s, z, p, b, m, etc.) qui sont les mêmes, ce qui n'est pas le cas pour les deux t de l'allemand ou du russe (MARTINET, 1962 : 17sq., voir ci-dessus p. 67, n.24). Mais s'il en est ainsi, on ne comprend pas pourquoi les Russes et les Allemands prononcent toujours leurs t finaux comme [t] et non comme quelque chose approchant de [d] (cela leur est presque physiquement impossible), étant donné qu'aucune inhibition ne les en empêche, ni pourquoi, eux aussi, ils identifient intuitivement, les unes aux autres les consonnes explosives et implosives. L'explication est donc à chercher ailleurs que dans l'inhibition causée par les oppositions à maintenir dans les paradigmes respectifs.

Le seul fait qui puisse expliquer cette certitude intuitive qu'ont les usagers des langues flexionnelles d'Europe de l'identité des consonnes explosives et implosives est que dans ces langues une consonne implosive qui termine un morphème devient automatiquement une consonne explosive dès qu'elle précède une voyelle dont elle n'est pas séparée par une frontière lexicale (ou, dans certaines langues, une frontière de syntagme) qui s'oppose à cette transformation, et cela sans porter atteinte à l'identité du morphème qui contient la consonne en question, c'est-à-dire sans que cette dernière cesse d'être un élément constitutif de ce morphème (GORDINA, 1966 : 177 sq.; cf. ŠČERBA, 1912; IVANOV et POLIVANOV, 1930; FISCHER JØRGENSEN, 1949 : 207). En russe, *kot* "le chat" devient *kota* au génitif. En français, les consonnes implosives qui terminent les mots *il*, *aime*, *une*, *autre* deviennent explosives et changent de syllabe quand ces mots sont concaténés en une phrase comportant un seul groupe rythmique : i-lɛ-my-no-trə (DELATTRE, 1962).

L'identité des consonnes explosives et implosives dans les langues flexionnelles d'Europe ne peut donc être démontrée qu'au niveau morphonologique. Si le [t͐] de *kot* "le chat" est phonologiquement identifiable au [t᷾] de *ta* "celle-là", par exemple, c'est uniquement parce qu'il devient [t᷾] dans le génitif *kota*. Par suite, le [t͐] de *kod* "le code" ne peut être identifié qu'à [d᷾], parce que au génitif le mot donne *koda*[25].

---

(25) La compréhension de ce fait crucial libère la théorie phonologique de la nécessité d'élaborer des concepts douteux tels que celui d'archiphonème. Pour un linguiste réaliste, ce concept n'a que faire dans la théorie linguistique, car il ne correspond à aucune unité *réelle* de la langue. Pour un Russe, l'image acoustique [kot] représente ou bien 'le chat' ou bien 'le code', et non quelque chose qui serait à mi-chemin entre les deux, ou quelque chose qui serait plus général et plus

L'importance de ce phénomène — que certains auteurs désignent par le terme assez réussi de ressyllabation (cf. KASEVIČ, 1977) — pour l'analyse phonologique des langues qui le connaissent, réside en ceci que les consonnes explosives et les consonnes implosives qui, dans les langues où le phénomène est inconnu, appartiennent à des paradigmes différents et par suite ne peuvent être identifiées les unes aux autres, se voient grâce à lui, et à lui seul, réunies dans le même paradigme. Les paradigmes syllabiques (les "places" dans la structure de la syllabe) des langues qui ne connaissent pas la ressyllabation disparaissent pour céder la place aux paradigmes morphologiques indépendants de la syllabe. Dans le paradigme formé par les phonèmes qui terminent les morphèmes des langues à ressyllabation, tantôt les consonnes ferment la syllabe formée par le morphème auquel elles appartiennent, tantôt elles ouvrent la syllabe formée par le morphème subséquent,

---

abstrait qu'eux. Par suite, le [t] est nécessairement ou bien une réalisation de **t** ou bien une réalisation de **d** , et ne peut être rien d'autre : *tertium non datur*.

Le concept d'archiphonème est né de la séparation artificielle des niveaux phonologique et morphologique, séparation qui donne lieu à des difficultés théoriques plus grandes qu'on ne le croit communément. En particulier, elle empêche l'identification *phonologique* des consonnes explosives et implosives : si l'on s'en tient à cette séparation, les consonnes telles qu'elles sont identifiées par les usagers des langues européennes seraient des morphonèmes, non des phonèmes. Il y a certes une différence entre les identités de [t̀] et [t́] ou de [t̀] et [d́] dans les morphèmes *kot* et *kod* du russe et celles de [t] et [š] qui alternent également dans le morphème *kot* (cf. *koška* "la chatte", *košačij* "félin, félidé"). La différence consiste en ce que l'alternance **t̀ / t́** ou **t̀ / d́** est phonétiquement conditionnée (par la présence ou l'absence d'une voyelle quelconque qui suit le morphème dans le même mot), tandis que l'alternance **t / š** est morphologiquement conditionnée (par la présence ou l'absence d'un morphème déterminé). La substitution de **š** à **t** signale la présence d'un suffixe, de sorte que **š** peut être dit appartenir en même temps à la racine *kot* et au suffixe qui lui est concaténé. Autrement dit, [koš-] représente le morphème *kot* plus un signal de dérivation lexicale. Il sera donc peut-être utile de dégager deux niveaux distincts d'alternances morphonologiques.

On a beaucoup discuté sur la possibilité de l'identification phonématique des deux sons [h] et [ŋ] en anglais, en allemand ou en chinois. Pour expliquer l'impossibilité, certaine intuitivement, d'une telle identification, on a eu recours à divers arguments *ad hoc* ; mais on ne peut pas être sûr que les faits mentionnés se trouvent bien à la base de cette certitude intuitive. La seule chose qui ne puisse faire de doute dans le cas concerné, c'est que [ŋ], dans les contextes où les autres consonnes implosives deviennent des consonnes explosives, ne devient jamais [h]. Cependant, si dans un dialecte quelconque de l'anglais, par exemple, *sing*, *singing*, *singer*, *sing a song*, et *singing a song* sont prononcés respectivement [siŋ], [sihiŋ], [sihə], [sihəsɔŋ] et [sihihəsɔŋ], rien ne pourra plus empêcher l'identification de ces deux consonnes dans le système phonologique de ce dialecte, et leur identité paraîtra évidente et certaine pour les sujets qui le parlent. Le fait, souvent allégué contre l'identification de [h] à [ŋ], que ces deux sons n'ont aucun trait commun qui les distinguerait des autres consonnes ne peut être reconnu pertinent, puisque dans nombre de dialectes anglais **t** connaît une réalisation [ʔ] qui n'a de commun avec [t] que les traits "occlusif" et "non-voisé" que possèdent également **p**, **k**, **č**.

et leur caractère explosif et implosif, entièrement déterminé par le contexte, n'a plus aucune valeur distinctive.

La condition nécessaire pour qu'une consonne implosive puisse être identifiée phonologiquement avec une consonne explosive dans une langue donnée est donc que dans cette langue les frontières syllabiques ne coïncident pas avec les frontières de morphèmes et/ou de mots (ZINDER, 1960 : 34sq. ; GORDINA, 1966 : 177sq.).

Autrement dit, il faut que l'intégrité de la syllabe, ce segment minimal (HOCKETT, 1947 ; LÜDTKE, 1969), cette unité naturelle de perception et d'articulation (ČISTOVIČ, 1960, 1976; LIBERMAR et al., 1968 ; SAVIN & BEVER, 1970 ; LAVER, 1970 ; KIM, 1971; STUDDERT-KENNEDY, 1976), cette unité phonologique première ("phonological prime") (VENNEMAN, 1972 ; BASBØLL, 1974 ; HOOPER, 1976 ; LINELL, 1979), soit détruite par une resegmentation morphématique telle que ses frontières, sa structure et elle-même en tant que telle soient réduites à de simples faits physiques dépourvus de toute signification linguistique, et que ses éléments, qui à l'origine doivent leur statut à la fonction constituante qu'ils assument dans sa structure, le perdent définitivement en acquérant un statut nouveau dans la structure d'une autre unité fonctionnelle dont la réalisation dans la substance sonore n'est pas syllabique. En d'autres termes encore, il faut que les sons, en particulier les consonnes, cessent d'appartenir à la syllabe comme ses éléments constituants et perdent ainsi les propriétés originellement invariantes qui sont déterminées par leur fonction constituante dans la structure de la syllabe : le caractère explosif ou implosif inhérent aux unités dynamiques respectives dont la fonction est d'ouvrir ou de fermer la syllabe.

Le statut linguistique de la syllabe, le fait qu'elle est ou n'est pas en tant que telle une unité structurale de la langue, se révèle donc pertinent et essentiel pour l'analyse phonologique. C'est lui qui décide du statut de la grandeur phonétique susceptible de fonctionner en tant qu'unité minimale à syntagmatique linéaire.

Par conséquent il est important de distinguer les langues dans lesquelles la syllabe est en tant que telle une unité structurale (un morphème ou un phonème en tant qu'unité permutable constituant directement le morphème) que nous appellerons langues syllabiques à la suite des linguistes orientalistes et les langues dans lesquelles elle ne l'est pas, que nous appellerons langues non syllabiques à la suite des mêmes linguistes.

Quand dans une langue donnée un morphème grammatical concaténé à une racine sépare la consonne finale de celle-ci de son ancienne syllabe pour en former avec lui une nouvelle, les nouvelles syllabes qui en résultent n'ont en tant que telles aucun statut linguistique (bien que, dans certaines langues, elles puissent en obtenir un en tant que porteuses ou thèmes de certaines unités prosodiques). L'appartenance d'un son à telle ou telle syllabe est dans cette langue un fait sans signification dû au hasard des combinaisons morphématiques. C'est là un des traits caractéristiques du mécanisme de la morphologie des langues typiquement flexionnelles, qui cependant se retrouve également dans certaines langues agglutinantes.

En turc, langue agglutinante non-syllabique, le mécanisme de la jonction des morphèmes est essentiellement le même que dans les langues flexionnelles. Les dimensions des morphèmes turcs sont presque aussi variées que celles des morphèmes européens et ne sont mesurables ni en termes de syllabes, ni en termes d'éléments constituants de syllabes (cf. les suffixes *-lar*, *-il*, *-m*, *-i*, etc.). La consonne qui termine un morphème forme toujours une syllabe avec la voyelle par laquelle commence le morphème suivant du même mot.

En japonais, cependant, l'agglutination n'est jamais accompagnée de ressyllabation proprement dite, même si le morphème qui précède se termine apparemment par une consonne (*-n*, *-s*, *-ts* par exemple) et si celui qui suit commence par une voyelle. C'est qu'en japonais ces consonnes apparentes sont en réalité des syllabes phonologiques et en tant que telles ne peuvent se comporter comme de vraies consonnes. La syllabe japonaise, étant l'unité minimale susceptible de constituer à elle seule un morphème ou de se combiner en tant que telle avec ses homologues pour former directement un morphème, est morphologiquement indissoluble et phonologiquement indivisible en unités successives plus petites[26]. Le morphème japonais est en effet composé de syllabes, non de "sons" ; il peut en comporter une ou plusieurs, mais les frontières morphématiques sont toujours en même temps des frontières syllabiques. En japonais, les "sons", qui ne sont pas permutables, et, par suite, n'ont aucune autonomie syntagmatique, ne peuvent en tant que tels participer directement à la constitution des unités signifiantes.

Pour plus de simplicité et de cohérence dans l'exposé, nous avons

(26) Nous faisons abstraction de certains cas de flexion intrasyllabique, qui sont d'ailleurs rares et non-représentatifs. Il en sera question plus loin (voir Ch. III).

commencé l'élucidation des conditions de la phonématicité des sons par l'examen de langues à structure syllabique uniforme ou quasi-uniforme telles que le japonais. Au cours de notre exposé, nous en sommes cependant arrivé à constater l'intervention d'un autre facteur déterminant dans l'établissement du statut structural des grandeurs phonétiques : les frontières morphologiques.

En effet, il ne suffit pas qu'une langue soit caractérisée par une structure uniforme de ses syllabes pour qu'elle puisse être qualifiée de langue syllabique avec tout ce qui s'ensuit. Pour qu'elle en soit une, il faut encore que ses syllabes soient en même temps des morphèmes ou des éléments constituants directs de morphèmes, c'est-à-dire que les frontières morphématiques ne passent pas à l'intérieur des syllabes. Si dans une langue où les syllabes sont uniformément caractérisées par une structure CV par exemple, les morphèmes ont au contraire une structure phonétique différente — V, VC, CVC, VCVC, etc. —, les frontières morphématiques, grâce au phénomène de ressyllabation, passeront constamment entre la consonne et la voyelle qui forment la syllabe, et cette condition suffira pour que ces sons acquièrent une autonomie qui est inconnue des voyelles et des consonnes des langues syllabiques.

Ainsi, en vieux slave, ou les syllabes sont uniformément ouvertes (V, CV ou CCV), les coupures morphématiques dans des mots comme :

s y | n-o | v-e "fils" ou m a | t-e | r-i "mère"

(les traits d'union indiquant les frontières de morphèmes, les barres verticales les frontières de syllabes) disloquent les syllabes et dégagent les sons comme des éléments syntagmatiquement autonomes. D'un point de vue strictement phonologique, la syllabe reste non-linéaire et les sons phonologiquement simultanés, de sorte qu'on pourrait représenter la structure séquentielle (l'organisation temporelle phonologique) des mots mentionnés de la façon suivante :

```
s           m
y n         a t
  o v         e r
    e           i
```

où les sons phonologiquement simultanés sont représentés par des lettres placées l'une au-dessous de l'autre. Cependant le fait que la voyelle de chaque syllabe CV appartient à un autre morphème que celui auquel appartient la consonne de la même syllabe semble suffire à mettre en cause l'indivisibilité de la syllabe-phonème.

Dans certaines langues bantu, comme le swahili ou le lingala, la structure syllabique est uniformément CV, de sorte que chaque syllabe représente un phonème, mais le phonème syllabique de ces langues, tout comme celui du vieux slave, est loin d'avoir une constitution aussi monolithique que celui des langues proprement syllabiques, car il est constamment scindé en deux par des frontières morphématiques, cf. lingala gw-a/to "pirogue", m-a/to "pirogues", mo-/sa/l-a "travail", e-sa/l-e/l-i "outil", ko-/sa/l-i/s-a "aider à travailler".

Dans les langues de ce type, la ressyllabation est de règle dans la concaténation des morphèmes. Cette situation semble présenter une certaine analogie avec celle de l'*Umlaut* morphématique : c'est la même division du phonème (voyelle ou syllabe) en deux éléments phonologiquement simultanés par une frontière morphologique, avec cependant cette différence que dans les cas examinés ici ces éléments simultanés appartiennent à des morphèmes qui participent encore à d'autres syllabes[27]. En tout cas, la structuration du mot en syllabes phonologiquement non linéaires ne peut avoir aucune répercussion sur le mode de perception des sujets parlants. La voyelle d'une syllabe CV qui appartient au morphème phonétiquement subséquent peut par exemple être perçue par le locuteur natif comme une certaine modulation du timbre de la consonne "précédente", ce qui doit influencer en quelque sorte la perception de l'ordre de succession des morphèmes eux-mêmes, lequel, d'ailleurs, est souvent fixe. Nous sommes en présence de deux forces antagonistes à l'oeuvre : d'un côté l'action séparatrice des frontières morphologiques qui s'exerce sur les éléments de la syllabe, de l'autre l'action détemporalisante, si l'on peut dire, de la structure non linéaire des syllabes - lutte dont l'issue ne peut être déduite par pure spéculation[28].

---

(27) Un cas beaucoup plus proche de celui de l'*Umlaut* est représenté par les "inflexions" des radicaux verbaux en japonais (cf. les formes de *tobu-* "voler" : *tobi-*, *tobe*, etc. ; cf. aussi, en ancien japonais, *töru* "prend", *töri* "prenant", *töre* : "prends", etc.). Il s'agit ici, comme dans le cas de l'*Umlaut*, d'une flexion intrasyllabique, non d'une ressyllabation. Les alternances qu'on peut y observer sont des alternances de traits pertinents, et les frontières morphologiques ne divisent pas la syllabe en sons. La structure syllabique reste invariable, et la syllabe garde son statut de phonème.

(28) Il n'est peut-être pas dépourvu d'intérêt de faire remarquer que pour une langue de ce type, une écriture syllabique serait aussi efficace qu'une écriture alphabétique, étant donné l'uniformité de sa structure syllabique.

Les langues à syllabes non linéaires et à ressyllabation peuvent être situées dans une zone limitrophe qui se trouverait entre les langues proprement syllabiques et les langues proprement non syllabiques, dont les spécimens les plus typiques sont représentés par les langues flexionnelles d'Europe.

Dans ces dernières langues, où le morphème n'est pas caractérisé par des dimensions phonétiques définies, les sons, qui sont dotés du statut phonématique, sont susceptibles de représenter en même temps des morphèmes, comme dans le cas de s, d, t en anglais ou de l, j, v, s, k en russe, ce qui leur confère une position toute particulière à la charnière de la double articulation. Les sons phonématiques des langues non-syllabiques du type européen constituent directement le morphème et le mot, indépendamment de la syllabe. Le passage des consonnes finales de morphèmes d'une syllabe à l'autre (la ressyllation) et les frontières morphologiques qui passent à l'intérieur des syllabes, séparant les voyelles des consonnes, contribuent à réduire l'unité naturelle de phonation et de perception qu'est la syllabe à une grandeur purement phonétique dont l'existence n'est rappelée à la mémoire des sujets parlants que quand le message verbal est "centré sur lui-même" et dirige l'attention de l'auditeur vers sa forme phonique, c'est-à-dire en poésie (JAKOBSON, 1960). Par suite, l'énoncé est segmenté de façon exhaustive en sons, qui de surcroît sont permutables, ce qui permet au sujet parlant d'analyser spontanément chaque mot en ses unités, ou tout au moins facilite cette analyse à tel point qu'elle lui semble donnée d'avance dans la substance phonique.

Dans ces langues, les frontières syllabiques, dépourvues de toute signification linguistique, s'estompent tellement qu'il est souvent difficile et parfois impossible de les repérer (témoins les discussions interminables entre les linguistes à ce sujet), surtout quand dans leur voisinage se trouvent des groupes de consonnes, les sandhis vrais ou faux achevant de brouiller le tableau. Les sons, qui ne sont pas soumis aux contraintes des fonctions constituantes syllabiques, jouissent d'une liberté de distribution quasi illimitée, et la possibilité de groupes consonantiques linéaires extrêmement variés mène à cette conséquence que les phases de tension et/ou de détente des consonnes leur font constamment défaut et sont par suite réduites à des attributs combinatoires entièrement conditionnés par le contexte, lequel peut varier à l'infini, alors que la tenue représente la seule phase obligatoire et constante des consonnes, ce qui contribue à renforcer la représentation statique et segmentale des "sons" chez les sujets parlants.

Les consonnes finales des langues de ce type ne sont pas proprement "implosives" : outre l'implosion (le mouvement de fermeture et ses effets acoustiques), elles comportent fréquemment (surtout quand il s'agit d'occlusives) une phase de détente essentiellement identique à celle qui caractérise les consonnes initiales, avec un bruit d'explosion nettement audible qui constitue l'indice acoustique le plus important pour l'identification, et c'est cette phase qui rend possible et naturelle la jonction de la consonne finale avec la voyelle du morphème subséquent. Dans beaucoup de langues européennes, cette explosion pourrait être décrite phonologiquement comme une voyelle dévoisée (cf. le "e muet" du français)[29], ce qui faciliterait de beaucoup la description de la morphologie de ces langues, et qui permettrait de constater que le modèle syllabique CV du proto-indo-européen n'est pas sans laisser de vestiges visibles dans les langues indo-européennes modernes : il ne serait pas déraisonnable de supposer que c'est grâce à leur origine syllabique que les consonnes européennes sont dotées du statut phonématique, c'est-à-dire que, en perdant leur voyelle, les anciennes syllabes CV, qui sont maintenant représentées par une consonne seule, gardent toujours leur permutabilité.

Les langues flexionnelles d'Europe représentent le type même des langues non syllabiques à sons phonématiques. Il est cependant à remarquer que le caractère non syllabique des unités signifiantes et la diversité apparente des modèles syllabiques, tels qu'on les observe dans les langues européennes, n'entraînent pas nécessairement la syntagmatique linéaire des sons.

La structure morpho-phonologique des langues chamito-sémitiques présente sous ce rapport un intérêt particulier pour la présente discussion. Dans ces langues flexionnelles caractérisées par SAPIR comme des langues synthétiques symboliques et fusionnelles (1921 :

---

(29) Au lieu d'être ignoré en tant que phonème, (d'être interprété comme zéro phonématique) ou d'être considéré comme une variante de /ø/ en syllabe inaccentuée (la présence du ə accentué dans *prends-le*, *sur ce* et *parce que!* invalide cette interprétation), le ə "muet" ou "caduque" du français pourrait être traité comme un phonème vocalique indépendant de timbre neutre qui possède une variante facultativement dévoisée en syllabe inaccentuée. La règle impliquée serait que les consonnes finales non-liquides sont omises devant une frontière de syntagmes et devant une consonne initiale (cp. *petit*, *petit frère*, *petit enfant*) et que la voyelle en cause se fond avec celle du morphème subséquent en syllabe finale inaccentuée après les consonnes non liquides. Alors la description traditionnelle de la formation du féminin des adjectifs et des noms en français , la seule qui semble répondre au sentiment linguistique des Français, reprendra ses droits.

120sq.), la structure exclusivement consonantique des racines, la structure essentiellement vocalique des schèmes ou morphèmes d'actualisation, et l'amalgame de ces deux éléments qui forment les mots, semblent présenter des frontières morphologiques assez nettes pour le dégagement des phonèmes consonantiques et vocaliques. Ainsi, l'amalgame de différents schèmes avec la racine KTB "idée d'écrire" donne en arabe les mots KaTaB(a) "écrire", KuTiBa "fut écrit", uKTuB "écris", maKTuB "écrit", KiTaB "livre", KutuB "livres", KaTiB "écrivain", etc. : à première vue, les mots pourraient paraître scindés d'emblée en phonèmes consonantiques et vocaliques, et le phonologue serait tenté de les analyser selon la méthode traditionnelle, à l'instar des mots européens. Mais si on tient compte du fait que cette segmentation apparente n'est qu'une conséquence contingente, secondaire de la démarcation globale entre racine et schème, une telle analyse ne peut être reconnue comme adéquate, d'autant plus que la structure phonique des mots ainsi formés n'obéit à aucune règle de distribution qui puisse être formulée indépendamment de la morphologie. L'ordre des sons dans la syllabe, autrement dit la place des voyelles du schème par rapport aux consonnes de la racine, peut varier de dialecte en dialecte (cf. arabe litt. HaBL "corde" et arabe maroc. HBəl; ar. litt. FaGR "lumière" et ar. maroc. FZəR, etc.).

On peut donc dire qu'il y a combinaison simultanée entre deux unités morphologiques dans laquelle l'ordre séquentiel des éléments phonologiques n'est pertinent qu'à l'intérieur de chacune d'elles. Les cas de combinaison phonétiquement linéaire représentée par l'adjonction d'un préfixe ou d'un suffixe, qui présentent les traits caractéristiques de l'agglutination, n'invalident pas cette interprétation, puisque la place respective de ces éléments n'est pas pertinente.

Dans les langues de ce type, la syllabe n'a aucun statut structural, sinon celui d'être porteuse d'accents, son existence même à l'intérieur du mot dépendant entièrement de la combinaison des morphèmes, et le phonème lui-même est d'une nature toute différente de celle des phonèmes des autres langues non syllabiques : les phonèmes chamito-sémitiques constituent directement les morphèmes et n'appartiennent aux mots que de façon tout à fait indirecte. Son statut d'unité permutable est dû à sa place dans le morphème et est indépendant de sa place dans le mot. Que le K de la racine KTB précède immédiatement le T en faisant partie d'une même syllabe que lui (KTəB), ou qu'il constitue avec un élément du schème une syllabe CV dont la voyelle le sépare du T (KaTBət), ou qu'un préfixe le fasse rentrer dans une syllabe CVC (maKTuB), sa place et sa valeur restent les mêmes. Les phonèmes consonantiques de la racine et les phonèmes vocaliques du schème n'ont aucun rapport structural direct entre eux.

Une analyse phonologique qui se veut propre à rendre compte de la structure spécifique de ces langues doit donc se fonder en premier lieu sur la dichotomie racine/schème et traiter les éléments de chacune de ces unités indépendamment les uns des autres. La structure morpho-phonologique d'un mot arabe pourra être représentée schématiquement de la façon suivante :

racine :	K-T-B	K-T-B		mK-T-B	K-T-B	
schème :	a-a-a	ma-u	ou	a -u	a - ət	etc.

schémas qui se retrouvent d'ailleurs dans les écritures arabe et hébraïque dans lesquelles les consonnes de la racine sont représentées par des lettres et les voyelles du schème par des signes souscrits qui sont souvent omis. Cette écriture paraît bien refléter la représentation que les sujets parlants arabes se font de la structure de leurs mots, dans lesquels la couche consonantique est sentie comme un "véritable squelette qui sous-tend l'ensemble des éléments par lesquels une forme linguistique s'actualise" (D. COHEN, 1968 : 1322), et la couche qui est le signifiant du contenu grammatical, comme un certain revêtement, une certaine couleur qui nuance et modifie la racine tout en l'actualisant, ou "une sorte de moule dans lequel se coule le premier pour accéder à l'existence linguistique" (*ibid.* : 1324). La réalité psychologique de cette structuration est tellement palpable qu'on a même caractérisé les langues chamito-sémitiques comme des langues "à racines senties".

Une autre forme intéressante d'organisation morpho-phonologique est présentée par l'aranta dont il a été question plus haut. Il ne semble pas possible de classer cette langue dans la catégorie des langues non syllabiques à phonèmes-sons parce que l'ordre séquentiel de ces sons n'est pas pertinent et que, par suite, ceux-ci ne peuvent être considérés comme des phonèmes ; mais, d'autre part, on ne peut pas non plus la caractériser comme une langue syllabique parce que ni son morphème, ni son unité phonologique minimale à syntagmatique linéaire ne sont nécessairement réalisés dans une syllabe : la tonalité pertinente grave, aiguë ou neutre de cette dernière unité peut se réaliser facultativement soit comme une voyelle placée "après" l'élément consonantique (et par suite formant avec lui une syllabe CV), ou avant lui (et par suite appartenant à la syllabe précédente), soit comme deux voyelles dont l'une précède et l'autre suit la consonne, constituant ainsi deux syllabes, soit comme une articulation accessoire de la consonne et par suite être manifestée dans le segment vocalique appartenant au phonème suivant sous la forme d'un glide du genre de **w** ou **y**. Si dans une langue syllabique le phonème (l'unité minimale permutable) constitué par /**k** + tonalité grave/ est nécessairement réalisé comme **ku**, groupe phonique qui n'est pas opposé à un [uk] inexistant dans le système, en aranta cette unité est réalisée tantôt comme [ku] ou [ko], tantôt comme [uk] ou [ok], tantôt comme [uku] ou [oku], tantôt comme [kw-], facultativement. L'ordre temporel des éléments qui constituent l'unité permutable minimale de l'aranta est donc non-pertinent non parce qu'il est fixe, mais parce que, étant libre, il est indifférent.

On voit dès lors que la structure phonologique de l'aranta est beaucoup plus proche de celle des langues syllabiques que de celle des langues non syllabiques, car son phonème n'est pas réalisé dans un "son" comme celui de ces dernières, mais dans un segment de dimensions plus importantes, constitué généralement par une consonne et une voyelle ou une semi-voyelle, comme dans les langues syllabiques. La différence entre l'aranta et ces dernières réside dans la réalisation phonétique uniforme ou variée du phonème : elle est d'ordre substantiel plutôt que formel.

Pour une langue comme l'aranta, une écriture alphabétique (notation par sons) serait évidemment inadéquate, parce qu'elle équivaudrait à une transcription phonétique beaucoup trop "étroite". Une telle écriture ne représenterait en effet que l'une des variantes possibles de la prononciation des mots tels que celui qui signifie "oeuf" (**goda**, **okuta** ou **kwata**). Une écriture syllabique qui représenterait les éléments "consonantiques" par les lettres et les tonalités "vocaliques" par des signes diacritiques suscrits ou souscrits répondrait beaucoup mieux à cet état de choses. Si on écrit le mot mentionné d'après ce principe d'écriture, on aura quelque chose comme :

```
o -            k t
       ou
k t            o -
```

(où le signe diacritique **o** représente la tonalité grave, le signe "-", la tonalité neutre), représentation qui suffira pleinement à la reconnaissance du mot et qui d'autre part laissera au lecteur la liberté de le prononcer [goda], [okuta] ou [kwata] à sa guise.

Les remarques qui viennent d'être faites font ressortir ce qu'il y a d'inadéquat dans les termes de "langues syllabiques" et d'"écriture syllabique" que nous avons employés faute de mieux. On aura en effet à trouver d'autres qualificatifs pour caractériser, quand besoin est, le phonème dans les langues où il est réalisé autrement que dans un "son" et la structure phonologique de ces langues elles-mêmes, sans se reférer à la notion phonétique de syllabe, dont l'extension est évidemment trop restreinte. Le terme de "protophonème" proposé par KACNELSON est inapproprié à cause des considérations diachroniques qu'il implique. En attendant, nous emploierons dans les pages qui suivent le terme purement conventionnel de "macrophonème" pour dénommer cette unité par opposition au phonème-son ou "microphonème", et celui de "langues macrophonématiques" pour désigner les langues qui opèrent avec cette unité phonématique réalisée dans une grandeur phonétique plus grande qu'un "son", par opposition aux langues qui opèrent avec le "son" phonématique, ou "langues microphonématiques". Malgré tout ce qu'il y a de conventionnel et d'impropre dans ces termes, leur usage dans le présent contexte semble au moins aussi justifié que celui qu'en fait TWADDELL pour désigner les unités abstraites dont il est question dans son article fameux de 1932, surtout si on considère le sens propre du mot grec *makros*, qui signifie exactement "long" (en parlant d'espace ou de durée).

Le cas extrême opposé à celui des langues européennes en tant que langues typiquement microphonématiques est représenté par les langues syllabiques isolantes ("monosyllabiques") d'Extrême-Orient, langues typiquement macrophonématiques, dont les plus connues sont le chinois mandarin, le cantonnais, le thai (siamois) et le vietnamien. Dans ces langues, l'unité signifiante minimale est en général représentée par la syllabe. Dans certaines d'entre elles, la syllabe-morphème jouit d'une autonomie sémantique et grammaticale proche de celle des mots européens (cf. HOANG et HOANG, 1975 : 67 ; STANKEVIČ et NGUYEN, 1975 : 233sq. ; CAO, 1975 : 122sq.). La structure phonologique de la syllabe-morphème isolante est déterminée par des règles rigoureuses de distribution, et peut être décrite comme étant constituée par un nombre strict de paradigmes dont chacun est défini par la fonction constitutive particulière des traits ou ensembles de traits pertinents solidaires qui lui appartiennent. L'identification phonologique de traits ou ensembles de traits pertinents appartenant à des paradigmes différents de la syllabe est impossible. En particulier, les consonnes implosives qui ferment la syllabe-morphème ne peuvent être identifiées aux consonnes explosives qui l'ouvrent, parce qu'elles remplissent des fonctions différentes dans la constitution de la syllabe-morphème et appartiennent à des paradigmes différents, et parce qu'une consonne implosive ne peut jamais devenir une consonne explosive et changer ainsi de syllabe, car dans ces langues la désagrégation de la syllabe équivaudrait simplement à la désagrégation totale du morphème et du mot.

Autrement dit, dans ces langues, les consonnes implosives sont phonologiquement opposées aux consonnes explosives qui leur sont phonétiquement similaires, opposition mise en évidence par les paires minimales de constructions bimorphématiques et dissyllabiques, telles que **om͐ai** *vs* **om᷾ai**, qui sont innombrables dans ces langues, et soigneusement conservée même dans le style colloquial (HOANG et HOANG, 1975 : 91sq.)[30].

Les finales consonantiques des langues isolantes (et probablement de la majorité des langues syllabiques) sont toujours des occlusives implosives (orales ou nasales) sans phase de détente, c'est-à-dire appartiennent à la catégorie de consonnes dont l'identification dépend presque entièrement des informations contenues dans le segment vocalique "précédent", l'occlusion se faisant sans bruit audible et la tenue équivalant à un silence ou à des bourdonnements nasals que l'auditeur ne peut identifier correctement sans avoir reçu un entraînement spécial (cf. KARLGREN, 1926 : 261sq. ; CAO, 1975 : 113sq.). Pour ces consonnes, le segment consonantique qui leur est communément assigné, et qui correspond à la tenue, ne donne donc que des informations sur les caractéristiques de mode d'articulation ; les caractéristiques de lieu d'articulation sont identifiées uniquement grâce aux incurvations de formants vocaliques qui se trouvent dans le segment attribué à la voyelle "précédente", effets acoustiques du mouvement de fermeture qui commence souvent bien avant le milieu du segment vocalique, surtout

---

(30) Certes, dans les langues européennes on peut également citer des paires analogues, du type de *a name* vs *an aim* (cf. MALMBERG 1964 : 116). Mais on doit avoir en vue qu'il s'agit dans ce cas de frontières lexicales, non de frontières morphématiques. Or, même dans ces conditions, ces paires de syntagmes lexicaux sont *normalement* homophones, et des expériences d'audition ont montré que les locuteurs de ces langues ne distinguent pas ces constructions en les prononçant et que les auditeurs sont incapables de dire laquelle des constructions appariées ils ont entendue sans l'aide d'un contexte approprié (O'CONNOR et TOOLEY, 1964 : 175). Ce n'est que quand le locuteur fait exprès de les distinguer, en particulier dans les énoncés métalinguistiques tels que "I said 'a name', not 'an aim'", que les auditeurs les identifient correctement. Mais il s'agit là d'une prononciation artificielle. Même en présence d'une frontière lexicale, les consonnes finales des langues européennes tendent donc toujours à se transformer en consonnes initiales dans le discours normal (colloquial) débité en raison de 3 à 5 syllabes à la seconde, tendance qui est particulièrement forte dans les langues romanes (cf. STETSON, 1951 : 41).

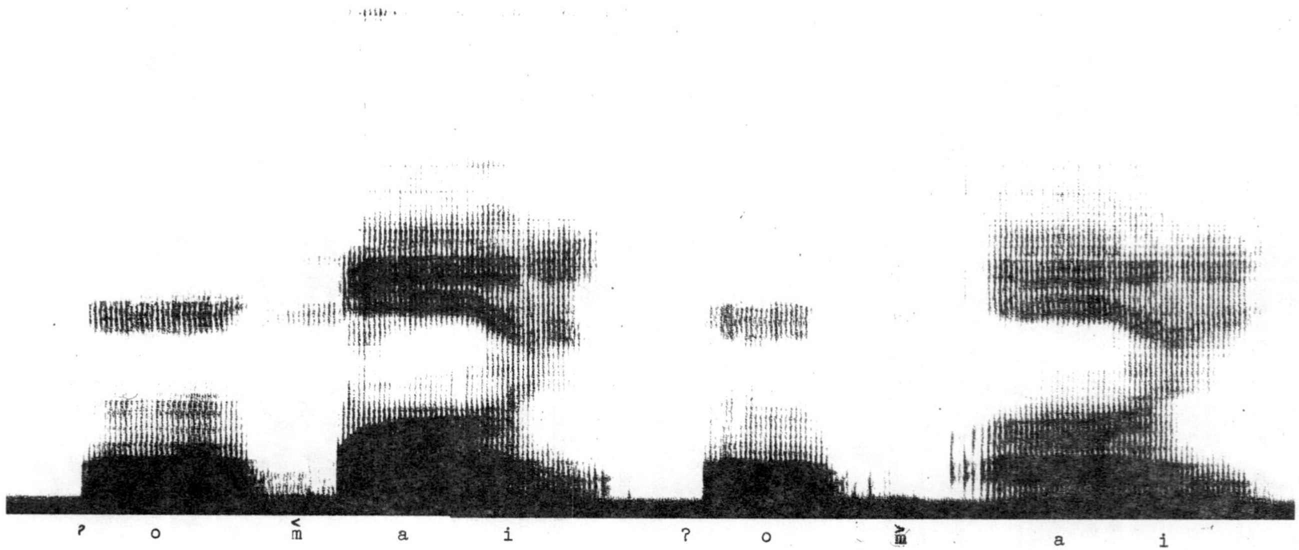

Planche 2 : *Sonagrammes de vietn. ô mai et ôm ai*

Comparer les formants vocaliques des deux segments *ô* et des deux segments *a*. L'incurvation des formants vers la fin du segment *ô* de *ôm ai* et au début du segment *a* de *ô mai* reflète respectivement le mouvement de fermeture du [m̀] dans le premier groupe et le mouvement d'ouverture du [ḿ] dans le second.

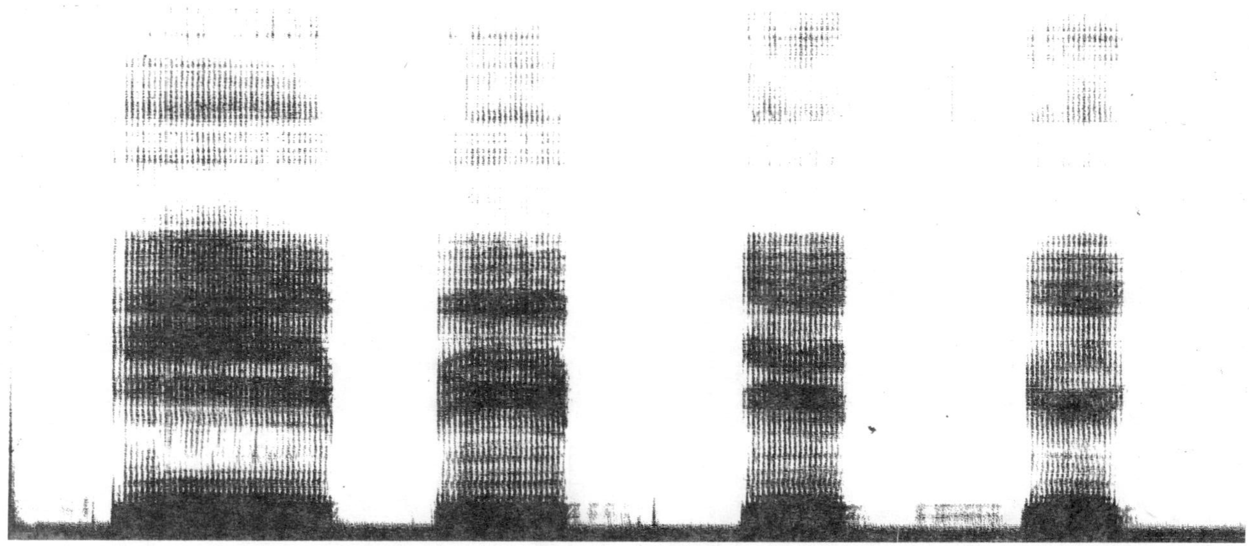

Planche 3 : *Sonagrammes de* [**e**], [**pep**], [**tet**], [**kek**].
(les consonnes finales des syllabes fermées étant prononcées sans phase d'explosion)

Les segments consonantiques, surtout ceux attribués aux finales, qui consistent en une absence complète de tout son, ne contiennent pratiquement aucune information sur les traits distinctifs des consonnes : ceux-ci sont signalés par les incurvations de formants observables dans les segments vocaliques "adjacents" (comparer les formants des quatre [**e**]).

quand il s'agit d'une coupe syllabique ferme ("voyelle brève") (cf. PHAM D.D., 1970 pour les sonagrammes des syllabes fermées en laotien).

La distribution des traits pertinents et des ensembles de traits pertinents (qui, sur le plan purement physique, correspondent *grossó modo* aux "sons" des langues microphonématiques) dans les différents paradigmes de la syllabe-morphème des langues isolantes étant strictement déterminée, leur ordre séquentiel à l'intérieur de cette unité de base n'a aucune valeur distinctive. Ils sont donc phonologiquement simultanés et sont perçus comme tels par les sujets parlants[31]. La syllabe-morphème-mot de ces langues est donc en même temps l'unité phonologique minimale à syntagmatique linéaire, c'est-à-dire le (macro) phonème.

La quasi-totalité des langues isolantes monosyllabiques sont des "langues à tons". Les "tons" de ces langues sont dotés d'un statut structural et d'une fonction identiques à ceux des autres ensembles de traits pertinents qui constituent avec eux la syllabe-morphème et qui sont perçus par les Européens comme des "sons" : ceux-ci sont tout aussi "non-segmentaux" ou "prosodiques" que les "tons", étant également non-permutables. La discrimination traditionnelle qui sépare les tons et les "phonèmes" (ou "segmental phonemes") dans la description de ces langues est linguistiquement injustifiée. Il est par contre nécessaire de réunir "tons" et "sons" en tant qu'éléments distinctifs et constitutifs de la syllabe-morphème, et de les distinguer des accents et des intonations, qui caractérisent des unités plus grandes — les syntagmes, les propositions et les phrases —.

Parmi les langues macrophonématiques, les langues plurisyllabiques mon-khmères et malayo-polynésiennes d'Indochine présentent cer-

(31) On voit quelles profondes différences cachent les transcriptions qui identifient, par exemple, fr. *mat* à vietn. *mat* ([mat] selon l'API). Quiconque a enseigné une langue microphonématique à des locuteurs d'une langue macrophonématiques (ou l'inverse), ne peut pas ne pas être frappé par la difficulté qu'éprouve l'étudiant à prononcer correctement les syllabes fermées de la langue étudiée. Pour qu'un vietnamien, par exemple, arrive à prononcer correctement un *mat* français ou russe, on doit lui demander d'articuler non un *mat* vietnamien, mais deux syllabes *ma-te*, dont la seconde est chuchotée car autrement on aurait quelque chose dans laquelle aucune oreille européenne n'aurait reconnu un *mat*. Si un *mat* européen représente quelque chose comme un *ma* auquel est ajouté un certain bruit de plosion, un *mat* vietnamien ou thai représente simplement une certaine façon de prononcer *ma*, c'est-à-dire que le **t** représente simplement une certaine modulation de timbre du **a** (cf. aussi DUKELSKI, 1962, pour des tests d'audition dans lesquels le bruit de plosion qui termine les syllabes fermées du russe est éliminé).

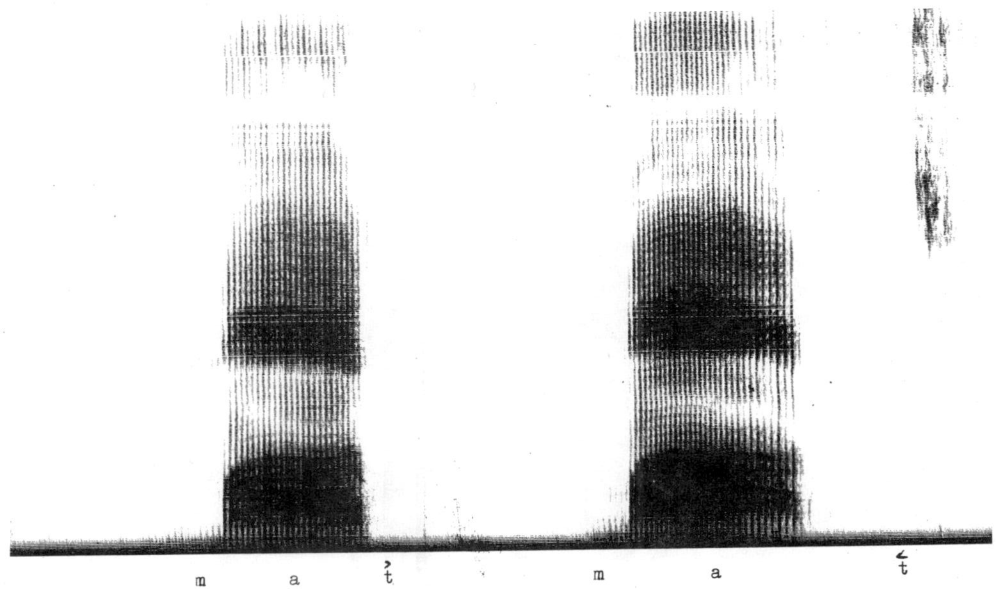

Planche 4 : *Sonagrammes de vietn.* [**mat̚**] *et de russ.* [**mat**]

Remarquer l'absence du bruit d'explosion dans le premier [**mat̚**] et celle des incurvations de formants qui sont caractéristiques du segment vocalique de celui-ci dans le segment correspondant du second.

taines particularités qui ne sont pas dépourvues d'intérêt. Dans la majorité écrasante de ces langues (khmer, bahnar, stieng, mnong, brou, pakoh, sedang, cham, raglai, rhadé, djarai, etc.) qui sont presque arrivées au bout d'un processus intense de monosyllabisation et qui présentent entre elles des similitudes de structures étonnantes étant donné leurs origines différentes, il semble pertinent de dégager une unité morphologique de base qu'on appellera "mot", constitué phonologiquement par une syllabe-racine généralement accentuée, précédée ou non d'une syllabe auxiliaire (parfois deux) inaccentuée et à voyelle réduite ou atone, appelée "présyllabe" par certains auteurs, qui représente souvent un préfixe ou le produit d'une infixation. Cette dernière consiste généralement en l'insertion d'un morphème de structure VC après la consonne initiale de la syllabe-racine; il en résulte l'apparition d'une syllabe proclitique CV dont la consonne initiale est celle de la racine, laquelle comporte maintenant comme initiale la consonne finale de l'infixe (cf. bahnar *par* "voler" après insertion de l'infixe *-on-* "nominalisation" donne *po-nar* "aile"). L'infixation semble ainsi aboutir à une dislocation de la syllabe-racine qui est en effet scindée en deux, affectant la forme d'un morphème discontinu. Cependant la fixité de la place de l'infixe (tout comme de celle du préfixe) maintient le caractère non linéaire de la syntagmatique des morphèmes en cause : l'infixe (tout comme le préfixe) est phonologiquement réduit à un élément prosodique, un morphème suprasegmental. Il est vrai que l'infixation trace un semblant de frontière morphologique entre la consonne initiale et le reste de la syllabe-racine (fait d'ailleurs analogue à ceux dont on peut relever les traces dans la structure syllabique des langues isolantes monosyllabiques), mais la structure phonologique du mot infixé (et celle de la syllabe accentuée) reste la même que celle de tous les autres mots à élément(s) auxiliaire(s) proclitique(s). Le mot mon-khmer et austronésien, bien que plurisyllabique, présente une structure phonologique qui est essentiellement la même que celle de la syllabe-morphème des langues isolantes monosyllabiques, qui lui est d'ailleurs reliée : les mots monosyllabiques du vietnamien, par exemple, ont souvent une origine qui remonte aux formes plurisyllabiques à présyllabes du mon-khmer. La comparaison des mots apparentés dans les diverses langues mon-khmères semble permettre de reconstituer un processus de monosyllabisation dont la première étape est marquée par la chute des voyelles réduites des présyllabes, qui donne des mots monosyllabiques à structure CCCVC, et l'étape suivante, par la simplification des groupes consonantiques, qui donne finalement des mots de structure CVC, comme en vietnamien ou en muong (cf. HAUDRICOURT, 1953 : 122sq. ; BANKER et al., 1964 ; LEE, 1974).

Le problème le plus difficile posé par la structure phonologique des langues macrophonématiques est celui du statut linguistique des éléments constituants directs du (macro)phonème.

Dans certaines langues macrophonématiques, la structure du (macro)phonème est à peine plus complexe que celle du (micro)phonème des langues microphonématiques, de sorte que chaque (macro)phonème peut être défini en termes des traits pertinents qui le constituent, et ces derniers considérés comme ses éléments constituants immédiats (par exemple en japonais ou dans d'autres langues à syllabes CV). Mais dans certaines autres langues macrophonématiques, telles que les langues isolantes monosyllabiques, le (macro)phonème est d'une structure tellement complexe que cela devient difficilement concevable. Ainsi la syllabe-morphème-phonème du vietnamien peut comporter un nombre de traits pertinents environ cinq fois plus élevé que celui des traits pertinents qui constituent un microphonème européen, c'est-à-dire une quinzaine ou plus. L'identification d'une unité signifiante de la dimension d'une syllabe ne peut être effectuée normalement avec un nombre aussi important de paramètres distinctifs directs. En pareilles circonstances, les conditions de la communication verbale exigent un regroupement des paramètres distinctifs en un nombre plus restreint de dimensions, c'est-à-dire en des unités intermédiaires qui puissent en tant que telles constituer directement l'unité signifiante en cause. Serait-ce les ensembles de traits pertinents qui correspondent *grosso modo* aux sons de la phonologie classique (les microphonèmes) ?

Dans les langues macrophonématiques, ces ensembles de traits pertinents sont dépourvus du statut phonématique dont ils sont dotés dans les langues microphonématiques grâce à leur permutabilité, c'est-à-dire à la pertinence de leur ordre séquentiel, à laquelle ils doivent leur existence même en tant qu'unités syntagmatiquement discrètes. Quel serait donc le statut linguistique de ces ensembles de traits pertinents, s'ils sont précisément ces unités intermédiaires exigées par le mécanisme d'identification ?

Le problème, naturellement, n'existait pas en phonologie. Aussi étrange que cela puisse paraître, ce dont la phonologie classique, qui se caractérise pourtant comme une discipline fonctionnelle et structurale, se soucie le moins, c'est de la fonction des unités phonologiques dans le procès de communication verbale et de leur statut structural, c'est-à-dire de leur place, définie linguistiquement, dans le système hiérarchisé de la langue. Le (micro)phonème ayant été défini en termes de propriétés temporelles de façon suffisamment précise pour que les références au "son" et les transcriptions au moyen des lettres de l'alphabet puissent avoir un semblant de justification théorique, tout devient extrêmement simple et clair. Le phonème est dans toutes les langues réalisé dans un son, et le son est dans toutes les langues une grandeur discrète dégagée d'avance dans la chaîne parlée.

Cependant, des linguistes perspicaces ont tout de même senti en étudiant les langues non européennes que l'appareil conceptuel de la phonologie classique n'est pas tout à fait adéquat à la structure de ces langues, et la première notion qui leur a semblé suspecte fut précisément celle du phonème-son. Ces linguistes ont instinctivement, pour ainsi dire, évité l'emploi du terme "phonème" pour désigner ce qui du point de vue purement phonétique semble correspondre aux sons dans les langues syllabiques qu'ils étudient, en particulier quand il s'agit de langues isolantes, parce qu'ils sentent, confusément peut-être, que ce terme conviendrait mieux à la syllabe de ces langues. Des orientalistes ont même forgé pour celle-ci le terme *slogofonema* ("syllabo-phonème") pour la distinguer du phonème européen qu'ils désignent par le terme en apparence pléonastique de *zvukofonema* ("phonème-son"). Quant aux "sons" des langues isolantes, ces linguistes leur voient un certain caractère "diffus" qui rend leur autonomie syntagmatique beaucoup moins évidente que celle des sons phonématiques des langues européennes (cf. ŠČERBA, 1925 : 133sq. ; IVANOV et POLIVANOV, 1930 ; DRAGUNOVY, 1937 : 117sq.).

Aucun d'eux n'a cependant donné une définition explicite, formulée en termes proprement linguistiques, des unités désignées par ces termes nouveaux, et en particulier des éléments constituants directs de la syllabe-morphème, qui sont généralement caractérisés en fonction de leur place dans la syllabe phonétique (cf. la terminologie des sinologues, avec leurs notions de "rime", d'"initiale", de "finale") ou du rôle qu'ils jouent dans la formation de cette dernière (cf. la terminologie de HOCKETT avec ses notions de *peak*, d'*onset*, de *coda*). L'introduction de ces notions nouvelles n'est d'ailleurs jamais appuyée sur une argumentation un tant soit peu consistante, laquelle aurait nécessairement amené ces linguistes à poser le problème du statut structural des unités concernées.

Dans les pages qui précèdent, après avoir soumis les définitions classiques du phonème à un examen critique qui met en évidence le contenu véritable, impressionniste, des termes de propriétés temporelles en lesquels elles sont formulées, nous en avons proposé une reformulation en termes proprement linguistiques de participation à l'opposition d'ordre temporel, retenant ainsi la détermination traditionnelle de linéarité syntagmatique qui est impliquée dans les anciennes définitions, en la prenant cependant dans son acception strictement phonologique.

En nous basant sur le critère de la pertinence de l'ordre séquentiel tel qu'il est mis à notre disposition par la définition reformulée du phonème et en y joignant, quand besoin est, celui de la morphématicité (réelle ou virtuelle) ou de l'indivisibilité morphologique, à titre de critère supplémentaire ou de correctif, nous nous sommes mis à la recherche du phonème dans des langues de différents types, et nous en sommes arrivé à constater que les dimensions de la grandeur phonétique qui représente le phonème diffèrent selon les langues, et que ce qu'on appelle le son n'est doté du statut phonématique que dans certaines langues d'un type défini.

Cependant, le cas extrême présenté par les langues isolantes dont l'unité permutable minimale est la syllabe-morphème, laquelle est caractérisée par un nombre de traits pertinents si important que l'établissement d'une unité intermédiaire s'impose, nous place devant la nécessité de poser à nouveau le problème du statut linguistique des ensembles de traits pertinents qui entrent dans la composition de la syllabe et dont il est naturel de supposer qu'ils coïncident, au moins en partie, avec les sons dont parle la phonétique classique : il s'agit de savoir si ces ensembles de traits pertinents peuvent acquérir, grâce à des facteurs structuraux autres que la pertinence de leur ordre séquentiel, une intégrité et une autonomie syntagmatique quelconque qui puissent leur conférer un statut structural indépendant, c'est-à-dire qui puissent permettre de les considérer comme des unités linguistiques formant un niveau distinct dans le système hiérarchisé de la langue, et non comme de simples sommes de traits pertinents groupés au hasard ou en vertu de certaines propriétés non linguistiques.

Il semble bien que ce problème, au moins dans l'état actuel de notre science, ne puisse être résolu à l'échelle d'une théorie générale, et que le statut linguistique des éléments constituants immédiats de la syllabe isolante doive être établi pour chaque cas concret en tenant compte des faits structuraux propres à la langue à l'étude.

Cependant il est parfaitement clair que même si la théorie phonologique parvient un jour à établir un critère quelconque pour le dégagement des "sons" et des ensembles de traits pertinents de dimensions analogues dans toutes les langues humaines et indépendamment de la pertinence de leur ordre séquentiel, ou, d'une manière plus générale, à prouver que la segmentation de la chaîne parlée en "sons" est naturelle et indépendante des systèmes phonologiques (par exemple en démontrant que la perception de l'énoncé par sons relève d'une certaine capacité innée de l'homme)[32], le statut linguistique du son microphonématique reste profondément différent de celui de ses homologues apparents dans les systèmes macrophonématiques, dans les langues syllabiques par exemple, dans lesquelles son véritable équivalent, en tant qu'unité dotée des mêmes propriétés structurales, ne peut être que la syllabe, et en conséquence nos conclusions sur la non-universalité du phonème-son gardent toute leur validité.

Une approche rigoureusement linguistique met ainsi en évidence des différences profondes qui sont presque entièrement cachées par les transcriptions et les descriptions effectuées suivant les principes de la phonologie traditionnelle, lesquelles ramènent tous les systèmes phonologiques à un seul et même modèle, celui des langues microphonématiques européennes.

La façon dont les langues utilisent et organisent la substance phonique pour en faire le support matériel de leurs unités signifiantes échappe presque entièrement à l'analyse phonologique. Que la langue à l'étude réalise ses mots et/ou ses morphèmes de façon invariable dans une grandeur phonétique déterminée, ou que les dimensions de leur enveloppe phonique lui soit indifférente ; que celle-ci soit mesurable et descriptible en termes de syllabes, en termes de sons, ou en termes de traits pertinents ; que telle unité phonologique soit susceptible d'être dotée d'un statut morphologique ou lexical, ou qu'elle ne le soit pas ; que les frontières morphématiques et/ou lexicales coïncident ou ne coïncident pas avec les frontières du segment acoustico-articulatoire minimal, de l'unité naturelle de phonation et de perception qu'est la syllabe; que l'unité phonologique autonome la plus petite soit le son, la syllabe ou quelque autre grandeur : tous ces faits, qui sont pourtant hautement pertinents pour la compréhension

---

(32) Jusqu'ici, il semble qu'on ne soit arrivé qu'à démontrer la capacité innée de distinguer les mots en termes de traits pertinents (EIMAS, 1974; STUDDERT-KENNEDY 1976; HALLE, 1978; PICKETT, 1980).

du fonctionnement de la langue, semblent ne présenter aucun intérêt aux yeux de la phonologie classique, dont les efforts semblent tendre vers une transcription aussi commode et économique que possible plutôt que vers une description adéquate et compréhensive des faits de langue.

Les langues microphonématiques et macrophonématiques sont profondément différentes les unes des autres par la façon dont elles organisent et utilisent la substance phonique. Les dimensions physiques différentes qu'elles donnent à leurs unités phonologiques de base respectives en sont un exemple. La réalisation du phonème dans un "son" (comme dans les langues européennes), dans une syllabe (comme dans les langues syllabiques), ou dans une grandeur phonétique indécise qui peut être un, deux ou trois sons, une ou deux syllabes (comme en aranta), détermine le mécanisme entier du fonctionnement de la langue et ne peut pas ne pas avoir de répercussions profondes sur le mode de perception linguistique des sujets parlants, lequel, à son tour, agit puissamment sur leur comportement linguistique et métalinguistique.

Ce ne doit pas être un effet du hasard si les Grecs ont pu créer une écriture qui représente à peu près l'idéal d'un système de transcription microphonématique longtemps avant l'élaboration d'une technique d'analyse phonologique explicite, alors que les Chinois, qui ont connu une civilisation tout aussi brillante et qui possèdent depuis des millénaires une glorieuse tradition philologique, ne se sont pas jusqu'ici donné une écriture semblable (CAO, 1975 : 108sq.). L'alphabet grec représente probablement le seul cas d'écriture microphonématique inventée, au sens strict du mot, par les hommes au cours de l'histoire[33]. Abstraction faite des quelques systèmes d'écriture d'origine obscure tels que l'alphabet runique et de ceux qui ne sont en fait que des adaptations de l'alphabet grec, *tous* les autres systèmes phonographiques qui ont été inventés dans l'histoire pour noter soit des langues macrophonématiques, soit, plus rarement, des langues microphonématiques, sont des systèmes d'écritures syllabiques, ou syllabaires, c'est-à-dire des alphabets dans lesquels chaque graphème représente une syllabe (y sont incluses les écritures dites "consonantiques" et celles dites logographiques quand elles sont utilisées pour les langues dans lesquelles le mot est représenté par une syllabe).

---

(33) Cf. LIBERMAN et al. (1968 : 109) : "The most efficient way of writing and reading - namely, by an alphabet - is nevertheless so unnatural that it has been apparently invented only once in all history".

Ceci est tout naturel, car d'une part les langues macrophonématiques semblent bien représenter la majorité des langues, et d'autre part, même dans les langues non syllabiques, la syllabe est la grandeur qui s'offre le plus promptement à la représentation graphique, étant la seule qui soit naturellement délimitée dans la chaîne. Il est vrai que certains systèmes d'écriture syllabique, improprement qualifiés de consonantiques, possèdent des signes spéciaux pour certains éléments subsyllabiques, mais c'est en suivant un principe tout autre que celui des alphabets microphonématiques : la linéarité reflétée dans l'écriture s'arrête au niveau de la syllabe, représentée par le signe interprété comme celui de la consonne initiale, la voyelle "adjacente" étant notée par un signe diacritique hors-ligne du type des "accents" et des "esprits" grecs, c'est-à-dire traitée non comme un élément de même importance que la consonne qui "suit" cette dernière dans le temps, mais comme une certaine nuance ajoutée à la syllabe. Dans certains autres systèmes d'écriture syllabique, la voyelle qui "suit" la consonne est écrite avant ou à l'intérieur du graphème qui représente celle-ci[34].

---

(34) Un exemple typique de ce genre d'écriture est représenté par le nāgarī (ou devanāgarī) utilisé pour le sanskrit, qui est pourtant une langue microphonématique. Dans ce système, les voyelles qui constituent à elles seules une syllabe sont représentées par des signes différents de ceux employés pour les voyelles couvertes (ce qui veut dire que les syllabes constituées par une voyelle seule sont traitées au même titre que les syllabes plus 'complexes'). Dans les graphèmes représentant des syllabes CV , la voyelle *a* n'est pas indiquée ; les autres voyelles sont représentées par des signes placés avant (c'est-à-dire à gauche de) l'élément central qui représente la consonne 'précédente' comme dans le cas du *i* bref, ou après (c'est-à-dire à droite de) cet élément, comme dans le cas du *i* long, au-dessous de lui comme dans le cas des *u* long et bref, ou au-dessus de lui, comme dans le cas des diphtongues (qui sont, dans certains manuscrits, indiquées également par un autre signe placé à gauche de l'élément central). Pour les groupes consonantiques, les graphèmes sont placés l'un avant l'autre ou l'un au-dessus de l'autre de façon arbitraire quant à l'ordre de succession (un **r** qui 'précède' une autre consonne est dans certaines circonstances représenté par un signe placé après (à droite de) la voyelle qui suit cette dernière ; ex :

क	कि	की	कु	के	र्के	ल	क्ल
k(a)	ki	kī	ku	ke	rke	l(a)	kla

Le devanāgarī a servi de modèle à de nombreux systèmes d'écriture plus récents, dont les alphabets birmans, khmer, thai, laotien, qui ressemblent beaucoup aux alphabets microphonématiques en ce que les éléments de la syllabe sont représentés par des signes distincts de dimensions égales, mais qui s'en distinguent par le fait crucial qu'ils ne se plient pas au principe de la linéarité des éléments syllabiques. Bien que leurs graphèmes représentent des éléments qui correspondent *grosso modo* aux 'sons', l'ordre de succession des graphèmes qui est naturel dans les al-

Ce ne doit pas être non plus parce qu'ils "n'ont pas pris conscience, de quelque façon que ce soit, de la deuxième articulation du langage" (MOUNIN, 1967 : 59sq.) que les Chinois ne se sont pas donné une écriture alphabétique. Les descriptions phonologiques qu'ils ont faites de leur langue depuis plus d'un millénaire témoignent du contraire (cf. KARLGREN, 1926 ; WANG LI, 1956). En particulier, leur traitement du système des tons chinois, en vigueur dans tous les traités de prosodie depuis l'époque classique des T'ang, reste un modèle de correction et d'élégance. Il est complètement faux de dire que les Chinois n'ont pas su analyser leur syllabe-morphème en unités de la deuxième articulation. Il est vrai qu'ils ne l'ont pas analysée en "sons" (en microphonèmes), et c'est simplement parce que ces unités n'existent pas dans leur langue, qui est macrophonématique. Ils l'analysent en traits pertinents et en unités consistant en ensembles de traits pertinents. Mais ce qui est le plus remarquable, c'est que ces unités, qui représentent les éléments constituants immédiats de la syllabe, ne coïncident pas avec les "sons" en lesquels un phonéticien de l'école occidentale aurait segmenté la syllabe chinoise. L'une des analyses proposées par les travaux de philologie de l'époque des T'ang, celle qui est devenue depuis classique, dégage cinq éléments qui, tels que les lettrés chinois, vietnamiens et japonais se les représentent, sont des attributs de la syllabe en entier, non des tranches phoniques quelconques occupant chacune une place déterminée dans la syllabe. Les voici, avec leur teneur phonétique approximative, formulée en termes plus ou moins familiers aux orientalistes contemporains (cf. NGUYÊN T.C., 1979) :

1. THANH (聲) - dessin mélodique tonal et occlusion *vs* non-occlusion (*vs* ouverture buccale ou nasale) en finale de syllabe.

---

phabets européens est rarement respecté dans ces écritures, qui restent par conséquent essentiellement syllabiques.

Cf., par exemple, la disposition des graphèmes dans le mot *khmer* tel que l'écriture khmère nous le présente :

ê k^h r
m

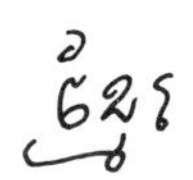

2. THANH MAU (聲母) - initiale et registre tonal.

3. DANG (等) - plénitude vocale (degré d'aperture) et iotisation *vs* non-iotisation de l'initiale.

4. NHIEP (攝) - tonalité vocale (timbre vocalique sombre, neutre ou clair) et tonalité (place d'articulation) de la finale.

5. KHAI-HOP (開合) - bémolisation (labio-vélarisation) *vs* non-bémolisation de l'initiale.

Il va sans dire que ces éléments ou attributs distinctifs de la syllabe-morphème caractérisent ensemble *toutes* les syllabes-morphèmes.

Les critères qui sous-tendent ce regroupement des traits pertinents en ensembles n'ont pas été rendus explicites, mais le fait que ces ensembles ne coïncident pas avec les sons en lesquels un phonéticien occidental aurait divisé la syllabe en la transcrivant est hautement significatif, en ce sens qu'il montre que si les traits pertinents sont des unités psychologiquement réelles qui, par suite, peuvent être élevées au niveau du conscient des sujets parlants, les "sons" au contraire, n'ont pour le locuteur chinois aucune réalité, et que la perception par "sons" n'est ni universelle, ni naturelle (cf. BUGARSKI, 1970).

La création d'une écriture suppose une analyse linguistique plus ou moins consciente qui se guide sur l'intuition linguistique des sujets parlants qui la réalisent, et par suite l'écriture qu'un peuple se crée reflète naturellement la structure de sa langue, au moins dans ses traits essentiels. Par contre, l'adoption d'une écriture étrangère est déterminée par des facteurs extralinguistiques, et l'écriture adoptée ne peut que masquer la structure de la langue qui l'adopte. Il est vrai que les adoptions d'écriture ne se font pas sans conditions, et les inconvénients qu'une langue doit éprouver en adoptant une écriture moulée sur une structure qui lui est étrangère suscitent inévitablement chez ses usagers des réactions qui aboutissent généralement à une refonte de l'écriture adoptée, laquelle équivaut en fait à la création d'une nouvelle écriture.

Quand un peuple de langue microphonématique adopte une écriture syllabique, le besoin de distinguer les ordres séquentiels phonologiquement opposés des éléments de la syllabe l'amènera tôt ou tard à remanier cette écriture de telle sorte que ces éléments soient représentés par des signes autonomes, c'est-à-dire à la convertir en alphabet microphonématique comme les Grecs l'ont fait avec le syllabaire phénicien. Certes, ce peuple peut adapter l'écriture empruntée aux exigences de sa langue microphonématique tout en respectant le principe syllabique comme les locuteurs du sanscrit ou leurs prédécesseurs l'ont fait avec l'écriture araméenne. Mais si l'écriture qui résulte de cette adaptation peut être assez efficace et ne donner lieu à aucune difficulté pratique, le principe syllabique lui-même répugne toujours au sentiment linguistique des sujets parlants. Il doit leur paraître absurde de représenter, par exemple, les phonèmes consonantiques par des signes de mêmes dimensions que ceux employés pour des syllabes polyphonématiques, ou les voyelles, qu'ils perçoivent comme des segments structurellement équivalents aux consonnes qui les suivent ou qui les précèdent, par de petits signes suscrits ou souscrits. Et bien que le devanāgarī en fin de compte n'ait subi aucun remaniement tant soit peu radical — fait compréhensible, si on a en vue qu'il s'agit d'une écriture sacrée —, l'inadéquation de cette écriture, qui est de surcroît peu économique, par rapport à la langue est d'emblée assez évidente pour témoigner de la non-universalité du modèle syllabique (macrophonématique).

La situation n'est plus la même quand il s'agit de l'adoption d'une écriture microphonématique par les locuteurs d'une langue syllabique. L'inadéquation est dans ce cas pratiquement indécelable. L'écriture microphonématique est en effet apte à rendre compte de toutes les distinctions pertinentes que peut comporter une langue syllabique, et de façon beaucoup plus économique qu'une écriture syllabique ne pourrait le faire. L'ordre séquentiel des syllabes y est, bien entendu, respecté, et les frontières syllabiques peuvent y être marquées par des espaces ; même la distinction entre explosion et implosion, qui est pourtant ignorée dans le modèle microphonématique, peut être rendue au moyen de ces mêmes espaces (une lettre consonantique précédée d'un espace équivaut à une explosive, la même lettre suivie d'un espace équivaut à une implosive). Tous les traits pertinents qui caractérisent la syllabe peuvent être regroupés en "sons" et en "tons". Les "sons" sont représentés par des lettres, et les "tons" par des signes diacritiques généralement suscrits ou par des lettres qui n'ont pas été utilisées pour les sons. Il est vrai que les lettres d'une syllabe sont disposées dans un ordre qui ne correspond à rien de pertinent dans la langue, mais le locuteur natif n'y voit aucun inconvénient, précisément parce que, l'ordre des ensembles de traits pertinents à l'intérieur de la syllabe n'étant pas pertinent dans sa langue, il lui est entièrement indifférent que les lettres qui sont censées les représenter soient disposées dans cet ordre précis ou dans un autre. Certes, au début, en apprenant à écrire, il fait des anagrammes fréquentes (aussi fréquentes que les métathèses qu'il fait en apprenant à parler une langue microphonétique), mais il s'apercevra bientôt que ces anagrammes rendent ses écrits inintelligibles ou donnent lieu à des malentendus, car si l'ordre des "sons" de la syllabe n'est pas pertinent, l'ordre des lettres qui les représentent l'est. Cette situation d'apparence contradictoire est due à ce que les sons ouvrants et fermants (consonnes ou semivoyelles), qui sont phonologiquement opposés les uns aux autres dans la langue syllabique, sont représentés par les mêmes lettres (ainsi, en écriture vietnamienne romanisée, la labialisation de l'initiale, la finale [w], le noyau [u], le premier élément de la diphtongue [uʌ] sont représentés par la lettre u), de sorte que ces éléments distincts ne sont plus reconnaissables que par la place des lettres qui les représentent par rapport aux autres lettres de la syllabe. Les oppositions phonologiques entre mouvements articulatoires de directions différentes se trouvent ainsi remplacées dans l'écriture par des oppositions d'un tout autre genre, celles des différents ordres de succession de lettres qui représentent en fait des positions articulatoires. Procédé fort commode qui permet d'économiser un nombre considérable de lettres (8 ou 9 en vietnamien). Le sujet parlant s'y habituera et trouvera la chose toute naturelle. Devenu linguiste, il ne pourra plus concevoir d'autre modèle d'analyse phonologique que celui auquel l'orthographe l'a familiarisé, le modèle microphonématique.

On comprend la facilité avec laquelle l'alphabet romain fut adopté par les peuples de langues syllabiques qui l'utilisent à l'heure actuelle comme leur écriture officielle, aussi bien que le succès de la phonologie classique, base théorique implicite des alphabets microphonématiques, auprès des linguistes de langues macrophonématiques. L'efficacité universelle de l'écriture microphonématique ne peut faire de doute, et un peuple de langue syllabique qui a romanisé son écriture peut toujours se flatter d'une acquisition importante. La phonologie classique met à la disposition du linguiste une méthode de transcription économique qui constitue un outil extrêmement maniable pour le travail sur le terrain, et qui est bien entendu inégalable lorsqu'il s'agit d'élaborer une écriture pour des langues qui n'en ont pas encore. Mais le triomphe de l'écriture microphonématique nuit à la science du langage en ce qu'il contribue puissamment à renforcer et perpétuer l'illusion de l'universalité de ce modèle en tant que théorie scientifique, universalité qui est souvent fallacieusement déduite de son efficacité pratique.

Si la phonologie en tant que discipline linguistique générale était née dans une aire de civilisation de langue et écriture syllabique au lieu de l'être en Europe, peut-être la situation aurait-elle été la même, bien que les rôles fussent renversés, mais l'issue en serait sans doute différente. Imaginons un instant ce que serait la situation en phonologie dans ces circonstances, en supposant que les linguistes de cette aire de civilisation aient travaillé dans le même esprit que nos collègues contemporains.

Au lieu d'une théorie du phonème-son, nous aurions une théorie du phonème-syllabe. Cette unité phonologique de base serait définie comme "l'unité segmentale la plus petite", ou "l'unité phonologique non analysable en unités successives plus petites", ou "un ensemble de propriétés pertinentes réalisées dans un seul segment", ou "une classe de syllabes phonétiquement similaires se trouvant en rapport de distribution complémentaire", ou "l'unité commutable minimale", etc. ; il serait de rigueur de souligner que "les phonèmes (les syllabes) se succèdent dans le temps de telle sorte que le phonème précédent se termine au point précis où commence le phonème subséquent", tandis que "les éléments distinctifs du phonème(-syllabe) chevauchent les uns sur les autres, de sorte qu'on ne peut les délimiter par des lignes perpendiculaires à l'axe du temps comme on peut le faire avec les phonèmes" ; les chercheurs d'universaux affirmeraient que "le phonème(-syllabe) est une unité universelle, parce qu'une langue sans syllabes serait inconcevable", etc. Bref, on retrouverait mot pour mot toutes les formulations de la théorie classique du phonème-son. Mais ici, dans le cadre de la théorie du phonème-syllabe, ces formulations seraient beaucoup moins incorrectes, étant au moins justifiées au point de vue phonétique : elles pécheraient uniquement par leur phonéticisme, non par leur fausseté, comme c'est le cas quand elles sont employées en parlant du microphonème ou du son : les phonèmes-syllabes sont effectivement segmentales et successives du point de vue physique, les sons ne le sont pas ; les propriétés physiques auxquelles se réfèrent les définitions du phonème-syllabe sont objectivement réelles, les prétendues propriétés physiques auxquelles se réfèrent les définitions analogues du phonème-son ne sont en fait que des illusions. Même la définition physicaliste faite en termes de "classe de syllabes" est beaucoup plus correcte que celle du (micro)phonème comme une "classe de sons" : la syllabe est effectivement donnée d'avance comme un segment naturellement délimité dans la chaîne, tandis que le son ne peut être dégagé qu'après avoir dégagé les phonèmes (en transcrivant le continuum sonore par des lettres discrètes), de sorte qu'il serait absurde de définir le phonème par référence au son. Toutes les définitions du phonème-syllabe citées peuvent servir à dégager les syllabes dans toutes les langues, en ayant recours, pour les cas douteux, aux appareils de haute précision ; or parmi les définitions du phonème-son, formulées à peu près dans les mêmes termes, aucune ne permet de rien dégager si les "sons" ne sont pas dégagés d'avance et de façon intuitive par la transcription "phonétique".

Le test de commutation serait également utilisé pour dégager les phonèmes(-syllabes) et donnerait, comme chez nous, l'illusion que le phonème serait l'unité commutable minimale. Cependant il est à remarquer que le test de commutation peut effectivement dégager la syllabe même s'il est effectué sur le signal acoustique (par exemple par découpage et recollage de portions de bandes magnétiques), tandis que pour dégager le phonème-son, il doit être effectué sur le papier où les sons ont été préalablement dégagés et transcrits par des lettres : le test de commutation tel qu'on l'effectue chez nous consiste en fait en une substitution de lettres.

Toutes les langues à l'étude seraient décrites en termes de phonèmes-syllabes (et de traits pertinents) — ce qui serait beaucoup plus facile qu'on ne pourrait se le représenter (la notation du sanscrit au moyen du devanāgarī représente un exemple d'analyse en termes de syllabes d'une langue microphonématique) —, les consonnes non suivies de voyelles pouvant être interprétées comme syllabes à voyelle neutre amuie..

Bref, on aurait une théorie phonologique tout aussi cohérente que la théorie microphonématique, et fondée sur une base phonétique beaucoup plus solide : celle-ci serait constituée par des faits réels et objectifs, non par des illusions auditives ; ce qui l'exempterait des assertions aprioriques, des pétitions de principe et des non-sens qui abondent dans la théorie microphonématique, et rendrait ses critères et ses principes d'analyse hautement opérants [35]. Cependant, cela ne l'empêcherait pas de tomber dans le même substantialisme, parce que ses concepts, définis dans les mêmes termes *phonétiques*, ne pourraient

(35) Toutes les formulations de la phonologie contemporaine ayant trait à la réalisation segmentale du phonème deviendraient correctes si le "son" y était remplacé à chaque fois par la "syllabe".

être universels, que ses critères d'analyse, si opérants fussent-ils, ne relèveraient pas plus de la linguistique que ceux de la théorie microphonématique, et que, tout comme celle-ci, elle imposerait inévitablement à toutes les langues le modèle de la langue maternelle de ses auteurs. Mais la concordance parfaite entre l'analyse intuitive qui servirait de base implicite à la théorie et la segmentation naturelle du signal acoustique en syllabes phonétiques, laquelle serait sans cesse confirmée par les résultats des recherches instrumentales, donnerait à la théorie une apparence d'objectivité qui camouflerait efficacement la grave erreur qu'elle partagerait avec la théorie microphonématique de la phonologie classique contemporaine.

Il se trouverait cependant des linguistes attentifs aux faits de structure qui démontreraient que dans certaines langues "exotiques", le phonème(-syllabe) est divisible en unités plus petites constituées par des ensembles très réduits de traits pertinents, qui, bien que réalisés presque simultanément, sont cependant perçus par les locuteurs natifs comme étant des segments consécutifs, c'est-à-dire de la même façon dont les phonèmes(-syllabes) sont perçus par les usagers des langues "classiques". Ils en déduiraient que le phonème(-syllabe) de celles-ci n'est pas phonème par le simple fait qu'il est réalisé comme une syllabe phonétique et représente un segment naturellement délimité dans la chaîne, mais parce qu'elle est l'unité permutable minimale (parce que l'ordre séquentiel des syllabes dans les langues "classiques" est pertinent) ; qu'elle doit son statut de phonème à cette seule propriété linguistique ; et que, par conséquent, on doit reconnaître le statut de phonème à toute unité phonologique qui, dans les langues "exotiques", possède cette propriété, si "diffuse" et non-segmentale soit-elle au point de vue phonétique; que les syllabes existent dans ces langues "exotiques", mais seulement en tant que grandeurs phonétiques, non en tant qu'unités permutables minimales ; qu'une description phonologique de ces langues originales, au lieu d'être effectuée en termes de syllabes, peut et doit l'être en termes de ces ensembles de traits pertinents permutables et partant autonomes, qui sont pour ces langues ce que sont les syllabes pour les langues "classiques", c'est-à-dire des phonèmes.

Ils arriveraient ainsi à la conclusion que le phonème, en tant que concept linguistique, ne peut être défini par une référence à la syllabe ou à des propriétés physiques telles que la segmentalité ou la successivité et qu'il doit être défini en termes proprement linguistiques de propriétés structurales pour accéder à l'universalité authentique.

Cette hérésie se heurterait au début à une résistance acharnée de la part des auteurs classiques, aux yeux de qui la thèse d'une certaine segmentalité ou successivité perceptuelle de grandeurs phonétiques aussi inextricablement mêlées l'une à l'autre dans la syllabe ferait figure d'une mystification. Mais la théorie nouvelle aurait trouvé un allié puissant dans l'économie d'unités et de signes qu'on aurait réalisée avec une pareille approche, économie qui aurait abouti à une véritable révolution dans les techniques d'écriture et d'imprimerie, de sorte qu'à la longue elle aurait raison de cette résistance, et qu'on reconnaîtrait que la théorie nouvelle, sans impliquer la fausseté absolue de la théorie classique, aurait rendu évidentes les limites de sa validité, c'est-à-dire montré qu'elle était la théorie d'un cas particulier de structuration phonologique représenté par un type de langues défini, et ce triomphe de la théorie nouvelle marquerait un progrès de la phonologie dans le sens d'une démarche plus strictement et plus consciemment linguistique.

Voilà ce qui se serait probablement passé si la théorie classique de la phonologie avait été élaborée dans une aire de civilisation de langue syllabique. Mais les circonstances ont voulu qu'elle fût élaborée dans une aire de civilisation de langues microphonématiques, et les chances de révision et de progrès se trouvent infiniment plus réduites. Comme l'inadéquation du modèle microphonématique par rapport aux langues macrophonématiques aboutit pratiquement à une suranalyse, selon l'expression de CHAO, on ne peut lui reprocher de ne pas être assez exhaustif, et comme il est économique et maniable, et permet, grâce au procédé ingénieux de la transcription "phonétique" qui découpe toutes les langues en microphonèmes, de découvrir d'innombrables "universaux" même en ignorant tout des langues non européennes, aucun inconvénient ne peut plus révéler cette inadéquation.

Les linguistes restent convaincus de la validité universelle de la phonologie contemporaine, qui repose entièrement sur la notion de "son" telle qu'elle est conçue en phonétique classique européenne. Leur conviction de l'universalité du phonème-son est fondée sur la croyance en l'existence objective du son comme un segment phonétique si nettement délimité dans la chaîne parlée que toutes les langues doivent nécessairement l'utiliser comme le corrélat physique de leur unité phonologique de base. Mieux : cette unité doit son caractère discret et par suite son statut d'unité linguistique au fait même d'être incarnée dans cette grandeur objectivement segmentale et syntagmatiquement autonome. Or c'est exactement le rebours de la réalité.

Depuis plus d'un demi-siècle, plusieurs phonéticiens et linguistes de renom ont les uns après les autres démontré, souvent avec faits expérimentaux à l'appui, que la segmentation de l'énoncé en sons est subjective et relève de la phonologie (BLOOMFIELD, 1933), que ces sons "n'ont aucune existence indépendante dans le discours" (STETSON, 1951), qu'il n'y a pas de phases stationnaires durant la phonation, tout étant mouvement et transition (MENZERATH et LACERDA, 1934), que les segments acoustiques ne correspondent pas aux phonèmes (FANT, 1960), etc. Au cours des dernières décennies, les progrès réalisés dans le domaine de la phonétique instrumentale et celui de la psycholinguistique expérimentale (LIBERMAN, 1967 ; ČISTOVIČ, 1977) ont permis d'établir des faits de portée décisive qui confirment ces idées. Et cependant ces découvertes n'ont eu aucune influence sur la théorie phonologique. Les phonologues, qui sont pourtant loin de les ignorer et qui s'en sont même enthousiasmés, continuent imperturbablement à se comporter comme si ces faits n'existaient pas. La réalité psychologique du son est trop palpable pour les locuteurs natifs des langues microphonématiques, son "engramme" dans leur conscience linguistique est trop profonde, et la connaissance implicite qu'ils ont de leur langue — qui représente en vérité ce qu'il y a de plus sûr, de plus absolu, de plus *objectif* en matière de connaissance — repose trop lourdement sur la conviction qu'ils ont de l'existence objective du "son" pour que des faits scientifiques quelconques puissent ébranler cette conviction, et rares sont les linguistes qui songent ne fût-ce qu'à la légitimer.

Le seul argument que l'un d'eux, K.L. PIKE, a pu avancer pour sa défense est le suivant :

> There must exist a phonetic segmentation more universal and fixed than the phonemic one. If a continuum represents a mere flow of sounds with no point at which segmentation naturally occurs, how could it possibly have happened by chance that phonemic systems the world over cut such a continuum in almost identical places, except where the fluctuants are concerned ? ...Some type of natural segmentation of sound sequences must be discoverable when even those who deny its existence use symbols which assume this division (PIKE, 1943 : 47).

Evidemment, ce ne sont pas "les systèmes phonématiques du monde entier" qui "découpent ce continuum à des endroits presque identiques", ce sont leurs transcriptions phonétiques et phonématiques qui le font, et il n'y a pas lieu d'en être intrigué si le découpage en est toujours le même, puisque ces transcriptions consistent en une analyse implicite des langues transcrites en termes d'unités propres à un seul et même type de langues, celui des langues microphonématiques. Quant à ce fait que "même les linguistes qui nient l'existence d'une segmentation naturelle utilisent des signes qui supposent cette division", il est facilement explicable : ces linguistes ne peuvent faire autrement. La phonologie classique ne met à leur disposition aucune autre méthode d'analyse que celle qui prend pour point de départ la transcription "phonétique" des données. Ce qui est plus curieux, c'est que même les phonéticiens, qui ont démontré explicitement et de façon définitive que les traits pertinents des phonèmes ne se réalisent pas simultanément et que les phonèmes dits segmentaux ne le sont pas, persistent à croire en la segmentalité des sons en les identifiant de façon incompréhensible avec des tranches de sonagrammes ou des coupures de bandes magnétiques dont ils savent mieux que personne qu'elles ne donnent à l'audition rien qui ressemble un tant soit peu à des sons (voir Ch. III) et que même les phonologues qui rejettent de façon explicite et catégorique l'analyse par segmentation et le concept de phonème lui-même divisent cependant l'énoncé en unités qui coïncident entièrement avec les "sons", en leur donnant un autre nom, et après en avoir extrait certains traits pertinents (Voir Ch. IV).

Le fantasme de la segmentation naturelle de la chaîne parlée en sons agit comme une force occulte sur le comportement du phonologue. Il perce à travers chacune de ses énonciations théoriques et de ses démarches techniques. Nous avons vu dans les pages qui précèdent quel rôle déterminant il joue dans l'appareil conceptuel et théorique de la phonologie classique contemporaine. Dans le chapitre suivant, nous essayerons de dépister l'influence qu'il exerce sur les techniques de recherches phonétiques et phonologiques.

III. SEGMENTATION LINÉAIRE ET ANALYSE PHONOLOGIQUE

Sons, segments, phonèmes

Parmi les concepts fondamentaux qui font partie de l'héritage légué par l'ancienne phonétique à la phonologie contemporaine, celui du son (ou *Sprachlaut*, *speech sound*, *phone*) occupe une place centrale. Les écoles phonologiques contemporaines diffèrent entre elles par leur façon de caractériser le rapport qui existe entre phonème et son : pour les unes, c'est un rapport du général au particulier (classe à individu), ou de l'abstrait au concret (construit à phénomène, invariant à variante); pour les autres, c'est un rapport du psychique au physique, de l'idéal au réel, du fait de langue au fait de parole, etc. Mais elles sont toutes d'accord sur l'existence même d'une correspondance nécessaire et essentiellement univoque entre ces deux concepts : dans la chaîne parlée, à un phonème correspond toujours un son (une voyelle, une consonne, une semi-voyelle, etc.), ou plus rarement une combinaison de deux sons (diphtongues, affriquées, aspirées, etc.). Qu'est-ce donc qu'un son ?

Selon l'acception courante des linguistes, le son est un fait physique (acoustique-articulatoire) qui peut être perçu isolément par le phonéticien et représenté par une lettre de l'Alphabet Phonétique International ; ce corrélat physique du phonème représente une tranche phonique dont l'individualité est assurée par sa qualité plus ou moins homogène et par les limites naturelles qui la séparent des tranches

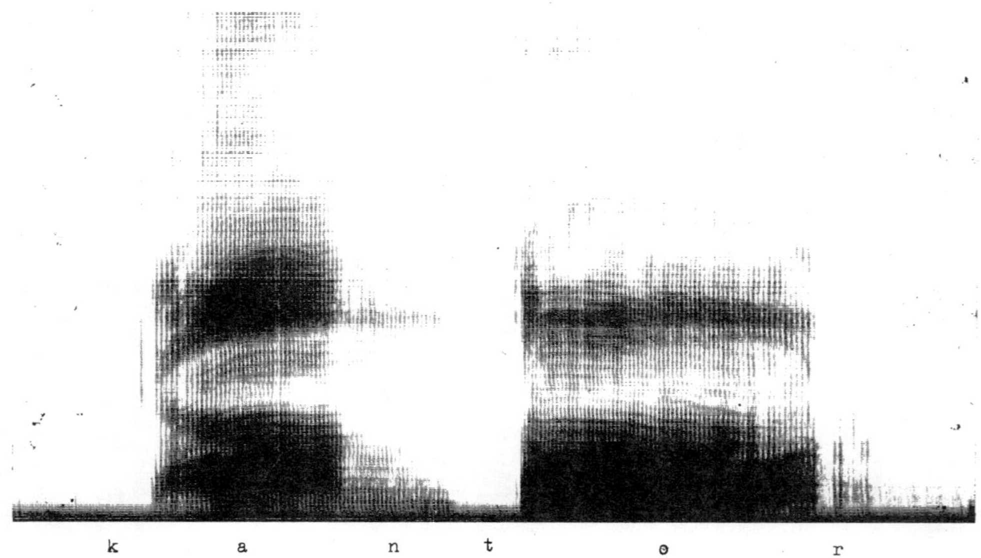

Planche 5 : *Sonagramme du mot* [**kantor**]

Les segments acoustiques sont nettement délimités par les changements de source sonore ou de fonction de transfert. Il est cependant évident que les segments attribués aux consonnes ne contiennent qu'une partie infime des propriétés acoustiques indispensables à la recognition de ces dernières, lesquelles sont reconnues principalement grâce aux indices représentés par les incurvations de formants observables dans les segments vocaliques (remarquer notamment celle des premiers formants de [**a**], sans laquelle [**k**] ne pourrait être reconnu). Les segments acoustiques ne correspondent donc pas aux "sons". Les expressions de "formant de transition" et "influence du son adjacent" par lesquelles on désigne ce que représentent ces incurvations de formants ne sont acceptables que si on entend par "sons" non des sons, mais des positions articulatoires, en idéal stationnaires, considérées comme des faits phonétiques se suffisant à eux-mêmes et indépendants de leurs effets acoustiques.

précédentes et subséquentes, limites marquées par un changement plus ou moins brusque de qualité. Le son est donc un segment phonique, "une fraction de l'énoncé qui se trouve entre deux points consécutifs quelconques de changement" (BLOCH, 1948 : 12 ; cf. HOCKETT, 1942 : 5). Au début et à la fin de chaque segment on peut certes observer des phases de qualité instable, mais comme ces phases de transition semblent n'avoir aucun effet appréciable, on peut en faire abstraction pendant la segmentation de la chaîne parlée en sons.

C'est dans cet esprit que le phonéticien trouve tout naturel de tracer à la main sur les kymogrammes des traits verticaux qui coupent les courbes d'enregistrement aux endroits où commencent ou cessent les vibrations, traits censés représenter les limites des sons, et d'écrire entre ces traits les lettres de l'API qui désignent ces sons :

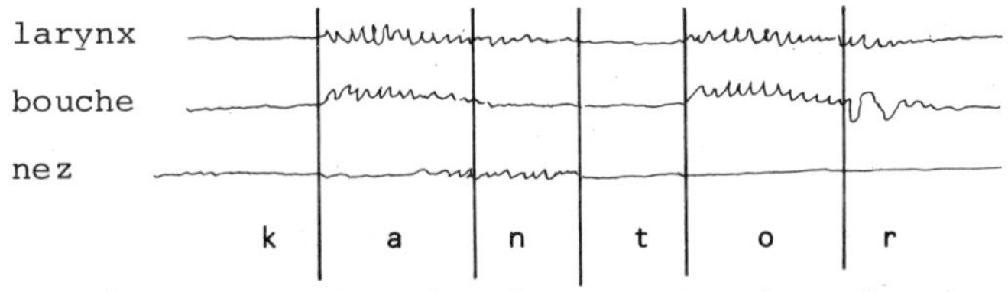

On écrit également, dans le même esprit, des lettres de l'API dans les tranches verticales visibles sur les spectrogrammes dynamiques ("sonagrammes") qui, en général, correspondent exactement aux tranches délimitées par les traits verticaux tracés à la main sur les kymogrammes[1].

La conception qui se trouve à la base de ce geste hautement significatif est exactement celle de la phonétique traditionnelle européenne des siècles derniers.

La phonétique classique européenne se représente en effet la chaîne parlée comme une suite linéaire de sons segmentaux dont les propriétés caractéristiques sont contenues dans leur phase stationnaire ou tenue, mais qui comportent aussi de courtes phases de transi-

(1) Ces traits montrent en quoi consistent les "changements brusques" dont il est question dans les définitions du son ou du segment. Ce sont des changements de mode d'articulation ou de source sonore, changements qui sont également visibles sur les spectrogrammes. Les changements de couleur (des caractéristiques de résonance) dûs aux mouvements des organes phonateurs ne sont pas reflétés sur les kymogrammes. Ils auraient montré l'impossibilité d'une telle délimitation. (cf. FANT, 1967 : 105sq. : "...segment boundaries are associated with changes in the manner of articulation (voiced/voiceless, fricative/non-fricative, nasal/non-nasal, etc.) whereas the place of articulation determines acoustic patterns that vary more or less continuously within and across segment boundaries").

tion dues aux mouvements que les organes phonateurs sont bien obligés d'exécuter pour passer d'une position à une autre. Les phases stationnaires donnent les sons proprement dits ou sons de position (*Stellungslaute, speech sounds proper*) qui sont les seuls effets volontairement produits par l'activité phonatoire, celle-ci consistant à proprement parler dans la réalisation d'une suite de positions idéalement immobiles qui constituent les sons. Tous les mouvements sont involontaires et mécaniquement conditionnés par l'inertie des organes vocaux lors du passage d'un son à un autre (c'est-à-dire d'une position immobile à une autre). Dans l'idéal, le locuteur devrait arrêter provisoirement la phonation en faisant ces mouvements, pour que ceux-ci n'aient aucun effet acoustique et pour que les sons proprement dits parviennent seuls à l'auditeur, mais en vertu de la loi du moindre effort, la phonation continue durant ces mouvements, qui donnent par suite des sons parasites (*Gleitlaute, glides*), phénomènes fâcheux mais inévitables, dont le phonéticien doit faire abstraction pendant la transcription afin de restaurer la suite idéale des positions nettement contrastée qui a été défigurée par suite de la paresse du locuteur. En tout cas, la présence de ces phases de transition à la marge des sons n'empêche pas la division de la chaîne parlée en tranches nettement délimitées par des coupures transversales sur la ligne du temps, dont la portion médiane contient la phase quasi-stationnaire spécifique à chaque son, de sorte qu'en fin de compte on peut dire que chaque son commence au point précis où se termine le son précédent[2].

Cette doctrine, continuellement démentie à tous les niveaux (articulatoire, acoustique, auditif) de la phonétique depuis voici pres-

(2) Le paragraphe qu'on vient de lire n'est pas une parodie. C'est un exposé sommaire mais scrupuleusement exact, d'idées maîtresses de la doctrine phonétique classique telles qu'elles sont formulées dans les travaux de phonéticiens aussi influents que E. SIEVERS, 1893 : 32sq. ; P. PASSY, 1914 : 42, et D. JONES, 1918 : 1, 1951 : 2sq. Voir aussi les travaux plus récents tels que ESSEN, 1957 : 82 ; REZVIN, 1962 : 81 ; KUZNECOV, 1966 : 206, etc.

Il est caractéristique que JAKOBSON et ses co-auteurs, qui travaillent pourtant sur des données de la phonétique acoustique et décrivent les sons et les traits distinctifs en termes acoustiques, partagent cette croyance en l'existence d'une phase stationnaire qui contiendrait tous les traits distinctifs d'un phonème donné et en celle de frontières phonématiques qu'on pourrait localiser sur la ligne du temps grâce aux changements rapides dans la fonction de transfert, croyance qui va à l'encontre des données de la phonétique acoustique obtenues aussi bien avant qu'après la première publication de leur ouvrage (JAKOBSON, FANT, HALLE, 1956), y compris celles obtenues par l'un des co-auteurs et correctement interprétées par lui (FANT, 1958, 1960, 1962, 1967, 1968).

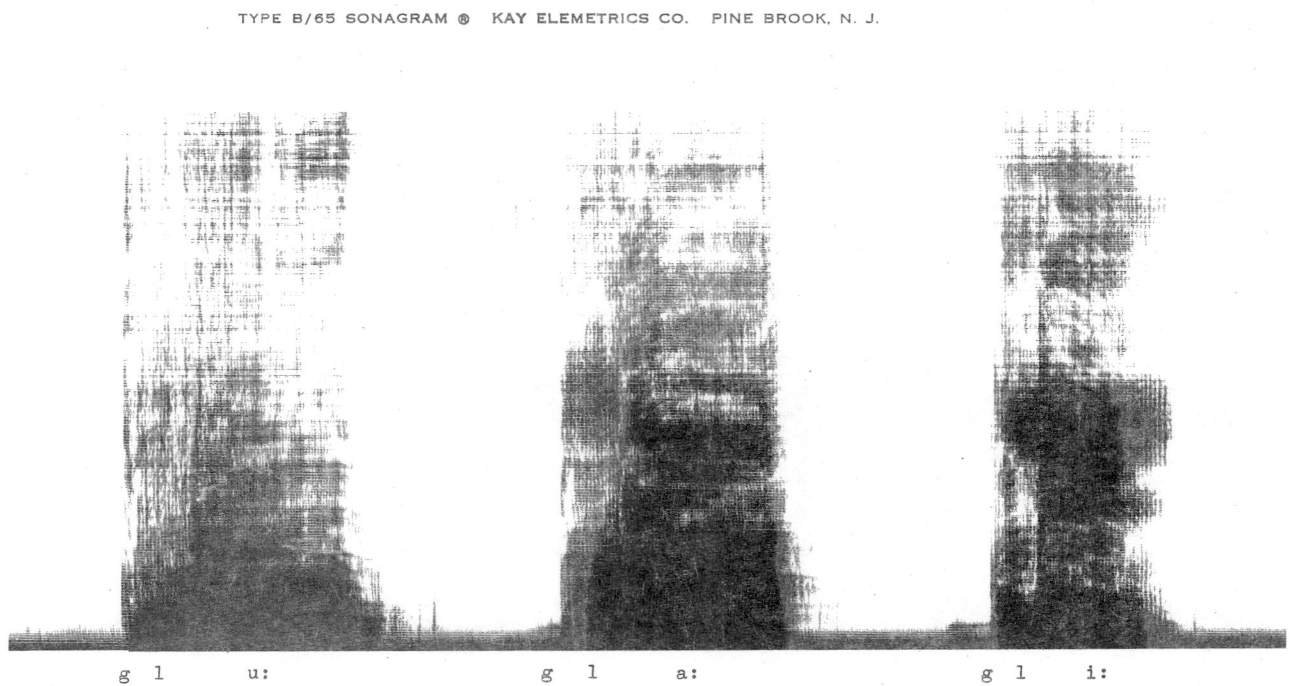

Planche 6 : *Sonagrammes de* [glu], [gla], [gli]

Les formants vocaliques sont plus ou moins visibles sur toute l'étendue des syllabes.

que un demi-siècle par les résultats des recherches instrumentales, et maintes fois critiquée sévèrement par les phonéticiens occidentaux eux-mêmes, continue néanmoins à jouer le rôle d'un postulat de base sur lequel repose lourdement toute la phonologie contemporaine sans que ses représentants en aient toujours conscience, parce qu'elle est la théorie d'une représentation naturelle et nécessaire chez les locuteurs natifs de langues microphonématiques, parce qu'elle est parfaitement correcte du point de vue particulier du système phonologique des langues de ce type. Elle représente une interprétation phonologique déterminée des données subjectives, interprétation spontanée et inconsciente dictée par la structure particulière des langues microphonématiques européennes, et toute l'erreur réside en ce que le résultat de cette analyse phonologique inconsciente est pris pour la réalité phonétique elle-même.

Après tout ce que la phonétique moderne nous a appris au cours des trois dernières décennies, la survivance d'une telle doctrine dans le cadre théorique et méthodologique de la phonologie serait étonnante et incompréhensible si nous ne savions pas sur quoi elle est fondée.

Les sons tels que les linguistes les entendent et les représentent par des lettres de l'API ne sont nullement des faits physiques objectivement isolables dans la chaîne parlée. Ils sont encore moins quelque chose qui correspondrait à ces tranches qu'on se figure pouvoir découper comme aux ciseaux sur les kymogrammes, les oscillogrammes et les sonagrammes.

Si les sons étaient objectivement des segments phoniques qui correspondaient à ces tranches, le découpage d'une bande magnétique effectué avec précision aux endroits qui correspondent aux frontières de ces segments aurait donné des portions de bande qui, sur un magnétophone, auraient reproduit exactement les sons enregistrés. Or les nombreuses expériences réalisées sur des bandes magnétiques et sur des spectrogrammes ont montré qu'il n'en est rien (SCHATZ, 1954; MALECOT, 1954 ; FISCHER-JØRGENSEN, 1956 ; DUKELSKI, 1962). Les portions ainsi découpées donnent presque toujours soit des bruits étranges qui ne ressemblent guère aux sons du langage humain, soit des sons tout autres que ceux auxquels on s'attend, etc. Ainsi la portion découpée dans un enregistrement d'une syllabe CVC qui correspond au segment communément attribué à la voyelle, donne presque toujours une syllabe CVC en entier. Les substitutions de segments phoniques par découpage et recollage de ces portions de bandes magnétiques donnent des résultats tout aussi inattendus. Si l'excision du segment [m] d'une syllabe

[mo] donne [po] au lieu du [o] auquel on s'attend, la substitution d'un segment [n] à ce même segment [m] donne [mo] au lieu de [no]. Ces résultats ont permis de conclure qu'il est impossible d'effectuer à l'intérieur des syllabes, à quelque endroit que ce soit, des coupures perpendiculaires à l'axe temporel qui correspondent tant soit peu aux résultats d'une analyse en sons effectuée auditivement par le phonéticien.

Les résultats de recherches analogues ont également montré que l'effet acoustique des mouvements dits de transition, loin de nuire à la recognition des sons, lui est au contraire indispensable et souvent beaucoup plus important que celui des positions (des tenues), qui est souvent nul, ou porte très peu d'information quand il s'agit de consonnes occlusives, nasales ou latérales, lesquelles sont reconnues principalement (et parfois uniquement, comme dans le cas des implosives sans phase de détente) grâce aux informations contenues dans les segments attribués aux voyelles "adjacentes" (MATTINGLY, 1971; FISHER-JØRGENSEN, 1972 ; STEVENS, 1973 ; COLE et SCOTT, 1974).

Que ce soit au niveau articulatoire ou au niveau acoustique, la chaîne parlée représente un mouvement continu et n'est nullement constituée par des segments stationnaires consécutifs. Les sons qui constituent une syllabe ne sont ni émis, ni entendus l'un après l'autre. Toutes les activités articulatoires (mouvements et positions) qui sont requises pour la transmission des traits distinctifs des phonèmes appartenant à la même syllabe sont réalisées simultanément, excepté celles qui sont "incompatibles", c'est-à-dire celles qu'il est physiquement impossible de réaliser en même temps (MENZERATH, 1933; LADEFOGED, 1957; FUJIMURA, 1961; ČISTOVIČ, 1965; CHAO, 1968 : 78).

Ainsi, pour la syllabe [blu] par exemple, l'arrondissement des lèvres et la position vélaire du dos de la langue qui caractérisent le [u] ainsi que la position dentale ou alvéolaire de l'apex qui caractérisent le [l] sont réalisés en même temps que l'occlusion bilabiale qui caractérise le [b] (cf. TRUBY, 1956, 1958). De sorte qu'on peut représenter la disposition des éléments de la syllabe [blu] dans le temps par le schéma

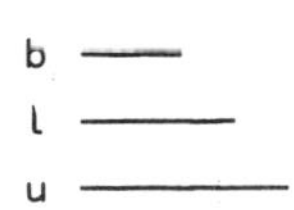

au lieu du schéma classique b|l|u qui est une représentation impressioniste (perceptuelle), c'est-à-dire qui rend compte de l'image que se fait le phonéticien locuteur d'une langue microphonématique de la syllabe en cause, non de ce qu'elle est dans la réalité objective (la transcription de cette syllabe comme [blu] est en fait une transcription phonologique, non une transcription phonétique).

Au niveau acoustique, les effets de la coarticulation sont tels que les traits caractéristiques de chaque son sont répartis dans plusieurs segments consécutifs, de sorte que chaque segment contient généralement les traits caractéristiques de deux ou de trois sons. Ainsi le segment acoustique communément attribué à une voyelle contient souvent tous les traits caractéristiques des consonnes adjacentes (prévocalique et postvocalique) (FANT, 1960 ; LIBERMAN et al., 1968 ; STUDDERT-KENNEDY, 1976 ; PICKETT, 1980)[3].

La successivité et la simultanéité des éléments de grandeurs différentes qui constituent la syllabe sont donc manifestées de façon fort mal définie dans la substance phonique, ce qui rend la situation beaucoup plus ambiguë qu'on ne se le figure.

La tension qui existe entre la segmentation de la syllabe en sons (c'est-à-dire en tranches phoniques identifiées par erreur aux sons) telle qu'on se la représente en phonétique classique et sa division réelle en ces ensembles de traits caractéristiques qui sont perçus par le phonéticien comme des sons, telle qu'elle pourrait être obtenue par quantisation auditive, peut être représentée à l'aide du schéma conventionnel suivant :

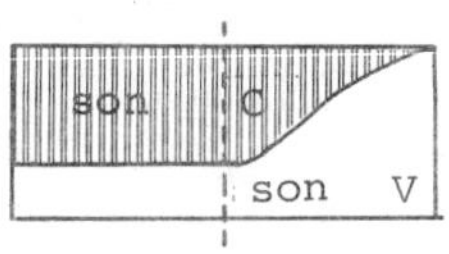

segment C segment V

ou, plus simplement

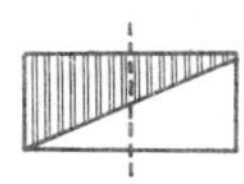

ou C/V

où la portion hachurée représente les traits caractéristiques de la consonne, la portion non hachurée, les traits caractéristique de la voyelle, la ligne verticale en pointillé, la division traditionnelle de la syllabe en deux segments consécutifs. S'il s'agit d'une syllabe transcrite [pu] par exemple, le premier segment, en dehors des indices du mode d'articulation de la consonne (occlusion, absence de voix), contient certains traits de la voyelle (arrondissement, vélarisation) et le second, en dehors des traits de la voyelle, contient certains traits de la consonne, à savoir le mouvement d'ouverture et ses ef-

(3) Nous aimerions renvoyer le lecteur à ce dernier ouvrage, excellente récapitulation et synthèse des acquisitions de la phonétique acoustique et auditive depuis ses débuts, pour les données et les problèmes que le cadre du présent ouvrage ne nous permet pas de présenter et discuter de façon assez substantielle. Voir en particulier les chapitres 10 à 12.

fets acoustiques qui signalent son point d'articulation (bilabiale)[4]. Selon le principe segmental en vigueur en phonologie classique qui exige que les traits distinctifs d'un phonème soient localisés par l'analyste dans un seul segment, les traits de la voyelle représentés par la portion non hachurée du segment C et les traits de la consonne représentés par la portion hachurée du segment V seront déclarés non-pertinents, même s'ils représentent à eux seuls toute l'information nécessaire pour la distinction entre le phonème en cause et un phonème corrélatif. Ces traits sont en général ignorés également dans la transcription dite phonétique (pour les cas où ils ne le sont pas, voir plus loin "Permutation et division morphologique").

D'un point de vue strictement psychologique, il est difficilement concevable que des éléments amalgamés tels que les "sons" d'une syllabe, malgré le décalage temporel qu'on peut souvent constater en comparant les points qui représentent le centre respectif de ces derniers, puissent être perçus comme étant disposés en une suite linéaire. La perception d'une syllabe comme une suite de segments qui se succèdent dans le temps est en effet un phénomène étrange et contre nature.

On sait que la perception en général d'une série de *stimuli* comme une succession n'est possible que grâce à une intégration de ses éléments dans un présent psychologique qui permet de les saisir dans une relative simultanéité (FRAISSE, 1957 : 12). La perception de l'ordre des éléments de cette série, même s'ils sont objectivement successifs, est assurée par cette même simultanéité relative dans le présent psychologique, et nous ne saisissons cet ordre que parce que nous le projetons en quelque sorte dans l'espace, comme le dit excellemment H. BERGSON (1922 : 77)[5].

Dans la perception du langage, cette projection serait effectuée sur un espace spécifique, celui des oppositions significatives des distributions différentes des unités sur l'axe syntagmatique.

---

(4) Cf. FANT, 1967 : "There are as a rule a larger number of sound segments than of phonemes in any utterance. For this reason and because of coarticulation effects any phoneme is generally signalled by several successive sound segments. Conversely, any sound segment is generally influenced by several adjacent phonemes of the speech message transcription" (p. 105sq.).
FANT parle de *phonemes* et de *sound segments* (ce dernier terme équivaut chez lui à "son"). Il faut cependant lire à la place respective de ces mots, "sons" et "segments" tout court. Il s'agit ici d'un lapsus de FANT qui s'est avéré funeste pour certains linguistes, et dont nous reparlerons plus loin (voir n. 13).

(5) F. de SAUSSURE lui-même parle souvent d'un espace qui est d'une certaine façon isomorphe au temps dans lequel se déroule le discours (cf. GODEL, 1957 : 206sq.; AMACKER, 1975 : 142).

La parole est réalisée dans une substance qui se déroule nécessairement sur la ligne du temps. Mais son intelligence suppose que cette linéarité soit surmontée par la saisie globale de l'énoncé dans le présent psychologique[6], saisie qui, d'autre part, est facilitée par l'organisation de l'énoncé en une unité de signification (FRAISSE, *ibid.* : 92). L'énoncé tend donc à être perçu holophoniquement, c'est-à-dire à constituer une *Gestalt*. C'est effectivement en *Gestalten* que sont perçus certains énoncés de dimensions réduites et d'usage fréquent, et il en serait de même pour tous les énoncés s'ils étaient en nombre fini et s'ils n'étaient pas structurés en unités discrètes de signification qui les font percevoir comme des séries de *stimuli* relativement autonomes[7]. Ainsi, la perception linguistique organise l'énoncé en une hiérarchie d'unités de signification de moins en moins complexes, chaque unité formant comme un niveau de présent psychologique d'épaisseur décroissante : phrase, proposition, syntagme lexical, mot, morphème, cette dernière unité n'étant, semble-t-il, susceptible de former un tel niveau que dans certaines conditions qu'il faudra élucider.

Une de ces conditions semble consister en ce qu'elle doit être réalisée dans les dimensions d'une syllabe au minimum. Il y a lieu de supposer en effet que la syllabe représente la grandeur phonétique ultime qui soit susceptible de former un niveau dans l'organisation temporelle du discours grâce à sa configuration prégnante d'unité objectivement segmentale qui fait d'elle une *Gestalt*.

Par contre, le caractère objectivement non segmental des sons, leur superposition en couches quasi-simultanées qui se coulent l'une dans l'autre, leur durée qui dépasse à peine le seuil du successif (FRAISSE, 1957 : 115 ; WARREN, 1976 : 403sq.) empêche la formation d'une *Gestalt* susceptible de constituer un niveau de présent psychologique et de conditionner ainsi la structuration de la syllabe en éléments autonomes et successifs.

---

(6) GODEL, 1957 : 207 : "C'est dans le temps subjectif que se déroule le discours; mais ... les auditeurs, attentifs au sens des phrases qu'ils échangent, n'ont qu'une conscience très obscure du temps que prend le déroulement des mots et des syllabes. Pratiquement, ce temps ne compte pas, bien que le caractère linéaire du discours ne s'explique que par lui".

(7) Des expériences faites par LADEFOGED ont montré que la perception des événements verbaux en déroulement ne semble pas consister en une identification séquentielle de petits segments : le discours semble être organisé en "schèmes temporels complexes qui sont saisis dans leur ensemble" (1959 : 399sq.).

D'autre part, les phonéticiens savent depuis longtemps que l'homme organise son activité phonatoire non par phonèmes (par sons), mais par syllabes. Les positions et les mouvements caractéristiques exigés pour la production des sons d'une syllabe sont, dans la mesure du possible, réalisés en même temps (MENZERATH et LACERDA, 1933 ; STETSON, 1951 ; LADEFOGED, 1957 ; TRUBY, 1958, 1959 ; ZINDER, 1960 ; ČISTOVIČ, 1960, 1965 ; FUJIMURA, 1961a, 1961b). Les expériences d'audition pour l'étude de la perception des consonnes ont montré que la syllabe est l'unité minimale au niveau de laquelle peut s'effectuer la conversion du signal acoustique en éléments distinctifs de la langue (COOPER et al., 1952 ; LIBERMAN et al., 1952 ; SCHATZ, 1954 ; HUGHES et HALLE, 1956 ; HIRSCH, 1959 ; STEVENS et HOUSE, 1963 ; ČISTOVIČ et al., 1965; WARREN, 1976).

Comme l'homme tend à percevoir holophoniquement (c'est-à-dire à saisir en entier dans un présent psychologique, comme des objets sans dimension temporelle) des unités linguistiques de dimensions aussi grandes que possible et arrête l'analyse perceptuelle en unités linéaires dès qu'il n'y est plus contraint par la nécessité, il est naturel que cette analyse s'arrête avec la syllabe. D'un point de vue strictement psychologique, la perception de la syllabe comme une unité sans dimension temporelle est beaucoup plus naturelle que sa perception comme une suite de segments, cette dernière étant inconcevable sans la contrainte d'une nécessité absolue, celle de discerner les frontières morphologiques à l'intérieur de la syllabe et l'ordre de succession pertinent des ensembles de traits pertinents subsyllabiques[8].

Si le discernement de l'ordre temporel des unités linguistiques

(8) Cette nécessité semble à son tour tellement contre nature qu'il est intuitivement presque impossible d'admettre qu'elle puisse exister depuis toujours dans le passé des langues auxquelles elle est propre, et on est fortement tenté de supposer, en acceptant l'hypothèse de la structure syllabique CV du proto-indoeuropéen émise par BORGSTRØM (1954), que cette nécessité ne se serait formée qu'après un long processus d'évolution au bout duquel la disparition totale des voyelles réduites et amuies des syllabes inaccentuées aurait donné naissance à des groupes consonantiques et occasionné des ressyllabations, dans lesquelles les anciennes syllabes, devenues simplement consonnes, auraient gardé cependant leur morphématicité virtuelle et leur permutabilité, et par suite leur autonomie syntagmatique et leur segmentalité perceptuelle - en un mot, leur qualité de phonèmes. On pourrait donc dire que si les sons des langues microphonématiques, malgré tout ce que cela implique de contre nature, sont quand même phonèmes, c'est parce qu'ils ont été syllabes dans le passé et se comportent toujours en syllabes.

en général est assez difficile et vient assez tard dans le procès de l'acquisition du langage (ALARCOS-LLORACH, 1968), ce qui explique les inversions fréquentes dans le langage des enfants, il doit l'être encore plus quand il s'agit d'éléments de syllabe (de sons) ce dont témoignent les métathèses fréquentes dans le langage des étrangers et encore plus fréquentes dans le langage des enfants.

Dans ces conditions, la pertinence de l'ordre séquentiel des sons dans les langues microphonématiques contraint le sujet parlant à effectuer une réinterprétation des données acoustiques, où cet ordre est difficilement discernable, telle que cet ordre apparaisse avec assez de netteté. Comme il est presque impossible de traduire directement le signal acoustique en une suite de phonèmes, l'auditeur se tourne vers le niveau articulatoire qui, malgré les faits de coarticulation et les mouvements "de transition", présente un terrain plus favorable au décodage, à condition cependant d'ignorer les mouvements et de ne tenir compte que des phases dans lesquelles la position des organes vocaux est relativement stable, c'est-à-dire tenues.

Par conséquent, pour que le message acoustique transmis sous la forme d'un continuum puisse être analysé en termes discrets enchaînés en syntagmes linéaires, l'auditeur doit en premier lieu le traduire en une suite de phases stationnaires de l'articulation, ou tenues, en redistribuant, comme M. JOOS (1948 : 123) le dit excellemment, les traits distinctifs des sons le long de l'axe temporel de telle façon que les traits de chaque son soient replacés dans le segment qui contient sa tenue. Ainsi, quand l'auditeur perçoit les modulations de timbre (les incurvations de formants vocaliques) caractéristiques des consonnes dentales dans le segment qui contient la tenue de la voyelle d'une syllabe CV ou VC, il en déduit, par une sorte d'extrapolation inconsciente, la position de l'apex dans la tenue, phase qui correspond au segment acoustique communément attribué à la consonne, lequel ne contient aucune information sur le lieu d'articulation, si cette consonne est une occlusive ou une nasale, tandis que le timbre (grave ou aigù) de la voyelle déterminé par la position postérieure ou antérieure de la langue signalé dès de début de la syllabe et englobant généralement la syllabe toute entière, est replacé dans le segment attribué à la voyelle qui constitue la crête de la syllabe.

Autrement dit, les traits acoustiques qui caractérisent les sons, effets presque simultanés des mouvements et des positions qui se recouvrent dans la syllabe, au lieu d'être reconnus directement là où ils se trouvent, sont utilisés comme de simples indices pour en déduire les tenues (les positions articulatoires idéalement immobiles) qui présentent une suite linéaire plus nette.

Dans les cas où les effets acoustiques des mouvements d'ouverture et/ou de fermeture (qui dépassent souvent le centre du segment vocalique et peuvent parfois le recouvrir entièrement) se superposent de telle sorte qu'il ne reste du segment vocalique aucune portion qui garde la couleur caractéristique de cette voyelle (cf. les cas de "recouvrement phonématique", où un segment contenant la voyelle /a/ par exemple, par suite des effets de ces mouvements, est phonétiquement identique à un segment identifié à la voyelle /ε/ observé dans un contexte différent), l'identification s'effectue toujours normalement grâce à cette redistribution qui représente en même temps une opération de soustraction ayant pour effet de débarrasser le segment vocalique de ces effets consonantiques[9].

En un mot, la perception linéaire des "sons" suppose un recodage systématique des données acoustiques en traits articulatoires. On peut donc dire que les corrélats physiques (et sensoriels) des microphonèmes ne sont pas proprement des sons en tant que faits acoustiques (ou en tant qu'images auditives) : les "sons" dont parle la phonétique classique représentent plutôt des faits articulatoires (ou des sensations proprioceptives). Ce n'est qu'en l'admettant qu'on peut comprendre pourquoi des segments qui consistent en un zéro acoustique, un silence absolu, comme ceux constitués par les occlusives finales sourdes sans détente qu'on observe dans les langues syllabiques isolantes, sont quand même appelés "sons" en phonétique classique. Il ne serait peut-être pas exagéré de dire que ce que fait en réalité l'usager d'une langue microphonématique en écoutant son interlocuteur, ce n'est pas tant d'entendre ce qu'il émet comme sons, que de suivre à travers le signal acoustique l'activité de ses organes phonateurs qui consiste essentiellement à prendre l'une après l'autre une série de positions[10].

---

(9) Le phénomène est analogue à celui de la constance perceptuelle des couleurs que la *Gestaltpsychologie* a si bien étudiée. On retrouve en effet dans le domaine de la perception visuelle cette opération inconsciente de soustraction qui rétablit la couleur propre de l'objet en éliminant l'effet de l'éclairage (GELB, 1927). L'analogie va assez loin. Si dans le domaine visuel le sujet ne reconnaît la couleur originelle de l'objet que s'il voit la source et/ou l'effet de l'éclairage sur les objets environnants, dans le domaine du langage le sujet ne reconnaît la voyelle de la syllabe en question que s'il entend la (les) consonne(s) contiguë(s); le masquage du contexte rend le son à identifier méconnaissable.

(10) Cf. BELL, 1911 : 38 : "What we term an 'element of speach' may in reality ... be a combination of positions. The true element of articulation, I think, is a constriction or position of the vocal organs rather than a sound".

C'est à peu près ce qui se passe selon la théorie motrice de la perception du langage pendant l'identification des unités de langue dans le message verbal. Selon cette théorie, la reconnaissance des phonèmes est basée directement non sur les propriétés acoustiques, mais sur les propriétés articulatoires des éléments du discours. Les différents signaux acoustiques émis en prononçant la même consonne dans des syllabes différentes sont identifiés par l'auditeur comme un seul et même phonème non parce qu'ils ont en commun certains traits acoustiques (ils n'en ont souvent pas), mais parce qu'ils sont articulés avec le même complexe de mouvements phonatoires. Si l'auditeur ne savait pas que ces signaux sont articulés de la même façon, il ne pourrait trouver un dénominateur commun qui puisse servir de base à leur identification. En examinant la formation du système d'identification phonématique au cours de l'acquisition du langage, la théorie motrice souligne le rôle de l'imitation des sons entendus par l'enfant. Au cours de cette imitation se forme un système de relations de réflexes conditionnés entre les *stimuli* auditifs et les sensations kinesthésiques qui aboutit au mécanisme de recodage décrit plus haut (LIBERMAN et al., 1952; LIBERMAN, 1957; ČISTOVIČ, 1961, 1962, 1965; STEVENS et HALLE, 1967; STUDDERT-KENNEDY, 1976).

Les partisans de la théorie motrice de la perception du langage ont introduit en phonétique acoustique moderne une notion d'un intérêt particulier, celle de *locus* (DELATTRE et al., 1955). En étudiant les incurvations de formants vocaliques qui représentent les indices acoustiques permettant l'identification des consonnes, ces phonéticiens ont remarqué que ces incurvations convergent pour chaque consonne vers un point déterminé (parfois deux) sur l'échelle des fréquences. Ce point de convergence, obtenu en général par extrapolation, et censé représenter le point d'articulation de la consonne, est appelé *locus*. Ce concept acoustique qui, paradoxalement, se réfère entièrement à un fait articulatoire, reflète assez fidèlement le processus d'extrapolation caractéristique du mode de perception segmental et linéaire des sons dans les langues microphonématiques dont il est une sorte de symbole : les courbes de formants vocaliques ne sont pas considérées comme des manifestations de traits pertinents, bien qu'elles soient indispensables à l'identification des sons en cause; les traits acoustiques qu'elles représentent ne sont même pas "entendus"; elle ne font qu'indiquer quelque chose qui est localisé dans le segment adjacent : la position des organes phonateurs dans la tenue des consonnes, laquelle est souvent sans effet acoustique et, par suite, ne joue presque aucun rôle dans l'identification du son (cf. POTTER et al., 1947 : 39sq. ; LIBERMAN et al., 1968 : 115).

La description du mécanisme d'identification proposée par les promoteurs de la théorie motrice est la seule qui soit en mesure de rendre compte du processus assez curieux de la conversion de complexes non linéaires de faits acoustiques non segmentaux en des suites linéaires d'unités segmentales.

Cette théorie est cependant avancée comme une hypothèse phonétique (ou psycholinguistique) générale : le modèle de la perception du langage qu'elle propose est conçu comme indépendant des facteurs structuraux, c'est-à-dire linguistiques, propres à chaque système phonologique, car la perception linéaire des sons est implicitement considérée comme la seule possible en matière de langue.

Or nous avons vu que ce mode de perception, qui représente en vérité un tour de force difficilement concevable, ne peut être expliqué que par la contrainte impérieuse d'une nécessité absolue, celle de distinguer l'ordre séquentiel des sons qui est pertinent dans les langues microphonématiques. Sans cette contrainte, on ne pourrait plus comprendre pourquoi l'auditeur devrait recourir à un procédé aussi compliqué, pourquoi la perception du langage diffère aussi foncièrement de celle des autres phénomènes acoustiques, pourquoi les sensations auditives sont ignorées au profit des sensations proprioceptives, pourquoi certains faits hautement pertinents doivent être ignorés de façon apparemment arbitraire au profit de certains autres, pourquoi un mouvement continu peut être perçu comme une suite de positions immobiles (ce qui représente exactement l'inverse du phénomène connu sous le nom de mouvement stroboscopique, lequel est de règle en matière de perception, et est également constaté dans le domaine de l'audition ; cf. FRAISSE, 1957).

Sans cette contrainte, notamment, le niveau articulatoire ne pourrait guère jouer un rôle aussi décisif dans la communication verbale, car, comme les adversaires de la théorie motrice l'ont fait souvent remarquer, "on parle pour se faire entendre, et non pour faire une démonstration de ce qui se passe dans sa bouche". Dans une langue où l'ordre des "sons" à l'intérieur de la syllabe n'est pas pertinent, il est beaucoup plus naturel de supposer que les sensations proprioceptives qui accompagnent les mouvements articulatoires et les sensations auditives produites par leurs effets acoustiques, qui sont bien entendu synchrones les unes par rapport aux autres, sont étroitement associées chez le locuteur aussi bien que chez l'auditeur, de sorte qu'elles se fondent en des complexes sensoriels kinesthésico-auditifs indissociables. Il s'ensuit que les phases articulatoires dont les effets acoustiques portent le plus d'informations utiles pour la reconnaissance des unités linguistiques, à savoir les mouvements (tensions et détentes) sont naturellement les plus importantes. Les positions ne le sont que pour les voyelles et les consonnes fricatives.

La théorie motrice de la perception du langage n'est donc valide que pour les langues microphonématiques (il est à remarquer que les expériences dont les résultats sont mis à la base de cette théorie, y compris celles qui ont été faites par des chercheurs non européens, l'ont été sur des locuteurs de langues européennes).

*

De ce qu'on vient de lire sur le mécanisme de la perception du langage, il est évident que ce qu'on appelle des "sons" et qu'on représente par des lettres de l'Alphabet Phonétique International sont des unités établies par la perception spécifique des locuteurs des langues microphonématiques. Dans la représentation de ces derniers, ces unités sont localisées dans les segments délimités par les changements brusques de mode d'articulation, mais dans la réalité objective, elles sont constituées par des traits acoustiques et articulatoires qui sont distribués dans plusieurs segments. Ce que le phonéticien perçoit comme t, qu'il appelle "le son t" et qu'il transcrit par la lettre [t] entre crochets carrés, c'est en fait ce qui distingue [ta] de [pa, ka, ʔa], de [a, da, na, sa, za, la], etc., c'est-à-dire tout le complexe de positions, de mouvements articulatoires et de leurs effets acoustiques qui sont indispensables à cette distinction, et qui sont réalisés aussi bien à l'extérieur qu'à l'intérieur du segment dans lequel le phonéticien localise ce son.

Cependant, la segmentalité perceptuelle, c'est-à-dire phonologiquement déterminée, du son est prise pour une propriété physique objective et reportée sur le plan articulatoire, où elle n'est réelle qu'en partie, et sur le plan acoustique, où elle est simplement inexistante. Les phonologues identifient toujours les sons aux segments qu'ils voient sur les sonagrammes, et de cette confusion sont nées des notions et des techniques fallacieuses qui vont à l'encontre des principes de base qu'ils ont eux-mêmes formulés[11]. Et ce qui est plus

(11) Voir sections suivantes à propos du test de commutation et de la notion de "variante combinatoire".

curieux encore, c'est que même les spécialistes de la phonétique acoustique qui ont le plus largement contribué à mettre en lumière cette confusion par les résultats de leurs recherches, retombent dans la même confusion en en formulant les conclusions.

Ainsi C.G.M. FANT déclare que les sonagrammes présentent "une segmentation naturelle de l'image acoustique en tranches correspondant à des sons ou à des parties de sons" (1960 : 23), bien que les "frontières acoustiques qu'on peut observer sur ces enregistrements ne puissent être référées qu'à la transcription phonétique et ne puissent être considérées comme des frontières de phonèmes" (*ibid.* : 199)[12].

Il s'avérerait donc que les limites des éléments *m*, *i*, *n* du groupe *min*, par exemple, coïncideraient avec les frontières "naturelles" visibles sur les sonagrammes quand on transcrit ce groupe entre crochets carrés : [min], mais ne coïncideraient plus avec elles quand on le transcrit entre barres obliques : /min/. Ce qui serait évidemment absurde.

La méprise de FANT résulte de l'ignorance qu'il partage avec la majorité des linguistes de la nature profondément phonologique de la transcription dite phonétique. Aucune transcription authentiquement phonétique ne pourrait analyser le continuum sonore en "sons", et d'autre part aucune transcription, qu'elle soit phonétique ou phonologique, ne pourrait utiliser des signes qui correspondraient aux segments dont les limites sont visibles sur les sonagrammes, parce qu'aucune oreille humaine ne peut découper la chaîne parlée en segments semblables, et qu'aucun de ces segments, entendu isolément, ne sera reconnu

---

(12) Cf. aussi FANT, 1962 : 9 : "*Sound segment* boundaries should not be confused with phoneme boundaries. Several adjacent *sounds* of connected speech may carry information on one and the same phoneme, and there is overlapping in so far as one and the same *segment* carries information on several adjacent phonemes". Cf. aussi FANT, 1968 : 235sq. : "Connected speech may be divided into a succession of *segments* displaying a temporal contrast of 'manner' features. To these features are added 'place' features which vary continuously withing *segments* and across *segment* boundaries" (c'est moi qui souligne). La première citation montre une confusion évidente entre "sons" et "segments" (FANT emploie indifféremment les mots 'sounds', 'segments' et 'sound segment'). La teneur de la seconde citation, où le mot 'segments' est seul employé, rend évident le fait que les sons ne sont pas des segments, puisqu'ils sont caractérisés non seulement par des 'manner features', mais également par des 'place features', qui sont, selon FANT, transsegmentaux.

Cf. aussi STUDDERT-KENNEDY (1976 : 247) : "The speech signal certainly can be segmented. FANT (1968) have outlined a procedure for dividing the signal in both frequency and time, and have developed a terminology to describe its segments. But these segments do not correspond to the phonetic segments of distinctive feature or phoneme".

par l'homme comme un son du langage, et c'est FANT lui-même, parmi d'autres, qui l'a démontré de façon irréfutable. FANT a bien vu le caractère non segmental du corrélat acoustique du phonème, mais il adhère néanmoins à la doctrine classique du son entendu comme segment acoustique, alors qu'il devrait savoir mieux que personne que les segments visibles sur les sonagrammes ne représentent ni les phonèmes, ni les sons, dont les limites coïncident toujours avec celles des (micro)phonèmes. Les phonéticiens locuteurs de langues microphonématiques, qui perçoivent les "sons" comme des segments, sont naturellement portés à confondre ces segments perceptuels avec les segments acoustiques qu'ils voient sur les sonagrammes, et cette méprise affermit leur croyance en l'exactitude objective de leur audition et de leurs transcriptions, ainsi qu'en l'existence d'un *Weltlautsystem* dont l'API serait l'image graphique [13].

L'Alphabet Phonétique International n'est ni phonétique, ni international. Il représente un inventaire de phonèmes pan-européens; il est "le plus petit commun multiple des systèmes phonologiques des langues européennes" (HAGÈGE et HAUDRICOURT, 1978 : 33) [14]. Produit par l'analyse phonologique implicite que les Européens ont faite de leurs langues microphonématiques, il sert à noter les microphonèmes en lesquels les phonéticiens analysent intuitivement les énoncés et les unités signifiantes des langues à l'étude en mettant à l'oeuvre leur ouïe phonologique de locuteurs de langues microphonématiques, que ces langues soient effectivement structurées en ces unités ou non. Une fois le corpus transcrit en lettres de l'API, l'analyse phonologique de la langue à l'étude est faite, cette langue est entièrement restructurée en termes de microphonèmes, et il ne reste guère à faire, si ce n'est quelques retouches qui réduiront de quelques unités l'inventaire des signes employés. L'API sert donc non seulement à transcrire les lan-

(13) Des linguistes ont pris le lapsus de FANT pour argent comptant; et l'ont interprété de façon à se débarrasser au plus vite du problème épineux de la segmentation du continuum sonore en sons pour s'occuper de la "formalisation" de la théorie phonologique. Tirant profit de la confusion de FANT entre "segments acoustiques" et "sons", ils passent outre à la remarque de la page 119 (FANT, 1960) et considèrent le problème comme résolu d'avance et de façon définitive : puisque le continuum sonore est "naturellement segmenté" en sons, et que ces derniers sont des variantes de phonèmes, cette segmentation naturelle coïncide avec la segmentation de l'énoncé en phonèmes (REZVIN, 1962 : 81 ; ŠAUMJAN, 1962 : 30).

(14) Cf. aussi BUYSSENS (1980 : 35) : "... la transcription que certains appellent encore phonétique alors qu'il s'agit d'une transcription phonématique". Cf. *ibid.*, : 36 : "Le son est un complexe qu'il est impossible de représenter simplement par une lettre" (bien entendu, BUYSSENS entend par "son" non le son tel qu'on se le représente communément, mais le *segment* physique découpé dans le temps).

gues de façon économique et à faciliter ainsi leur étude, mais aussi à les faire rentrer d'emblée dans un seul et même modèle, à cacher toutes les profondes différences de structure qui peuvent exister entre les langues de types différents : il permet ainsi de simplifier la typologie des systèmes phonologiques et de réduire la recherche des universaux phonologiques à une simple énumération des faits observés dans les langues européennes.

Le test de commutation

Le phonème étant par définition susceptible de différencier à lui seul des unités signifiantes on procède, pour vérifier la phonématicité des sons, au test de commutation qui est en même temps une méthode pour le dégagement du phonème dans la chaîne parlée.

Soit un corpus constitué par le vocabulaire d'une langue donnée dont les mots ont été transcrits en lettres de l'API, et dans lesquels on peut relever en tout quatre voyelle, **a**, **i**, **ɨ** et **u**. Il s'agit de vérifier la pertinence de la distinction phonétique qu'on a notée entre ces quatre sons. On cherche dans le corpus les mots qui ne se distinguent l'un de l'autre que par ces voyelles. On trouve, entre autres, les "quasi-homonymes" **bat**, **bit**, **but**, qui forment trois "paires minimales", **bat/bit**, **bit/but** et **but/bat**. On dit qu'il y a commutation entre **a** et **i**, **i** et **u**, **u** et **a** (que ces voyelles sont commutables entre elles), ce qui veut dire que si on substitue l'une à l'autre dans un mot, on obtient un autre mot de la langue. La différence phonétique qu'on a notée entre ces voyelles est donc susceptible de différencier à elle seule les mots de la langue, ces voyelles sont phonologiquement opposées dans le même contexte et représentent des phonèmes distincts.. Comme on ne trouve pas dans le corpus le mot ***bɨt** mais seulement le mot **bɨk**, et que d'autre part le mot ***bik** n'existe pas dans la langue, et qu'on ne peut trouver une paire minimale qui opposerait **i** à **ɨ**, on dit que ces sons sont en rapport de distribution complémentaire, qu'il n'y a pas commutation entre eux (qu'ils ne sont pas commutables l'un avec l'autre), ce qui veut dire que la substitution de l'un à l'autre dans un mot ne produit pas un autre mot de la langue. La différence phonétique qu'on a notée entre ces sons n'est donc pas susceptible de différencier à elle seule les mots de la langue, ces sons ne représentent pas des phonèmes distincts, mais des variantes contextuelles d'un même phonème.

Tout cela est parfaitement sensé et correct tant qu'on a en vue, en effectuant ces opérations et en interprétant leurs résultats, qu'il s'agit d'un test fait sur le papier avec des lettres de l'API, non avec des segments acoustiques. La seule conclusion qu'on est en droit de tirer de la commutation, c'est que la transcription est correcte en ce sens qu'elle est à même de représenter toutes les différences pertinentes utilisées dans la langue à l'étude et seulement ces différences. Par contre, on doit avoir en vue que les unités de transcription (les lettres) ne correspondent pas nécessairement aux unités en lesquelles la langue à l'étude est réellement structurée, et que la division de la ligne écrite en lettres ne représente pas nécessairement la division de la chaîne sonore en tranches acoustiques.

Or la plupart des phonologues pensent tout autrement. D'une part, la commutation est censée constituer la preuve du statut linguistique des unités représentées par les lettres de la transcription, laquelle, après avoir été soumise au test et rectifiée en conséquence, est devenue "phonologique" et est censée correspondre terme à terme à la structuration phonologique de la langue à l'étude, quel qu'en soit le type, et, d'autre part comme on l'a vu, chaque son (maintenant promu phonème) représenté par une lettre est censé correspondre à un segment acoustique délimité dans le temps de telle sorte qu'il commence au point précis où se termine le segment précédent et se termine au point précis où commence le segment suivant (cf. HARRIS, 1951 : 26) : le phonème est donc constitué seulement par les traits qui se réalisent à l'intérieur du segment qui lui est attribué, et tous les traits nécessaires ou utiles à l'identification du phonème qui ne sont pas réalisés dans ce segment doivent être ignorés comme non-pertinents ou redondants ("traits combinatoires phonétiquement conditionnés").

Nous avons vu cependant que, pour identifier un phonème (un son), l'auditeur doit disposer de toutes les informations nécessaires contenues dans plusieurs segments contigus et qu'un seul segment ne contient en général qu'une partie, souvent infime, des traits indispensables à la recognition du phonème qui lui est communément identifié. Eli FISCHER-JØRGENSEN, dans son article sur le test de commutation et son application à l'analyse phonologique (1956 : 140 sq.), a démontré, faits expérimentaux à l'appui, qu'il est impossible de procéder au test de commutation sur le signal acoustique tant qu'on s'obstine à diviser la chaîne parlée en segments délimités par des coupures transversales sur l'axe temporel. Certains auteurs lui ont reproché de confondre les niveaux phonologique et acoustique : selon eux la commutation, en tant que test mental effectué sur des abstractions, n'est pas destinée à être effectuée sur des bandes magnétiques. Ce reproche aurait été dans une certaine mesure compréhensible si les phonologues, et, parmi eux, ces auteurs, opéraient avec des notions et des techniques autres que celles qui sont de rigueur en phonologie contemporaine, lesquelles supposent nécessairement l'identification des phonèmes aux segments acoustiques : les notions de traits combinatoires et de variantes combinatoires et d'influence du contexte phonique (des phonèmes adjacents) et les techniques qui leur sont afférentes, ainsi que l'obstination des linguistes à déclarer non pertinents ou redondants des traits indispensables à l'identification des phonèmes, tout cela serait inexplicable sans cette confusion. Le reproche est d'ailleurs injuste : on ne voit pas pourquoi le test de commutation n'est pas applicable au niveau acoustique, si on reconnaît que les phonèmes, pour "abstraits" qu'ils soient selon la conception de certains linguistes, n'en ont pas moins leurs corrélats physiques invariants dans des propriétés acoustiques et/ou articulatoires déterminées qu'on peut isoler et combiner pour la synthèse de signaux parfaitement reconnaissables comme des combinaisons de phonèmes.

Les expériences de Eli FISCHER-JØRGENSEN sont réalisées sur des enregistrements dont la seule décomposition possible est le découpage en tranches successives, et par suite ne peuvent nous montrer directement les possibilités d'une application du test de commutation au niveau acoustique. Elles nous donnent cependant une preuve indéniable de la fausseté de la représentation du phonème comme une unité réalisée dans un seul segment.

Cette représentation est d'ailleurs incompatible avec la définition du phonème comme une unité phonologique susceptible de distinguer à elle seule une unité signifiante d'une autre. Si le phonème est réalisé dans les limites d'un seul segment acoustique, il ne peut représenter toute la différence qui permet de distinguer une unité signifiante d'une autre, et les unités signifiantes ne peuvent être "analysées en phonèmes sans laisser de résidu" (TRUBETZKOY, 1939 : 39), excepté quand ces unités sont constituées chacune d'une seule syllabe monophonématique — le seul cas où les traits pertinents d'un phonème sont réalisés simultanément dans un seul segment —. Hormis ce cas, les quasi-homonymes sont toujours distingués l'un de l'autre par des traits répartis dans plusieurs segments. Il s'ensuit que le phonème ne répond plus à sa définition, n'étant pas susceptible de distinguer à lui seul des unités signifiantes, et que certains traits non pertinents sont au contraire susceptibles de les distinguer, et parfois à eux seuls (comme dans le cas des implosives sans détente), tout en n'appartenant à aucun phonème. La contradiction est flagrante.

L'illusion qui fait croire que le test de commutation consiste en une substitution de segments provient, comme toutes les illusions et fantasmes qui régissent le comportement du phonologue usager d'une langue microphonématique, de la représentation propre aux membres de sa communauté linguistique pour qui le phonème trouve son corrélat physique direct dans les positions de l'appareil phonateur pendant les phases stationnaires de l'articulation, qui sont réellement successives et segmentales. Elle est renforcée par l'image que présentent les combinaisons linéaires de lettres romanes séparées l'une de l'autre par des espaces, image qui d'ailleurs reflète également cette représentation.

Cette illusion est ici associée à une autre, celle de l'objectivité de la transcription phonétique, qui achève d'embrouiller la situation et rend l'efficacité du test de commutation douteuse.

Il pourrait paraître évident que plus la transcription phonétique est exacte et objective, plus elle offre un terrain favorable au test de commutation. Or il n'en est rien. Le test de commutation, loin d'être la première opération d'analyse phonologique effectuée sur un matériau brut, représente en fait une dernière retouche à faire sur les résultats d'une analyse phonologique implicite presque achevée, et n'est pas destiné à être effectué sur une transcription authentiquement phonétique. Si la transcription soumise au test n'est pas assez phonologique, c'est-à-dire si elle est trop objective et trop exacte, ceci mènera à des résultats inattendus. Ainsi, il n'est pas seulement superflu, mais encore dangereux de noter dans la trancription phonétique la labio-vélarisation des consonnes dans certaines langues. Par exemple si le phonéticien distingue dans sa transcription le [lʷ] labiovélarisé du [l] non labiovélarisé, et transcrit fr. *loup* comme [lʷu] et *là* comme [la], la substitution de [lʷ] à [l] donnera [lʷa] qui, prononcé tel quel, sera identifié par l'auditeur français comme *loi*, ce qui mènera à la conclusion évidemment fausse que /lʷ/ est en français un phonème distinct de /l/[15]. Autre exemple : si le phonéti-

(15) Il en sera sûrement de même si on procède par substitution de portions de bandes magnétiques. Mais le résultat sera différent si on opère non avec le segment *l* de *loup*, mais avec ce qui distingue *loup* de *roue*, *nous*, *doux*, *tout*, *zou*(*lou*), *sou*, *joue*, *chou*, *goût*, *cou*, *mou*, *bout*, *pou*, *vous*, *fou*, *ou*, c'est-à-dire avec le son (ou phonème) *l*, et avec tous ses traits pertinents réalisés dans deux segments de syllabe.

cien note la différence entre consonnes explosives et implosives qui est très marquée dans les langues syllabiques isolantes, les paires minimales telles que vietn. *fathan/fathan* obligeront le phonologue à reconnaître l'opposition phonologique /$\overset{>}{t}$/ *vs* /$\overset{<}{t}$/ ce qui constitue une violation des principes implicites de la phonologie classique qui considère cette différence comme universellement non pertinente.

Pour être utile au phonologue dans le test de commutation et dans les procédures d'analyse phonologique en général, qui visent non à découvrir la structure phonologique de la langue à l'étude, mais à lui imposer le modèle microphonématique, la transcription phonétique doit par conséquent ignorer délibérément certaines différences qui sont considérées comme non-pertinentes pour la raison qu'elles sont non-pertinentes dans les langues microphonématiques. Autrement dit, elle doit être une transcription potentiellement phonologique dans laquelle les données sont interprétées conformément au modèle microphonématique, et noter seulement les différences qui sont potentiellement pertinentes dans les langues de ce modèle et peuvent par suite être perçues par les usagers de ces langues.

Le test de commutation suppose donc une analyse phonologique préalable, et ses résultats dépendent dans une très large mesure de la façon dont est faite la transcription phonétique, ce qui aboutit évidemment à un cercle vicieux, puisque ce test est précisément appelé à vérifier la pertinence phonologique de cette transcription. Il est cependant clair que les contradictions et les cercles vicieux de ce genre ne peuvent être imputés à l'utilisation du test de commutation en général. Ils sont dûs aux confusions et aux préjugés qui sont associés aux unités qu'on lui soumet. Le test de commutation lui-même est irremplaçable comme méthode d'investigation en matière de langue. Il est le moyen principal, sinon l'unique, de découvrir et de définir ce qui est pertinent dans la communication verbale, c'est-à-dire la langue elle-même. L'analyse linguistique consiste en effet à établir les différences pertinentes et leur organisation en hiérarchie, et c'est toujours la commutation qui permet de le faire. Le test de commutation doit donc avoir la primauté sur toute autre opération et ne doit être subordonné à aucune autre opération si ce n'est au test de commutation effectué au niveau supérieur.

Supposons que la commutation au niveau des signes (des unités signifiantes) ait donné les mots et les morphèmes de la langue à l'étude. Il s'agit maintenant de savoir si et comment ces unités sont structurées en unités plus petites qui, sans être elles-mêmes signifiantes, remplissent une fonction distinctive, sont discrètes et en nombre fini. La comparaison des unités signifiantes permettra de relever des différences pertinentes parmi lesquelles se trouvent des différences partielles qui permettront d'analyser l'altérité formelle des unités signifiantes en différences pertinentes toujours plus petites et plus simples, en nombre de plus en plus restreint et d'usage de plus en plus fréquent dans les unités signifiantes, jusqu'à ce que les différences minimales soient atteintes. Au bout (ou au cours) de cette progression, on peut éventuellement constater que les unités distinctives minimales sont organisées en ensembles qui possèdent certaines propriétés linguistiques dont ces unités en tant que telles sont dépourvues et qui leur confèrent un statut particulier (par exemple la permutabilité, qui confère à certains ensembles de traits pertinents le statut phonématique).

C'est ce en quoi consiste le travail de l'analyste, du moins en théorie. En pratique, il semble possible et même commode, au moins dans les premières étapes de l'investigation, de travailler sur des transcriptions microphonématiques. Les pièges pourront en être évités, pour peu qu'on les ait bien en vue. Ils résident, comme nous l'avons vu, dans les préjugés associés au mode de perception microphonématique. On n'a qu'à les écarter, en s'en tenant strictement au principe de la pertinence linguistique et en ayant en vue que les lettres de la transcription ne correspondent pas nécessairement à quelque chose de réel dans la structure de la langue à l'étude. Même si on admet à titre d'hypothèse de travail que l'analyse implicite effectuée lors de la transcription phonétique donne des unités correspondant de façon univoque aux phonèmes de la langue à l'étude, on doit avoir en vue, par exemple, qu'un phonème qui distingue un mot de ses quasi-homonymes est constitué par toutes les différences constantes qu'on peut observer en le comparant à ces derniers, et pas seulement par celles qui sont contenues dans le segment communément attribué au phonème en question. Ainsi, en confrontant les deux mots transcrits [lun] et [lan] dans une langue donnée, et constatant que le premier se distingue du second par une articulation fermée et labio-vélaire du début à la fin du mot, on doit conclure que ce qu'on appelle le phonème /u/ et qu'on transcrit de cette façon, c'est cette articulation en entier, pas seulement ce qui est contenu dans le segment vocalique. Ce n'est qu'après une analyse exhaustive du système qu'on sera en droit de formuler, en se basant sur la structure morpho-phonologique de la langue à l'étude et sur les tests d'audition, des conclusions sur la non-pertinence ou la redondance de tels ou tels traits.

Au niveau des techniques de la phonétique acoustique, le test de commutation peut être de grande utilité pour la détermination des corrélats physiques des traits pertinents et des phonèmes. Il s'agit d'analyser le signal acoustique en ses composants, de telle façon que la substitution des uns aux autres donne, à l'audition des play-backs des spectrogrammes ainsi synthétisés, les résultats attendus. Ce sera le moyen le plus sûr pour vérifier la correction et l'exhaustivité de l'analyse phonologique. Le test de commutation appliqué à ce niveau consistera non en des découpages et recollages, mais en de véritables synthèses de traits acoustiques (l'unité opérationnelle optimale pour la réalisation de ces synthèses sera probablement le corrélat acoustique du trait pertinent). La substitution d'un phonème à un autre, effectuée à ce niveau, consistera en une substitution de toute une combinaison de traits acoustiques répartis dans plusieurs segments et superposés sur ceux des phonèmes "adjacents". On aura à attendre de nouveaux progrès dans le domaine de l'analyse et de la synthèse acoustiques du discours pour juger des possibilités pratiques d'application du test de commutation à ce niveau.

On est cependant en droit de se fier pour le moment, avec FISCHER-JØRGENSEN, à une commutation effectuée oralement, bien qu'un test de ce genre suppose que le linguiste soit capable de prononcer de façon impeccable les énoncés de la langue à l'étude. Il est vrai que dans ce cas le test peut se réduire à une comparaison minutieuse des unités signifiantes (1956 : 152).

Le test de commutation, comme nous l'avons vu, sert à dégager les différences pertinentes. Il peut être employé pour vérifier la pertinence des différences notées entre des unités dégagées d'avance, telles que les sons qui sont dégagés par la transcription phonétique. Beaucoup de linguistes croient cependant que le test de commutation en tant que tel permet de dégager directement le phonème (TRUBETZKOY, 1939 : 32 ; MARTINET, 1974 : 116sq.). Certains croient aussi que l'unité linguistique minimale que le test de commutation permet de dégager est le phonème, et définissent en conséquence le phonème comme "la plus petite unité distinctive commutable" (FRANÇOIS, 1968 : 190).

Comme toujours, la source d'erreurs réside dans l'illusion de l'objectivité de la transcription phonétique et de la segmentalité des sons qu'elle dégage. Si les linguistes ont l'impression que le test de commutation dégage le phonème, c'est simplement parce qu'ils effectuent le test sur des transcriptions faites en écriture microphonématique, dans laquelle chaque graphème représente un (micro)phonème.

Effectué sur une transcription syllabique (macrophonématique), faite au moyen des lettres du devanāgarī ou du katakana par exemple, le test de commutation donnera la syllabe comme unité commutable minimale.

Effectué sur une transcription par traits distinctifs, faits au moyen du système "Visible Speech" de A.M. BELL (1867) ou du système "analphabétique" de O. JESPERSEN (1889) par exemple, il donnera comme unité commutable minimale le trait distinctif articulatoire tel que l'un ou l'autre de ces auteurs le conçoit.

Effectué sur une écriture logographique comme l'écriture chinoise ou comme le kanji japonais, il donnera le mot comme cette unité (dans le cas du kanji, elle sera fréquemment polysyllabique).

Si les phonologues de la Chine antique avaient eu des signes pour les ensembles de traits distinctifs qu'ils appelaient "thanh", "dang", "nhiep", etc., et s'ils avaient transcrit les mots à l'aide de ces signes, le test de commutation effectué sur une telle transcription donnerait ces ensembles de traits pertinents comme unités commutables minimales, etc.

Il est donc clair que le test de commutation effectué sur une transcription ne dégage rien. Il montre seulement que le graphème commuté présente quelque chose qui contient au moins une propriété susceptible de distinguer les unités signifiantes. Ce quelque chose est-il une unité phonologique ou une grandeur phonétique délimitée au hasard ? La différence qu'il y a entre lui et son antagoniste est-elle totale ou partielle, est-elle analysable en différences plus petites ou non ? Le test de commutation ne nous apprend rien à ce sujet.

En faisant commuter le [d] de *da* et le [t] de *ta*, on a l'illusion que c'est la commutation ultime qui puisse être effectuée sur ces deux mots. Or il est évident que ces mots se distinguent non par l'opposition de deux sons, mais par celle des deux traits "voisé" *vs* "non voisé", ce que le test de commutation donnerait comme résultat s'il était effectué non sur le papier, mais oralement ou sur le signal acoustique.

Pour les paires non minimales, le test de commutation appliqué au niveau articulatoire, auditif et acoustique, en faisant abstraction de la transcription, met en évidence des différences totales ou partielles qui, grâce aux tests de commutation ultérieurs, s'avéreront finalement analysables en un nombre restreint de différences minimales.

Soit, par exemple, un corpus comportant les morphèmes agglutinants *ta, da, pa, ba, to, do, po, bo, ti, di, pi, bi, tu, pu, bu.*

Choisissons au hasard une paire de ces morphèmes (nous ne pouvons faire autrement, car en faisant abstraction de la transcription, nous ne pouvons relever ni les paires minimales, ni les similitudes phonétiques), soit *to/bi*.

En comparant ces deux morphèmes, nous relevons entre eux une certaine différence phonétique qui peut être décrite comme suit en termes de propriétés phonétiques :

	to	-	*bi*	
1.	ouvert	-	fermé	(O)
2.	arrondi	-	non-arrondi	(A)
3.	postérieur	-	antérieur	(P)
4.	dental	-	labial	(D)
5.	sourd	-	sonore	(S)
6.	tendu	-	lâche	(T)

(N.B. Cette description est purement phonétique et conventionnelle et ne prétend en aucune façon représenter une *analyse*, la différence relevée étant supposée inanalysable pour le moment).

En comparant ensuite *bi* et *da*, nous constatons une différence phonétique qui peut être décrite comme "O" et "D", c'est-à-dire comme une certaine partie de la différence constatée entre *to* et *bi*, ce qui nous permet de supposer que cette partie ("O"-"D") peut fonctionner indépendamment du reste ("A P S T").

En comparant ensuite *bo* et *pu*, nous relevons la différence "O S T", qui s'avère ainsi indépendante de "D A P", et ainsi de suite jusqu'à la dernière paire.

Au cours du test, nous nous trouvons souvent en présence de paires telles que *to/ti* ou *to/bo*, qui sont du point de vue microphonématique qualifiées de paire minimales, mais qui, à la seule lumière du test de commutation, n'ont rien de particulier comparées aux autres paires, car elles présentent au même titre une différence partielle non minimale. Par exemple, la paire *to/bo* présente la différence "D S T" qui n'a rien de particulier comparée à la paire *bi/da* ou *bo/pu*.

A la fin du test, nous constatons que les différences "O" et "D" peuvent fonctionner indépendamment, mais les différences "S" et "T" ainsi que les différences "A" et "P" ne peuvent fonctionner l'une sans l'autre, c'est-à-dire qu'aucun morphème n'est distingué d'un autre par "A" (ou "S") sans l'être en même temps par "P" (ou "T"). Le test nous donne par conséquent quatre différences phoniques pertinentes inanalysables dans la langue en question : 1. ouvert/fermé, 2. arrondi-postérieur/non-arrondi-antérieur, 3. dental/labial, 4. sourd-tendu/sonore-lâche.

Le test de commutation, effectué de façon systématique sur un corpus assez représentatif donne donc en fin de compte les traits pertinents, non les phonèmes.

Cependant, l'unique critère linguistique pour le dégagement du phonème qui soit jamais formulé explicitement par un linguiste est celui de la commutabilité. Il est caractéristique que la détermination phonétique qui se réfère à la réalisation simultanée des traits pertinents n'est pas utilisée à cette fin de façon systématique comme critère, bien qu'elle fasse partie de la définition du phonème. Nous en avons vu la raison : elle est inopérante, étant impressionniste et circulaire, et de plus complètement fausse du point de vue phonétique. Ce n'est que quand le test de commutation, même effectué sur une transcription microphonématique, ne donne pas de résultat univoque qu'on en est réduit à l'invoquer.

Le problème de l'utilisation du test de commutation pour le dégagement du phonème trouve une concrétisation assez instructive dans celui, plus particulier, de l'interprétation monophonématique ou biphonématique des diphtongues, des affriquées et des aspirées ("un ou deux phonèmes ?"), lequel illustre assez bien la situation embarrassante d'une méthode fondée sur des bases insuffisamment explicites.

Il est remarquable que, depuis TRUBETZKOY, le problème semble être posé de façon plus ou moins indépendante de celui de la segmentation phonématique des unités signifiantes en général. André MARTINET s'étonne à juste titre que la méthode de commutation exposée par TRUBETZKOY au début du premier chapitre de ses *Grunzüge* (1939 : 32sq.), qui doit servir à dégager le phonème, n'ait pas été appliquée à la résolution du problème "un ou deux phonèmes ?" (MARTINET, 1939 : 116). Il est cependant à noter que TRUBETZKOY, en utilisant la commutation, avait en vue la "distinction entre phonèmes et variantes" plutôt que la segmentation phonématique, qui ne retient guère son attention. Le problème "un ou deux phonèmes" n'est posé par lui qu'en raison du fait que "la distinction entre un phonème simple et un groupe de phonèmes n'est pas toujours facile" (*ibid.* : 57). Cela veut dire que pour TRUBETZKOY, aussi bien que pour la plupart des linguistes contemporains, la délimitation des phonèmes dans l'énoncé est en général évidente et ne présente aucune difficulté, puisque celui-ci est déjà naturellement divisé en "sons" qu'on peut représenter chacun par une lettre. Seuls les cas où le phonologue soupçonne que dans la transcription phonétique un seul phonème est noté comme deux sons peuvent représenter un problème : ici, la théorie et la méthode phonologiques reposent aussi lourdement sur la transcription phonétique que partout ailleurs. Le problème se pose naturellement pour les groupes phoniques tels que [ts], [tj], [th], ou [ai], [au], et est souvent débattu avec passion, mais il semblerait oiseux de le poser pour le groupe [tr] ou [kl] par exemple, et encore plus pour le groupe [ka] ou [su]. Pour expliquer cette discrimination intuitive et pour résoudre le problème posé par les faits considérés comme suspects, on est naturellement porté à invoquer des considérations d'ordre phonétique (cf. TRUBETZKOY, 939 : 56sq., règles I, II et III).

Or nous avons vu que la valeur monophonématique ou polyphonématique des complexes phoniques, que ce soit des diphtongues, des affriquées ou des groupes CV, VC, CVC, etc., est déterminée par des facteurs structuraux, non par des propriétés phonétiques. Si les linguistes sentent que la valeur monophonématique d'un [ts] est presque aussi probable que celle d'une consonne simple, alors que la valeur monophonématique d'un [ka] leur semble inconcevable, c'est simplement parce que dans les langues microphonématiques européennes, par suite de la structure phonologique particulière de ces langues, seuls certains groupes CC et VV peuvent constituer des phonèmes simples. Dans une langue macrophonématique comme le japonais, une syllabe CV comme [ka] ou [kya] n'est nullement moins monophonématique qu'une voyelle [a] ou une consonne [n], [ts] ou [s], quand celle-ci représente une syllabe phonologique. A l'oreille d'un Japonais, un [kya] n'est nullement plus complexe qu'un [a] ou un [n] syllabique, car les trois ont le même statut phonologique, celui du (macro)phonème, tout comme, en français, /n/ n'est nullement perçu par le sujet parlant comme plus complexe que /t/ ou /l/, bien qu'il comporte un nombre plus grand de traits pertinents.

Le problème de l'interprétation mono- ou bi-phonématique des affriquées et des diphtongues doit se résoudre dans le cadre général de la structuration phonologique de la langue en question. S'il a été posé comme un problème plus ou moins indépendant, c'est parce que celui de la segmentation de la chaîne parlée en phonèmes n'a jamais été posé de façon assez explicite. Si la phonologie classique était une véritable théorie générale de la structure du signifiant et représentait un système déductif assez cohérent pour comporter des critères formels pour la segmentation phonématique de l'énoncé en général, le problème ne se poserait même pas.

Cependant il semble bien que la commutation est généralement reconnue de façon plus ou moins explicite comme un critère pour le dégagement des phonèmes, et s'il en est ainsi, on ne voit pas pourquoi elle n'est pas utilisée pour résoudre le problème "un ou deux phonèmes".

C'est en prenant conscience de cette circonstance qu'André MARTINET, et à sa suite plusieurs autres linguistes, ont proposé de remplacer les critères phonéticistes avancés par TRUBETZKOY, par celui de la commutabilité qui est authentiquement linguistique et peut être formulé en termes assez précis (MARTINET, 1939 : 115sq.). Appliqué à certains problèmes, tels que celui du [tš] castillan ou du [dž] italien, il donne une solution univoque qui semble bien répondre à l'intuition du sujet parlant. Il est cependant à remarquer que ce que la commutation met en évidence en pareils cas, ce n'est pas le statut linguistique (phonématique) du complexe en cause, mais seulement le rapport de détermination qui unit les deux "sons" représentés par le digraphe et qui rend le complexe inanalysable. La non-commutabilité de l'un des deux sons montre qu'il ne peut fonctionner indépendamment comme les autres sons "simples" et que seul le complexe entier dont il est un élément peut le faire. En tout cas, le test est à même de prouver, bien qu'indirectement, l'indivisibilité du complexe en phonèmes. Le traitement proposé par MARTINET pour certains autres problèmes témoigne cependant de son insuffisance. MARTINET est en effet obligé de recourir à des critères supplémentaires pour plusieurs cas qui semblent pourtant assez communs. Pour l'un d'eux (celui du [tš] anglais), il a dû recourir à la conformité à la structure générale ('pattern congruity') ; pour un autre (celui du [ts] allemand), il trouve nécessaire de poser des restrictions d'ordre morphologique ; pour un troisième (celui des aspirées), il a recours à des considérations d'ordre phonétique :

> L'interprétation phonologique du groupe transcrit [tha] dépend essentiellement du rôle de la glotte au cours de l'occlusion apicale dans le groupe [ta] du même parler : s'il apparaît que le comportement de la glotte est identique au cours des deux occlusions, il ne saurait plus être question d'éliminer [h] comme une bavure, puisqu'il n'est pas sous la dépendance de l'articulation précédente : après une articulation identique [t], on peut distinguer entre [ha] et [a] et, par conséquent, [h] a un rôle distinctif. Si, au contraire, l'élément transcrit [h] ne peut disparaître sans que l'articulation du [t] précédent en soit affectée, on devra considérer [h] simplement comme la réalisation acoustique d'une caractérisation permanente d'un complexe articulatoire [t] qu'il faudra, en transcription, distinguer par un signe diacritique de l'autre [t], celui qui se réalise avec une glotte moins largement ouverte (*ibid.* : 125sq.).

MARTINET semble ainsi s'opposer à l'identification des éléments du complexe en cause avec d'autres phonèmes du système là où l'on peut observer entre eux une différence physique sensible due à ce qu'on appelle l'influence du contexte ou, plus particulièrement, à l'articulation anticipée de certains traits du phonème subséquent : il trouve impossible de considérer le [t] de [tha] et le [t] de [ta] comme des variantes d'un même phonème si dans [tha] la glotte est en position pour le [h] au cours de (et non après) l'occlusion apicale (la tenue du [t]). Si on s'en tient à ce principe, on se verrait obligé de reconnaître la valeur monophonématique à toute combinaison de deux sons où on peut observer une "influence combinatoire" sensible de l'un des éléments sur l'autre. Ainsi le [k°] labio-vélarisé de angl. *queen* devrait être traité comme un élément du complexe monophonématique /kw/ en vertu du fait que l'omission du [w] affecterait nécessairement l'articulation du [k] qui perdrait sa labio-vélarisation au profit d'une palatalisation. En tout cas, il ne serait plus possible d'identifier le [k] de *queen* au [k] de *keen* ou au [k] de *cow*, et s'il en est ainsi, on ne saurait plus comment identifier phonématiquement les variantes combinatoires en général.

Le fait est que si on applique le test de commutation de façon conséquente à l'interprétation monophonématique ou biphonématique des articulations complexes sans avoir recours à des critères supplémentaires, rien n'empêcherait de traiter biphonématiquement les diphtongues, les affriquées et les aspirées partout où il est possible d'interpréter les éléments de ces complexes comme des variantes contextuelles de différents phonèmes simples du système (GORDINA, 1966 : 147), c'est-à-dire dans la presque totalité des cas problématiques. C'est pour cela que dans les cas où la valeur monophonématique du complexe en cause est intuitivement plus évidente que sa valeur biphonématique, on rejette souvent l'interprétation dictée par le critère de la commutation en alléguant des raisons d'ordre phonétique.

Le critère phonétique qui s'offre le plus naturellement est celui de la distinction entre la simultanéité attribuée à la réalisation des traits pertinents et la successivité attribuée à celle des phonèmes, distinction qui fait partie de la définition même du phonème en tant qu'ensemble de traits pertinents. On a en effet essayé de résoudre le problème "un ou deux phonèmes" en examinant les enregistrements faits sur des appareils de précision pour établir avec le maximum d'objectivité le caractère simultané ou successif des éléments du complexe en cause au niveau articulatoire et/ou acoustique. Ainsi, certains auteurs justifient leur traitement biphonématique des consonnes finales roumaines colorées en [i], en [u] ou en [ü] en alléguant le fait que ces colorations, "au lieu d'être concomitantes avec l'articulation de la consonne, suivent au contraire celle-ci" (A. AVRAM et E. VASILIU *in* PETROVICI et NEIESCU, 1959). E. PETROVICI et P. NEIESCU le réfutent en faveur d'une interprétation monophonématique qu'ils justifient par le fait que le "relèvement du dos de la langue (exigé par la coloration aiguë) commence à peu près au moment de l'implosion d'une occlusive labiale diésée, s'accroît pendant la durée de l'occlusion et atteint le point le plus rapproché du palais au moment de l'explosion" (c'est-à-dire que l'articulation de la consonne et celle du [i] qui la colore sont plutôt simultanées). La différence entre les deux traitements provient de ce que leurs auteurs se sont placés sur des plans différents de la phonétique : AVRAM et VASILIU se sont fondés sur des faits acoustiques, tandis que PETROVICI et NEIESCU se sont fondés sur des faits articulatoires (la "couleur" grave ou aiguë est audible pendant l'explosion de la consonne, c'est-à-dire après sa tenue, mais la position exigée pour la production de cette couleur est prise par la langue en même temps que l'implosion de la consonne, de sorte que pendant la tenue de celle-ci, on voit se réaliser simultanément les traits articulatoires consonantiques et les traits de résonance vocaliques qui donnent à la consonne sa "couleur" caractéristique). Si on se place avec ces auteurs sur le terrain *phonétique* pour résoudre ce problème, le choix de l'une ou de l'autre solution dépend de la pertinence relative qu'on attribue au niveau articulatoire ou au niveau acoustique : en tant que partisan de la "théorie motrice", on choisira la seconde; au contraire comme "acousticiste", on choisira la première. Mais si la solution d'AVRAM et VASILIU est acceptée, on ne voit pas pourquoi les traits de place d'articulation, qui sur le plan acoustique sont réalisés en même temps que la couleur grave ou aiguë, c'est-à-dire pendant le mouvement d'ouverture qui suit la tenue, ne seraient pas considérés comme appartenant à un autre phonème qui suit la consonne caractérisée par cette tenue — à savoir celui qui est caractérisé par la couleur en question —; si au contraire la solution de PETROVICI et NEIESCU est acceptée, on ne voit pas pourquoi les consonnes à couleur grave, aiguë ou neutre qui précèdent les voyelles accentuées ne seraient pas identifiées respectivement aux consonnes à couleur grave, aiguë ou neutre en question, étant donné que les deux séries de consonnes sont phonétiquement similaires sous tous les rapports, et en particulier en ce qui concerne la réalisation de la couleur au niveau articulatoire qui est simultanée à celle des autres traits articulatoires de ces consonnes.

D'autre part, si on se place au point de vue linguistique,

aucun des arguments avancés en faveur des deux solutions ne peut prouver quoi que ce soit, parce que, comme on l'a vu au chapitre II, la simultanéité et la successivité objectives n'ont rien à voir avec la structuration phonématique. Les auteurs cités sont au même titre victimes de l'erreur impliquée dans la formulation incorrecte de la détermination de linéarité dans la définition du phonème. S'ils avaient eu l'idée d'examiner avec la même minutie les combinaisons non suspectes de monophonématisme telles que les groupes CV, ils auraient découvert exactement les mêmes faits que ceux qui leur ont servi d'arguments pour prouver la valeur mono- ou bi-phonématique des consonnes colorées en cause : une consonne finale roumaine colorée en [i] ou en [u] diffère d'un groupe [pi] ou [tu] qui ne se trouve pas sous l'accent non par quelque chose qui aurait trait à la simultanéité ou à la successivité de leurs propriétés articulatoires ou acoustiques, mais seulement par le non-voisement de la phase qui suit immédiatement l'explosion de la consonne. Le problème de l'interprétation phonologique de la coloration des consonnes roumaines en position finale ne peut être résolu que sur la base de la pertinence des différences qu'il peut y avoir entre elles et les autres combinaisons possibles de [i], [u] et [ü] avec les consonnes, en tenant compte des frontières morphématiques qui peuvent passer entre les éléments de ces combinaisons.

La principale difficulté théorique que comporte l'application du test de commutation à l'interprétation phonologique des complexes articulatoires est cependant la suivante.

En soumettant des grandeurs phonétiques au test de commutation, on doit d'abord savoir ce que représentent ces grandeurs. Une commutation n'a de sens qu'entre éléments ayant le même statut linguistique, faisant partie du même paradigme, appartenant au même niveau dans la hiérarchie des unités de la langue. La substitution d'un morphème à un phonème ou à un groupe de phonèmes non morphématique, ou celle d'un phonème à un trait pertinent peut toujours produire un changement dans le plan du signifié, mais cela ne prouve rien. En particulier, cette commutation ne prouve pas que les éléments commutés ont le même statut structural. Ainsi, on peut sans doute substituer au [s] d'une syllabe [sa] du japonais le [n] [16] d'un groupe dissyllabique [an] pour obtenir

(16) Notre transcription de la nasale syllabique du japonais comme [n] est purement conventionnelle. Il s'agit d'une syllabe (plus exactement, d'un (macro)phonème) qui se réalise soit comme [ŋ̊], soit comme [n̥], soit comme [m̥] selon le contexte, plus la nasalisation partielle ou totale de la partie vocalique de la syllabe qui la pré-

un groupe [na]. Mais cette jonglerie avec les lettres de l'API ne peut avoir de sens, car le [s] de [sa] ne peut avoir le statut (macro)-phonématique du [n] de [an]. Si d'autre part on substitue zéro au [s] de [sa], on peut sans doute avoir [a], mais ce [a], qui représente simplement deux traits pertinents parmi d'autres d'un macrophonème, ne peut être phonologiquement identique au macrophonème [a]. Ainsi la commutabilité, qui est censée constituer une méthode pour la vérification du statut linguistique des grandeurs phonétiques, ne peut avoir de sens que si ce statut a été préalablement établi. La circularité est évidente.

On retrouve la même difficulté dans le cas de commutation avec zéro. Il peut sembler à beaucoup de linguistes que la commutabilité avec zéro constitue en elle-même la preuve de l'intégrité d'une unité linguistique. Si la présence d'une combinaison d'éléments est commutable avec son absence, cela paraît prouver que cette combinaison n'est pas simplement la somme de ses éléments composants, mais quelque chose de plus, qu'elle leur est qualitativement supérieur, qu'elle appartient à un niveau supérieur.

Il n'en est rien. En comparant *cas* [ka] et *canot* [kano], on met en évidence une commutation de [no] avec zéro. Ce [no] est-il donc une unité linguistique ? Certainement non. Il n'est qu'une combinaison quelconque de certains sons. En comparant [no] et [o], on met en évidence une commutation de [n] avec zéro qui, parce que la grandeur commutée est représentée par une lettre, peut paraître suffisante pour établir [n] comme une unité autonome. Cependant, si on compare [no] et [to], on obtient également une commutation des traits "nasal" et "voisé" avec zéro sans pouvoir pour autant affirmer que l'ensemble de ces traits est une unité linguistique. De même, en confrontant [no] et [a], on a une commutation de l'ensemble des traits "nasal", "voisé", "occlusif", "dental", "postérieur", "arrondi" avec zéro, sans pouvoir rien conclure sur le statut linguistique de l'ensemble commuté. Tant que le statut du son dans la langue à l'étude n'est pas éta-

---

cède. Ce qui permet à certains auteurs de le traiter comme un seul trait pertinent — le trait "nasal" —. Ainsi LÜDTKE (1969 : 170) le définit comme un *nasaler Silben- auslaut* (ce terme est évidemment malheureux : il fait croire que l'élément en cause est un son, non un trait comme LÜDTKE l'entend, et, ce qui est plus grave, qu'il fait partie de la syllabe précédente, ce qui est faux, aussi bien du point de vue phonétique que du point de vue phonologique) et caractérise en conséquence l'écriture japonaise comme *ein Mischtyp aus Silben- und Merkmalschrift*. D'autres auteurs le traitent comme une mora, les autres unités formant syllabes étant traitées de même (HOCKETT, 1955; CHENG, 1975).

bli, tant que les traits pertinents ne sont pas regroupés en phonèmes, les trois cas de commutation cités ne diffèrent l'un de l'autre que par le nombre des traits commutés avec zéro.

On pourra naturellement objecter que dans la paire [no/o], [n] commute avec un zéro absolu, c'est-à-dire avec l'absence de toute unité, tandis que dans la paire [no/to], la nasalité et le voisement commutent avec deux traits non moins positifs : la non-nasalité et le non-voisement (ou "nasalité zéro" et "voisement zéro").

Le problème est donc lié à celui du statut linguistique du "zéro". Il s'agit de savoir dans quelles conditions l'absence linguistiquement pertinente d'une grandeur linguistique est à considérer comme la présence d'un élément nul ("zéro") ayant le même statut que la grandeur avec laquelle il commute ("trait zéro", "phonème zéro", "morphème zéro", etc.). En particulier, le problème se pose de savoir pourquoi l'absence des traits "nasal" et "voisé" dans [t], par exemple, qu'on peut relever quand on le compare à [n], constitue en elle-même un trait, de sorte qu'on ne peut considérer [t] comme une certaine partie de [n], alors que l'absence du trait "latéral" qu'on peut constater dans [o] en le comparant à [lo], ou des traits "occlusif" et "dental" dans le même [o] comparé à [to], ne constitue aucune unité linguistique, de sorte qu'on peut considérer [o] comme une certaine partie de [lo] ou de [to].

D'une façon générale, on peut dire que l'absence d'un élément linguistique constitue en elle-même un élément linguistique quand l'élément absent fait partie d'un paradigme qui est solidaire des autres paradigmes que comporte le système représenté par l'unité du niveau supérieur. Ainsi, en russe, l'absence de la désinence dans le nominatif singulier des noms masculins comme *dom* ou le génitif pluriel des noms féminins comme *stran(a)* constitue en elle-même une désinence, parce que la désinence forme en russe un paradigme solidaire de celui du radical dans tout substantif. On ne peut dire la même chose pour les suffixes *-ik-* et *-išk-* de *dom-ik* et de *dom-išk-o* ; leur absence ne constitue pas un "suffixe zéro", parce que le suffixe ne forme pas un paradigme solidaire de celui de la racine.

Au niveau des unités signifiantes, l'élément zéro est tout aussi signifiant que les éléments non zéro : la désinence zéro dans les noms masculins de la seconde déclinaison du russe signifie de façon univoque "nominatif singulier". L'absence de *-ik-*, par contre, ne signifie rien de positif.

Au niveau des figures, éléments linguistiques sans autre signification que l'altérité de l'unité qui les contient par rapport aux unités qui contiennent à leur place d'autres éléments appartenant au même paradigme, l'absence d'un élément constitue en elle-même un élément si l'unité du niveau supérieur qui le contient possède une structure définie, susceptible d'être décrite en termes de paradigmes solidaires. Par exemple, dans une langue où les voyelles sont dotées du statut phonématique et forment un système descriptible en termes de paradigmes solidaires de traits pertinents vocaliques, "ouvert", "postérieur", "arrondi", l'absence du trait "arrondi", par exemple, constitue en elle-même un trait pertinent.

Dans une langue où le morphème est uniformément réalisé dans une syllabe-phonème, de sorte que ses éléments phonologiques peuvent être décrits en termes de la fonction constitutive qu'ils assument dans la syllabe ("initiale", "noyau", "finale" ou "*onset*", "*peak*", "*coda*", etc.), l'absence de l'un de ces éléments constitue en elle-même un élément zéro. Ainsi en vietnamien la syllabe-morphème [no] comporte une finale zéro, la syllabe-morphème [on] une initiale zéro, la syllabe-morphème [o] une initiale zéro et une finale zéro, etc. Dans une langue de ce type, la syllabe est le segment phonologique minimal, et la présence ou l'absence d'un ou de plusieurs "sons" ne change rien à la structure de cette unité. Les syllabes transcrites comme [no], [on], [non], ou [thwan] sont objectivement aussi longues que la syllabe transcrite comme [o] et sont senties par les sujets parlants comme quantitativement et structurellement égales à elle, de même qu'en français aucune différence quantitative et structurelle n'est sentie entre [no], [do], [to] et [ta]. Dans une langue de ce type, l'unité minimale commutable avec zéro entendu comme l'absence de tout élément est la syllabe-morphème.

En japonais, où le morphème ne possède pas une structure phonologique définie, mais où la syllabe est la plus petite unité phonologique segmentale, c'est-à-dire représente le phonème, la situation est essentiellement la même que dans les langues syllabiques isolantes en ce qui concerne les éléments de la syllabe. Dans cette langue, les syllabes [no] et [o] par exemple sont des unités égales entre elles, et on ne peut dire que [no] est [o] auquel on a ajouté quelque chose, ou que [o] est une certaine partie de [no]. D'autre part, ni [o] ni [no] ne peuvent être traités sur un pied d'égalité avec [on] qui est composé de deux (macro)phonèmes (deux syllabes phonologiques)[17]. Le

(17) Il est intéressant de remarquer que les musiciens japonais, en écrivant les paroles des chansons en romaji, séparent les *n* de la voyelle "précédente" en mettant un

complexe [on] est senti par le locuteur japonais comme "[o] plus quelque chose", tandis que [no] ne l'est pas. Les syllabes [no], [o] et [n] sont en japonais des unités autonomes (des phonèmes), contractant avec leurs homologues adjacents un rapport de constellation, et leur absence n'a aucun statut linguistique, tandis que [n̆] n'est qu'un ensemble de traits pertinents appartenant à un paradigme solidaire de celui du [o] dans le (macro)phonème [no]. Son absence dans le (macro)-phonème [o] constitue un élément zéro. Dans une langue syllabique, comme le japonais, l'unité minimale commutable avec zéro entendu comme l'absence de tout élément est donc la syllabe (le (macro)phonème).

Dans les langues microphonématiques, où le morphème n'a pas une structure définie constituée par des éléments descriptibles en termes de paradigmes solidaires, et où la syllabe n'est pas dotée d'un statut linguistique propre, la plus petite unité phonologique segmentale (qui est en même temps susceptible de représenter un morphème) étant le son (le microphonème), la situation est toute différente. Dans une langue de ce type, grâce à la représentation segmentale des sons qui résulte de leur syntagmatique phonologique linéaire, la présence d'un son supplémentaire est sentie comme une augmentation quantitative : [stro] et [no] sont sentis comme plus longs et plus complexes que [o], et [o] est senti comme représentant une certaine partie de [no] et de [stro]. Si dans une telle langue on établissait un son zéro chaque fois que la comparaison d'un morphème à d'autres met en évidence une commutation d'un ensemble de traits distinctifs avec zéro, on arriverait à des résultats absurdes. Ainsi on analyserait le morphème *eau* [o] comme composé de cinq phonèmes dont quatre sont nuls en vertu d'une comparaison avec *strophe* [strof] (cf. ORR, 1963 : 206 ; BUYSSENS, 1980 : 32)[18].

trait d'union entre les deux (comme ils le font avec les syllabes d'un même mot) et les écrivent sous deux notes, même quand ces dernières sont identiques, ainsi :

ce qui paraîtrait absurde pour un musicien européen ou chinois, lequel noterait plutôt :

ce qui donnerait exactement la même séquence musicale et presque la même séquence phonétique (l'accent étranger est cependant décelable).

(18) Ces auteurs s'élèvent contre l'établissement des unités "zéro" en général, ce à quoi leur donne droit l'absence de principes explicites pour leur établissement en linguistique générale.

Dans une langue microphonématique, l'unité minimale commutable avec zéro entendu comme l'absence de tout élément linguistique est le son (le microphonème).

Le statut linguistique de zéro dépend donc de celui de l'unité qui commute avec lui, et plus particulièrement de l'autonomie syntagmatique dont jouit cette unité. Le zéro est doté du statut d'unité linguistique quand l'élément qui commute avec lui est structurellement obligatoire au sein de l'unité du niveau supérieur, ainsi le trait pertinent dans les langues microphonématiques ou le "son" (l'élément constituant la syllabe) dans les langues macrophonématiques. Il représente une absence totale de toute unité linguistique quand l'élément qui commute avec lui n'est pas obligatoire au sein de l'unité du niveau supérieur et jouit d'une certaine autonomie syntagmatique, en particulier quand il est doté du statut du phonème, ainsi la syllabe dans les langues syllabiques, ou le son dans les langues microphonématiques.

La nature de l'opposition entre la présence et l'absence d'un élément linguistique, le statut d'unité linguistique dont est doté ou n'est pas doté le zéro avec lequel cet élément commute, dépendent ainsi du statut linguistique de ce dernier. La commutation avec zéro ne peut donc servir de critère pour l'établissement du statut d'une unité linguistique.

La conclusion qu'on est en droit de tirer des réflexions émises dans les pages précédentes est que le test de commutation, s'il est effectué sur les données articulatoires et auditives et non sur le papier, ne peut donner que les unités distinctives minimales — les traits pertinents —. Appliqué aux unités phonologiques plus complexes telles que le phonème, il suppose l'établissement préalable du statut linguistique de ces unités et, par suite, ne peut servir à les dégager.

Permutation et division morphologique

Pour pouvoir regrouper les traits pertinents dégagés par commutation de telle façon que les ensembles obtenus représentent des unités linguistiques d'un niveau immédiatement supérieur, ou, autrement dit, pour dégager les (micro)phonèmes ou les éléments composants immédiats des (macro)phonèmes, on peut essayer de procéder à un autre test, celui de la permutation, que HJELMSLEV (1943 : 102) définit comme "une relation et un échange dans une chaîne qui a des rapports avec une relation et un échange dans une chaîne de l'autre plan de la langue". (Autrement dit, il y a permutation quand l'interversion de l'ordre séquentiel de deux éléments du signifiant produit un changement dans le signifié). Il est logiquement légitime et naturel de recourir à ce procédé car nous avons vu que le phonème doit son statut précisément à sa participation à l'opposition phonologique d'ordre séquentiel. Or, étant donné que rien ne nous permet encore de dégager les phonèmes, force nous est d'essayer de commencer le test avec les traits pertinents dégagés par commutation.

C.L. EBELING, qui semble être le premier à parler de permutation de traits pertinents, nous propose la procédure suivante :

> Supposons qu'on a détecté dans une forme donnée les traits distinctifs +A et +B ; si nous changeons +A en -A ou +B en -B, nous obtenons une forme différente. Maintenant le problème consiste en ceci : +A et +B appartiennent-ils au même phonème /+A, +B/ ou à deux phonèmes /+A,.../ et /+B,.../ ?
>
> Si la seconde solution est correcte, il est à supposer que la réalisation du phonème /+A.../ est légèrement teintée du trait /+B/ du phonème contigu, mais cette teinte en +B est phonologiquement sans importance. Cependant si le trait +B, pour autant qu'il apparaît simultanément (c'est-à-dire à l'intérieur du même phonème) avec +A, est non-pertinent, il peut être omis ou même remplacé par -B sans mener à un changement dans l'identité de la forme en cause. Par conséquent, on doit chercher à savoir si le mot originel peut être réalisé, en ce qui concerne les traits en question, de l'une ou de l'autre des manières suivantes : 1. /+A,-B../ /-A,+B../ ; 2. /-A,+B../ /+A,-B../. Si les deux interprétations sont exclues (parce que si nous essayons de prononcer ces traits dans cet ordre précis, les mots que nous aurions émis seraient perçus par les sujets comme des formes autres que le mot original), alors on aura à admettre que le mot contient un phonème /+A, +B,../ (1960 : 70).

La méthode proposée dérive d'une conception correcte du statut du phonème par rapport à celui du trait pertinent : les phonèmes formant syntagme sont ordonnés dans le temps, tandis que les traits pertinents qui constituent un même phonème ne le sont pas. Par conséquent, "si nous détectons un ordre pertinent entre deux traits distinctifs, ils doivent appartenir à deux phonèmes différents" (KORTLANDT, 1972 : 141). Mais la procédure, telle qu'elle est présentée par EBELING a en vue non la pertinence linguistique de l'ordre temporel des "sons", mais la simultanéité physique supposée des traits pertinents appartenant à un seul et même phonème *versus* la successivité supposée des traits pertinents appartenant à deux phonèmes consécutifs. Elle n'est, par suite, opérante que pour les cas où les traits pertinents du phonème en cause sont effectivement simultanés sur les deux plans articulatoire et acoustique, comme ceux des voyelles simples (monophtongues). Appliquée aux traits consonantiques, elle est, dans certains cas, physiquement irréalisable, et, dans les autres, elle donne des résultats erratiques ou mène à des conclusions ostensiblement fausses.

Supposons par exemple que le trait +B soit la palatisation d'une consonne russe qui précède une voyelle teintée de la "couleur de i" ("i-*obraznaja okraska*"). L'effet auditif du changement de +B en -B (de +palatalisation en -palatalisation) dans les limites du segment communément attribué à la consonne dépend des particularités de place d'articulation de cette dernière. S'il s'agit d'un m mouillé par exemple, l'effet sera nul, le sujet russe entendant toujours [m'] à cause de la couleur de i de la voyelle subséquente. S'il s'agit au contraire d'un t', le sujet entendra t dur (non palatalisé), mais il ne reconnaîtra plus dans la combinaison obtenue un mot russe, car en russe une consonne dure ne peut précéder une voyelle à couleur de i. Dans le premier cas on conclura que la palatalisation de la consonne est due à l'influence de la voyelle, ce qui est complètement faux. Dans le second, on ne pourra rien conclure.

La méthode n'opère pas non plus pour les complexes articulatoires susceptibles d'être interprétés soit monophonématiquement, soit biphonématiquement (affriquées, aspirées, etc.). Supposons par exemple que le trait +A soit l'occlusion et le trait +B la spirantisation du groupe [ts]. Le test de prononciation proposé donnera pour la combinaison 1 la forme originale ([ts]), et pour la combinaison 2 l'inverse ([st]). Si la langue à l'étude connaît un groupe [st], le test montre que les traits pertinents en cause sont *ordonnés*, et que par suite le groupe [ts] est biphonématique, ce qui est contraire à la conclusion prévue par EBELING.

Le test de permutation est présenté par F. KORTLANDT sous une autre forme :

> Si nous interchangeons l'articulation dorsale et apicale dans holl. *kat* [kɑt] "chat", nous obtenons le mot *tak* "branche" et par conséquent ces traits appartiennent à des phonèmes différents. Au contraire, l'intersubstitution des traits appartenant au même phonème ne donne pas des formes phonologiques différentes (1972 : 141).

Il peut sembler à première vue que le test est ici correctement présenté et le résultat probant. Il est cependant à remarquer que : 1) si le test cité en exemple a pu donner un tel résultat, c'est que dans la langue en cause, qui est microphonématique, la consonne explosive et la consonne implosive appartiennent à un même paradigme, et, par suite, peuvent être analysées en traits pertinents identiques; 2) 2) L'intersubstitution est réalisée entre deux sons non contigus, alors qu'il s'agit surtout de savoir s'il y a un ordre pertinent dans un ensemble de traits quasi-simultanés localisés dans des segments contigus ou dans un seul segment ; 3) l'exemple cité représente un cas exceptionnel : les deux sons choisis ne se distinguent que par les traits substitués l'un à l'autre, de sorte que l'intersubstitution de ces traits produit une intersubstitution des sons en cause, ce qui donne la fausse impression qu'il s'agit d'une permutation, alors qu'en réalité nous sommes en présence d'une simple commutation, effectuée sur deux sons quasi-homophones, ne prouvant rien d'autre que l'altérité de l'un par rapport à l'autre.

Il est vrai que le choix de deux sons non contigus n'est pas arbitraire, car on ne peut interchanger les traits pertinents des sons contigus à l'intérieur du mot cité (*kat*) à moins qu'on admette la conception de JAKOBSON et al. (1956) qui identifie les traits consonantiques aux traits vocaliques. D'ailleurs, si on le faisait, un interchangement de traits pertinents entre ces sons équivaudrait toujours à une simple commutation qui, sans rien prouver qui concerne le problème discuté, donnerait une combinaison de sons entièrement différents, si on ne tient pas compte de quelques coïncidences fortuites (l'intersubstitution des traits "consonantique" et "vocalique" dans [k] et [ɑ] donnerait [ɑkt], mais celle des traits "compact" et "diffus" dans [ɑ] et [t] donnerait [kec].

Si on rejette le système de JAKOBSON et al., l'interchangement de traits pertinents entre sons contigus n'est possible que dans les cas où ces derniers forment un groupe consonantique ou vocalique (y compris les cas des affriquées, des aspirées, des diphtongues, etc.). Mais ici encore, le résultat obtenu ne prouve rien. Prenons par exemple la diphtongue [au], et interchangeons les traits vocaliques "ouvert" et "fermé" des deux sons qui la constituent : nous aurons [eo]. Est-ce que cela prouve que les deux sons constituent deux phonèmes au lieu d'être les éléments d'une diphtongue monophonématique ? Certainement non. Une semblable intersubstitution de traits équivaudrait simplement à la substitution d'autres sons aux sons originaux, ce qui serait loin de prouver la pertinence de l'ordre séquentiel de ces derniers.

Le test de permutation appliqué au niveau des traits pertinents ne peut donc être effectué sous la forme d'un échange de traits entre "sons" préalablement identifiés. Il doit consister à mettre en évidence la pertinence des différences qu'il peut y avoir dans la disposition dans le temps des traits pertinents qu'on a dégagés par commutation en comparant les unités signifiantes.

Soit un ensemble de traits pertinents qu'on a dégagés en comparant le mot [tu] d'une langue donnée aux autres mots monosyllabiques de la langue : "postérieur", "arrondi", "fermé", "dental", "occlusif", "non-voisé". Il s'agit de savoir si la simple énumération de ces traits suffit pour distinguer le mot [tu] de tous les autres mots et syllabes de la langue à l'étude.

Si c'est le cas, ces traits pertinents appartiennent au même phonème et sont phonologiquement simultanés, ce qui veut dire que la langue à l'étude ne connaît pas une opposition phonologique entre une disposition déterminée de ces traits dans le temps et une disposition différente : soit que la disposition qui donne [tu] est la seule réalisation possible de cet ensemble de traits dans la langue à l'étude (comme en malgache), soit que le mot peut se prononcer facultativement comme [tu], [ut], [tʷ], ou [utu], etc. (comme en aranta). La langue en question est une langue macrophonématique.

Sinon, nous avons affaire à une langue microphonématique qui connaît une opposition phonologique entre les deux dispositions suivantes des traits pertinents en cause dans le temps :

	I	II
1	postérieur	postérieur
2	arrondi	arrondi
3	fermé	fermé
4	dental	dental
5	occlusif	occlusif
6	non-voisé	non-voisé

(ce qui oblige le sujet parlant à ignorer la partie des traits 1, 2 et 3 qui est simultanée aux traits 4, 5 et 6 comme "non-pertinente" pour percevoir les syllabes en cause comme des successions, respectivement :

dental occlusif non-voisé	postérieur arrondi fermé	et	postérieur arrondi fermé	dental occlusif non-voisé

et c'est en ce sens qu'on peut parler d'un ordre séquentiel de traits pertinents). Dans cette langue, les traits "dental", "occlusif", "non-voisé" constituent un phonème distinct de celui constitué par les traits "postérieur", "arrondi", "fermé".

On peut procéder de même pour les cas des groupes consonantiques et des groupes vocaliques. Pour les affriquées, on trouvera réunis parmi d'autres dans le même ensemble non ordonné les traits "occlusif" et "fricatif" s'il s'agit d'un phonème simple, et une succession de ces deux traits phonologiquement opposée à la succession inverse s'il s'agit d'une combinaison de phonèmes. Pareillement, une diphtongue monophonématique est une voyelle qui est "en même temps" (du point de vue phonologique) ouverte et fermée, c'est-à-dire qui consiste en un mouvement fermant (ou ouvrant) qui n'est pas opposé phonologiquement à un mouvement qui en représente exactement l'inverse, tandis qu'une diphtongue biphonématique représente une succession définie qui est phonologiquement opposée à la succession inverse, etc.

L'application du test de permutation se heurte cependant à la même difficulté que celle que comporte l'application du test de commutation. Nous avons toujours à résoudre à l'avance le problème de savoir si les éléments d'un groupe [ab] sont structuralement équivalents à ceux d'un groupe descriptible ou transcriptible comme [ba]. Par exemple, nous avons à interpréter l'affriquée [c] (qui peut être transcrite [ts]) dans une langue qui possède le groupe [st]. Comme rien ne nous permet encore d'affirmer que les éléments de [ts] ont le même statut structural que ceux de [st], nous ne pouvons guère parler de permutation. Il serait absurde de se baser sur la différence de signification qui existe entre les deux groupes transcrits [na] et [an] en romaji (écriture japonaise romanisée) pour conclure qu'il y a permutation des deux éléments [a] et [n], puisqu'il n'y a aucune équivalence structurale entre les éléments transcrits par les mêmes signes dans ces deux groupes : dans le premier, [n] et [a] sont des traits pertinents d'un (macro)phonème [na], dans le second, [a] et [n] sont deux (macro)phonèmes (deux syllabes phonématiques).

Cependant, comme nous l'avons vu au chapitre II, le test de permutation met à notre disposition un critère négatif d'une sûreté absolue : la non-permutabilité à l'intérieur de la même unité signifiante est la preuve irréfutable de la monophonématicité du groupe en cause. Une combinaison [ab] est sûrement monophonématique si dans la langue en question il n'y a aucune combinaison qui puisse être transcrite ou interprétée comme [ba]. Ceci découle directement de la définition du phonème comme unité permutable minimale. Ainsi les affriquées et les aspirées du chinois et de l'anglais sont indubitablement monophonématiques, parce que la non-permutabilité de leurs éléments ne peut faire de doute, étant donné que les groupes "fricative-occlusive" n'existent pas en chinois, que les groupes qu'on pourrait transcrire [št] et [žd] n'existent pas dans les morphèmes anglais, et que les groupes "h-occlusive" n'existent ni en chinois, ni en anglais (l'existence de ces groupes pourrait laisser soupçonner que leurs éléments représentent des variantes combinatoires de ceux des complexes en cause).

L'existence dans la langue d'un groupe phonique qui ressemble phonétiquement au groupe en cause inverse n'est cependant pas la preuve de la biphonématicité de ce dernier : un complexe monophonématique peut ressembler phonétiquement à un groupe biphonématique existant dans le système dont l'ordre séquentiel aurait été inversé. Ainsi, le [č] (ou [tš]) et le [c] (ou [ts]) du russe ou de l'allemand, qui ressemblent respectivement aux groupes [št] et [st] inversés, ne sont pas pour autant biphonématiques, ne fût-ce que parce qu'ils sont phonologiquement distincts des groupes /tš/ et /ts/ qui existent également dans ces langues et qui représentent proprement l'inverse des groupes /št/ et /st/. Le test de permutation est donc difficile à manipuler quand il s'agit de démontrer la biphonématicité d'un groupe phonique susceptible d'être transcrit comme deux sons. Il n'en constitue une preuve certaine que quand l'identité respective des éléments des groupes considérés comme présentant l'inverse l'un de l'autre ne fait pas de doute.

Nous tenons la preuve de cette identité quand les éléments en question ne sont pas seulement respectivement similaires du point de vue phonétique, mais jouissent aussi de la même autonomie syntagmatique, laquelle est assurée par la susceptibilité des éléments du groupe d'être séparés l'un de l'autre par des frontières morphologiques (GORDINA, 1966). Ainsi les complexes [ay], [ey], [oy], [uy] du russe, qui sont phonétiquement des "diphtongues descendantes" du même type que celles qu'on trouve en anglais ou en allemand, ne peuvent cependant être traitées comme étant monophonématiques au même titre que ces dernières, leurs éléments étant susceptibles d'être séparés l'un de l'autre par une frontière morphématique (cf. les formes verbales en [y] telles que [znay] "saches", [poy] "chante", [bay] "frappe", [duy] "souffle" (phonématiquement /znaj/, /poj/, /bej/, /duj/, etc.).

Ce critère proprement linguistique, qui découle directement de la fonction linguistique du phonème en tant qu'élément distinctif et recognitif d'unités signifiantes, exige en particulier l'interprétation biphonématique des sons qui sont phonétiquement homogènes mais qui sont divisés en deux par une frontière morphématique, tels que le [š':] du russe. Cette chuintante longue palatalisée, interprétée comme un phonème simple par certains linguistes, dont JAKOBSON (1929) et et AVANESOV (1956), comme la réalisation de deux phonèmes par d'autres, dont BAUDOUIN DE COURTENAY (1912) et ZINDER (1963)[19], est étymologiquement le résultat phonétique de la fusion des groupes /s-č/ ou /z-č/ entre les éléments desquels passe une frontière morphologique dans les mots et syntagmes tels que *sčot* [š':ot] "compte", *razčot* [raš':ot] "calcul", *c čajom* [š':ajəm] "avec du thé". L'interprétation biphonématique dictée par la présence d'une frontière morphématique à l'intérieur du son doit naturellement s'étendre aux cas où cette frontière est inexistante comme dans les mots [š':it] "bouclier", [t'oš':a] "belle-mère"[20].

Il est cependant à remarquer que [š':] n'est pas biphonématique en vertu du simple fait qu'il est divisé par une frontière morphologique. La présence de celle-ci à l'intérieur de [š':] prouve seulement qu'il s'agit de deux éléments morphologiquement autonomes identifiables à s (ou z) et č. C'est la permutabilité de s (ou z) et č avec les autres sons qui prouve que s (ou z) et č, dans cette combinaison aussi bien qu'ailleurs, sont dotés du statut de phonème.

En effet, tous les éléments morphologiquement autonomes ne sont pas des phonèmes. Beaucoup de langues connaissent des unités morphologiques (ou des éléments morphologiquement délimités) qui sont représentés par des faits prosodiques et/ou subphonématiques, c'est-à-dire constitués par un (des) trait(s) pertinent(s) faisant partie d'un phonème ou d'une série de phonèmes appartenant à la même unité signifiante.

Ainsi l'intonation qui distingue *il vient ?* de *il vient*, bien qu'elle soit délimitée de la chaîne *il vient* (abstraction faite de l'intonation) par une frontière morphologique qui permet de dégager un morphème interrogatif équivalant à l'inversion qui donne *vient-il ?*, n'est pas plus un phonème (segmental) que cette dernière et n'est pas analysable en phonèmes. Le ton, qui dans beaucoup de langues

---

(19) Pour un aperçu global du problème, voir VEYRENC, 1966.

(20) Cette interprétation trouve sa confirmation la plus puissante dans le traitement de certaines prépositions (le choix de leurs allomorphes) devant le son en cause. On sait qu'en russe les prépositions *s* "avec", *s* "de", *iz* "de" sont représentées par leurs allomorphes respectifs *so*, *so* et *izo* seulement devant certains groupes de deux consonnes dont l'une est une fricative. Cette règle aurait une exception qui serait la seule si [š':] est interprétée monophonématiquement, car les formes *so* et *izo* sont tout aussi obligatoires devant cette chuintante, qu'elle soit traversée par une frontière morphématique ou non. Le témoignage est d'autant plus probant que ce traitement des prépositions est un fait syntactique hautement productif qui montre que la chuintante en question est toujours perçue par le sujet parlant comme un groupe biphonématique, et non une règle fossile figée dans le lexique. Ce traitement et cette perception ne s'expliquent que par le caractère biphonématique de la chuintante.

peut être délimité de la chaîne par une frontière morphologique (cf. les alternances morphonologiques một/mốt, đây/đấy, nho/nhỏ, etc. et celles qu'on observe dans les contrepèteries ("nói lái") comme **đình bảng / đàng bỉnh / đảng bình / đỉnh bàng**, etc. en vietnamien) ne l'est pas non plus.

L'*Umlaut* germanique (cf. *Vater/Väter*, *Hafen/Häfen*, *Closter/Clöster*, *Boden/Böden*, *Bruder/Brüder*, *Mutter/Mütter*, etc. et *foot/feet*, *man/men*, etc.) n'est pas un phénomène d'alternance phonématique. La comparaison des logoformes alternées met en effet en évidence une alternance de traits pertinents : ce qui les distingue, ce n'est pas des phonèmes en entier, mais des traits de résonance vocaliques. Ainsi le pluriel des substantifs allemands cités se distingue de leur singulier par le seul trait "antérieur" ("tonalité aiguë"). C'est ce trait qui signifie "pluriel", non les phonèmes /ɛ/, /ø/, /y/. Il constitue donc un morphème grammatical qu'on pourrait qualifier de subphonématique (ou de trait pertinent morphématique)[21].

Un autre exemple est représenté par la nasalité à domaine d'extension plurisegmental ou plurisyllabique en terena, qui constitue un morphème grammatical désignant la première personne (*'ayo* "son frère" *vs* *'ãỹõ* "mon frère"). Elle est délimitée de la chaîne par une frontière morphologique sans être pour autant dotée du statut phonématique. C'est encore un morphème subphonématique ou un trait pertinent morphématique (pour plus de détail, voir Ch. IV).

Un cas intéressant de non-coïncidence entre frontières morphologiques et frontières phonématiques peut être observé dans le phénomène connu sous le nom d'"harmonie vocalique". Dans certaines langues apparemment microphonématiques et à ressyllabation, on observe dans les morphèmes grammaticaux des alternances vocaliques qui consistent en ce que les segments censés appartenir à ces morphèmes contiennent toujours les traits de tonalité propres à la voyelle (ou plus exactement à la syllabe) du morphème lexical, de sorte que si on procède au dégagement des morphèmes par commutation sans se guider sur des préjugés

(21) Néanmoins, comme le test de commutation est toujours effectué (explicitement ou implicitement) par unités de (micro)phonème, l'*Umlaut* est en général décrit comme un fait d'alternance phonématique. Certains linguistes trouvent même possible, en conséquence, de tracer des frontières morphématiques entre la voyelle sujette à l'*Umlaut* et les consonnes contiguës (KASEVIČ, 1977 : 34). Il est fort possible que le sujet parlant, par suite de la pression de la structure microphonématique de la langue, perçoive l'*Umlaut* comme une alternance de phonèmes. La notation de l'*Umlaut* dans l'orthographe allemande paraît cependant témoigner du contraire : le tréma représente exactement le trait "antérieur" qui signifie "pluriel" et l'espace qu'on laisse entre lui et les lettres du mot symbolise la frontière morphologique qui sépare le radical de la désinence subphonématique.

segmentalistes, on est obligé de considérer ces traits comme appartenant au morphème lexical et de tracer une frontière morphologique entre ces traits de tonalité et les autres traits vocaliques qui appartiennent en propre aux morphèmes grammaticaux (qui sont constamment présents dans ces morphèmes). Ainsi le mot turc /jolumuz/ "nos chemins" (chemin-notre-pluriel) est structuré morphologiquement de la façon suivante :

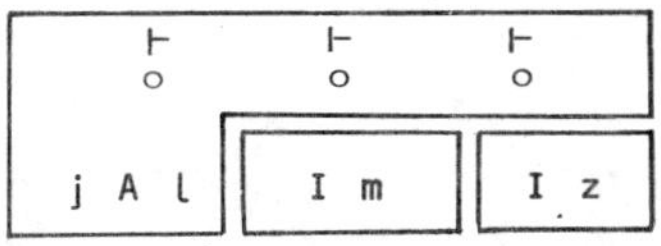

ou " ⊢ " est le trait postérieur" ("grave"), "o" le trait "arrondi" ("bémolisé"), "A" le trait "ouvert" ("compact") et "I" le trait "fermé" ("diffus"), ce dernier étant le seul trait appartenant en propre aux morphèmes grammaticaux signifiant "notre" et "pluriel" respectivement (lesquels peuvent devenir respectivement /üm-üz/, /ɨm-ɨz/ ou /im-iz/ selon la couleur vocalique du morphème lexical qui les précède). Les traits "postérieur" et "arrondi" sont ainsi délimités des chaînons "Im" et "Iz" par une frontière morphologique (sur le schéma, les frontières morphologiques sont représentées par les espaces qui séparent les lignes encadrant chaque morphème).

La phonologie "pragoise" qualifierait ces traits de non-pertinents quand ils sont réalisés dans les morphèmes grammaticaux parce qu'ils sont conditionnés automatiquement par les règles d'harmonie vocalique. Les écoles physicalistes (descriptivistes et "léningradois") les considéreraient comme des traits inhérents aux segments (aux "phonèmes segmentaux") qui les contiennent, en vertu du principe *once a phoneme, always a phoneme*. L'analyse "componentielle" proposée par Z.S. HARRIS (1944) les dégagerait comme un *long component* autonome. La phonologie prosodiste de l'école de Londres les établirait comme des prosodies (voir Ch. IV). Mais si on s'en tient au principe strictement linguistique de la commutation, ils doivent être considérés comme une partie intégrante du morphème lexical *jol*, d'autant plus que rien en dehors de la particularité phonétique que comporte leur domaine d'extension ne permet de les dégager des autres éléments composants du signifiant de ce dernier. Le morphème lexical *jol* sera donc à décrire comme comportant certains traits qui s'étendent sur toute la longueur du mot, assurant ainsi l'intégrité de ce dernier dans les langues à "harmonie vocalique".

Mais s'il en est ainsi, les langues en question peuvent-elles encore être considérées comme des langues microphonématiques ? L'intégrité du (micro)phonème semble bien être détruite par la frontière morphologique qui le divise en deux parties dont l'une n'est pas phonologiquement segmentale. Cependant, après avoir soustrait les traits de tonalité appartenant à la racine, il reste toujours des unités permutables qu'on est obligé de reconnaître comme des phonèmes, et c'est précisément en termes de ces phonèmes qu'on doit décrire les morphèmes grammaticaux des langues de ce type. Bien entendu, il peut sembler insolite au phonologue de l'école classique que des phonèmes vocaliques soient constitués par le seul trait d'aperture et que les traits de tonalité ("postérieur" *vs* "antérieur", "arrondi" *vs* "non-arrondi"), qui sont réalisés *dans le même segment*, ne lui appartiennent pas. Il est cependant à remarquer que ces traits de tonalité sont réalisés du début à la fin du mot et s'étendent sur les consonnes aussi bien que sur les voyelles (on voit l'inexactitude du terme d'"harmonie vocalique"), et que si les phonèmes consonantiques peuvent être spécifiés en faisant abstraction de ces traits, on ne voit pas pourquoi les phonèmes vocaliques ne le pourraient pas. Les langues à "harmonie vocalique" sont donc bien des langues microphonématiques, mais d'une structure différente de celle des langues microphonématiques flexionnelles, en particulier par la nature et la fonction des traits pertinents de tonalité inhérente aux morphèmes lexicaux qui sont en même temps des traits pertinents de mots et sont par suite non-phonématiques.

Les cas que nous avons brièvement examinés dans les paragraphes qui précèdent montrent que les frontières morphologiques ne coïncident pas toujours avec les frontières phonématiques. Par conséquent, la divisibilité morphologique, bien qu'elle renforce en général beaucoup l'autonomie syntagmatique du phonème et sa "réalité psychologique", ne peut être utilisée comme un critère en lui-même suffisant pour le dégagement de cette unité phonologique de base.

D'autre part, en tant que technique d'analyse, le test de permutation se heurte à des difficultés qui sont presque les mêmes que pour le test de commutation et qui ne peuvent pas toujours être écartées par le recours à la divisibilité morphologique.

Il semble bien que pour résoudre les problèmes que l'utilisation du test de permutation et de la division morphologique laisse ouverts, on soit obligé de recourir à des critères épistémologiques tels que celui de la simplicité ou, autrement dit, de la généralité des règles et constatations, critère qui, en linguistique, trouve sa formulation la meilleure dans ce qu'on appelle la pression de la structure générale (*structural pressure* ou *pattern congruity*), critère qu'il serait profondément injuste d'associer exclusivement à une approche opérationnaliste, surtout quand il s'agit d'une science de la subjectivité : la pression de la structure générale de la langue est réelle et agit puissamment sur l'intuition du sujet parlant, et il est hautement plausible de supposer que dans les cas où rien dans la langue n'oblige ce dernier à percevoir (analyser, structurer, délimiter, etc.) une grandeur quelconque d'une certaine façon et non d'une autre, cette grandeur est perçue (analysée, structurée, délimitée, etc.) à l'instar des grandeurs analogues dont la perception (l'analyse, la délimitation, etc.) est régie par des faits structuraux déterminés[22].

Il n'est pas non plus exclu qu'on doive parfois recourir à des critères trouvés *ad hoc* dans les faits de structure de la langue à l'étude pour trancher les problèmes laissés ouverts. Il va de soi que ces critères doivent être formulables en termes linguistiques et ne doivent en aucun cas prendre le pas sur ceux de la permutation et de la divisibilité morphologique.

La notion de «variante combinatoire» en phonologie

Nous avons vu plus haut que le test de commutation effectué sur les lettres de l'API est censé représenter la substitution de segments articulatoires et/ou acoustiques. C'est cette bévue même qui a donné naissance au concept de variante combinatoire (ou allophone) et à celui des traits combinatoires qu'on qualifie de non-pertinents ou redondants.

Deux sons qui ne sont pas commutables sont des variantes d'un même phonème. On distingue les variantes libres ou facultatives et les variantes liées qui peuvent être divisées à leur tour en variantes positionnelles et variantes combinatoires. La différence qui existe entre variantes combinatoires d'un même phonème est censée être conditionnée par une autre différence qui se trouve généralement dans un segment adjacent. Elle est donc "prévisible", et par suite non-pertinente (ou "redondante" comme chez JAKOBSON et HALLE, 1956).

---

(22) Il est par exemple fort possible que l'aspiration [h] dans les langues microphonématiques qui la connaissent, soit perçue comme un segment par analogie avec les autres spirantes et soit par conséquent à traiter comme un phonème en dépit de sa non-permutabilité (elle ne peut par exemple apparaître qu'en position initiale de syllabe).

Quand on soumet au test de commutation les consonnes qui constituent la différence entre [taɲ] et [taŋ] par exemple (ces consonnes finales étant prononcées sans explosion), on ne doute pas un seul instant de ce que la substitution de la lettre ɲ à la lettre ŋ et *vice versa* équivaut à celle des segments consonantiques caractérisés respectivement par l'occlusion palatale et l'occlusion vélaire. Or il est évident, même sans le témoignage des expériences de découpage de bandes magnétiques ou de spectrogrammes, que la substitution de ces segments acoustiques l'un à l'autre ne peut produire aucun changement perceptible dans la structure phonique de ces syllabes, qui continuent à être perçues comme avant la substitution, ces segments étant parfaitement identiques au point de vue acoustique et auditif, en ce qu'ils représentent le même bourdonnement nasal.

Ce qui permet à l'auditeur de distinguer les deux syllabes, ce qui fait qu'on les transcrit avec deux signes terminaux différents, à savoir la différence de "lieu d'articulation", est contenu entièrement dans le segment attribué à la voyelle [a] sous la forme d'incurvation de formants. La substitution des deux signes de transcription l'un à l'autre équivaut donc en réalité à la substitution de certains traits différents contenus dans le segment vocalique. Ce par quoi l'auditeur distingue [ɲ] de [ŋ], ce sont des mouvements de fermeture différents dont les effets acoustiques sont les incurvations de formants vocaliques. Mais, comme nous l'avons vu, le locuteur-auditeur européen refuse de percevoir comme tels ces effets acoustiques et ces mouvements mêmes, il en use pour déduire la position des organes vocaux dans le segment subséquent qui seule est essentielle pour son mode de recognition basé sur les sensations proprioceptives et non sur les sensations auditives. Quand le phonéticien transcrit le [a] de [aɲ] par le signe *a* qu'il a employé pour le [a] isolé par exemple, il ne se doute pas que les deux segments qu'il représente par la lettre *a* sont complètement différents, et s'il n'a pas perçu cette différence, c'est parce qu'il a soustrait du premier les modulations de timbre caractéristiques du [ɲ].

Maintenant, si dans une langue donnée le mouvement de fermeture commence un peu plus tôt que dans les langues familières au phonéticien, c'est-à-dire si dans cette langue la coarticulation est un peu plus marquée, et que par suite les incurvations de formants occupent une portion plus longue de la voyelle, le phonéticien, habitué à soustraire les effets d'une coarticulation moins marquée, peut remarquer une différence dans le segment vocalique : dans la voyelle qui précède [ɲ] par exemple, il remarquera un timbre plus aigu, et transcrira cette voyelle non plus comme [a] mais comme [æ], ou comme [æ̃] si la portion nasalisée de la voyelle est un peu plus longue que celle qu'il observe d'ordinaire dans les voyelles qui précèdent une consonne nasale (il ne remarque pas que la différence entre ce son transcrit [æ] et le son qu'il a transcrit [a] dans un [aɲ] plus familier est en réalité beaucoup moindre que celle qui existe entre celui-ci et le [a] isolé qu'il transcrit par la même lettre de l'API). Une "variante combinatoire" est née.

En tant que concept opératoire, cette notion ne soulève aucun problème. On peut certainement admettre une transcription provisoire qui reflète les erreurs d'audition inévitables chez le phonéticien, transcription qu'on rectifiera le moment venu en faisant intervenir des procédures appropriées. Mais ce n'est pas ainsi qu'on voit les choses. La transcription "phonétique" étant considérée comme un enregistrement objectif des données physiques, et ces dernières étant censées avoir leurs corrélats généralement univoques dans les faits linguistiques, les variantes combinatoires sont souvent considérées comme une sorte d'unités linguistiques, non moins réelles que les autres, même plus réelles que les phonèmes selon certains linguistes pour qui ceux-ci ne sont que des abstractions (de nombreux auteurs appellent les variantes, combinatoires et autres, des "sons de la langue" (*zvuki jazyka*) par opposition aux "sons du discours" (*zvuki reči*) qui, d'après eux, ne sont pas encore des unités appartenant en propre au système linguistique comme les premiers). D'autre part, la notion de variante combinatoire est associée à celles de non-pertinence et de redondance qui n'ont en réalité aucun rapport avec elle.

De ce qui vient d'être dit plus haut sur la naissance des variantes combinatoires, nous voyons bien que tout cela résulte d'un simple malentendu. La voyelle du groupe transcrit [æ̃ɲ] par le phonéticien pour la langue à l'étude se distingue de celle du groupe transcrit [aɲ] non par le fait que le segment attribué à [æ̃] contient quelque chose qui n'est pas contenu dans le segment [a], car les deux contiennent les mêmes indices de la consonne [ɲ] (les effets du mouvement du dos de la langue vers le palais, l'incurvation du premier formant vers les fréquences plus basses et celle du second formant vers des fréquences plus hautes et la nasalisation anticipée), mais par l'apparition un peu prématurée de ces mêmes indices. Cependant, le phonéticien attribue ces indices au segment consonantique s'ils apparaissent à l'instant pour lui habituel ([aɲ]), tandis que le surplus de ces indi-

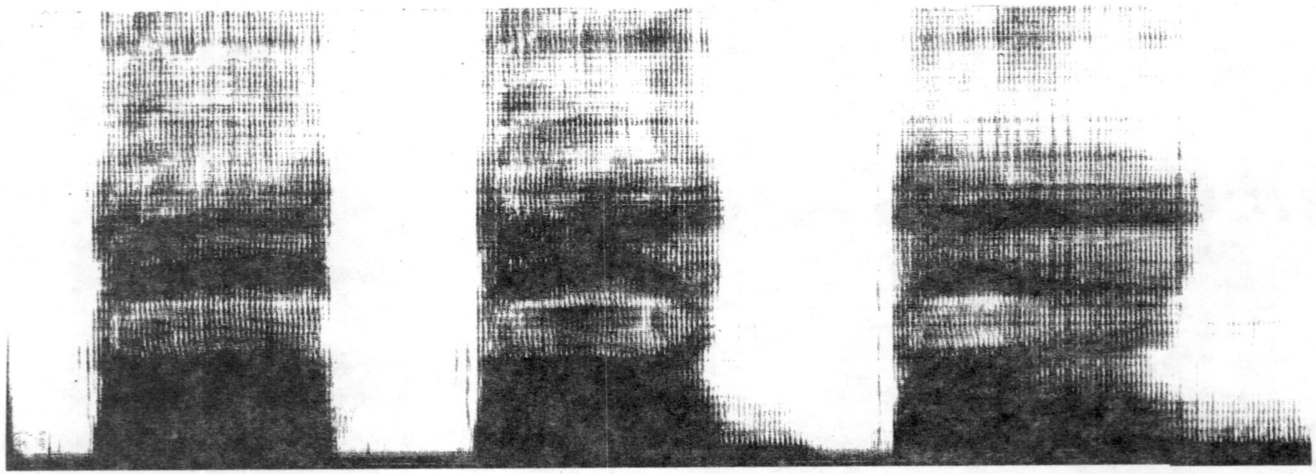

Planche 7 : *Sonagrammes d'un* [ka] *ouvert et de deux combinaisons de ce groupe avec une finale palatale* [ɲ]

Dans le premier [kaɲ] (cf. fr. *Cocagne*), les indices acoustiques de la finale palatale qui se trouvent dans le segment attribué à la voyelle (représentés par les incurvations de formants vocaliques), sont soustraits de ce segment par l'ouïe SAE du phonéticien usager de l'API et replacés dans le segment attribué à la finale, de sorte qu'il perçoit la voyelle de [kaɲ] comme identique à celle de [ka] et transcrit les deux voyelles par le même signe malgré leur différence qui est parfaitement visible sur les sonagrammes. Dans le second [kaɲ] (cf. russ. *tkan'* "tissu"), les indices acoustiques de la finale, qui sont exactement les mêmes, mais qui sont réalisés un peu plus tôt, ne sont soustraits du segment vocalique qu'en partie, et le surplus est localisé par l'ouïe du phonéticien dans ce segment même : par suite il perçoit une différence entre les deux [a] et peut en conséquence transcrire celui du second [kaɲ] comme [æ] ou [æ^{i}] (voir aussi Pl. 8 pour un sonagramme du *anh* vietnamien).

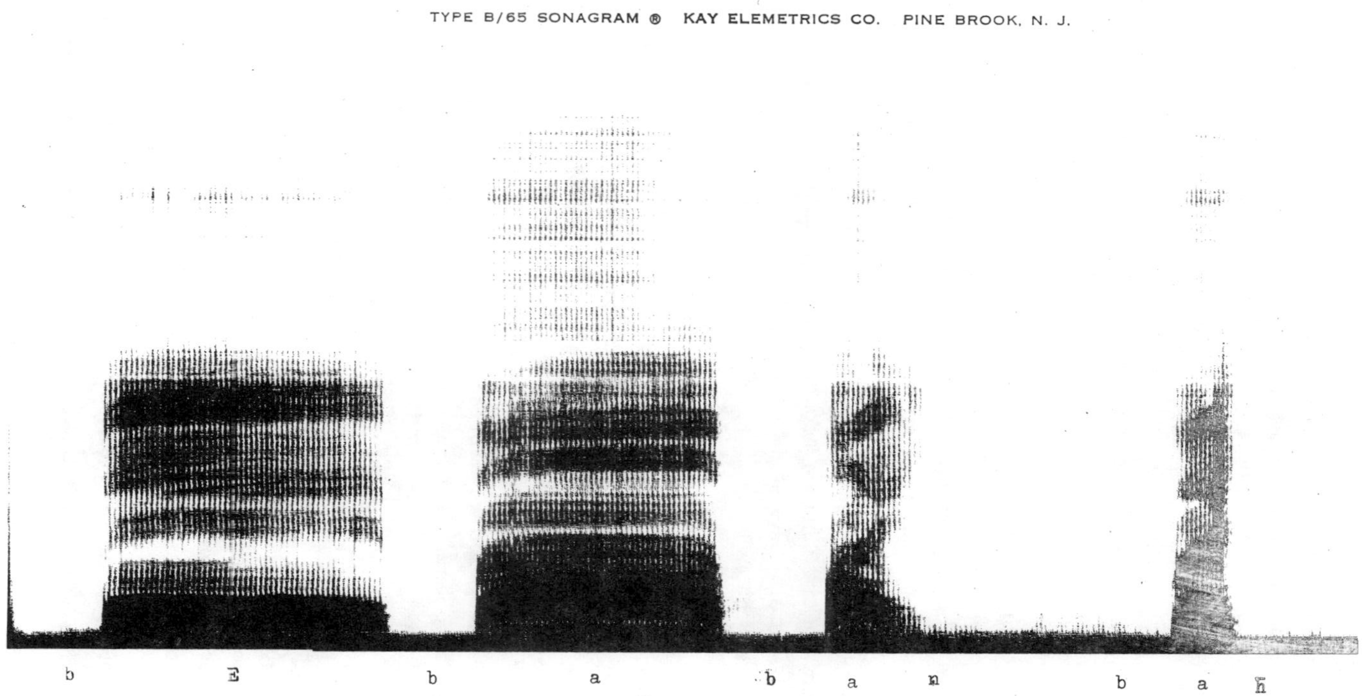

Planche 8 : *Sonagrammes des syllabes vietnamiennes écrites be, ba, banh, bach.*

Remarquer la montée très brusque de F_2, ainsi que la descente de F_1 et F_3 dans les dernières syllabes (comparer aux groupe [aɲ] de la planche 7).

ces mêmes, quand ils apparaissent un peu plus tôt, est attribué au segment vocalique ([æ̃ɲ]). Autrement dit, pour le phonéticien (et pour le phonologue de même), le segment vocalique de [aɲ] est considéré comme identique à celui de [a], de [at], de [am], de [aŋ], etc., tandis que le segment vocalique [æ̃] de [æ̃ɲ] diffère de tous ceux-ci, y compris de celui de [aɲ], par sa couleur "diésée" et sa nasalité, alors qu'en réalité les segments vocaliques de [æɲ] et de [aɲ] se distinguent tous les deux des autres par les mêmes traits, lesquels apparaissent un peu plus tôt ou un peu plus tard dans le segment vocalique.

Les effets du mouvement de fermeture et de la nasalisation anticipée dans [aɲ] sont qualifiés de traits pertinents (ou d'indices de traits pertinents) consonantiques (parce qu'ils ont été replacés inconsciemment par le phonéticien dans le segment consonantique), tandis que les mêmes effets sont qualifiés de traits prévisibles (conditionnés, non-pertinents) ou redondants quand ils apparaissent plus tôt que le phonéticien ne s'y attend et, par suite, ne sont pas replacés comme ils devraient l'être dans le segment consonantique.

Cette discrimination absurde ne mènerait pas à des conséquences aussi fâcheuses si les phonologues étaient conscients de son origine et de la nature purement opérationnelle de la notion de variante combinatoire, du fait que celle-ci ne correspond à aucune réalité physique ou linguistique, et que, en particulier, elle ne correspond pas au segment phonique, car si les variantes combinatoires étaient des segments phoniques, le nombre de variantes combinatoires d'un phonème serait égal à celui des contextes phoniques dans lesquels il peut apparaître. Les signes de transcription phonétique dont se sert le phonéticien pour représenter les variantes combinatoires ne représentent pas des segments phoniques. Ils représentent des unités perceptuelles transsegmentales.

Quand on parle de la non-pertinence de la nasalisation et du timbre aigu du [æ̃ɲ], on devrait avoir en vue que ces traits ne sont non-pertinents que pour la distinction entre [æ̃] et [a] dans la transcription phonologique, mais que pour le sujet parlant ils ne sont pas moins pertinents que la nasalisation et le timbre aigu de la voyelle du groupe transcrit [aɲ], qui seuls ont permis au phonéticien de reconnaître la consonne [ɲ].

Les variations combinatoires du /ɛ/ russe présentent un exemple assez instructif sous ce rapport. On sait que les variantes combinatoires de ce phonème vocalique sont réparties dans une zone assez vaste embrassant toute une gamme de positions "antérieures" situées entre [a] et [i]. Sa variante la plus ouverte (en position initiale devant vélaire) est aussi (ou même plus) ouverte que la variante la plus fermée de /a/ dont la valeur phonétique entre consonnes mouillées est [æ] ou [ɛ]. Dans ce dernier environnement, la valeur phonétique de /ɛ/ sera [$^{i}e^{i}$] ou [ɪ]. Conformément à la terminologie courante, on dit que l'articulation ouverte ou fermée de /ɛ/ n'est pas pertinente. La fermeture du [e] est pourtant le seul et unique indice qui permet à l'auditeur de distinguer *v sem'* "à sept heures" de *vsem* "à tous". Si l'auditeur russe perçoit les deux voyelles comme identiques, c'est parce qu'il a soustrait la "couleur de i" du segment vocalique — couleur dont il se sert pour reconnaître le trait pertinent "mouillé" (palatalisé) du /m'/ — pour la replacer dans le segment subséquent. Il est faux de dire que les Russes ne distinguent pas le [ɛ] ouvert du [e] fermé. Ils les distinguent parfaitement dans les mêmes environnements (cf. /p'**a**t'/ "cinq" prononcé [p'æt'] ou [p'ɛt'], et /p'**e**t'/ "chanter" prononcé [p'et'] ou [p'$^{i}e^{i}$t']). Ils distinguent toujours les phonèmes /ɛ/ et /**a**/ même quand ceux-ci sont représentés par le même son [ɛ], car alors le contexte phonique est nécessairement différent, et l'auditeur procède à des soustractions différentes[23].

L'étendue de la zone de variation combinatoire des voyelles russes est la conséquence de l'intensité particulière de la coarticulation qui caractérise les combinaisons de sons dans cette langue en comparaison des autres langues européennes. Autrement dit, en russe les mouvements d'ouverture et de fermeture des consonnes se prolongent sur une portion beaucoup plus importante du segment vocalique que dans la majorité des autres langues européennes, de sorte que dans une syllabe CVC il y a généralement chevauchement des deux mouvements d'ou-

---

(23) En général on ne peut dire que le sujet parlant ne distingue pas les variantes combinatoires du même phonème. Il est obligé de les distinguer, car autrement il ne pourrait identifier le phonème adjacent. Seulement cette distinction est faite au profit de ce dernier, non du segment attribué au phonème auquel sont censés appartenir ces variantes. En russe [i] et [ɨ] sont des variantes combinatoires du phonème /i/ ; [i] apparaissant en position initiale et après une consonne mouillée, [ɨ] après une consonne dure. Entre /m'i/ et /mi/ ([mɨ]), la différence n'est perceptible que dans le segment vocalique : c'est la couleur de la voyelle qui permet à l'auditeur de distinguer les deux consonnes. Le fait que dans les emprunts le russe rend un [ti] étranger par [t'i] avec une consonne palatalisée et non par [tɨ] avec une consonne dure comme dans l'original montre que pour le Russe la différence du timbre vocalique est souvent plus importante pour la distinction entre consonnes dures et mouillées que les particularités contenues dans la tenue de la consonne.

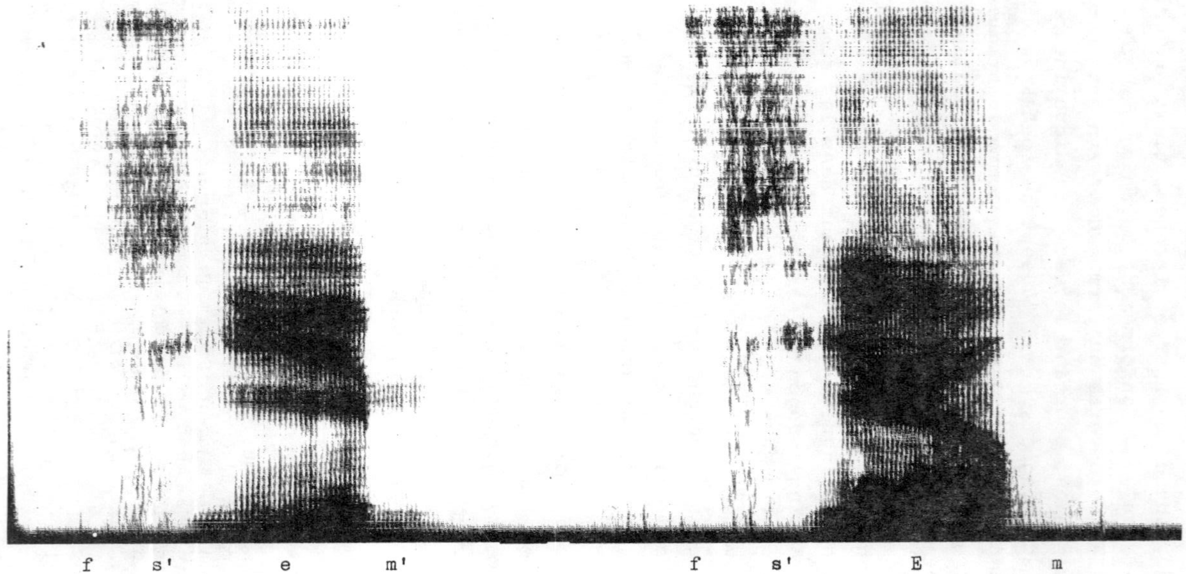

Planche 9 : *Sonagrammes de russ. v sem' et vsem*

Remarquer la nette différence de timbre qui sépare les deux segments vocaliques et la quasi-identité des segments consonantiques attribués à /m'/ et /m/.

verture et de fermeture, qui produit un changement considérable de la couleur de la voyelle sur toute la longueur du segment vocalique. Le phonéticien, dont l'ouïe est formée au système standard qu'on pourrait appeler SAE à la suite de B.L. WHORF, doit nécessairement remarquer ces variations et les distinguer dans la transcription de la voyelle même (et non de la consonne conformément à l'ouïe phonologique d'un Russe), parce qu'il est habitué à soustraire les effets d'une coarticulation beaucoup moins intensive.

Si dans le système SAE les mouvements d'ouverture et de fermeture se prolongeaient dans la même mesure qu'en russe, aucun phonéticien européen n'aurait soupçonné l'existence de variantes combinatoires aussi éloignées de la norme qu'un [æⁱ] ou un [ɛ] peut l'être de celle du phonème /a/.

Les conséquences théoriques de l'hypostase de la notion de variante combinatoire sont particulièrement graves dans les cas appelés "chevauchement de phonèmes" (*phonemic overlapping*) qui ont lieu quand la présence des traits distinctifs des phonèmes adjacents dans le segment attribué à un phonème donné produit un changement si considérable dans la qualité phonétique de ce segment que le phonéticien, avec son ouïe formée au système standard, identifie physiquement le "son" contenu dans ce segment à une variante d'un autre phonème qu'il a enregistrée dans un contexte différent. Le phonologue physicaliste, qui définit le phonème comme une classe de sons physiquement similaires qui sont en rapport de distribution complémentaire, doit naturellement "grouper" ces deux sons transcrits de façon identique dans une même classe, c'est-à-dire dans un même phonème, ce qui conduit à une solution complètement fausse. Après ce qui a été dit sur le mécanisme de la recognition des sons et de la naissance des variantes combinatoires, il est clair que les soi-disant chevauchements phonémiques n'existent ni dans la langue, ni même dans les données physiques. Ils sont les produits d'une illusion du phonéticien lors de la transcription phonétique, illusion conditionnée par le mode d'audition SAE appliqué malencontreusement à une langue caractérisée par un mode d'audition différent.

Le concept de variante combinatoire tel qu'il est manipulé en phonologie classique est donc dû à un simple malentendu des linguistes, qui prennent les "sons", ces phonèmes du système SAE, pour des segments phoniques qu'ils auraient perçus et transcrits tels quels. Quiconque s'en tient à la définition du trait pertinent comme l'élément phonique minimal susceptible de distinguer à lui seul une unité signifiante devrait trouver évident que tous les traits qui répondent à cette définition doivent être reconnus comme pertinents indépendamment de leur localisation. Autrement dit, tous les traits distinctifs d'un phonème doivent être reconnus comme pertinents, même s'ils sont contenus dans des segments attribués à d'autres phonèmes (entièrement ou en partie, la partie en cause étant indispensable à l'identification du phonème)[24].

Ce véritable truisme continue cependant à être dénié dans la pratique des phonologues qui semblent incapables d'admettre que les traits pertinents d'un phonème puissent se réaliser en dehors du segment qu'ils ont attribué de façon plus ou moins arbitraire à ce phonème, pour la raison que la tenue de ce dernier, qui contient tous ses traits *articulatoires*, coïncide en idéal avec ce segment. Pour les locuteurs des langues microphonématiques (non-syllabiques), les tenues sont en effet les seules phases qui comptent, car ce sont les seules phases qui puissent être censées ne pas se superposer les unes sur les autres et qui par suite puissent présenter une suite linéaire. Dans ces langues, où il n'y a pas d'opposition phonologique entre consonnes explosives et implosives, la tenue des consonnes est naturellement la seule phase qui soit présente dans tous les contextes, tandis que la

---

(24) La pertinence des traits combinatoires et d'autres traits déclarés non pertinents parce que conditionnés, c'est-à-dire réalisés dans un segment attribué à un autre phonème, est en particulier rendue évidente par le procès dit de phonologisation.

Supposons que dans une langue donnée, à une époque donnée, la présence d'une désinence [i] "marque du pluriel" se mette à entraîner automatiquement l'apparition du trait "antérieur" dans le segment vocalique du radical monosyllabique (*Umlaut*).

Ce trait est en phonologie classique déclaré non-pertinent, parce qu'il est automatiquement conditionné par la présence de [i], qui est seule reconnue pertinente.

Lorsque, à une certaine époque ultérieure, le [i] enclitique s'amuit, le trait "antérieur" devient la seule marque qui distingue la forme du pluriel de celle du singulier. On dit alors que l'*Umlaut* est phonologisé, c'est-à-dire que de trait combinatoire non pertinent, il est devenu phonologiquement pertinent.

En réalité la chute du [i] n'est possible que si le trait "antérieur" a acquis préalablement la pertinence et n'est plus une simple anticipation du trait "antérieur" du [i], mais un trait autonome. Sinon, ou bien le [i] ne pourrait disparaître, ou bien sa chute entraînerait automatiquement celle de l'*Umlaut*.

Il semble raisonnable de supposer que l'*Umlaut* est devenu phonologiquement pertinent dès la première génération de locuteurs qui n'entendaient plus jamais les vieilles gens prononcer les formes à désinence [i] sans *Umlaut* de la voyelle radicale. Pour les locuteurs de cette génération et de celles qui suivent, l'*Umlaut* est *avec* la désinence [i] la marque constante du pluriel. Le rendement fonctionnel, ou plutôt la part de pertinence de l'umlaut, s'accroît peu à peu jusqu'à ce qu'il suffise pleinement à lui seul pour signaler le pluriel. La chute du [i] n'est pas la cause de la phonologisation de l'*Umlaut*, comme cette expression elle-même le laisse entendre. Elle est rendue possible par la pertinence de l'*Umlaut*. Elle en est la preuve.

présence ou l'absence de la tension et de la détente est déterminée par la position de la consonne par rapport aux sons adjacents qui peuvent être n'importe lesquels. Il est donc naturel que les locuteurs de ces langues trouvent dans la tenue les traits invariants de la consonne et considèrent les mouvements (tensions et détentes, "transitions") comme ne faisant pas partie des caractéristiques phonématiques et par suite non pertinents[25]. Il se peut en effet qu'ils ne soient pas pertinents pour le *locuteur* d'une langue microphonématique quand il est l'émetteur du message verbal : il est fort probable que son intention est de faire parvenir à l'auditeur une suite de positions articulatoires (tenues) et que les mouvements que les organes phonateurs exécutent pour passer d'une position à une autre sont involontaires, exactement comme les phonéticiens européens de la vieille génération nous le disent et comme il est sous-entendu dans chaque notion et dans chaque procédure de la phonologie contemporaine. Mais ils sont au moins indirectement pertinents pour l'auditeur en ce sens que ce sont leurs effets acoustiques qui permettent à celui-ci de reconstituer les positions successives des organes vocaux du locuteur. Par suite, le locuteur lui-même doit veiller à ce que ses mouvements "involontaires" soient exécutés avec exactitude, pour que les traits "non pertinents" soient transmis sans faute. (Tout ceci, bien entendu, ne peut avoir de sens que pour les langues microphonématiques ; pour les langues macrophonématiques, ce mécanisme est simplement impossible).

L'incompréhension de la vraie nature des traits dits combinatoires, aussi bien que de celle des autres notions de la phonologie

---

(25) Cf. JONES (1951 : 2) : "A glide is the sound produced by the movement of passing in a natural manner from the position...of one sound to the position...of the next; it is an unavoidable sound, and has no linguistic significance". Cf. aussi ESSON (1957 : 82) : "...die Übergangsphasen sind ein Art Niemandsland... Solche Übergangsphasen werden vom Angesprochenen zwar perzipiert, aber sie werden nicht apperzipiert. Sie sind objektiv vorhanden, aber sie werden beim Akte der sprecherischen Verstandigung nicht gewertet, sie sind sprachlich irrelevant." Cf. encore BUYSSENS (1980 : 25sq.) : "Il est particulièrement frappant que le locuteur suédois ne perçoit pas la phase intermédiaire [entre /t/ et /i/ de suéd. /ti/] alors que cette phase est nettement plus longue que celle où se reconnaît la consonne /t/. Or cette phase n'est pas fonctionnelle ; les deux phonèmes ne se reconnaissent, ne peuvent remplir leur fonction, que lors des deux autres phases".

Les énoncés cités reflètent fidèlement la façon dont les locuteurs *européens* se représentent les choses. En tant que constatations scientifiques, elle représentent l'exact rebours de la réalité. Ainsi, par exemple, c'est précisément par la phase "intermédiaire" (*glide*, *Übergangsphase*) et par elle seule, que l'auditeur reconnaît le /t/ de /ti/, la phase stationnaire n'étant qu'un *silence*.

contemporaine qui portent les marques profondes du mode de perception phonologique des locuteurs natifs de langues européennes, est souvent la cause d'erreurs grossières en théorie et en pratique, surtout quand le phonologue formé à l'école des langues microphonématiques se livre à l'étude de langues d'un autre type. Mais ces erreurs peuvent être évitées moyennant une plus grande attention accordée aux faits structuraux des différents niveaux de la langue à l'étude et aux manifestations de sa structure phonologique dans le comportement linguistique et paralinguistique des sujets parlants.

Ce à quoi il est plus difficile de remédier est la situation connue sous le nom de "non-unicité des solutions phonémiques", dans laquelle certains linguistes sont enclins à voir une preuve du caractère abstrait, sinon mythique, des entités phonologiques. Cette situation est la conséquence inévitable du principe segmentaliste qui exige que tout trait pertinent soit localisé dans un segment déterminé et dans un seul.

Soit par exemple deux mots d'une langue donnée, [tu̯a:] et [ta:], dont la signification différente a été prouvée. En comparant ces deux mots on constate qu'ils se distinguent par les traits suivants : 1. la consonne est labialisée dans l'un, non labialisée dans l'autre ; 2. la voyelle du premier est précédée d'un son vocalique [u̯] non syllabique assez bref, qui est absent dans l'autre. Le principe des segments exige que ces différences soient localisées par le phonologue dans un des segments en lesquels les mots en cause peuvent être divisés. On doit par conséquent choisir parmi les solutions suivantes :

1ère solution : ces deux mots se distinguent grâce à l'opposition des deux phonèmes vocaliques /a/ et /u͡a/, dont le second est une diphtongue "ascendante" ; la labialisation du [t] est non pertinente, étant conditionnée par la présence de /u͡a/;

2e solution : ces deux mots se distinguent grâce à l'opposition des deux phonèmes consonantiques /t/ et /t°/; le [u̯] du premier mot n'étant qu'un son transitoire conditionné par la labialisation du /t°/ ;

3e solution : ces deux mots se distinguent par la présence et l'absence d'un phonème (consonantique, vocalique ou semi-vocalique, selon l'interprétation du phonologue), /w/ ; la labialisation du [t°] et l'arrondissement de la première partie de la voyelle /a/ est non-pertinente.

Ce qui est déplorable dans cette situation, ce n'est pas la pluralité des solutions "également correctes" en tant que telles, car on peut supposer avec HJELMSLEV (1958) que la structure de la langue à l'étude est telle qu'elle laisse au sujet parlant et au linguiste la liberté de choisir parmi plusieurs modèles aussi adéquats l'un que l'autre. D'ailleurs on peut parfaitement admettre qu'il y ait plusieurs façons de décrire la même réalité, qui soient aussi exhaustives les unes que les autres. Ce qui est déplorable, c'est que ce qui est déclaré pertinent dans l'une des solutions est déclaré non-pertinent dans l'autre, et *vice-versa*. Et le cas est extrêmement rare où l'on peut affirmer que telle solution rend compte de la réalité de façon plus exhaustive que l'autre tant que le principe segmentaliste est maintenu, car au nom de ce principe on refuse précisément de rendre compte de la réalité de façon exhaustive, en ignorant comme non-pertinents tous les traits pertinents qui échappent à ce principe. Au nom d'une représentation subjective déterminée par la structure particulière d'un type de langues qu'on persiste à considérer comme un fait objectif, la théorie phonologique contemporaine refuse systématiquement de reconnaître le fait, rendu évident par les résultats de *toutes* les recherches récentes dans le domaine de la phonétique expérimentale, que les traits pertinents d'un phonème sont rarement réalisés dans un seul segment et que par suite tout segment de la chaîne parlée contient généralement les traits pertinents de deux ou trois phonèmes contigus [26].

Quand les expériences auditives ont montré de façon définitive aux phonéticiens quel rôle les traits pertinents d'un phonème réalisés dans les segments qui lui sont adjacents jouent dans l'identification de ce phonème, ils se sont mis à parler d'"indices acoustiques" (*acoustic cues*) des traits pertinents, de la manière dont les inclinaisons

---

(26) Il est à remarquer d'ailleurs qu'on n'a pas eu à attendre ces données de la phonétique acoustique et auditive moderne pour le savoir. Dès 1881, J.A. BAUDOUIN DE COURTENAY écrivait : "ce qui correspond au phonème sur le plan anthropophonique (c'est-à-dire phonétique - CAO) est représenté... soit par une certaine partie d'un son (lisez : d'un segment), car ce dernier peut contenir les propriétés d'un autre phonème se trouvant à proximité... ; soit par un son entier plus certaines propriétés contenues dans le son voisin" (1881 : 121sq.). Il illustre le premier cas par l'exemple de la réalisation du /a/ russe dans le segment [a] (écrit Я) où, à côté des traits pertinents de /a/, on trouve la "couleur de i" qui est un trait pertinent de la consonne précédente. Pour le second cas, on pourrait citer comme exemple la réalisation des consonnes mouillées (c'est-à-dire à couleur de i) pré- ou post-vocaliques, qui consiste en un segment consonantique (non influencé par le timbre de la voyelle adjacente) et la couleur de i contenue dans le segment vocalique précédent ou subséquent.

de formants "indiquent" (*point to*) la place de l'articulation qui peut ainsi être "détectée" par une "extrapolation" de leur direction, etc., oubliant ainsi que les phonèmes et les traits pertinents (c'est-à-dire leurs réalisations) ne sont pas quelque chose qui doit être reconnu et distingué à l'aide de quelque chose d'autre, mais sont par définition les moyens mêmes par lesquels sont reconnus et distingués les mots et les morphèmes. Ce lapsus dans l'emploi des expressions représente un symptôme de plus du fait que pour ces phonéticiens locuteurs natifs de langues européennes, les phonèmes et les traits pertinents ne sont pas réalisés dans les faits acoustiques, mais trouvent leur corrélats physiques dans les positions articulatoires, les faits acoustiques n'étant que des indices (peut-être contingents) sur lesquels on se base pour détecter ces positions (cf. par ex. DELATTRE, 1970). Et ce qui est encore plus curieux, c'est que même les linguistes qui voient dans le niveau acoustique le plus important de tous les niveaux du procès de la communication verbale, celui-ci étant d'après eux le seul but conscient des activités articulatoires et le niveau d'action directe et immédiate du signal sur les organes auditifs, emploient les mêmes expressions et considèrent ces *cues* comme quelque chose qui serait étranger aux phonèmes et aux traits pertinents.

On parle également du "rôle du contexte" dans l'identification des phonèmes, de "l'influence du contexte" ou de "l'environnement phonétique" sur la réalisation du phonème. Ces expressions n'ont de sens que si on identifie les sons aux segments acoustiques visibles sur les sonagrammes. Elles supposent nécessairement la localisation des traits distinctifs du son dans un seul segment. Ainsi la conception segmentaliste perce à travers la terminologie même dans le contexte de travaux dont le but est précisément de démontrer sa fausseté. Il est peu logique de dire que les traits distinctifs qui constituent le seul moyen de reconnaître le point d'articulation d'une consonne est un "contexte" de cette consonne. Seule la représentation segmentaliste peut expliquer cette contradiction dans les termes.

Nous avons vu comment les phonologues traitent de non-pertinents des traits qui, en réalité, constituent la seule et unique différence entre deux mots. Ce n'est pas qu'aucun phonologue n'ait jamais rien remarqué du rôle que jouent ces traits dans l'identification. Mais, en fin de compte, c'est toujours la représentation segmentaliste qui a eu le dernier mot. N.S. TRUBETZKOY a déjà remarqué le rôle "auxiliaire" des traits que lui-même et les autres phonologues de l'école de

Prague qualifient de non-pertinents : selon lui, ils sont utiles en ce qu'ils signalent le "voisinage" de tel ou tel phonème (1939). S.I. BERNSTEIN (1937) a déjà indiqué leur place dans la formation de la silhouette phonique générale, de la *Gestalt*, du mot. R. JAKOBSON et HALLE, eu égard à leur rôle qu'ils jugent sous-estimé, les qualifient de traits redondants, dans le sens que la théorie de la communication donne à ce mot, c'est-à-dire non pas inutiles ou superflus, mais cependant en quelque sorte différents des traits pertinents. On ne peut savoir au juste quel statut JAKOBSON et al. (1952, 1956) veulent donner à ces traits redondants. Pour eux, la redondance fait partie du code (de la langue dans le sens saussurien) ; les désinences d'adjectifs épithètes employés en série sont aussi redondantes selon eux ; les traits phonétiques redondants peuvent remplacer les traits distinctifs en certaines circonstances ; et pourtant ils sont à "élaguer", précisément pour permettre une solution phonologique univoque[27].

Dans un ouvrage récent, Roman JAKOBSON et Linda R. WAUGH (1979) insistent de nouveau sur la nécessité de faire le départ entre les traits distinctifs, qui sont "indépendamment signifiants" (ils citent SWEET) et les traits redondants qui ne le sont pas et qui forment une "classe" différente dans la "hiérarchie naturelle" de la langue (p. 36), tout en reconnaissant que "les traits distinctifs s'étendent souvent sur une portion importante du phonème précédent ou au contraire commencent au milieu du phonème auquel ils appartiennent; ils peuvent s'étendre jusque dans le phonème subséquent ou cesser au milieu de leur propre phonème" (p. 26). On ne voit pas bien comment cette constatation pourrait cadrer avec la définition du phonème comme un faisceau de traits distinctifs et, d'autre part, avec les considérations de ces auteurs sur la redondance.

---

(27) Cf. SOMMERSTEIN (1977 : 55) : "redundant features are redundant only if the distinctive features are successfully transmitted to the listener ; and since articulation and hearing are both always imperfect, and there is also imperfection in, and interference on, the channel of transmission to be reckoned with, the distinctive features very often are non successfully transmitted. In such circumstances the 'redundant' features in effect assume distinctive function; and, since the message is successfully transmitted without the help of the 'distinctive' features, *they* are presumably redundant". La remarque concerne les traits solidaires tels que la sonorité et la laxité dans certaines langues, dont l'un est souvent déclaré redondant (dans ces cas il sera préférable de considérer les deux propriétés physiques interdépendantes comme la réalisation d'un seul trait distinctif), plutôt que les traits combinatoires : ceux-ci sont en effet toujours pertinents, même pour une audition idéale dans des conditions idéales de transmission.

Dire que les traits distinctifs d'un phonème dépassent ses limites équivaut à reconnaître que le phonème n'est pas une unité constituée par eux, mais un certain segment découpé dans le temps indépendamment d'eux au nom d'on ne sait quel principe. Le phonème serait ainsi une sorte de récipient qui ne parviendrait pas à contenir entièrement les traits distinctifs puisque certaines portions de ces derniers en sortiraient pour s'étendre sur le récipient voisin : ce serait un véritable lit de Procuste au sens propre. Or les portions de traits distinctifs qui dépassent les limites de "leur phonème" pour s'étendre jusque dans le "phonème" voisin sont qualifiées de "traits redondants" par JAKOBSON et ses co-auteurs (cf. par exemple *ibid.* : 37). Que sont-elles donc à la fin : portions de traits distinctifs ou traits redondants ? Si ce sont des traits redondants, les traits distinctifs seront représentés uniquement par cette partie des traits qui est contenue dans "leur phonème", et on ne pourra plus dire que les traits distinctifs s'étendent jusque dans les phonèmes adjacents.

La contradiction est flagrante, et on voit une fois de plus combien les faits sont impuissants en face de la représentation segmentaliste des linguistes usagers de langues microphonématiques, même quand ces linguistes les reconnaissent explicitement.

Les traits distinctifs ne peuvent dépasser les limites de leur phonème puisque celui-ci est constitué par eux. Ce qu'ils dépassent, ce sont les limites du segment visible sur les spectrogrammes et les kymogrammes, segment phonique qu'on identifie par erreur au segment perceptuel, image du microphonème en cause dont le corrélat physique est non-segmental.

Quoi qu'il en soit, on peut voir dans l'attitude de JAKOBSON et de ses co-auteurs une concession à la réalité. Elle est sensiblement différente de celle de I.I. REZVIN qui, élaborant une théorie phonologique formulée dans les termes de la théorie de la communication, qualifie les traits combinatoires de "bruits", c'est-à-dire de facteurs de distorsion qui rendent difficile le décodage du message (1962). Ainsi, pour faire rentrer la phonologie dans le cadre conceptuel d'une science à la mode, on va jusqu'à attribuer aux traits combinatoires une action qui est précisément le contraire de leur rôle réel.

Le problème est traité d'une autre façon par K.H.H. KORTLANDT, un des rares linguistes à avoir remarqué que "l'identification des traits pertinents doit précéder l'identification des phonèmes". KORTLANDT reconnaît que les phonèmes ne correspondent pas de façon univoque aux segments et que les traits distinctifs de phonèmes différents peuvent coïncider totalement ou partiellement dans le temps, mais il déclare que les segments transitoires ne sont pas phonémiques, quoique pertinents. Il appelle les traits combinatoires *joint features*, et les définit comme "des traits de phonèmes adjacents dont l'un requiert la présence de l'autre pour être pertinent" (1972 : 109). Exemple : consonne mouillée + [i] et consonne dure + [ɨ] en russe. Les couleurs vocaliques respectives de [i] et de [ɨ] sont des *joint features* qui "caractérisent conjointement deux phonèmes adjacents". La fonction distinctive des traits combinatoires est ainsi dûment prise en considération ; mais le fait que KORTLANDT refuse de reconnaître en ceux-ci des traits phonématiques montre qu'il garde malgré lui la représentation segmentaliste du phonème, au moins dans une certaine mesure. En tout cas, il reconnaîtra certainement qu'on ne peut parler de *joint features* que dans les cas où l'identification de chacun des phonèmes en cause peut se passer des traits contenus dans le phonème adjacent (par exemple, dans le cas des consonnes mouillées et dures du russe : dans d'autres contextes, ces consonnes n'ont pas besoin des traits contenus dans la voyelle adjacente pour être identifiées). Or, ce n'est pas le cas pour toutes les consonnes, encore moins pour les consonnes qui sont *toujours* accompagnées d'une voyelle ou de certains autres sons déterminés, comme dans les langues syllabiques par exemple. Par ailleurs, on ne voit pas bien pourquoi KORTLANDT ne considère pas les traits distinctifs contenus dans le segment adjacent au phonème en cause comme des variantes des traits qui caractérisent ce phonème en l'absence de ce segment. Quoi qu'il en soit, l'introduction du concept de *joint features* dans la théorie a pour conséquence la reconnaissance de deux catégories d'unités phonologiques — celle des phonèmes et celle des *joint features* dont les rapports sont difficilement définissables —. La discrimination entre traits pertinents et traits combinatoires, au lieu d'être liquidée, est seulement reportée sur un autre plan. Or, on a vu sur quoi se fonde cette discrimination.

Les traits combinatoires, c'est-à-dire les traits qui distinguent les variantes combinatoires d'un phonème /X/ l'une de l'autre, sont simplement ceux des traits pertinents du (des) phonème(s) adjacent(s) réalisés dans le segment attribué au phonème /X/ qui n'ont pas été replacés par le phonéticien dans les segments adjacents lors de la transcription phonétique (une variante combinatoire d'un phonème est un son qui, outre les traits pertinents dont est constitué ce phonème, contient une certaine part des traits pertinents du (des) phonème(s) adjacent(s) que le phonéticien n'a pas relevée et replacée dans le(s) segment(s) adjacent(s) lors de la transcription phonétique).

Le caractère impressioniste et tout à fait conventionnel du concept de variante combinatoire appelle une manipulation appropriée de celui-ci lors de la procédure d'identification des phonèmes par le regroupement des sons qui seront par la suite considérés comme leurs variantes combinatoires.

On sait que cette procédure est considérée par les linguistes physicalistes comme une opération de classification des sons fondée sur le critère de la similitude phonétique et sur celui de la distribution complémentaire. Or, le dernier des étudiants d'une école linguistique non-physicaliste sait que les sons sont auditivement similaires quand ils sont les réalisations d'un même phonème, et auditivement différents quand ils sont les réalisations de phonèmes différents, indépendamment de leur similitude et différence physiques. La similitude et la différence "phonétiques" ne peuvent donc être érigées en un critère pour le regroupement des sons en phonèmes, d'autant plus que les sons qu'on appelle "phonétiquement similaires" sont en réalité ceux que l'ouïe SAE du phonéticien perçoit comme similaires souvent en vertu du fait qu'ils sont des réalisations du même phonème SAE. L'identification des phonèmes ne peut se faire par classification.

Elle ne se fait pas de cette façon chez le sujet parlant. L'enfant qui apprend sa langue maternelle ne classifie pas les sons en phonèmes, comme certains linguistes sont enclins à se le figurer. Il ne peut le faire pour la simple raison qu'il n'a pas appris à entendre les sons comme les phonéticiens usagers du SAE. L'ontogenèse du langage, tout comme celle de la conscience en général, est chez l'homme un processus de différenciation progressive, non de classification. L'enfant différencie peu à peu le monde, en premier lieu il distingue son moi de ce qui ne l'est pas, puis une certaine partie de ce monde extérieur d'une autre, et ainsi de suite. Dans le domaine du langage, il distingue d'abord la présence et l'absence du signal verbal en général, puis certains énoncés importants pour lui des autres énoncés, puis il parvient à distinguer l'un de l'autre des énoncés dont le nombre s'accroît sans cesse, puis les mots qui commutent dans des énoncés partiellement identiques. Plus tard, le besoin de distinguer un assez grand nombre de mots partiellement similaires lui fait analyser ces mots en leur éléments différentiels — les phonèmes et les traits pertinents —. C'est en les distinguant qu'il les reconnaît. Il ne distingue que ce dont la distinction lui est indispensable pour comprendre les autres et se faire comprendre. C'est pourquoi il ne distingue pas les "sons" d'abord, pour les classifier ensuite en catégories. Il ne distingue que les phonèmes et les traits pertinents.

Pour arriver à un résultat acceptable qui cadre avec le mode de perception du sujet parlant, le linguiste qui utilise la trancription phonétique ne doit pas grouper les sons "phonétiquement similaires" en classes, mais rectifier et compléter la soustraction et le replacement des traits distinctifs des phonèmes adjacents qui se trouvent dans le segment attribué au phonème à identifier, en vue de remplacer la segmentation effectuée par le phonéticien selon les principes du SAE par la segmentation propre à la langue à l'étude.

Soit par exemple un corpus donné dans lequel le linguiste a relevé les vocoïdes suivants de la série antérieure et médiane distribués dans les contextes suivants :

en position finale	*devant vélaire*	*devant palatale*
ɪ	e	i
e	a	ɪ
a	ɑ	e

Si le phonologue procède par classification, il identifiera les sons transcrits de la même façon, par exemple les sons transcrits [e], parce qu'ils sont phonétiquement identiques ou presque, et la solution sera complètement fausse. Il doit procéder par soustraction, ou plutôt par re-soustraction des traits distinctifs des consonnes finales réalisées dans le segment vocalique et identifier phonématiquement les sons qui se trouvent sur la même ligne horizontale, car c'est ainsi que procède le sujet parlant (et c'est ainsi que procèdent les hommes, les singes et les poules quand ils doivent reconnaître les couleurs sous différents éclairages ; GELB, 1927).

Un son est à considérer comme une variante combinatoire d'un phonème donné quand la différence qui existe entre ce son et les autres variantes du même phonème est explicable par la superposition de traits distinctifs d'un autre (ou d'autres) phonème(s) sur les traits distinctifs du phonème à identifier. Dans l'exemple cité ci-dessus, la superposition des traits distinctifs des consonnes vélaires augmente la compacité et diminue l'acuité du segment vocalique précédent dans une plus large mesure qu'on ne l'observe en SAE, et celle des traits distinctifs des consonnes palatales augmente l'acuité et diminue la compacité du segment vocalique précèdent dans une plus large mesure qu'on ne l'observe en SAE.

Il est vrai que la variation combinatoire d'un phonème n'est pas toujours aisément explicable par la superposition des traits distinctifs de phonèmes adjacents, les cas tels que celui de la distinction entre *le grand dadais* et *la grande Adèle* (exemple de MARTINET), distinction réalisée dans la durée de la voyelle nasale [ã], ou de celle entre *writer* et *rider* (exemple utilisé par CHOMSKY), qui est réalisée dans la durée de la diphtongue [ay], ne paraissent pas explicables par la coarticulation ou "l'influence" modificatrice d'un son adjacent. Il est cependant indéniable que ces distinctions sont les seuls indices qui permettent à l'auditeur de distinguer les consonnes postvocaliques dans les exemples cités et doivent par conséquent être reconnues comme des réalisations des traits pertinents respectifs de ces dernières. La description du trait voisé/non-voisé dans l'anglais américain doit comporter une mention spéciale pour cette réalisation de ce trait.

L'utilisation de la notion de variante combinatoire ou allophone représente un procédé ingénieux pour remédier aux erreurs auditives du phonéticien usager de l'API. Dans la situation actuelle de la phonétique, il est en effet extrêmement utile et même indispensable de s'accorder sur un mode de perception standard (un mode de soustraction et de replacement standard des traits distinctifs). Ce mode de perception, considéré à tort comme universel, représente approximativement celui qui est à la base de la prononciation du latin et du grec enseignée dans les écoles contemporaines. Son élaboration est, selon toute probabilité, en grande partie due au hasard, mais il semble représenter une sorte de moyenne facile à assimiler, de sorte que la description "phonétique" des systèmes phonologiques peut se faire en termes du standard représenté par l'API. La seule chose à déplorer, c'est que le phonologue ne prenne que rarement conscience du caractère conventionnel et subjectif de cette description.

Ch.F. HOCKETT suggère, en remplacement de la méthode des allophones, une méthode "réaliste", qu'il appelle "méthode du retracement des frontières" (*method of redrawing boundaries*), et qui consiste à remplacer les découpages perpendiculaires à l'axe temporel, qui sont, selon lui, propres à la méthode des allophones, par des lignes plus souples qui correspondraient aux frontières réelles qui séparent le "son" de son "environnement". Etant donné par exemple le mot [pabap], sa transcription peut être présentée sur deux dimensions comme suit :

```
  | V | V | V |
P | A | P | A | P
```

ou P = occlusion bilabiale, A = aperture maxima, V = vibrations des cordes vocales. Constater la distribution complémentaire de [p] et

[b] équivaut maintenant à dire que le faisceau simultané $\substack{V \\ P}$ apparaît seulement quand le faisceau qui le précède aussi bien que celui qui le suit comporte V, et que P sans V n'apparaît pas dans ce contexte. Nous pouvons donc retracer les frontières de la façon suivante :

```
    | V | V | V |
P | A | P | A | P
```

Résultat : /papap/ comme nouvelle transcription linéaire (HOCKETT, 1955 : 156sq.).

HOCKETT ne nous dit pas à quel phonème le V placé au-dessus du P est censé appartenir, quel rôle lui revient dans l'identification des phonèmes du mot, et comment doit être formulée la règle qui gouverne la sonorisation du /p/ intervocalique.

Ce qu'il dit au sujet de la segmentation impliquée dans la méthode des allophones est faux : comme nous l'avons vu plus haut, les allophones (les sons) ne sont pas obtenus par une segmentation par coupures perpendiculaires à la ligne du temps.

Cependant, et bien que l'exemple cité présente une situation trop simple pour être représentative, on peut voir que la démarche est en principe conforme au mécanisme de recognition tel qu'il est supposé dans la thèse de la soustraction des traits distinctifs des phonèmes adjacents et de leur représentation dans les segments attribués à ces phonèmes.

Au VIIIe Congrès des linguistes en 1957, les faits frappants qu'on a relevés avec l'aide des spectrographes et des tests auditifs n'ont pas manqué de suggérer aux linguistes de suivre la même direction pour une solution correcte du problème. Voici ce que Eli FISCHER-JØRGENSEN nous dit à ce sujet :

> If the formant bending of the vowel... is interpreted as an indication of a consonantal resonance and consequently considered as part of the consonant, and if the frequency of the explosion is considered as part of the vowel, there would still be allophones (variants), e.g. consonant + particular modification of the vowel (and vowel + particular modification of the consonant, etc.) but it might be easier to find a common phonetic denominator for these variants. This may sound like a play on words, but it may be more than that. (1958 : 470)

Cependant, la possibilité d'une telle interprétation est mise en doute :

> This method, however, implies a complete redefinition of the concept 'allophone' or 'variant' and a closer examination of the consequences involved in this principle should be undertaken. Applied to the Danish exemple, the non-aspiration of final /ṭ/ and the non-closure of final /d/ should be considered as part of the syllable bondary, a formulation which can hardly be acceptable. (1958 : 475)

La linguiste danoise ne nous dit pas pourquoi cette formulation, qui dérive directement du principe de la diacritique sur lequel toute la théorie phonologique est basée, est difficilement acceptable. A notre sens, c'est toujours la même représentation par trop familière de l'organisation segmentale de la chaîne parlée, avec ses sons et ses jonctions qui se suivent à la queue leu leu, à la façon des lettres et des espaces qui se succèdent dans l'écriture, qui s'oppose à toute tentative de révision radicale. Si on s'en tient seulement au principe de la diacritique, la non-aspiration du /t/ final et la non-fermeture du /d/ final en danois *doivent* être considérées comme des traits distinctifs de la frontière de syllabe puisque ce sont elles qui permettent au sujet parlant danois de repérer cette frontière et non quelque chose d'autre.

La notion de jonction est une notion assez discutée en linguistique contemporaine. Dans la conception des linguistes américains, chez lesquels cette notion jouit d'une popularité plus grande que chez leurs collègues d'Europe, la *joncture* est un phonème suprasegmental placé à la frontière de deux énoncés ou éléments d'énoncé. Son corrélat physique peut être une pause ou un "zéro". Mais ce "zéro" est généralement accompagné de "modifications non pertinentes" observables dans les phonèmes voisins. On a plus d'une fois dénoncé le danger de la méthode qui établit une unité linguistique là où il n'y a rien du tout en niant la pertinence des faits mêmes qui assument les fonctions attribuées à cette unité fantôme pour la simple raison qu'ils sont localisés dans un segment qu'on a attribué *a priori* à une autre unité (cf. HAAS, 1957). Mais il faut noter que cette pratique ne diffère en rien de celle de la réduction des variantes combinatoires, qui consiste précisément à nier la pertinence des traits pertinents quand ils ne sont pas localisés dans le segment qu'on a attribué *a priori* au phonème auquel ils appartiennent, mais dans un segment qu'on a attribué à un autre phonème. Cette pratique dérive de la perception du locuteur natif d'une langue microphonématique qui "entend" effectivement la jonction non dans le segment modifié en position "pré-joncturale" (ou "post-joncturale"), mais dans un segment (généralement imaginaire) qui se trouve après (ou avant) lui, tout comme il replace dans le segment consonantique les traits pertinents consonantiques qui se trouvent dans le segment vocalique.

Et pourtant TRUBETZKOY a reconnu la réalisation de ces *Grenzsignale* là même où il les trouve, par exemple dans les variantes positionnelles des phonèmes attenant à la frontière en question, variantes qui sont selon lui "en opposition" avec les autres variantes du même phonème, cette opposition servant "non à différencier une paire de mots, mais à délimiter le mot" (1939 : 293). Autrement dit, il a fait justement ce que Eli FISCHER-JØRGENSEN ne trouve guère possible[28].

D'ailleurs, la différence entre fonction distinctive et fonction démarcative est plutôt conventionnelle. Car c'est la jonction ou le *Grenzsignal* qui distingue, dans le sens le plus intégral du mot, *a name* de *an aim*. La jonction ou le *Grenzsignal* est donc un élément distinctif au même titre que le phonème, avec cette seule différence qu'elle caractérise une unité d'un niveau supérieur à celui du morphème ou du mot (cf. EBELING, 1968 : 136). Ici, comme dans le cas des phonèmes "segmentaux", le linguiste a le droit de replacer, à l'instar du sujet parlant, mais de façon consciente, bien entendu, les traits distinctifs de telle ou telle unité dans un segment qui n'est pas celui où il a trouvé ces traits, si la structure phonologique de la langue l'exige. Seulement, il n'a aucune raison pour ériger ce replacement en un principe universel, parce qu'il n'est nécessaire et possible que dans les langues microphonématiques. Ainsi, dans les langues syllabiques, on ne peut parler de jonctions et de *Grenzsignale* de syllabes comme d'éléments extérieurs à la structure de ces dernières, parce qu'ils n'existent simplement pas — la délimitation des syllabes dans ces langues étant inhérente à leur statut structural[29] —.

Pour les jonctions aussi bien que pour les phonèmes, les tons, les accents, etc., la méthode suggérée par HOCKETT et FISCHER-JØRGENSEN est la seule qui puisse permettre une analyse objective et exhaustive du système phonologique de la langue, une analyse exempte de tout apriorisme et de tout arbitraire, parce qu'elle est fondée sur le principe de la pertinence linguistique et seulement sur lui. La pluralité des solutions prétendument également correctes, dont l'une contredit

(28) Cf. MALMBERG (1964 : 117) : "If the syllable boundary ... loses its distinctive value, or is too subtle to function alone as basis for a phonemic distinction, the contextually conditioned vowel length may take over its function and become the physical correlate to the syllable boundary distinction."

(29) La situation de la jonction par rapport au problème de la linéarité syntagmatique des éléments linguistiques mérite une mention spéciale. Malgré sa fonction particulière et son appartenance à un niveau supérieur à celui des phonèmes, qui la font qualifier de "phonème suprasegmental", sa place par rapport aux phonèmes est pertinente. Mieux, cette place est son unique raison d'être en tant que signe de démarcation. L'assimilation de la jonction aux faits prosodiques, fondée surtout sur des considérations phonétiques, ne peut donc être acceptée dans une théorie phonologique conséquente. La jonction, cependant, n'est pas non plus un phonème, puisqu'elle caractérise des unités appartenant à un niveau supérieur à celui des unités que caractérisent les phonèmes. De plus, sa signification est constante, à la façon de celle d'un morphème : c'est toujours un *signe* de démarcation. Cet élément phonologiquement segmental occupe donc une position particulière dans la hiérarchie des unités phonologiques.

l'autre, pourra être définitivement surmontée. Certes, il pourra encore y avoir plusieurs descriptions légèrement différentes pour le même système, en particulier en ce qui concerne la façon de grouper les traits distinctifs en phonèmes. Mais tous les traits distinctifs étant reconnus comme pertinents, les descriptions rendant compte de tous les faits ne seront différentes l'une de l'autre que par la présentation et dans les détails.

On est cependant forcé de reconnaître avec Eli FISCHER-JØRGENSEN que cette méthode d'analyse comporte des difficultés considérables, particulièrement en fonction de la diversité des réalisations extra-segmentales des consonnes, laquelle peut rendre une description faite d'après ce principe fort compliquée. On peut néanmoins espérer que ces difficultés pourront à la longue être surmontées en fonction des résultats d'une étude plus poussée du mécanisme des mouvements phonatoires et de leurs effets acoustiques.

Linguistique et psycholinguistique

On reproche parfois aux linguistes qui ont critiqué ou essayé de vérifier la validité du test de commutation en se basant sur des données expérimentales (psycholinguistiques) de confondre les domaines d'investigation. Si un de ces linguistes fait remarquer, par exemple, que les traits dits combinatoires sont en réalité diacritiquement pertinents, ou qu'aucune tranche phonique découpée dans la chaîne sonore ne peut être perçue comme un "son", de sorte qu'il est impossible de parler de commutations de segments (cf. FISCHER-JØRGENSEN, 1956), on lui rétorque qu'il s'agit là de tout autre chose que de phonologie : la segmentation dont il est question en phonologie, dit-on, est une opération à effectuer dans l'abstrait, non sur la bande magnétique. La non-pertinence dont il s'agit en phonologie n'est telle que pour l'analyse et la transcription phonématiques, non pour la recognition, la perception diacritique de l'auditeur dans le procès de la communication (cf. MALMBERG, 1963 : 113).

Il est assez logique qu'une linguistique qui vise à une structuration des données physiques objectives effectuée selon certains principes admis *a priori*, ignore la recognition du message verbal et des unités linguistiques par le sujet parlant ou considère le mécanisme de cette recognition comme relevant d'une discipline paralinguistique. Mais le fait est que les notions de diacritique et de pertinence linguistique ont été originairement élaborées en ayant en vue cette recognition même, et non comme une certaine procédure d'analyse qui en serait indépendante. D'autre part, si on se place d'un point de vue radicalement nominaliste, c'est-à-dire si on considère les opérations de segmentation, de commutation, etc., comme des procédés purement arbitraires et "objectifs", on devrait écarter toute considération ayant trait à l'audition du sujet parlant — ce qui n'est le cas chez aucun des linguistes nominalistes, lesquels parlent sans cesse en termes de faits perceptuels (de sons, de traits combinatoires, d'indices acoustiques, de redondance, etc.) —.

On a récemment suggéré l'idée de deux systèmes d'unités relevant de domaines différents, à savoir des faits objectifs dont la structuration constitue l'objet propre de la linguistique et celui des faits subjectifs (perceptuels) qui relèvent de la psycholinguistique. Ainsi plusieurs auteurs ont reconnu, ou au moins soupçonné, la nécessité de distinguer le phonème psycholinguistique, unité perçue comme discrète par le sujet parlant, du phonème proprement dit, dégagé scientifiquement au moyen de techniques appropriées d'analyse phonologique qui seul concerne la linguistique (JOOS, 1948; LIBERMAN, 1966; LEONTJEV, 1969; REVZIN, 1977; etc.).).

Nous sommes ici en présence d'une conséquence assez curieuse du malentendu épistémologique dont il a été question au chapitre I. Ces auteurs semblent admettre, d'une part, la possibilité de faits phonologiques qui n'ont aucun rapport avec la perception des unités linguistiques par le sujet parlant et, d'autre part, le caractère non linguistique, parce que subjectif, des faits de perception qui peuvent former un système à part d'unités discrètes, de "phonèmes perceptuels" et de "traits perceptuels", unités qui ne coïncideraient pas avec leurs homologues linguistiques, et qui rentreraient dans la compétence du psychologue du langage, non du linguiste.

Pour le linguiste réaliste, une pareille conception représenterait le comble de l'absurdité. Pour lui, la réalité linguistique est représentée par les faits qui sont *reflétés* dans le psychisme du sujet parlant, et par eux seuls ; ce qui n'est pas perçu et identifié par lui ne peut constituer un fait de langue.

Il n'en reste pas moins vrai que ce qu'on appelle souvent des unités de perception et des unités d'articulation peuvent ne pas être des unités structurales de la langue, étant dépourvues en tant que telles de statut linguistique et représentant simplement des faits phonétiques. Ainsi la syllabe dans les langues non syllabiques est principalement une unité psychophonétique constituée par une grandeur physique dans laquelle les unités phonologiques (ou plutôt leur corrélat physique) doivent être organisées pour pouvoir être prononcées, et dans laquelle l'auditeur reconnaît une combinaison de phonèmes de sa langue ou une portion de ses mots ou de ses morphèmes. Elle peut constituer une *Gestalt* au même titre que les unités structurales des niveaux supérieurs à celui du (micro)phonème, mais cette *Gestalt* est, dans ces langues, dégagée de la chaîne par des facteurs psychologiques plutôt que linguistiques, et sa réalité psychologique est, par suite, d'une autre nature que celle des unités structurales. Cette réalité est moins palpable dans le domaine du langage ordinaire que dans celui des activités paralinguistiques telles que la versification, où le son, au lieu d'être un simple véhicule du sens, constitue à côté de celui-ci (et même indépendamment de lui) une autre fin (cf. JAKOBSON, 1960). Dans ce domaine la syllabe devient une unité structurale, non de la langue, mais du message poétique. Cependant, même dans les langues non syllabiques, l'importance de la syllabe en tant qu'unité phonétique première est telle qu'elle ne peut pas ne pas avoir de répercussions sur les faits de langue eux-mêmes, ce dont témoignent certaines lois syntactiques qui ne peuvent être formulées autrement qu'en termes de syllabes, ainsi le "principe d'interruption vocale intrasyllabique" formulé par HARMS (1973 : 11) qui dit que "si le voisement cesse à l'intérieur d'une syllabe, il ne peut recommencer dans la même syllabe" (cf. aussi PERRY, 1977 : 217sq.), principe apparemment en vigueur dans toutes les langues parce qu'il est de nature phonétique et relève du mécanisme de l'activité phonatoire de l'homme.

Dans les cas où l'analyse du linguiste mène à des résultats qui ne coïncident pas avec ceux obtenus au moyen de tests d'audition qui témoignent d'une autre structuration, d'un autre système d'unités, le linguiste réaliste y voit, non la preuve d'une certaine dualité de structure, mais simplement celle de la fausseté de l'analyse linguistique effectuée et de la non-validité de la méthode employée.

Reconnaître ce qu'il y a de subjectif dans les faits de langue n'équivaut pas à réduire la langue à un fait psychique et, par suite, à confondre linguistique et psycholinguistique[30]. Bien que la langue

(30) Cf. HORMANN, 1972, p. 208 : "... la linguistique décrit *ce* que nous devons avoir appris quand nous savons parler une langue (LEES et MACLAY, d'après JOHNSON, 1965, p. 31), tandis que la psycholinguistique cherche à savoir *comment* cela a été appris."

ne soit langue que pour le sujet parlant, elle existe et fonctionne grâce à son caractère social, c'est-à-dire intersubjectif, indépendamment des procès psychiques impliqués dans chaque acte concret d'encodage et de décodage des énoncés et dans l'acquisition du langage, — activités proprement psychiques dont l'étude constitue l'objet de la psycholinguistique —. Celle-ci est, au sens strict, une science psychologique de la parole, tandis que la linguistique, tout en profitant des données de la psycholinguistique et en lui fournissant en même temps la base de référence qui lui permet de délimiter son domaine par rapport aux autres disciplines psychologiques ayant trait à la communication, est la science de la structure du code linguistique en tant que forme et organisation, telle qu'elle est reflétée dans ce qu'on appelle la compétence linguistique, laquelle, à son tour, trouve son actualisation dans chaque acte de communication verbale. En ce sens, la psycholinguistique est à la linguistique ce que toute discipline expérimentale est à la discipline théorique qui lui correspond.

La réalité des unités phonologiques et le comportement des phonologues

La réalité psychologique d'une unité linguistique est fonction de son statut structural dans la langue maternelle du sujet parlant. Le caractère discret d'une unité structurale ne peut pas ne pas être senti d'une certaine façon par celui-ci, ou du moins être reflété dans son comportement linguistique et/ou paralinguistique, et, inversement, les faits qu'on peut observer dans ce comportement ne peuvent être que le reflet de faits de structure, et parmi eux, du statut structural des unités de la langue. Si le sujet parlant n'avait pas une certaine "conscience" de la structuration de la langue en unités discrètes, il ne pourrait se comporter en sujet parlant. Son comportement ressemblerait à celui d'un animal domestique intelligent, d'un perroquet érudit tout au plus, plutôt qu'à celui d'un locuteur natif, car il ne pourrait ni comprendre (et construire) une phrase qu'il n'a jamais entendue, ni détecter un terme inconnu dans la phrase, ni distinguer, entre deux mots également inconnus de lui, lequel appartient à sa langue maternelle et lequel est un mot étranger, ni deviner le sens d'un mot nouveau formé de morphèmes connus, ni faire rimer ou allitérer les mots et les syntagmes, ni sentir que tel son (ou ton) est plus proche de tel autre que d'un troisième, ni insérer une voyelle anaptyctique dans des groupes de consonnes jusque là inusités pour lui, ni, étant analphabète, vaincre des adversaires beaucoup plus instruits dans les jeux linguistiques, etc.

L'analyse structurale implicite à laquelle le sujet parlant soumet les énoncés de sa langue maternelle est nécessairement exhaustive et atteint ses unités ultimes : les traits pertinents. Les preuves en sont nombreuses et irréfutables (cf. BOOMER et LAVER, 1968 ; MAC KAY, 1970 ; FROMKIN, 1971, 1972 ; SHEPARD, 1972 ; CAIRNS et al., 1972 ; BLUMSTEIN, 1974). La connaissance qu'a le sujet parlant de sa langue, pour être implicite, n'en est pas moins une connaissance absolue. Toute constatation descriptive qui ne trouve pas sa confirmation dans le comportement linguistique du sujet parlant est douteuse ; toute unité établie par le linguiste dont le statut n'a aucune répercussion dans le comportement du sujet parlant n'existe simplement pas dans la langue en question. Quand un fait observable dans le comportement du sujet parlant ne trouve pas d'explication dans la théorie, cela prouve irrévocablement que celle-ci est défectueuse, sinon complètement fausse (cf. SAUSSURE, *in* GODEL, 1957 : 210).

Il est, en linguistique générale, des concepts se rapportant à des unités linguistiques dont la réalité est indubitablement universelle parce qu'elles sont nécessairement présentes dans tout code sémiotique susceptible de sous-tendre la production et le décodage de messages en nombre *infini*. Ces concepts sont déduits du principe fondamental du fonctionnement de la langue en tant que système fini d'unités discrètes hiérarchisées et de règles permettant la synthèse et l'analyse de ces messages en nombre infini. Tels sont les concepts de morphème et de trait pertinent. L'universalité de tels concepts ne peut faire de doute, en raison même des principes définitoires de la langue. Pour un système sémiotique tel que la langue, il doit nécessairement y avoir dans la hiérarchie de ses unités un signe ultime et une figure ultime. La non-existence de ces unités ultimes équivaudrait simplement à l'infinité du nombre des unités linguistiques et à leur caractère non discret, qui, à leur tour, signifieraient l'absence de toute structuration et la désagrégation du code.

Il en est tout autrement avec les concepts de phonème et de mot, qui sont élaborés par voie empirique, à la suite d'une généralisation hâtive de faits observés dans quelques langues bien connues et qu'on a tenté, par la suite, d'imposer à toutes les autres langues.

Un fait révélateur est qu'en 1904-1911, lorsque les Chinois voulurent alphabétiser leur écriture, le découpage phonématique était si peu évident qu'ils discutèrent plusieurs années pour savoir si leurs mots (syllabes) comportaient deux ou trois phonèmes (HAGEGE et HAUDRICOURT, 1978 : 34).

Depuis plus de trente ans, les linguistes vietnamiens se sont mis à la recherche du mot dans leur langue, et ne l'ont toujours pas trouvé. Plus exactement, ceux d'entre eux qui l'ont trouvé y sont parvenus soit en utilisant le critère de la "dénomination", ce qui se réduit en fait à nommer "mot" tout morphème ou groupe de morphèmes qui, traduit en français, en anglais ou en russe, donne un mot, soit en trouvant d'autres critères qui, réunis, permettent d'obtenir approximativement le même résultat (selon ces critères, la moitié des mots européens ne seraient plus des mots, et la moitié des constructions phraséologiques européennes, au contraire, en seraient). Il serait étonnant que le contraire se soit produit, c'est-à-dire qu'on soit arrivé à trouver, grâce à des critères inventés *ad hoc* pour les besoins de la cause, dans une langue typiquement isolante, une unité mal définie, qui a été établie, par voie empirique en se basant sur des langues typiquement flexionnelles (cf. STANKIEVITCH et NGUYÊN, 1975).

La réalité psychologique des unités structurales n'équivaut pas à la facilité de leur prise de conscience. Celle-ci dépend aussi d'autres facteurs, parmi lesquels il peut y avoir des faits extra-linguistiques. Elle atteint son summum quand le sujet parlant non linguiste peut d'emblée délimiter les unités de façon explicite, comme c'est le cas pour le mot des langues européennes, ou pour la syllabe-morphème du vietnamien. Elle est réduite au minimum quand le sujet parlant est incapable de le faire explicitement en tant qu'observateur, comme c'est le cas pour les traits distinctifs. On peut donc parler de l'existence de plusieurs "couches superposées de conscience linguistique" (cf. VAN WIJK, in MARTINET, 1965 : 102sq.). La réalité psychologique des unités structurales de la langue dépend entièrement de leur statut linguistique. Elle est manifestée dans le comportement linguistique actif du sujet parlant, non dans ses jugements métalinguistiques. Il y a cependant des cas où l'on peut dire que la réalité psychologique de telle ou telle unité est plus palpable que celle d'une autre, ce qui veut dire simplement qu'il est plus facile de l'élever au niveau du conscient (cf. HAUDRICOURT, 1970 : 607sq.). En particulier, on peut citer les cas où une unité cumule, ou est susceptible de cumuler, dans la langue en question, plusieurs statuts structuraux, comme celui du son (phonème) européen, qui peut être en même temps morphème, ou de la syllabe (syllabophonème) des langues isolantes, qui est en même temps morphème et qui peut être mot.

Pour le locuteur natif d'une langue européenne, la réalité du phonème (son) ne peut faire de doute, surtout quand il a appris à lire et à écrire, et plus encore quand il a suivi des cours de phonétique. Pour un sujet parlant en tant que tel, cette conviction est nécessaire et légitime. Mais pour un linguiste, elle devient dangereuse quand celui-ci entreprend une généralisation sans se rendre compte des facteurs, structuraux et autres, qui déterminent la "conscience" qu'il a de la réalité du phonème par rapport à celle des autres unités linguistiques.

On a vu plus haut que les procédures d'analyse proprement phonologiques sont incapables de dégager le phonème. Le test de commutation ne peut donner que les traits distinctifs. La segmentation de la chaîne parlée en phonèmes est toujours effectuée intuitivement, à l'ouïe, lors de la transcription "phonétique". Ce qu'on appelle analyse et interprétation phonologiques n'est qu'une retouche insignifiante de cette transcription. Le test de commutation, pour donner des phonèmes, doit s'effectuer sur le papier, et consister en la substitution l'une à l'autre des différentes lettres du système alphabétique de transcription. Cet escamotage de l'opération la plus importante de l'analyse phonologique n'a jamais été dénoncé, tant la division de la chaîne parlée en "sons" paraît naturelle aux linguistes. Il a créé l'illusion de l'extrême facilité technique du dégagement du phonème, illusion qui, à son tour, a donné lieu à d'assez fréquents malentendus d'ordre théorique.

Ainsi, il n'est pas rare d'entendre les linguistes occidentaux affirmer l'existence objective du phonème en tant qu'unité de la langue et, en même temps, dénier celle du trait distinctif, lequel est considéré comme une pure abstraction résultant de l'analyse des phonèmes, comme un concept métalinguistique et opérationnel introduit dans la théorie pour une description plus commode des oppositions phonématiques. En voici quelques exemples.

> 1. Si pour le sujet parlant les éléments signifiants de la langue sont des données premières — en premier lieu les mots, les morphèmes, et ensuite, par leur intermédiaire, les phonèmes, les traits distinctifs étant découverts seulement par l'analyse —, et 2. si à défaut d'une analyse des oppositions et des neutralisations, on ne peut établir ni le système des phonèmes, ni l'inventaire des traits distinctifs, alors il faut en premier lieu établir les phonèmes, et ensuite leurs traits distinctifs en se basant sur les systèmes d'opposition (REFORMATSKIJ, 1961).

> Le phonème n'est pas un ensemble de traits distinctifs, il représente des objets ayant une existence réelle dans le langage. Un ensemble de traits distinctifs est plutôt un modèle du phonème, une construction scientifique (LEONTJEV, 1972).

> Le phonème entendu comme un ensemble de traits distinctifs est quelque chose d'absurde dans son essence (VORONKOVA et STEBLIN-KAMENSKIJ, 1970).

K.L. PIKE refuse d'admettre le trait pertinent dans la catégorie de ses unités "émiques" (c'est-à-dire des unités phonologiques, qu'il conçoit comme faisant partie d'une catégorie plus générale des unités structurales du comportement humain), bien qu'il ne le classe pas non plus dans le "niveau étique" (c'est-à-dire phonétique), niveau des faits concrets de surface. Les raisons qu'il donne à ce refus sont les suivantes :

1. Il est plus commode de traiter comme "èmes" seulement "les faits qui peuvent être considérés comme des tranches ou des segments", et "en ce sens les traits distinctifs, qui sont si manifestement componentiels et simultanés", ne sont pas facilement maniables comme unités émiques.

2. Si on accepte une unité non segmentale inférieure au phonème comme "ème", il y aura une régression à l'infini, telle que le trait distinctif, à son tour, cesse d'être l'unité minimale, étant divisible en traits (mouvements des muscles), qui, à leur tour, sont divisibles en "traits de traits", etc. (PIKE, 1955, II : 8sq.).

Il est facile de relever ce qu'il y a d'inconséquent, d'anti-structural et de phonéticiste dans ces énoncés. Mais il s'agit d'autre chose.

Pour les usagers de langues microphonématiques, surtout pour ceux qui connaissent l'alphabet, le phonème semble être une donnée première au même titre que le mot. Dans ces langues, le double statut du phonème lui confère une autonomie beaucoup plus grande que celle du trait pertinent. Mais celui-ci n'est pas pour autant dépourvu d'existence réelle dans le vécu des usagers de ces langues. Il est simplement plus difficile à élever au niveau du conscient. Or ce qui importe en matière de langue, ce n'est pas ce dont le sujet parlant est conscient, mais ce qui régit réellement son comportement linguistique, miroir de la structure de sa langue. C'est en se méprenant sur la nature implicite du savoir linguistique du sujet parlant (de sa "compétence") que certains linguistes, dont ŠČERBA et surtout VAN WIJK, croyaient pouvoir se fier à l'introspection du sujet parlant et à ses constatations linguistiques (cf. aussi SAMPSON, 1980, pour une critique de l'introspection chomskyenne). Dès que quelqu'un se met à parler de sa langue, que ce soit un linguiste professionnel ou un homme inculte, il cesse d'être sujet parlant pour devenir observateur scientifique.

Dans le cas des énoncés précités, cependant, on est en présence d'un phénomène assez significatif qui n'est pas dépourvu d'intérêt scientifique pour un linguiste attentif aux réactions du sujet parlant. L'intérêt de ces énoncés réside dans le fait que la réalité psychologique du phonème (son) dans les langues européennes est si frappante que même les linguistes, c'est-à-dire des gens dont les jugements sur la réalité des entités linguistiques devraient se fonder sur des critères objectifs, s'abstiennent d'y recourir pour obéir à la seule voix de leur conscience linguistique. Nous avons vu en effet que dans la théorie linguistique contemporaine le phonème est défini de telle sorte qu'on n'a pu établir aucun critère tant soit peu formel, aucune technique tant soit peu efficace pour son dégagement : non seulement cette unité n'a pas de statut structural, mais le problème de l'établissement de son statut n'a même pas été posé. Le statut linguistique des traits pertinents, au contraire, ne peut faire de doute, et leur réalité psychologique a été largement démontrée par les résultats des recherches expérimentales obtenus au cours des dernières décennies. Notamment, les recherches effectuées dans les laboratoires du groupe de ČISTOVIČ (cf. KOŽEVNIKOV et al., 1960 ; ČISTOVIČ, 1975) et les laboratoires Haskins (cf. LIBERMAN et al., 1968 ; STEVENS et HOUSE, 1969 ; WICKELGREN, 1966) ont montré que ce sont les traits pertinents, non les phonèmes, qui ont leur corrélats dans les impulsions neuro-motrices qui gouvernent la contraction des muscles (les "kinèmes" de BAUDOUIN DE COURTENAY), lesquels sont organisés en syllabes ou groupes de syllabes, tandis que leur regroupement en phonèmes reste problématique, sinon mystérieux.

Les données obtenues par l'étude des langues syllabiques concordent largement avec ces données expérimentales. En mesurant les distances psychophoniques qui séparent les mots monosyllabiques chez les enfants vietnamiens de cinq à six ans qui n'ont pas appris à lire et à écrire, nous avons constaté que ces distances sont mesurables en termes du nombre de traits distinctifs, non en termes de phonèmes. Aucun bond n'a été observé quand une limite phonétique est franchie. Ainsi la distance entre /**tam**^{1}/ et /**tat**^{5}/ (constituée par une différence de trois traits distinctifs localisés dans deux phonèmes du mot) est perçue comme égale à la distance entre /**tam**^{1}/ et /**dan**^{2}/ (constituée également par trois traits distinctifs, mais localisés dans trois phonèmes différents) (CAO, 1965). Les rimes utilisées en poésie vietnamienne et chinoise sont des rimes de traits distinctifs, non de phonèmes : deux "finales" riment entre elles quand elles possèdent en commun un nombre défini de traits distinctifs (par exemple, ligne mélodique du ton, tonalité grave ou aiguë de la voyelle et/ou résonance nasale ou buccale de la consonne finale, etc.) (HOANG et HOANG, 1975; CAO, 1975).

Cependant, de nombreux linguistes persistent à croire que dans le système phonologique de la langue en général, le phonème est beaucoup plus "réel" que le trait pertinent.

En parlant d'objectivité en phonologie, Charles F. HOCKETT nous dit excellemment :

> For a linguist (or a student of any other phase of culture), to be 'objective' means something rather different than for a physical scientist to be 'objective'. A linguist does not attain usable 'objectivity', in analysing a given language, merely by abandoning his own personal prejudices ; in addition, he must acquire those of the native speaker of the language. It is for this reason that acoustic phonetics can hardly ever be regarded as supplying any evidence for phonologic analysis. Yet acoustic phonetics plays the invaluable role of showing us not only how thoroughly prejudiced it is necessary for the hearing of a native speaker of a language to be, but also, at least in the long run, something of the specific nature of the prejudices. This is perhaps its greatest usefulness (HOCKETT, 1955 : 211).

L'acquisition de l'objectivité en phonologie consiste donc dans le franchissement de deux obstacles. Le franchissement du premier est la condition de celui du second. Or il est clair que les phonologues n'en ont franchi aucun, et les données de la phonétique acoustique, qui sont pourtant suffisamment probantes pour démontrer aux usagers de langues microphonématiques leurs propres préjugés, n'ont pas réussi à le faire, tant ces préjugés sont profondément enfouis et inconscients.

Cependant, il semble bien qu'un assez grand nombre de chercheurs attentifs au mécanisme de la production et de la perception du langage, en particulier ceux qui travaillent dans les domaines de la psycholinguistique, sans doute grâce aux exigences inhérentes à leur discipline, s'éloignent de plus en plus de l'apriorisme des dogmes classiques pour aborder le problème de la réalité des unités linguistiques sous un angle véritablement objectif.

La critique chomskyenne du principe de linéarité — bien que portant à faux dans une large mesure (voir Ch. IV, "La phonologie générative et le principe de linéarité") —, ainsi que la formulation des règles de transformation en termes de traits distinctifs qui est d'usage en phonologie générative, ont contribué à confirmer le statut de ces unités en tant qu'entités réelles de la langue, et les observations effectuées sur le comportement du sujet parlant ont démontré de façon convaincante leur réalité psychologique. Ainsi, par exemple, celles de FROMKIN (1973 : 224sq.) sur les erreurs de langage (lapsus, contrepèteries involontaires), lesquelles se produisent souvent avec comme unités des traits distinctifs, non des sons (*bang the nail — mang the nail ; pedestrian — tebestrian*)[31], et celles de HALLE (1979 : 301 sq.)

---

(31) Aux conclusions tirées de ces observations on a cependant objecté, par exemple, que les lapsus cités par FROMKIN "peuvent aussi être analysés en termes de substi-

sur la formation du pluriel des mots inconnus ou étrangers (par exemple le fait que les sujets anglais donnent [baxs] comme pluriel de [bax] montre qu'ils "connaissent" une règle gouvernant le choix de [s] pour le pluriel des noms à racines ayant le trait "non-voisé" à la finale).

L'attention des chercheurs s'est en particulier dirigée sur le rôle de la syllabe dans la production et la perception du langage (v. références p. 89 sq.), et les nombreux travaux traitant de ce problème semblent être unanimes à reconnaître la place centrale qu'occupe cette grandeur dans le mécanisme d'articulation et de recognition, ce qui n'a pas manqué d'entraîner comme suite logique la remise en question du statut du "son". Il est vrai que les travaux consacrés à ce problème mènent en général à des conclusions indécises et souvent erratiques, mais le seul fait de poser le problème est déjà hautement significatif et donne droit à de grandes espérances (pour un compte rendu compréhensif, voir LINELL, 1979 : 65sq.).

Il est cependant un trait particulièrement frappant qui est commun à ces travaux, c'est que le problème de la réalité psychologique et linguistique des unités phonologiques est toujours posé et traité *en faisant abstraction de la structure phonologique* de la langue concernée, c'est-à-dire en admettant *a priori* que s'il est démontré que telle ou telle grandeur phonétique est psychologiquement réelle dans une langue, elle doit nécessairement l'être dans toutes les langues, indépendamment de leurs structures[32], autrement dit, en postulant l'indépendance de la réalité psychologique par rapport à la fonction et du statut structural du mécanisme d'articulation et de perception verbale par rapport à l'organisation de la substance phonique propre à chaque langue. Ces postulats sont, bien entendu, toujours implicites, tant l'indépendance postulée semble évidente et certaine aux yeux de ces auteurs, qui semblent bien partager la croyance en l'hypothèse innéiste

tutions de sons" (LINELL, 1979 : 66), ce qui ne prouve rien, parce qu'une substitution effectuée à un niveau quelconque d'unités peut *toujours* être décrite comme effectuée à n'importe quel niveau supérieur. Ainsi la substitution du trait "nasal" au trait "non-nasal" dans *bang* — *mang* peut être décrite non seulement comme celle du son m au son b, mais aussi comme celle du groupe CV mæ au groupe CV bæ, ou du mot *mang* au mot *bang*. Ce qui importe ici, c'est que le trait distinctif peut constituer *l'unique* grandeur substituée.

(32) Les expériences sont toujours effectuées sur des sujets de langue européenne, et on en tire toujours des conclusions sur la perception du langage en général.

propre aux génératívistes. Or il semble beaucoup plus raisonnable de supposer, au moins provisoirement, que la "réalité psychologique" d'une unité linguistique peut résulter de trois facteurs différents (ou de quelques-uns d'entre eux) : 1. le caractère physiquement discret de l'unité en cause, 2. la capacité de quantisation inhérente à la perception de l'homme, et 3. la structuration de la substance phonique propre à la langue en cause. Nous sommes convaincus que beaucoup de linguistes nous approuveront si nous soutenons que c'est le troisième facteur, le facteur proprement linguistique, qui est déterminant en matière de langue et qui seul est pertinent pour le linguiste.

Faute d'avoir même songé à la possibilité de ce facteur, les psycholinguistes se trouvent naturellement embarrassés quand les faits de comportement observés semblent se contredire. Dans ces circonstances, ils sont souvent réduits à recourir à une certaine "plausibilité introspective" (cf. LINELL, 1979 : 68) et aboutissent parfois à des thèses contradictoires telles que celle d'une "réalité non perceptuelle" de l'unité en cause (SAVIN et BEVER, 1970).

Les expériences effectuées par SAVIN et BEVER ont montré que les auditeurs reconnaissent les syllabes beaucoup plus rapidement que les sons dans des suites de syllabes sans signification dans lesquelles ils ont à signaler la présence d'une syllabe ou d'un son donné dès qu'ils l'entendent. FOSS et SWINNEY (1973) ont obtenu le même résultat par des expériences analogues. SAVIN et BEVER arrivent à la conclusion que "les phonèmes ne sont identifiés qu'après une séquence linguistique plus grande (par exemple une syllabe ou un mot) dont ils font partie" (*ibid.* : 299), et que la réalité du phonème n'est donc pas fondée sur la perception ou l'articulation; ils soutiennent néanmoins que les phonèmes sont des unités réelles et nécessaires dans une théorie psychologique du langage, vu les faits observés dans le comportement des sujets parlants tels que "la création des systèmes d'écriture alphabétiques, l'existence de la rime et de l'allitération en poésie populaire, l'existence de contrepèteries (*spoonerisms*) naturelles qui se font par unités de phonèmes, et les innombrables changements historiques bien attestés dans les langues qui se décrivent très simplement en termes de phonèmes et ne peuvent l'être que gauchement et de façon arbitraire en termes d'autres unités" (*ibid.* : 301). L'idée n'est même pas venue à ces auteurs de se demander s'il en est ainsi dans toutes les langues, si tous les systèmes d'écriture inventés par les hommes sont "alphabétiques", si tous les peuples font rimer leurs vers de la même manière, si toutes les contrepèteries et autres jeux phonétiques du monde suivent les mêmes règles, etc.

La création d'une écriture alphabétique peut tout au plus servir de preuve à la réalité psychologique des "sons" dans les langues parlées par les peuples qui l'ont créée, non dans les autres. La rime et l'allitération ne se font pas de la même manière dans toutes les langues. Ainsi, en poésie vietnamienne, les règles de rime se formulent en termes de traits pertinents : riment entre eux les mots (syllabes) qui ont le même dessin mélodique (égal ou modulant) du tonème, la même tonalité vocalique (aiguë, grave ou moyenne), le même mode d'articulation de la consonne finale (nasal ou non-nasal), le même mode de contact (ferme ou lâche) entre le noyau syllabique et le coda (HOANG et HOANG, 1975). Les contrepèteries (volontaires et involontaires) se font dans cette langue par substitutions de trait(s) à trait(s), d'initiale à initiale, de rime à rime (CAO, 1965).

La réalité psychologique d'une unité linguistique et ses manifestations dans le comportement du locuteur natif sont hautement pertinentes pour le linguiste, et confirment puissamment la validité de l'analyse. Mais il faut avoir en vue que ce ne sont pas des faits proprement linguistiques, n'étant que le reflet de ces derniers, et la tâche du linguiste consiste précisément à établir ce qui, dans la structure de la langue, détermine le comportement du sujet parlant. Tant qu'un fait de comportement n'est pas expliqué par un fait de structure, il reste le témoignage d'une analyse inadéquate ou au moins inachevée.

Les recherches effectuées en faisant abstraction de la structure phonologique ne peuvent, en particulier, rendre compte de la réalité psychologique du phonème (du "son"), dans les langues microphonématiques, qui est indubitable. C'est faute d'avoir su expliquer cette réalité psychologique par des faits linguistiques que plusieurs chercheurs ont dû recourir à une explication à l'envers : comme la segmentation de la chaîne parlée en "sons" ne semble être basée sur aucun fait physique observable et, partant, est psychologiquement peu naturelle, ces chercheurs croient possible de l'expliquer, "au moins en partie", par l'influence de l'écriture alphabétique et de la théorie phonétique (SAVIN, 1972 ; LINELL, 1979 : 69)[33].

---

(33) Pour une discussion plus détaillée de cette explication, voir Ch. IV, "L'écriture alphabétique comme origine de la théorie du phonème".

L'explication de la réalité psychologique des unités linguistiques n'est possible qu'en tenant compte des faits de structure. Si pour un sujet *européen* les "sons", malgré leur caractère objectivement non-segmental et leur réalisation quasi simultanée dans la syllabe, "semblent être les parties les plus petites qui puissent être observées comme des "tout" (comme des "choses" si vous voulez)" (LINELL, 1979 : 66) et semblent "former des *Gestalt*", à la différence des traits pertinents qui n'ont pas cette propriété, de sorte qu'"il pourrait être fallacieux de les considérer comme la simple somme de leurs traits pertinents" (*ibid.*) (il est à souligner que tout cela est parfaitement correct tant qu'il s'agit d'une langue microphonématique), ce fait doit nécessairement être expliqué par un facteur linguistique : la morphématicité virtuelle et la permutabilité des "sons" dans les langues européennes. Si la syllabe, malgré sa "réité" (*thingness*) objective, son caractère physiquement segmental, ne peut avoir dans les langues flexionnelles la prééminence psychologique qu'elle a dans les langues isolantes, c'est sûrement parce que dans les premières elle n'est pas en tant que telle une unité signifiante et que son intégrité est constamment détruite par les frontières morphologiques qui la divisent.

[illegible] expliqué [illegible] psychologie des [illegible] linguistiques,
quand il est possible [illegible] en tenant compte [illegible]
pour un sujet [illegible]
[illegible] réalisation [illegible] simultanément [illegible]
[illegible] la langue [illegible]
[illegible] comme [illegible] "tout" [illegible]
[illegible]
[illegible] propriétés [illegible]
[illegible] comme [illegible]
[illegible]
[illegible]
[illegible]
[illegible]
[illegible]
[illegible]
[illegible]
[illegible] dans les [illegible]
[illegible]
[illegible]

IV. TENDANCES ET VELLÉITÉS ANTISEGMENTALISTES

Les difficultés théoriques et pratiques auxquelles ont donné lieu les conceptions segmentalistes du phonème n'ont pas manqué de susciter un certain sentiment d'incertitude parmi les linguistes européens et américains qui s'occupent de langues non européennes, notamment parmi ceux qui étudient les langues d'Extrême-Orient. Le modèle segmentaliste est conçu, comme nous l'avons vu, de telle façon qu'il peut être imposé à n'importe quel type de langues. Toutes les langues du monde peuvent être transcrites de façon pratiquement impeccable à l'aide de l'Alphabet Phonétique International, et, par suite, leur vraie structure phonologique peut être complètement ignorée et leur système phonique décrit en termes d'une structure qui leur est étrangère, apparemment sans le moindre inconvénient pour l'investigateur. Il est vrai que la "non-unicité des solutions" est ici décuplée, mais puisque cela est dans l'ordre des choses...

Cependant, même décrites en termes d'une structure phonologique spécifiquement européenne, la phonologie de ces langues semble si différente de celle des langues européennes que plusieurs linguistes en sont venus à se demander si les principes de la phonologie traditionnelle, et en particulier celui de la linéarité de la syntagmatique des phonèmes, sont vraiment adéquats à la description de ces langues exotiques, et même s'ils sont valables en général.

Les orientalistes soviétiques furent probablement les premiers à constater que les unités signifiantes des langues isolantes ne sont pas analysables en phonèmes segmentaux de la façon dont on analyse les mots européens, de sorte que le système phonologique de ces langues doit être décrit selon d'autres concepts. Leurs démarches dérivent directement de l'enseignement de l'un des pionniers de la phonologie moderne, L.V. ŠČERBA qui, dans la première période de sa carrière scientifique, a esquissé les grandes lignes d'une théorie phonologique dont les errements psychologistes sont largement rachetés par des idées justes et fécondes dont la portée théorique est inestimable mais qui, malheureusement, furent négligées par la suite, quand ŠČERBA abandonna sa conception psychologiste au profit d'un point de vue qu'on croyait matérialiste mais qui n'était que physicaliste. A cette époque, ŠČERBA enseignait que le phonème doit sa qualité d'unité structurale non seulement à sa fonction diacritique, mais aussi à son statut d'élément constitutif des unités signifiantes de la langue : pour lui, le phonème était une unité "susceptible de s'associer à des représentations de sens" (1912 : 129), et par conséquent le dégagement du phonème dans la chaîne parlée devait se baser sur des frontières d'unités signifiantes. Ainsi, à l'époque où la pensée phonologique était encore à ses débuts, ŠČERBA a été assez perspicace pour s'apercevoir que la fonction distinctive ne suffit pas pour donner au phonème son statut particulier dans la hiérarchie des unités phonologiques et, par suite, sa réalité d'unité autonome telle qu'elle est ressentie par le sujet parlant des langues européennes. En 1925, ŠČERBA écrit : "L'analyse phonématique du système phonique chinois, si elle est effectuée non du point de vue de la phonétique des langues européennes, mais du point de vue de la langue chinoise, nous révèle un certain caractère "diffus" des syllabes chinoises" (1925 : 453). Et, dans une note, il précise : "Je dis 'un certain' parce que la présence de la notion de 'rime' en chinois témoigne quand même d'une division de la syllabe chinoise en deux éléments" (*ibid.*)

De cette façon, ŠČERBA rejoint l'analyse traditionnelle de la syllabe en un sheng-mu et un jun-mu, analyse qui était de rigueur dans la phonologie chinoise de l'antiquité.

Le point de vue de ŠČERBA se retrouve dans les travaux de l'un de ses contemporains plus jeunes, E.D. POLIVANOV, qui introduit la notion de "syllabème" dans la phonologie des langues isolantes ou syllabiques. Selon POLIVANOV, c'est le syllabème qui assume dans ces langues le rôle joué par le phonème dans les langues européennes en tant qu'élément constituant direct du mot phonologique. Il ne nie pas cependant la divisibilité de la syllabe en "sons", ceux-ci possédant selon lui une certaine "fonction symbolique", bien que n'ayant rien de l'autonomie des phonèmes européens qui sont "susceptibles d'être associés à des représentations de sens" et par conséquent se situent à un niveau supérieur au leur (le niveau des syllabèmes). En décrivant le système phonologique du chinois, il donne, au lieu de la liste des consonnes et des voyelles, celle des éléments de la syllabe — des sons classés en quatre catégories selon la place qu'ils occupent dans la syllabe (IVANOV et POLIVANOV, 1930 : 4). Il appelle parfois ces sons des phonèmes, bien que dans un autre ouvrage les groupes "voyelle-nasale" qui termine la syllabe reçoivent chez lui le nom de "diphtongues" qui en souligne la faible divisibilité, sinon le caractère monophonématique (POLIVANOV, 1928) —.

La notion de syllabème fut reprise par les DRAGUNOV (1937). Chez eux, le syllabème (ou syllabophonème, ou encore morphosyllabème), l'unité qui, dans les langues syllabiques, équivaut au phonème ("son") dans les langues européennes, est divisible en deux éléments : l'initiale et la finale, qui assument une fonction purement distinctive. (cf. aussi DRAGUNOV, 1941, et DRAGUNOV, 1966).

La conception de ŠČERBA sur le statut et l'autonomie du phonème fut plus récemment développée et défendue par L.R. ZINDER (1960) et M.V. GORDINA (1965). Cette dernière, à la suite d'une investigation minutieuse des faits phonétiques du vietnamien, appuyée par des études instrumentales effectuées avec une véritable virtuosité (cf. ANDREJEV et GORDINA, 1958 ; GORDINA, 1960), arrive à la conclusion que l'équivalent du phonème européen dans la langue vietnamienne n'est pas la syllabe, mais les deux éléments composants immédiats de celle-ci, l'initiale et la rime (la "finale"), entre lesquelles on peut déceler une frontière morphologique. L'initiale, qui peut faire défaut, est représentée par une consonne explosive ; la rime, qui est toujours présente, est représentée par une voyelle ("tonale") seule ou accompagnée d'une consonne ou d'une semi-voyelle terminale ("finale"), lesquelles ne sont pas séparées de la voyelle par une frontière morphologique, de sorte qu'une rime phonétiquement complexe est phonologiquement aussi indivisible qu'une diphtongue monophonématique (GORDINA, 1959). La structure syllabique d'un mot vietnamien écrit *kiên*, par exemple, peut être donc représentée à l'aide du schéma suivant :

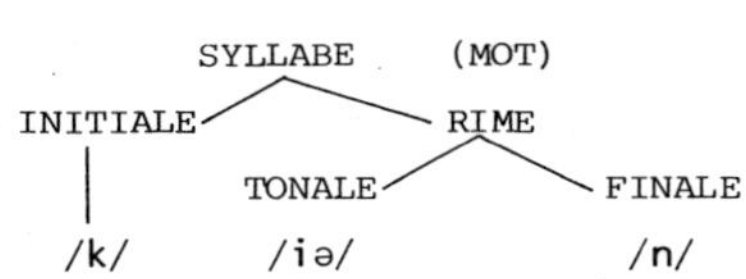

L'analyse de GORDINA rejoint ainsi celles de ŠČERBA et de DRAGUNOV et, comme celles-ci, concorde avec l'analyse traditionnelle de l'ancienne phonologie chinoise et vietnamienne, avec cependant cette différence que le ton ne figure pas dans la description de la structure syllabique, bien qu'il soit une partie intégrante de la syllabe, dotée exactement de la même fonction que celle des deux autres éléments, et séparée de ceux-ci par une frontière "morphologique" tout aussi évidente (cf. Ch. III)[1].

Quant à cette frontière morphologique sur laquelle GORDINA a fondé son analyse de la syllabe vietnamienne en deux éléments à statut phonématique, il est à noter qu'elle n'est pas proprement une frontière de morphèmes, car ni l'initiale, ni la rime ne sont des morphèmes, mais une certaine ligne de démarcation rendue évidente par les alternances auxquelles est sujet l'un ou l'autre de ces deux éléments dans certaines constructions réduplicatives et dans les contrepèteries ("*noi lái*")[2].

La division de la syllabe en un ton, une rime et une initiale, l'autonomie relative et l'égalité structurale de ces deux éléments peuvent être prouvées linguistiquement, et leur réalité psychologique est indéniable[3]. Le grand mérite de GORDINA est de les avoir pour la première fois démontrées de façon rigoureuse, bien qu'elle ait omis

---

(1) Cette omission semble dériver de la discrimination substantialiste entre "constitution" et "distinction" que nous avons relevée chez HJELMSLEV (cf. Ch. II). Serait-ce parce qu'il n'ajoute à la syllabe aucune portion supplémentaire de temps que le ton n'est pas considéré comme un élément constitutif de la syllabe ?

(2) Pour signifier le pluriel collectif avec une certaine nuance de mépris, on ajoute au mot ou au syntagme lexical concerné une syllabe formée *ad hoc* avec l'initiale du mot ou de la dernière syllabe du syntagme et la rime *iêc*. Ainsi *bứt* "plume" — *but biec* "plumes et autres machins" ; *mua but mua biêc* "acheter des plumes et autres machins" ; *Gion-xơn* "Johnson" — *Gion-xơn Gion-xiêc* "Johnson et Cie". D'autres alternances sont observées dans les formations telles que *lạnh — lạnh lùng, dễ — de dàng, lòe — lập lòe* (alternances de rimes) ; *thư a — lư a thư a, thòng — lòng thòng* (alternances d'initiales). Pour les contrepèteries (*pig Latin*), on a par exemple *đi trôn — đồn tri* ou *đôn trí, lính Tây — lãy tinh* ou *lây tính*, etc.

(3) Cette division peut être observée même au niveau neuro-moteur. Des expériences récentes sur le phénomène dit bégaiement artificiel par retardement du *feed-back* auditif ont montré que les Vietnamiens lors de ce bégaiement prononcent par exemple le mot *lốp* comme l-lơ-lơ-lop (KASEVIČ, 1977b), alors que les Russes dans les mêmes conditions prononcent le mot russe *lob* [lop] comme lo-lo-lo-pə-bə-bə (ČISTOVIČ et BONDARKO, 1963). La syllabe CVC européenne ne répond pas à la formule C+(V+C) de J. KURYLOWICZ (1948). Elle consiste en réalité en une syllabe ouverte CV + la consonne initiale d'une autre syllabe ouverte qui a perdu sa voyelle : la détente est conservée, souvent avec la couleur de la voyelle disparue (cf. le russe et le roumain), ce qui rend possible son interprétation phonologique comme un groupe C+V dévoisée.

le ton dans sa démonstration. Cependant, si le critère de la division morphologique qui sous-tend le dégagement du phonème est entendu au sens strict d'une division *en morphèmes*, l'équivalent du phonème européen dans les langues isolantes est toujours la syllabe, non ses éléments (NGUYÊN Q.H., 1976 : 52).

Le [w] "prétonal" du vietnamien, interprété communément comme un phonème semi-vocalique ou, plus rarement, comme une labialisation pertinente de la consonne initiale, est traité par GORDINA comme un élément "appartenant à la syllabe en entier" plutôt qu'à la rime ou à l'initiale, la frontière morphologique qui divise la syllabe pouvant être tracée avant ou après lui (GORDINA, 1961 : 35sq.). Ce traitement rapproche encore plus la linguiste soviétique de la phonologie chinoise traditionnelle et, dans un certain sens, de l'école prosodique de Londres (cf. HENDERSON, 1966).

Les travaux de M.V. GORDINA représentent le premier effort vers une analyse authentiquement structurale de la phonologie vietnamienne. Les réflexions qui servent de base théorique à ces travaux, dont la valeur est largement démontrée par leurs résultats, sont exposées assez systématiquement dans un article important de GORDINA, "Sur les différentes unités phoniques fonctionnelles de la langue" où on peut trouver une argumentation consistante de la thèse de ŠČERBA. En particulier, il y est démontré de façon convaincante que l'analyse de l'énoncé effectuée par la méthode de segmentation traditionnelle fondée sur la similitude partielle et la différence partielle, autrement dit, le test de commutation, est en fait incapable de dégager le phonème en tant qu'unité linguistique à statut autonome. La chose devient évidente quand on considère la façon dont est posé et résolu le problème de l'interprétation mono- ou bi-phonématique des diphtongues et des affriquées.

> L'analyse phonématique sur le plan paradigmatique est entièrement basée sur les confrontations du type *dom-dym-dan-tam*, etc. On en déduit également la nécessité de diviser la chaîne parlée en sons et le rôle distinctif du phonème. Or avec cette méthode il est beaucoup plus difficile de démontrer l'indivisibilité des diphtongues et des affriquées que de démontrer leur divisibilité. En effet, selon la méthode traditionnelle, la divisibilité de la chaîne parlée est entièrement déterminée par des considérations phonétiques : de *tam* et *tak* on dégage les consonnes **m** et **k** parce qu'elles sonnent différemment. Mais si *am* et *ak* sont divisés en se fondant sur ce critère, pourquoi ne pas diviser de même les diphtongues *ai*, *au*, *oi*, etc. ? Si au contraire les considérations phonétiques en elles-mêmes ne suffisent pas pour la division, quel droit avons-nous de les utiliser de façon différente dans le procès de l'analyse ? Dans la paire *stop-top*, la consonne **s** est dégagée à l'aide de critères phonétiques ; la différence phonétique qui existe entre elle et le **s** de *son* n'empêche pas l'identification de ces consonnes l'une à l'autre. Et cependant l'un des arguments qu'on avance contre l'identification du second

élément de la diphtongue allemande *ai* à la voyelle *i* est précisément la différence phonétique qui sépare ces deux sons.

Il est évident que les confrontations paradigmatiques en elles-mêmes ne permettent pas de décider s'il est possible d'identifier les éléments des complexes phoniques (diphtongues et affriquées) à des sons se trouvant dans d'autres contextes phonétiques. En effet, une telle identification n'est raisonnable que dans le cas où il est démontré que le complexe se décompose effectivement en unités autonomes plus petites. Si au contraire le complexe est indivisible, il n'y aura plus rien qu'on puisse identifier à quoi que ce soit.

Cette proposition possède une signification plus générale : les éléments de l'énoncé qui se trouvent à des places différentes (dans des contextes différents) ne peuvent être soumis à l'épreuve de l'identification de l'un à l'autre que s'il est prouvé qu'ils peuvent être dégagés comme éléments autonomes... Autrement dit, toute analyse paradigmatique suppose nécessairement une segmentation syntagmatique préalable.

Or le dégagement d'une unité phonique autonome doit être basé non sur des considérations phonétiques, mais sur des critères *linguistiques*... Les éléments signifiants de la chaîne parlée — les morphèmes — sont dégagés non en vertu de leur récurrence, mais en vertu de la fonction sémiotique qui leur est propre, en vertu d'une relation constante entre le signifiant et le signifié. Les sons sont des signes de signes, et les frontières qui les divisent sont par conséquent déterminées par les frontières des signes, c'est-à-dire des morphèmes. Ce faisant, les sons sont abstraits de morphèmes concrets. C'est pourquoi, lors de la division de la chaîne parlée en éléments, ce qui importe, ce n'est pas la présence d'une frontière morphologique entre *chaque* paire de sons (qui est naturellement impossible), mais seulement la possibilité d'une telle frontière dans le groupe en question.

(...) Du point de vue de l'utilisation des sons à des fins distinctives, rien n'empêche de diviser les diphtongues de l'anglais ou de l'allemand en deux éléments ; on peut facilement établir la série paradigmatique correspondante : *Haus* [haus] - *heiß* [hais], *auch* [aux] - *euch* [ɔiç], *eigen* [aigən] - *augen* [augən] - *Eugen* [ɔigən] ; angl. *by* [bai] - *boy* [bɔi] - *bough* [bau]. Il est clair que la différence phonétique qu'il peut y avoir entre les éléments de la diphtongue et les monophtongues ne peut rien prouver, car ces éléments se trouvent dans un contexte phonétique particulier. Les diphtongues dans ces langues sont indivisibles non parce que leurs éléments sont incommutables avec d'autres sons, mais parce que leurs éléments ne sont jamais séparés par une frontière morphologique... Il est vrai qu'on a souvent eu recours à ce critère dans la résolution du problème de l'interprétation des diphtongues, des affriquées et des sons longs. Il a cependant une signification beaucoup plus générale : la division morphologique est la base sur laquelle repose entièrement la segmentation de la chaîne parlée en sons (1966 : 175sq.).

C'est après avoir ainsi fait le point du problème de la segmentation de la chaîne parlée en phonèmes et établi le critère proprement linguistique qui doit être à sa base que GORDINA s'attaque au problème de l'universalité du phonème-son tel qu'il est conçu dans la phonologie traditionnelle. Ce faisant, elle avance plusieurs remarques du plus haut intérêt sur certains traits spécifiques des systèmes phonologiques européens dont l'importance était jusque là inaperçue.

Dans certaines langues, il y a souvent non-coïncidence entre frontière morphologique et frontière syllabique. Dans les langues de ce type (langues indo-européennes, turques, finno-ougriennes et autres), il devient possible de 1) tracer une frontière morphologique entre la consonne initiale et la voyelle

> et 2) identifier les consonnes finales aux consonnes initiales. Ceci est rendu possible par le fait que dans ces langues la consonne finale peut se transformer en consonne initiale (et vice-versa), tout en restant néanmoins un élément du même morphème, c'est-à-dire en gardant la même fonction sémiotique. Ceci entraîne leur non-opposition et la nécessité de les considérer comme des variantes d'une même unité phonologique... La non-coïncidence des frontières syllabiques et morphologiques est à la base du dégagement du son, c'est-à-dire du phonème, comme unité autonome, indépendante de la syllabe (1966 : 177sq.).

Naturellement, il n'est question dans cette doctrine ni de linéarité, ni de segmentalité. Mais une mention spéciale en est naturelle et indispensable dans ce chapitre, car elle représente le premier effort (et jusqu'ici l'unique) en vue de fonder linguistiquement ce qui a toujours été considéré comme n'ayant aucun besoin de fondements explicites, comme étant une sorte de vérité première. Le critère qu'elle établit est indubitablement à la base de sa segmentation de la chaîne parlée en sons effectuée spontanément par le sujet parlant des langues européennes et de l'autonomie de ces unités dans la structure phonologique de ces dernières. S'il n'est pas le seul, il est certainement l'un des plus importants.

Malheureusement, cette doctrine n'a pas retenu toute l'attention qu'elle mérite et s'est heurtée à une indifférence presque hostile, même en Union Soviétique. Cet accueil injuste s'explique par la persistance des représentations traditionnelles profondément enracinées dans la conscience des linguistes, persistance d'autant plus obstinée que ces représentations constituent le cadre mental même de leur vie linguistique d'usagers de langues microphonématiques et/ou de systèmes de transcription alphabétiques. D'autre part, l'attention des promoteurs de cette doctrine est dirigée exclusivement vers l'aspect morphologique du problème aux dépens des facteurs proprement phonologiques, et leur critique a laissé de côté les représentations segmentalistes et linéaristes qui pourtant en disent long sur la structure phonologique spécifique des langues qui ont servi de base à la théorie phonologique contemporaine. C'est peut-être à cause de cette lacune que la doctrine n'a pas pu provoquer un ressaisissement dans la conscience des phonologues, dont la majorité est probablement plutôt compartimentaliste et répugne à recourir aux niveaux supérieurs pour l'explication des faits phonologiques. En tout cas, la phonologie a négligé à son détriment une belle opportunité de révision radicale.

Au cours des dernières décennies, on peut relever chez plusieurs auteurs appartenant à des écoles différentes des manifestations plus ou moins précises d'une tendance partiellement consciente à remettre en question le principe de segmentation phonématique linéaire et les dogmes qui s'y rapportent.

En 1944 parut dans *Language* un article de Z.S. HARRIS intitulé "Simultaneous Components in Phonology". En y proposant une analyse de l'énoncé qui ressemble à une décomposition contraponctuelle d'un morceau polyphonique par opposition à la segmentation en tranches successives que représenterait l'analyse du même morceau en accords, l'auteur nous donne pour la première fois une explicitation de la pratique assez familière du dégagement des faits dits prosodiques du discours. En effet, ceux-ci étaient jusque là dégagés de façon plutôt arbitraire, sans aucun critère explicite de base et, ce qui est plus remarquable, en dépit d'un des principes fondamentaux de la phonologie segmentaliste : celui de la localisation des traits distinctifs perçus comme simultanés par le phonologue dans un seul segment. Le ton, par exemple, devrait selon ce principe être considéré comme un trait pertinent de la voyelle syllabique. Son extension sur plusieurs segments ne peut servir de prétexte pour son traitement comme un fait suprasegmental : les traits de résonance de la voyelle (antériorité, arrondissement, nasalité, etc.) ont également comme domaine d'extension la syllabe entière et sont cependant traités comme des traits pertinents de la voyelle seule. Un autre antécédent est représenté en phonologie classique par le traitement de certains segments phonétiques considérés comme "homogènes" qu'on analyse en deux phonèmes, comme celui du *flapped N* dans angl. *painting* [peiNiŋ], traité comme /nt/, qui implique une violation du principe de la successivité des phonèmes.

L'existence de ces antécédents dans la pratique de la phonologie classique a permis à HARRIS de déclarer :

> This is not a new operation in linguistics : it is used implicitly when pitch and stress features are extracted as separate phonemes, and it is used when we analyse English flapped [n] as /nt/. There no particular reason to admit such analysis in these cases and to deny it in such cases as the Greek aspiration (which, like stress, occurred in most forms only once within a word) or English voicelessness (which, like the Moroccan Arabic emphatic, occurs over a sequence of phonemes). No new methods or postulates are therefore required to extend the analysis of simultaneous components into all the phonemes of a language (1970 : 8).

La méthode d'analyse proposée dans ce travail original est présentée sous le signe de la *hocus-pocus linguistics* : elle vise avant tout à une "réduction du nombre de symboles utilisés" et, en général, à une plus grande simplicité dans la description des faits phonologiques : l'extraction de l'aspiration en grec classique en tant que *long component*, par exemple, nous dispense de constatations morphonologiques concernant l'alternance de π et φ dans πεφῡχα de φύω (*ibid.*

: 20). Néanmoins on peut y déceler une réaction plus ou moins consciente contre les principes segmentalistes : HARRIS vise clairement à combler les lacunes (les "résidus") laissés par l'analyse en segments, à rendre compte des faits que l'analyse phonématique classique écarte froidement comme non-pertinents pour la raison qu'ils ne rentrent pas dans le lit de Procuste de ses segments, et en particulier à traiter plus correctement le problème des allophones (cf. son traitement des allophones vocaliques dans les syllabes à consonnes emphatiques en arabe marocain, *ibid.* : 7sq. ; cf. aussi HARRIS, 1970 : 161sq.).

Les critères qui sont mis explicitement à la base de l'extraction des composants simultanés (la simultanéité, la "longueur") sont d'ordre phonétique. Cependant, pour les cas tels que celui de l'aspiration ("esprit rude") en grec classique, il est clair que HARRIS se base sur un fait proprement linguistique : la place fixe du fait phonique dans la chaîne (cf. le passage cité plus haut, et aussi *ibid.* : 20).

Il est néanmoins à remarquer que HARRIS se borne à mentionner les antécédents de sa méthode pour en dénier modestement l'originalité, sans en approfondir la vraie signification et sans en tirer les conclusions théoriques qui s'imposent. Cependant, l'existence de ces antécédents et la possibilité d'une généralisation de ce procédé impliquent tout simplement la non-validité du principe qu'il enfreint. D'autre part, HARRIS, qui vise surtout une plus grande simplicité dans la description des faits de distribution, semble mettre sur le même plan des faits structuralement aussi différents l'un de l'autre que le *long component of voicelessness* en anglais et le *suprasegmental emphatic phoneme* en arabe marocain, ce qui accentue l'allure *hocus-pocus* du procédé et le rend suspect aux yeux des linguistes réalistes. Tout ceci explique dans une certaine mesure le peu d'influence de ce travail original et hautement suggestif.

En 1947, dans le *Journal of the American Oriental Society* un article de Charles F. HOCKETT intitulé "Peiping Phonology", où l'on peut relever, en plus d'une application de la méthode d'analyse en composants simultanés, des propositions directes sur la non-linéarité des phonèmes pékinois. Nous y lisons :

> (a) In the examination of the raw data, we avoid the (usually unstated) linearity assumption to which our tradition of linear orthography renders us susceptible. Two features, that is, may occur successively (dental closure and labial closure in *hatpin*) or simultaneously (labial and velar closure in some African languages) or in various overlapping sequences. Bundles of simultaneously or immediately adjacent features are given no priority, save precisely for the purpose of deriving an essentially linear notation; this purpose is phonologically irrelevant, though such a notation is useful, if not avoidable, in making phonological statements (p. 218).

(b) A microsegment (a syllable - CAO) is bounded by microjunctures, and has as its simultaneous components a stress, a tone and a residual structure (of vowels and consonants)[8]. Footnote 8 : Residual structure is what has therefore been called linear or segmental structure. The latter terms are unsatisfactory because the structure referred to (in Chinese at least) is *not* linear (p. 218).

(c) Statements of arrangement... are made in terms of elements and simultaneous bundles... on the convenient assumption that all the remaining arrangements are linear succession of these elements or simultaneous bundles; later on we indicate at what point this assumption is false (p. 221).

La fausseté de cette assomption est indiquée quatre fois pour les cas des arrangements auxquels participent les éléments /i/ (semi-voyelle - palatalisation) et /r/ (rétroflexion de la consonne ou de la voyelle) qui sont articulés en même temps qu'un segment consonantique ou vocalique déterminé. La première fois, HOCKETT déclare explicitement que l'assomption est fausse ; pour les autres, il constate simplement la simultanéité de l'articulation des éléments en cause (p. 224-225).

Les passages cités constituent tout ce qui est dit sur le principe de linéarité dans l'article de HOCKETT. La description du système phonologique du chinois qui y est présentée est aussi originale qu'élégante. On est cependant forcé de faire remarquer que :

1/ l'affirmation de la non-linéarité de la structure syllabique du chinois est de nature essentiellement déclarative et n'a pas de répercussions sensibles sur le principe de description ;

2/ elle est entièrement gratuite, n'étant pas appuyée par la moindre argumentation, que celle-ci se rapporte à des axiomes ou à la structure particulière de la langue étudiée ;

3/ les cas où la supposition de linéarité est déclarée fausse sont des cas banals de coarticulation (simultanéité de certains traits distinctifs de phonèmes adjacents) ou représentent simplement la conséquence de la transcription digraphique que l'auteur utilise pour des sons habituellement représentés chacun par une seule lettre. Ainsi le son rétroflexe [ʂ] est noté [sr], après quoi l'auteur remarque que ce groupe est non-linéaire, étant composé d'éléments simultanés, ce qui laisse entendre que les constatations de non-linéarité faites dans l'article sont basées entièrement sur des considérations *phonétiques*. Or, comme nous l'avons vu, la linéarité ou la non-linéarité d'une structure phonologique est un fait linguistique qui n'a rien à voir avec la simultanéité ou la successivité sur le plan phonétique.

Néanmoins, l'étude de Ch.F. HOCKETT a le mérite d'avoir pour la première fois mis en doute de façon plus ou moins explicite l'universalité du principe de linéarité. Bien qu'il n'ait rien démontré, ses affirmations catégoriques peuvent être comprises comme laissant entendre que c'est plutôt le principe rejeté qui a besoin d'être justifié, comme Martin JOOS l'a fait remarquer de façon tout à fait pertinente dans ses commentaires sur l'article (1957 : 228).

Dans son ouvrage sur la phonétique acoustique (1948), ouvrage d'un rare intérêt où est présentée pour la première fois l'hypothèse de la redistribution des informations phonématiques le long de l'axe temporel (voir Ch. II), le même Martin JOOS constate que grâce à son modèle syllabique uniforme, le japonais admet un *tempo* considérablement plus rapide que celui de l'anglais qui est limité à vingt sons par seconde, et que, l'ordre temporel des phonèmes qui constituent la syllabe n'ayant aucune valeur linguistique, il n'y a rien d'étonnant que les soldats japonais, en communiquant par radio-télégraphie, envoient le signal pour le *a* de *ka* avant le signal pour le *k*. La pertinence de l'ordre temporel des sons fut ainsi pour la première fois mise en question (1948 : 80).

Cette constatation sur la non-pertinence de l'ordre temporel des sons dans la syllabe japonaise s'est vue répétée dans la description du système phonologique du japonais de Bernard BLOCH. Nous y lisons :

> In any syllable that contains more than one phoneme, the order of phonemes is unalterable and therefore non-distinctive. It is therefore enough to enumerate the phonemes contained in the syllable without making any statement about their order (1950 : 345).

Cependant ni JOOS ni BLOCH n'en ont déduit les conséquences logiques concernant le statut phonématique des sons de la langue japonaise et de ses syllabes. La description du système phonologique de cette langue est effectuée par BLOCH en termes de phonèmes segmentaux et suprasegmentaux selon le modèle classique de la phonémique américaine, bien qu'un accent particulier soit mis sur les faits syllabiques suprasegmentaux.

Nous voyons donc que, d'une part, la non-linéarité de la structure syllabique chinoise est affirmée gratuitement par HOCKETT sans aucune allusion au comportement syntagmatique des sons à l'intérieur de la syllabe, et que, d'autre part, la non-pertinence de l'ordre temporel des sons qui constituent la syllabe japonaise est correctement constatée par JOOS et BLOCH sans que ceux-ci s'aperçoivent de la non-linéarité de cette dernière et songent en conséquence à reviser son statut et celui de ses sons. Cela peut nous sembler illogique et étrange, à nous qui avons examiné plus haut le fond du problème théorique de la linéarité des unités phonologiques. Mais pour les linguistes de Yale qui "ne se placent jamais sur le plan théorique" (MARTINET, 1956), pour qui l'opposition phonologique n'a jamais été un critère déterminant, et qui procèdent essentiellement par classification des segments censés être donnés d'avance, selon leur distribution, cette inconséquence est toute naturelle.

Il a fallu attendre jusqu'à beaucoup plus tard pour qu'un linguiste *européen* fasse remarquer en passant, et sans grande conviction, que le phonème, en japonais, c'est la syllabe (MALMBERG, 1963).

Le premier auteur qui ait formulé le problème du rôle de l'ordre temporel des unités de la langue en termes proprement linguistiques fut C.F. BAZELL. Dans un article sur "la neutralisation des oppositions syntactiques" (1949), BAZELL aborde le problème des relations *in praesentia* dans la chaîne, dans leurs rapports avec les relations dans le système dont elles sont les manifestations dans la mesure où elles sont pertinentes :

> For instance in the expressive chain *ab*, *a* and *b* are successive. But this succession of speech units needs not answer to in anything in the system. To prove that it does we must show that the reverse sequence *ba* stands in distinctive contrast, i.e. that the reversal of phonemes is capable of calling forth a difference in content. If in principle it can, then the relation "before-after" correspond to an opposition in the system, in the same right as the relevant features of the phonemes themselves...
>
> It is to be noted that the relations themselves form paradigms. Whereas one term preceding another in the chain is in a syntagmatic relations with it, the relation "before", regarded as a relevant unit in the system, is paradigmatically opposed to "after". The sequence *ab* contrasts, *in absentia*, with the sequence *ba*.
>
> In some languages the order of units within the morpheme has no distinctive function... In North Chinese (Mandarin), the phonetic order of consonants is fixed, except for *n* ; of the other consonants *r* is always final, while the remaining consonants are always initial. In many languages the sequence of phonemes within the syllable is entirely fixed ; this is not common in European dialects, but old Slavonic, before the loss of the "reduced vowels", may probably be cited[2]. In other languages, the order of one class of units could be regarded as distinctive, while the sequence of other units would follow automatically. For instance, it would often suffice to describe consonants as final or non-final, from which all other relations would ensue[3].
>
> *F.n. 2*. According to one view, supported by TRUBETZKOY, *n* could occur in syllabic final as well as initial position. TRUBETZKOY based his opinion mainly in the use, in the Glagolic script, of a distinct graphy for the nasal where most modern dialects show a nasal vowel. Since, however, the sign is distinct from that for initial *n*, a separate phoneme can be posited. This may well be the best structural interpretation of final nasal in Chinese, the increase in number of phonemes thus entailed being compensated by the simpler formulation of the principle of the irrelevance of position.
>
> *F.n. 3*. This would seem to be the position in most Tibeto-burman dialects. TRUBETZKOY (*Grundzüge*, p. 220) gives a different account of Burmese, according to which "Konsonanten... im Wortauslaut nicht geduldet werden". It is difficult to see how the system could bear this interpretation. But if it

> were correct, it would follow that order could not be a phonological feature within the burmese word, a consequence he did not draw (BAZELL, 1949 : 208sq.)[4].

Nous avons inséré ici cette longue citation, sans omettre les notes, parce qu'elle représente à notre connaissance la première formulation explicite des principes de la vérification de la pertinence linguistique de l'ordre temporel des faits phoniques. Si les préjugés de la phonologie contemporaine étaient moins profondement enracinés, ce qu'écrit BAZELL au début de son brillant article aurait depuis constitué le noyau d'un chapitre obligatoirement présent dans tout manuel de phonologie.

Dans un autre article, à propos d'une interprétation de JAKOBSON et al. (1952 : 22sq.) des occlusives à double articulation de certaines langues d'Afrique ([kp, gb]) comme des groupes de consonnes, interprétation fondée sur le fait que les deux phases de détente ne sont pas tout à fait simultanées et que, *par suite*, les éléments qui les composent sont perçus comme consécutifs ("they are perceived as clusters *since* the two releases are not simultaneous despite the considerable contraction of the sequence", JAKOBSON et al., 1952 : 23), BAZELL écrit :

> It is a gross infringement of the principle of non-redundancy to attribute to the fact of succession an importance different from that of an allophone induced by a neighbouring phoneme. Sequence, like other phonetic facts, may be distinctive or redundant. It is distinctive in English *best/bets*; it is non-distinctive in the African clusters [kp, gb], etc.
>
> That the consonants are 'perceived as clusters' may be a psychological fact. If so, it is easy to explain. The consonant may well be perceived as a cluster of *simultaneous* phonemes. It is of no avail to reply that simultaneous phonemes are excluded by definition. For if they are, then the definition of redundancy demands that *kp* for which the succession is irrelevant, be regarded as a single phoneme. And this is just the issue which Jakobson desires to avoid. At the same time the appeal to 'perception' is rendered ludicrous, since forms of perception cannot be excluded by postulates of this sort. In many languages (e.g. Japanese and Chinese) there are found such syllabic sequences as *pi* and *tu* but not such sequences as *ip* and *ut*. The order of phonemes may thus be regarded as redundant... The opposition of consonant and vowel, regarded as fundamental, is in such systems irrelevant, since the vowel is always in syllabic final (and the consonant never in syllabic final) position (nasals make an exception, which does not affect the present argument) (BAZELL, 1952 : 296).

Les thèses avancées par BAZELL dans ses deux articles précités n'ont jamais, à notre connaissance, été l'objet d'une critique tant

---

(4) Cf. RYGALOFF (1973 : 23). En parlant de la syllabe chinoise, cet auteur fait remarquer que "les éléments qui la constituent ne sont jamais permutables".

soit peu sérieuse. Personne, semble-t-il, n'a jamais essayé de les réfuter. Leur réfutation est d'ailleurs difficilement concevable pour quiconque admet les principes fondamentaux de la linguistique structurale moderne. Mais, d'autre part, elles semblent n'avoir non plus obtenu aucune approbation. Peut-être l'attention qui leur a été accordée a-t-elle été trop faible pour qu'elles aient pu susciter soit des objections, soit des approbations. Peut-être paraissent-elles si paradoxales aux yeux des linguistes qu'ils sont enclins à y voir plutôt un exercice ludique de l'esprit, une sorte de jonglerie avec les concepts, qu'une argumentation sérieuse. Quoi qu'il en soit, le silence indifférent qui s'est fait autour d'elles est rien moins qu'étonnant, d'autant plus que leur auteur semble finir par se joindre à lui.

En 1957, au VIIIe Congrès International des Linguistes où furent présentés plusieurs rapports rendant compte des résultats des recherches effectuées dans le domaine de la phonétique acoustique avec le concours d'appareils modernes pour l'analyse et la synthèse du son (cf. FANT, 1958 ; FISCHER-JØRGENSEN, 1958 ; TRUBY, 1958), une tendance se faisait nettement sentir dans le sens d'une critique radicale et systématique des représentations traditionnelles de la syntagmatique des sons, en particulier, celle du caractères segmental et linéaire du phonème : la fausseté de ces représentations paraît maintenant si évidente qu'il est difficile de passer sous silence les problèmes qu'elles impliquent. Quelques citations tirées des *Proceedings* de ce Congrès donneront une idée de cette tendance :

> In the light of what has been pointed out in the report we may well question whether present day phoneme theories are enabling us as linguists to frame the right questions and to give useful answers. In particular linguistic analyses which rest heavily on a segmental approach need re-examinations (WHITLEY, 1958 : 485).

> L'ordre temporel des segments phoniques, à vrai dire, est une substance et il n'est pas certain qu'il soit la matière d'une forme linguistique... Du point de vue phonologique l'ordre temporel ne s'oppose à aucun autre ordre tel que l'ordre linéaire. Pourtant il peut être important que tel segment précède et non tel autre. C'est une question de distribution conventionnelle des segments à laquelle leur ordre temporel est incorporé... Cet ordre temporel matériel ne se confond point avec l'ordre temporel purement formel (ERINGA, 1958 : 678sq.).

> Speech is not a succession of sounds which can be delimited on a time base, but a complex of processes organized in a special way one to another. It is small wonder, then, that one cannot make cuts in a kymogramm or spectrogramm which correspond on a one-to-one basis with phonemes. If, however, one gives prominence to features of a larger piece, to the whole sentence, or phrase, or word, as the case may be, one will then find, I believe, that the linguist and the acoustic ingeneer will be working along lines that have very much more in common. In London we are finding the techniques of palatography the greatest value in our linguistic studies, particularly from the point of view

that we can integrate our interpretation of the instrumental data and our prosodic approach to phonology in the total linguistic analysis (CARNOCHAN, 1958 : 492sq.).

Les porte-paroles tout désignés de cette tendance furent les représentants de l'Ecole de Londres (*Department of Phonetics and Linguistics at the School of Oriental and African Studies*) au Congrès : Eileen M. WHITLEY, J. CARNOCHAN, W. HAAS et autres, qui n'ont pas manqué d'y exposer à l'occasion les grandes lignes de leur conception. Les matériaux présentés au Congrès semblent en effet confirmer la légitimité d'une approche non segmentale de la phonologie telle que celle dite prosodique prônée par les linguistes de l'Ecole de Londres. Il est donc utile d'examiner, ne fût-ce que dans les grandes lignes, les principes théoriques et méthodologiques de cette école originale, dans la mesure où ils concernent les problèmes traités ici.

L'école de Londres

Nulle part la conception segmentaliste des unités phonologiques n'a été aussi résolument rejetée que chez les linguistes groupés autour de John Rupert FIRTH, le promoteur de la phonologie dite "prosodique". Chez ces linguistes engagés surtout dans l'étude des langues d'Asie et d'Afrique, langues de structures très diverses et profondément différentes de celles des langues européennes, le caractère aprioriste et eurocentrique du modèle unidimensionnel de la phonologie classique ne pouvait pas ne pas susciter de réactions. Aussi furent-ils parmi les premiers qui se fussent élevés contre l'autorité du modèle linéaire et segmental, dont ils expliquent l'origine par une hypostase des signes de l'alphabet européen dans lequel les linguistes sont habitués à voir une image fidèle d'un système phonique universel, et dont le vrai but, selon eux, est de subvenir aux besoins de la transcription linéaire familière aux linguistes de langues européennes, de sorte que le terme de *transcribème* serait plus approprié que celui de *phonème* pour désigner ces unités segmentales que la phonologie traditionnelle est habituée à manipuler.

The linearity of our written language and the separate letters, words, and sentences into which our lines of print are divided still cause a great deal of confused thinking due to the hypostatisation of the symbols and their arrangement. The separatedness of what some scholars call a phone or an allophone, and even the separatedness of the word, must be carefully reexamined... Great care is necessary in delimiting and identifying the isolates which are to be regarded as linear, and the most meticulous phonetic observation is

> required to decide whether or not they are to be regarded phonologically as 'successive' or 'serial' (FIRTH, 1948 : 146).
>
> Language itself is timeless, and as an instrument of life must range over all 'time'. Each language has its own means of handling experiential time, has its own 'time-camera' so to speak, with its own view finders, filters, and lenses. It is childish to draw exclusively over-simplified linear diagrams to deal with such linguistic structures and systems (FIRTH, 1962 : 19).

Leurs études phonologiques et grammaticales, menées de front, mettent à l'oeuvre un modèle bidimensionnel traitant les faits linguistiques sur deux plans d'abstraction qui se complètent, mais qui n'en sont pas moins indépendants l'un de l'autre : le plan des unités phonématiques et celui des unités prosodiques ou plus simplement des prosodies. Les unités phonématiques, divisées en consonnes et voyelles, correspondent *grosso modo* aux phonèmes (segmentaux) des écoles non-prosodistes, dont certains traits (aspiration, voisement, nasalisation, rétroflexion, labialisation, vélarisation, pharyngalisation, glottalisation, etc.) peuvent cependant être soustraits au profit de la catégorie des prosodies qui, en plus de ces traits, comporte aussi les traits communément qualifiés de prosodiques ou suprasegmentaux (y compris jonctures et quantité) et certains faits d'ordre syntactique tels que la structure syllabique et le nombre de syllabes dans le mot. Les unités phonématiques occupent une *place* déterminée dans l'unité du niveau supérieur, tandis que les prosodies ne sont pas "placées" de la sorte, mais "s'étendent sur ou sont pertinentes pour des 'domaines' de longueurs différentes" (ROBINS, 1964 : 160). Comme l'analyse est effectuée *ad hoc*, sans imposer à l'objet d'étude aucun modèle préconçu, le classement des faits phoniques dans l'une ou l'autre catégories est effectué de façon à faciliter la description de la grammaire, de sorte que tel fait décrit comme phonématique dans une langue donnée peut être décrit comme prosodique dans une autre (FIRTH, 1948). En outre, tel fait qui a été décrit dans la catégorie des prosodies peut être redécrit dans la catégorie des unités phonématiques (*double allotment*), car il s'agit de deux ordres différents d'abstraction, "deux *syndromes* distincts, et il n'y a ni tautologie ni falsification s'il y a quelque empiètement dans les *symptômes*" (FIRTH, 1962 : 15). L'approche prosodique admet, et trouve souvent désirables, différentes analyses phonologiques pour différents éléments grammaticaux (ROBINS, 1964 : 167).

La "place" des unités phonématiques dans les unités du niveau supérieur, parmi lesquelles la syllabe occupe une position privilégiée, détermine leur "fonction", c'est-à-dire leurs rapports avec les autres unités des différents niveaux. C'est pourquoi on ne peut identifier phonologiquement les sons ou les faits prosodiques qui se trouvent à des positions différentes dans la syllabe et par suite appartiennent à des systèmes différents (ROBINS, 1964 : 167sq; cf. VACHEK, 1962 : 109).

Comme les critères pour une délimitation formelle entre unités phonématiques et prosodies ne sont pas prévus dans la théorie prosodique qui ne comporte que les principes les plus généraux d'analyse linguistique dont celui de l'analyse *ad hoc*, dans la pratique des linguistes de Londres cette délimitation est le plus souvent effectuée sur la base du critère phonétique du "domaine" d'extension.

> Phonetic features which either extend over or have implications over more than one place in the syllable are alloted to specific prosodies, while other phonetic data are assigned to the phonematic units. Prosodies may be stated for the syllable or the word (BENDOR-SAMUEL, 1960 : 352).

Ainsi la mouillure (la palatalisation) des consonnes russes est traitée comme une prosodie <y> en tenant compte de l'extension de la tonalité aiguë (la "couleur de i") sur les voyelles adjacentes (WARD, 1964)[5].

Le plan prosodique est surtout constitué par les traits phonétiques qui sont associés à des relations syntagmatiques caractérisées par une récurrence constante le long du discours, telles que les frontières de syllabes ou de mots, ou qui sont associés à des catégories grammaticales (ALLEN, 1962 : 69 ; cf. DINNEEN, 1967 : 320) ; ainsi la nasalité des voyelles en soudanais (ROBINS, 1964 : 163sq.; ROBINS, 1962 : 87-103) ou l'aspiration en hārautī (ALLEN, 1962 : 68sq.) sont analysables comme des prosodies.

Cette analyse fondée essentiellement sur le domaine d'extension peut paraître analogue à celle proposée par Z.S. HARRIS pour les *long components* (1944), mais les prosodistes soulignent la différence fondamentale entre les deux méthodes, qui réside en ce que les prosodies sont toujours associées à des structures phonologiques et grammatica-

(5) L'analyse prosodique de la mouillure des consonnes permet aussi de restituer une structure phonématique unique aux morphèmes radicaux en attribuant certaines prosodies qui en sont soustraites aux suffixes. Ainsi *nos'it'* [naˈs'it'] sera interprété comme {nosyity}, [ˈnoša] et [naˈšu] comme {nos^{y2}a} et {nos^{y2}u} respectivement, où la prosodie y2 fait partie du suffixe et est réalisée comme une palatalisation qui modifie /s/ en /š/. Même le [naš] accentué de *iz'našivat* peut être traité identiquement : {nos} + prosodies, ainsi {iznos^{y2x}vat^{y}} où la prosodie x équivaut à ce trait du morphème {iv} qui localise la position nodale dans la syllabe précédente et exige le remplacement de /o/ par /a/ (ALBROW, in WARD, 1964 : 389sq.).

les, à la différence des *long components*, et en ce qu'"aucun trait phonétique ne peut être reconnu comme la marque ou l'exposant du *long component* au-dessus de leur domaine de la façon dont les prosodies attribuées à une structure entière sont associées à des traits phonétiques exhibés par cette structure en entier" (ROBINS, 1957 : Isq.).

Une des applications les plus heureuses de la méthode prosodique est sans doute représentée par le traitement de l'harmonie vocalique, phénomène répandu surtout dans les langues turques. Les traits vocaliques "arrondissement" et "articulation postérieure" sont ici soustraits du plan phonématique, où les voyelles ne sont plus constituées que par le seul trait d'aperture, pour être traités comme des prosodies à fonction lexicologique s'étendant sur une position déterminée ou sur toute la longueur du mot polysyllabique. Ainsi le mot turc /gözleriniz/ "vos yeux" (oeil-pluriel-votre-pluriel) peut être représenté prosodiquement par :

```
+o ——
-ɯ ——    ——    ——    ——
g A z - l A r - I n - I z
```

(où +o indique l'arrondissement, -ɯ l'articulation non postérieure, les traits d'union les frontières de morphèmes, A une voyelle de grande aperture, I une voyelle de petite aperture), tandis que le mot /kollarɯmɯz/ "nos bras" (bras-pluriel-notre-pluriel) le sera par :

```
+o ——
+ɯ ——      ——      ——      ——
 k A l - l A r - I m - I z
```

et le mot /gözümüz/ "notre oeil" (oeil-mon-pluriel) par :

```
+o ——     ——     ——
-ɯ ——     ——     ——
 g A z - I m - I z
```

etc. (cf. ROBINS, 1964 : 164sq. ; LYONS, 1969 : 129sq.)

Une autre analyse prosodique non moins réussie est celle de la nasalisation en terena. Dans cette langue, la nasalisation d'un mot ou d'une partie du mot est la marque de la première personne. Ainsi :

e'mo?u	"sa parole"	/	ẽ'mõ?ũ	"ma parole"
'owoku	"sa maison"	/	'õw̃õngu	"ma maison"
'ayo	"son frère"	/	'ãỹõ	"mon frère"

Au lieu de dégager une série de voyelles nasales et de multiplier ainsi le nombre de phonèmes, ou d'interpréter la nasalité comme une consonne qui suit les voyelles nasalisées et de compliquer ainsi la description de la structure syllabique qui est toujours CV ou V, J.T. BENDOR-SAMUEL (1960) établit une "prosodie n" du mot, de sorte que le premier exemple cité ci-dessus peut être représenté symboliquement $^{n}\mathrm{VCVCV}$ ou $\frac{n}{\mathrm{VCVCV}}$, le domaine d'extension de la prosodie étant déterminé par des règles spéciales[6].

Pour le vietnamien, langue typiquement isolante et syllabique, la phonologie prosodique nous donne l'analyse suivante de sa structure syllabique, telle qu'elle est présentée par Eugénie J.A. HENDERSON (1966). Les syllabes vietnamiennes peuvent être de deux structures différentes, la première ayant trois places : pré-nucléaire, nucléaire et post-nucléaire, la seconde en ayant seulement deux, en raison de l'absence de la première place. Ces places sont occupées par des unités phonématiques formant trois systèmes distincts et caractérisées par leur mode d'articulation (s'il s'agit de consonnes) ou par leur degré d'aperture (s'il s'agit de voyelles). La structure syllabique comporte d'autre part "certaines propriétés qui caractérisent la syllabe en entier", formant des "systèmes prosodiques", et qui "incluent les traits marquant la syllabe tels que les caractéristiques du ton, de l'initiale, de la finale, de la médiale qui peuvent être referés sur le plan phonétique aux phénomènes tels que la labialisation, la palatalisation et d'autres manifestations de ce que FIRTH appelait la 'distinction large de résonance antérieure et postérieure'". Ces éléments prosodiques, ou prosodies, "ne sont pas considérés comme étant 'placés', bien qu'ils puissent être référés à un ou plusieurs 'points focaux' dans l'énoncé" (*ibid.* : 176). Liste des unités phonématiques et prosodiques :

(6) La nasalité étant dotée dans cette langue du statut intégral d'un morphème, son dégagement comme unité indépendante s'impose *ipso facto* à tout linguiste réaliste. Il est cependant à remarquer qu'une telle analyse constitue une violation grossière des principes de la phonologie classique, qui exigent que tout trait qualifié *a priori* d'inhérent, y compris la nasalité (JAKOBSON et al., 1951), soit attribué à un phonème segmental et à un seul (seuls les traits dits prosodiques — quantité, intensité, hauteur, contour — peuvent en vertu de leurs attributs *phonétiques* être soustraits des segments et constituer ainsi des unités suprasegmentales).

I. 1. Unités phonématiqes pré-nucléaires et leurs exposants phonétiques :

D occlusion tendue non-aspirée

X occlusion ou constriction lâche sans voisement, aspirée ou affriquée

M articulation nasale voisée

S articulation fricative, voisée ou non

R articulation continuante voisée

2. Unités phonématiques nucléaires et leurs exposants phonétiques :

I fermeture relative

A ouverture relative

3. Unités phonématiques post-nucléaires et leurs exposants phonétiques :

T occlusion complète

N articulation nasale

Z articulation vocalique

II. 1. Prosodies d'attaque de syllabe et leurs exposants phonétiques :

Sombre (w) articulation labiale ou postérieure

Clair (y) articulation dentale ou prépalatale

Neutre (ə) absence de labialité, dentalité ou prépalatalité, etc.

Mixte (yw) articulation apicale et post-alvéolaire

2. Modifications de l'attaque de syllabe :

système 1 : modification sombre (w)
absence de modification sombre (non-marqué)

système 2 : modification claire (y)
absence de modification claire (non-marqué)

3. Prosodies de résonance nucléaire et leurs exposants phonétiques :

Sombre (w) articulation postérieure arrondie

Clair (y) articulation antérieure non-arrondie

Neutre (ə) articulation médiale ou postérieure non-arrondie

4. Prosodies d'extension nucléaire et leurs exposants phonétiques :

Extension centrale (a) augmentation de l'ouverture ou allongement avec ou sans modulation centralisante

Absence d'extension (non marqué)

5. Prosodies de fin de syllabe et leurs exposants phonétiques :

Sombre (w) articulation bilabiale

Clair (y) articulation coronale ou dorso-palatale

Neutre (ə) articulation dorso-vélaire

Les quelques exemples qui suivent serviront à donner une idée de la représentation graphique des éléments phonématiques et prosodiques de la syllabe telle qu'elle est analysée selon cette approche polysystématique :

orthographe	transcription phonématique	représentation polysystématique
dinh	din	$y^{w}D$ YI $N^{ə}$
gop	ɣɔp	$^{w}R^{w}$ $^{w}A^{a}$ T^{w}
quyên	kwiən	D^{w} yI^{a} N^{y} [7]

La théorie et les principes méthodologiques de la phonologie prosodique n'ont jamais été formulés de façon assez explicite et systématique, et le dénominateur commun qu'on peut trouver à la base des travaux d'analyse et de description phonologique réalisés par ses représentants se rapporte plutôt à la terminologie et à la technique qu'à la théorie et à la méthode. Cette situation est loin d'être favorable à une discussion compréhensive. Cependant, en se plaçant au point de vue particulier de la présente étude, il semble possible et pertinent d'esquisser une critique plus ou moins consistante de cette école phonologique qui se qualifie parfois de non-segmentale (CARNOCHAN, 1958) en tant que réaction au segmentalisme de la phonologie classique.

---

(7) Il est beaucoup plus difficile au lecteur de découvrir les critères qui ont servi de base au dégagement des prosodies dans cette analyse que dans celle qu'on a vu effectuer sur les mots du terena ou du turc. En effet, on ne voit pas très bien de quel statut linguistique particulier sont dotées les prosodies ainsi dégagées de la chaîne, et pourquoi les traits qui les constituent sont censés "caractériser la syllabe en entier", alors qu'elles sont référées sans équivoque aux différents "points focaux" situés dans la syllabe, c'est-à-dire que leur dépendance par rapport à telle ou telle "place" est parfaitement pertinente, d'autant plus qu'elles sont caractérisées à peu près par les mêmes termes (sombre, clair, neutre, etc.). Il est vrai que ce sont les traits de tonalité (de résonance) consonantique et vocalique qui sont surtout sujets aux prétendus anticipations et prolongements "par inertie" qui leur font dépasser les limites du segment auquel la phonologie classique les attribue. Mais c'est un fait purement phonétique, qui ne peut servir de base à une discrimination aussi importante. Il est encore plus difficile de suivre l'auteur quand elle classe, par exemple, le trait d'aperture qui distingue ɛ de **e** et ɔ de **o** dans la catégorie des prosodies ("extension centrale") alors que celui qui distingue **e** de **i** et **o** de **u**, et qui consiste dans la même différence de degré d'aperture, est considéré comme appartenant à la catégorie des unités phonématiques. Les quelques commodités que l'analyse prosodique apporte à la formulation des règles de distribution sont trop insignifiantes pour justifier son arbitraire, lequel aboutit à des démarches absolument inacceptables. Ainsi /ɤ/ "o'", "â", qui est du même degré d'aperture que /e/ et /o/ (notés yA et ^{w}A respectivement) est représenté par ^{ə}I, notation qui revient de droit à /ɯ/ "u'", lequel est simplement ignoré par l'analyste. Ceci lui a permis de traiter /ă/ comme ^{ə}A, notation qui revient de droit à /ɤ/ "o'", etc.

1. La position épistémologique déclarée des linguistes de l'Ecole de Londres peut être qualifiée, avec K.L. PIKE, d'abstractionniste (1958 : 366sq.). Pour eux, le système n'est pas donné dans les faits objectifs, il est le fruit d'une approche abstractive qui peut être réalisée simultanément sur plusieurs plans différents. Cependant, leur démarche témoigne d'un souci tout réaliste de saisir en entier le phénomène linguistique dans son fonctionnement réel et concret — contradiction qu'on retrouve chez la plupart des linguistes nominalistes, quoique dans une moindre mesure —. C'est sans doute précisément ce souci qui leur a dicté l'approche non-segmentale et non-compartimentaliste (cf. PIKE, *ibid.*) en phonologie, approche qui en idéal équivaut simplement à une vue réaliste exempte de tout apriorisme. Les inconséquences et les contradictions qu'on peut relever dans leur système s'expliquent dans une large mesure par la tension qui oppose leur réalisme inconscient et leur nominalisme déclaré.

C'est la même conception abstractionniste qui détermine l'indifférence qu'ils affectent pour toute argumentation explicite visant à démontrer la fausseté de ce qu'ils rejettent et la vérité de ce qu'ils avancent : pour eux, les diverses théories et solutions phonologiques sont au même titre des abstractions plus ou moins arbitraires qui servent d'hypothèses de travail et dont la validité ne peut être vérifiée que par le degré d'utilité pratique.

2. Leur rejet du modèle phonématique linéaire ne découle pas d'une critique qui serait basée sur l'élucidation des fondements psycholinguistiques qui le sous-tendent, et l'explication qu'ils donnent de son origine et de son prestige immérité — l'influence de l'écriture alphabétique — est superficielle et gratuite[8]. Cette écriture, comme nous l'avons vu, est le produit d'une représentation linéaire et segmentale de la syntagmatique des sons, représentation qui, à son tour, est le reflet d'un système phonologique déterminé, celui des langues européennes, langues maternelles des créateurs de l'alphabet, pour lesquels ce modèle est le seul concevable. Il est naturel qu'en ignorant la véritable origine de ce modèle et ses fondements psycholinguistiques, les linguistes de Londres n'aient pas été en mesure d'émettre un jugement équitable sur sa validité et d'en préciser les limites.

---

(8) Voir la section suivante : "*L'écriture alphabétique comme origine de la théorie du phonème*".

Par suite, le modèle qu'ils proposent à sa place, bien qu'il soit le fruit d'une réaction naturelle et légitime contre son apriorisme, ne représente toujours pas sa négation dialectique : ce n'est pas un modèle élaboré à l'issue d'une critique exhaustive qui aurait dévoilé les faiblesses du modèle rejeté et en aurait explicité les causes profondes, modèle qui aurait surmonté ces faiblesses de façon radicale tout en héritant de ce qu'il y a de rationnel; la phonologie prosodique représente au contraire une construction non moins aprioriste, qui peut paraître à première vue comme profondément différente de la phonologie classique, mais qui garde intactes les faiblesses mêmes qui ont suscité la réaction qui lui a donné le jour.

La dénégation *a priori* de la quantification de la chaîne parlée en sons et en phonèmes "segmentaux" n'est nullement plus fondée que l'affirmation *a priori* de son universalité. L'erreur de la phonologie classique réside non dans l'analyse en sons segmentaux des énoncés appartenant aux langues qui sont à la base de cette théorie (car dans ces langues et celles du même type, les mots et les syllabes sont effectivement structurés de cette façon, de sorte que l'analyse segmentale de la phonologie classique est la seule qui soit adéquate à ces langues), mais dans l'ignorance des conditions de cette analyse et des limites de sa validité, et dans la généralisation hâtive qui en résulte. C'est par suite de l'incompréhension de cette circonstance que les prosodistes trouvent possible d'analyser phonologiquement les données des langues européennes selon le modèle de la phonologie chinoise, en prenant la syllabe comme unité de base et en établissant le statut des unités phonématiques et prosodiques en fonction de leur rôle dans la structure syllabique (cf. SOMMERSTEIN, 1977 : 63sq.). Or nous avons vu que la syllabe en tant que telle n'a en général aucun statut structural dans les langues non syllabiques, ce qui réduit une pareille démarche à un pur non-sens.

3. Bien que, en rejetant le modèle (uni)linéaire de la linguistique classique, les prosodistes soulignent parfois la distinction entre "ordre" et "séquence"[9], aucun d'entre eux n'a jamais formulé un critère

---

(9) Cf. FIRTH (1957 : 17) : "Though structures are, so to speak, 'horizontal', while systems are 'vertical', neither are to be regarded as segments in any sense. Elements of structures, especially in grammatical relations, share a mutual expectancy in an *order*, which is not merely a *sequence*". Cf. aussi HALLIDAY (1961, in PALMER, 1974 : 17) : "La structure est composée d'éléments qu'on représente dans une progression linéaire ; mais la relation théorique entre eux est une relation d'*ordre*. Il se peut qu'un ordre soit représenté comme une séquence, c'est-à-dire une relation formelle caractérisée par une progression linéaire; la séquence représente un

quelconque qui puisse servir de base à cette distinction et permettre de vérifier si une séquence est ou non l'exposant d'un ordre, ou de déterminer le droit d'un élément quelconque à une "place" dans la structure, et de faire ainsi le départ entre unités prosodiques et unités phonématiques sur une base proprement linguistique. C'est d'ailleurs en ayant surtout en vue les problèmes de la syntaxe, non de la phonologie, qu'ils parlent de cette distinction entre ordre et séquence. Il est par conséquent naturel que les différents chercheurs de cette école se guident sur des principes différents, parmi lesquels les considérations d'ordre phonétique sont celles qui se mettent le plus promptement à leur disposition.

Ainsi, le traitement prosodique de la mouillure des consonnes russes est basé sur l'extension des traits caractéristiques de la résonance de ces consonnes sur les segments vocaliques adjacents. Or, cette extension (cette coarticulation) est à peine plus sensible que celle des autres traits consonantiques du russe et des autres langues (voir Ch. III). Si ce cas de coarticulation est traité prosodiquement pour cette seule raison d'ordre phonétique, on aura à préciser les limites de la coarticulation au-delà desquelles le traitement prosodique s'imposerait.

On doit cependant rendre justice aux prosodistes de ce que le traitement prosodique est dans de nombreux cas susceptible d'être justifié linguistiquement, c'est-à-dire qu'on peut souvent détecter le critère linguistique implicite qui lui a servi de base, y compris celui de la non-pertinence de l'ordre temporel. Mais ce critère implicite, étant appliqué inconsciemment, est loin d'être suivi avec conséquence. Ainsi le traitement des "semi-voyelles" [y] et [w] du dialecte de Hou-nan par FIRTH et ROGERS (1935) et de la "semi-voyelle" [w] du vietnamien par HENDERSON (1966) comme des prosodies, ne peut être justifié que par la non-pertinence de leur place dans le morphème-syllabe, place qui est rigoureusement fixe. Mais s'il en est ainsi, on ne

---

degré d'abstraction inférieur à l'ordre et n'est qu'un des exposants possibles de ce dernier. Une structure est un arrangement d'éléments ordonnés en *places*. Les places se distinguent uniquement par l'ordre ; par exemple une structure est à trois places" (p. 254-55). Cf. enfin PALMER (1947 : 17) : "La *séquence* appartient donc au monde observable de la parole alors que l'*ordre* est une construction linguistique. Le problème est de décider jusqu'à quel point la séquence est, ou devrait être, un *exposant* de l'ordre... Ordre et séquence sont totalement indépendants".

voit pas pourquoi ces auteurs n'ont pas étendu ce traitement aux autres sons dont la place dans le morphème-syllabe est également fixe.

L'inconséquence des prosodistes dans leur pratique d'analyse et d'interprétation phonologique a occasionné les remarques suivantes, parfaitement pertinentes, de K.L. PIKE :

> ... it is clear that these authors did not apply consistently the approach to all phonemes within the syllables, since if they had done so, they could then had no 'vowels' or 'consonants' in their descriptions — an extreme to which they do not carry their point of view —... These writers do not seem to see that such a view, pressed to its logical conclusion, would completely prevent the treatment of a sequence formula such as CVC as relevant (formula types which they use extensively), since it would destroy the validity of the 'placement' of C in such a formula (1955, II : 68).

En effet, malgré leurs dénégations catégoriques du caractère segmental et linéaire des unités signifiantes et l'attention soutenue qu'ils accordent à la structure syllabique des langues étudiées, les prosodistes, faute d'une vue authentiquement phonologique, ont été incapables de se rendre compte de la différence profonde qui sépare le statut linguistique des sons et des syllabes des langues syllabiques de celui de leurs homologues européennes.

Bien que les linguistes de Londres affirment souvent qu'il ne peut être question de "résidus" dans leur analyse pluridimensionnelle, on peut voir que ce qu'ils appellent unités phonématiques est bel et bien le résidu de l'analyse prosodique (FIRTH, 1962 : 15; 1948 : 130sq.). En voulant remédier à une analyse segmentale qui d'après eux ne peut rendre compte des faits importants situés sur le plan prosodique, ils ont soustrait de la chaîne un système prosodique qui laisse comme résidu un squelette d'"unités phonématiques" sans aucun statut précis et surtout plus désespérément segmentales que jamais, de sorte que l'antisegmentalisme qu'ils prônent reste essentiellement déclaratif.

L'écriture alphabétique comme origine de la théorie du phonème

Les linguistes de l'Ecole de Londres ne sont pas les seuls à avoir voulu expliquer le segmentalisme aprioriste de la théorie classique du phonème par l'influence de la disposition linéaire des lettres dans l'écriture alphabétique (microphonématique). Tous ceux qui, soit en prenant en due considération les données de la phonétique expérimentale, soit par voie spéculative, soit encore par intuition, en sont arrivés à se rendre compte du caractère illusoire de la prétendue segmentalité et linéarité des sons, sont naturellement portés à juger ce dogme comme dépourvu de fondements et à chercher son origine dans l'habitude de l'écriture alphabétique. La tentation semble assez forte, puisque d'assez nombreux linguistes lui ont cédé : sans compter les représentants de l'Ecole de Londres, on peut au moins citer parmi eux F. TWADDELL (1935), J. LOTZ (1949), A. SCHMITT (1952), P. LADEFOGED (1959), G. LINDNER (1962), C. HOCKETT (1965) et H. LÜDTKE (1969). Comme l'article de ce dernier, "Die Alphabetschrift und das Problem der Lautsegmentierung", représente à notre connaissance le travail le plus sérieusement argumenté qui ait été écrit pour la défense de cette thèse, nous estimons qu'un examen critique de ce travail sera également valable pour les autres. En bref, le problème est posé et résolu par l'auteur de la façon suivante.

Il s'agit de savoir si l'invention de l'écriture alphabétique se base sur une division naturelle de la chaîne parlée en sons ou, au contraire, si la segmentation de la chaîne parlée en sons a été simplement suggérée par l'habitude millénaire de l'écriture alphabétique. Si on adopte la première hypothèse, il faudra prouver que la segmentation de la chaîne parlée en sons est donnée d'avance dans la substance phonique. Si c'est la seconde qui est acceptée, il faudra élucider les circonstances dans lesquelles l'écriture alphabétique a été inventée, pour en connaître les causes historiques (LÜDTKE, 1969 : 147sq.)[10]. Or, comme les données de la phonétique expérimentale ont montré de façon décisive que cette segmentation est loin d'être naturelle et n'est nullement donnée d'avance dans la substance, on doit en conclure que la théorie du phonème est une simple projection de l'écriture alphabétique, laquelle a son origine dans l'adaptation des systèmes d'écriture syllabiques à la structure morphologique particulière des langues sémitiques (156sq.). La segmentation en sons familière à la théorie classique, calquée sur les principes de l'écriture alphabétique, ainsi que les unités qui en résultent, les phonèmes, sont donc arbitraires

(10) "...muss man sich fragen, wie unsere Wissenschaft überhaupt zu dem Begriff des Sprachlautes oder Phonemsegmentes gekommen ist. Der Schluss liegt nahe, dass die jahrtausendelang Gewohnheit der Alphabetschrift den ersten Phonetikern diesen Begriff einfach suggeriert hat... Denn ebensogut, wie sich die Erfindung des Alphabets erklären lässt, wenn man die Phonemtheorie voraussetz, lässt sich die Entwicklung der Phonemtheorie als Folge der Alphabetschrift darstellen... Um diesen Zirkulschluss zu vermeiden, müsste entweder eine physikalische Grundlage der Phonemtheorie gefunden werden oder abér eine historische Erklärung der Alphabetfindung".

et purement conventionnelles (les phonèmes ne sont que des unités fictives (*Pseudo-Einheiten*) établies artificiellement comme un niveau intermédiaire entre la syllabe et le trait pertinent (qui seuls sont des unités linguistiques authentiques), et leur seule raison d'être réside dans l'économie du nombre de signes qui résulte de leur utilisation.

L'article de LŪDTKE, travail d'un rare intérêt, place son auteur parmi les linguistes qui se sont rendu compte avec le plus de clarté de la fausseté des assomptions "phonétiques" de la phonologie classique. Il est rempli de remarques aussi justes et profondes qu'originales auxquelles nous souscrivons avec enthousiasme. Mais nous nous concentrerons sur ce qui constitue le noyau, le thème essentiel de l'article : l'explication du modèle segmentaliste de la phonématique par l'influence de l'écriture alphabétique.

La première remarque à laquelle nous autorise le raisonnement de LŪDTKE consistera en ceci que le dilemme devant lequel il nous met est fort douteux, et semble être créé par la façon dont le problème est posé : ou bien la segmentation en sons est donnée d'avance dans la substance phonique, ou bien elle a été suggérée par l'écriture. Or ce qui est réel en matière de langue n'est pas nécessairement donné d'avance dans la substance, ni n'est obligatoirement "naturel" : les exemples qui pourraient être cités à l'appui abondent dans tous les domaines de la linguistique.

L'absence d'une correspondance univoque entre segmentation phonématique et division naturelle de la chaîne parlée ne signifie pas nécessairement que la dite segmentation est artificielle et arbitraire. Elle peut fort bien résulter d'une *illusion*, et une illusion est un phénomène réel et *naturel*. Dans le domaine du subjectif (ou intersubjectif) qu'est celui de la perception en général et de la perception du langage en particulier, elle constitue une réalité objective et un fait pertinent. Dans la perspective des locuteurs-auditeurs natifs, cette illusion constitue même *la seule* réalité objective. Les faits physiques objectifs, au contraire, n'y ont aucune pertinence. Si dans l'expérience bien connue de MÜLLER-LYER le sujet perçoit les deux segments objectivement égaux de la figure comme plus longs l'un que l'autre, cela ne signifie pas que la perception de l'homme est arbitraire ou même aberrante. Nous sommes plutôt en présence d'une absence de correspondance univoque entre des faits appartenant à des domaines différents. Dans le domaine du psychisme, les deux segments en cause sont *objectivement* inégaux en tant que constituants de *Gestalten* différents, et la loi qui gouverne ce mode de perception globale est objective. Il en est de même dans le domaine de la perception du langage. En envisageant les données physiques comme les seuls facteurs objectifs imaginables qui puissent motiver linguistiquement la segmentation en sons, LÜDKTE s'est, du coup, interdit tout accès à une solution proprement linguistique.

> "... jedoch soviel ist klar : die Phonemtheorie verliert ihre Stütze, wenn es gelingt, die Erfindung des Alphabet anders zu motivieren als durch die Annahme einer vorgegebenen natürlichen Segmentierung des Redestromes" (*ibid.* : 148)

Un fait de langue dont la réalité psychologique est prouvée, est indubitablement un fait linguistiquement pertinent, un fait ayant une existence *objective* dans la langue. Il s'agit seulement de motiver linguistiquement cette réalité psychologique par des faits de structure. La réalité psychologique du (micro)phonème dans les langues européennes a été prouvée depuis longtemps et est sans cesse confirmée par de nombreuses observations et expériences, et le fait que LÜDTKE n'y fait pas la moindre allusion laisse supposer chez lui un certain positivisme qui l'apparente aux *hocus-pocus linguists* (la conclusion à laquelle il arrive, à savoir le caractère arbitraire et fictif du phonème, est d'ailleurs la même que la leur). Les résultats des recherches psycholinguistiques menées autour du phonème ne méritent pas tant d'indifférence. La seule chose qu'on puisse leur reprocher, c'est de n'avoir pas mené à une motivation linguistique de cette réalité psychologique, ce qui a contribué à faire persister la croyance en l'objectivité physique et, par suite, en l'universalité de la segmentation microphonématique. En prenant le contrepied de la phonétique classique, LÜDTKE partage cependant l'erreur épistémologique de ses adeptes : il est tout comme eux persuadé que la segmentation en sons qui est à la base de l'écriture alphabétique et de la théorie du son phonématique ne peut être fondée que sur une segmentation naturelle donnée d'avance dans la substance phonique.

Cette segmentation s'étant avérée inexistante, il est naturel que cet auteur entreprenne de motiver extralinguistiquement le segmentalisme par des "contingences historiques". Voici, dans les grandes lignes, son raisonnement.

On sait que le premier système alphabétique, celui des Grecs, prend sa source dans les systèmes d'écriture en usage chez les peuples sémitiques. Ces derniers systèmes ont ceci de particulier qu'à la différence des systèmes logographiques et syllabiques dans lesquels les graphèmes correspondent à des unités lexicales et/ou phonétiques, c'est-à-dire à des grandeurs naturellement délimitées dans la chaîne par leur caractère discret du point de vue sémantique ou physique, leurs graphèmes à eux représentent des groupes de traits pertinents qui ne forment pas des segments (dans la terminologie actuelle ce seraient des "consonnes"). Cette particularité exceptionnelle ne peut être expliquée que par la structure grammaticale spécifique de ces langues dans lesquelles les lexèmes sont représentés par des éléments consonantiques et les morphèmes par des éléments vocaliques, ce qui produit une scission du segment naturel minimal (la syllabe) en deux éléments non segmentaux (parce que tautosyllabiques). Quand les Grecs adoptèrent les principes, sinon les signes, de ces systèmes d'écriture, la dite division intrasyllabique ne correspondit plus à rien de réel dans leur langue, dont la structure est profondément différente de celle des langues sémitiques, et devint ainsi purement conventionnelle. Cette circonstance a rendu possible l'innovation qui constitue la principale différence entre l'écriture alphabétique grecque et les systèmes sémitiques, laquelle consiste en ceci que les signes diacritiques représentant les éléments vocaliques (les éléments morphonologiques dans les langues sémitiques), au lieu d'être écrits au-dessus ou au-dessous des lettres consonantiques, sont chez les Grecs placés *entre* ces dernières, ce qui donne le système unilinéaire de l'écriture alphabétique.

Le lecteur ne peut s'empêcher de se demander avec étonnement pourquoi l'auteur a adopté à l'égard de l'écriture grecque une attitude aussi différente de celle qu'il a adoptée à l'égard de l'écriture sémitique. Si, en examinant l'écriture grecque, il avait pris la peine de chercher les motivations linguistiques des principes qui la soustendent comme il l'a fait avec les systèmes sémitiques, il aurait constaté qu'elles sont au moins aussi réelles et impérieuses. S'il y a une frontière morphologique évidente entre le *S* et le *a*, le *L* et le *a*, le *a* et le *M* dans le mot arabe $\substack{\text{SLM}\\ \text{aa}}$ [salam] "salut", une frontière non moins évidente peut être tracée entre le *g* et le *o* du mot grec *logos* qui passe à l'intérieur d'une syllabe et qui divise le mot en un lexème et un morphème. Selon LÜDTKE, ce mot grec aurait pu s'écrire indifféremment :

```
o o      L G S       o       o
L G S  , o o    ,  L G S  ou L G S
                     o       o
```

à la manière sémitique (*ibid.* : 163)

ce qui peut être vrai dans le cas précis de ce mot, mais n'est plus possible dans la majorité des autres cas. En présence d'une graphie telle que $\genfrac{}{}{0pt}{}{L\ S}{a\ o}$ ou $\genfrac{}{}{0pt}{}{a\ o}{L\ S}$, on ne pourrait savoir s'il s'agit de *laos*, *alos*, *also* ou *laso* : alors qu'en arabe ou en hébreu l'ordre séquentiel des "sons" à l'intérieur des syllabes est en général redondant — la recognition des mots s'effectuant surtout au compte des "consonnes" (qui représentent les racines) et de leur ordre séquentiel —, en grec, la pertinence de l'ordre séquentiel des sons, qu'ils soient hétéro- ou tauto-syllabiques, est de règle. Et c'est précisément cette circonstance qui a *obligé* les Grecs à introduire dans leur écriture le principe unilinéaire inconnu des systèmes sémitiques.

La différence entre l'écriture grecque et l'écriture sémitique ne réside pas simplement dans la disposition des graphèmes. La principale différence consiste en ce que leurs graphèmes représentent des unités de statut différent. Aux yeux d'un usager de l'écriture alphabétique, les lettres dites consonantiques de l'écriture sémitique semblent bien représenter des consonnes, et les signes diacritiques suscrits ou souscrits des voyelles. Mais ce n'est qu'une illusion due à une réinterprétation des faits phonétiques de surface en termes d'unités phonologiques européennes. D'un point de vue proprement linguistique, les lettres "consonantiques" sémitiques ne représentent pas des consonnes ; elles représentent des unités phonologiques permutables minimales qui se réalisent avec ou sans vocalisation (c'est-à-dire phonétiquement, soit comme une syllabe CV, soit comme une consonne) : ces unités, qu'on pourrait appeler phonèmes ou syllabes phonologiques, constituent directement le schème du mot. Les signes diacritiques suscrits ou souscrits, de leur côté, ne représentent pas des voyelles ; ils représentent la *couleur* (le timbre de la vocalisation) des unités représentées par les lettres, couleur qui représente le revêtement grammatical (la flexion entendue dans un sens large) dans lequel le mot s'actualise (cf. Ch. II, p. 53sq.). Dans l'écriture grecque, les lettres consonantiques et vocaliques représentent au même titre des *phonèmes*, des unités permutables dotées d'une morphématicité virtuelle.

Quelle que soit l'importance du rôle de l'emprunt et de l'imitation des systèmes sémitiques dans l'élaboration de l'écriture grecque, celle-ci reste donc une création en ce sens qu'elle représente la première découverte du principe microphonématique. Elle reste originale et autochtone en ce sens qu'elle reflète fidèlement la structure phonologique de la langue maternelle de ses créateurs.

L'explication proposée par LÜDTKE est donc moins plausible que celle qui constitue l'une des thèses principales du présent ouvrage. L'élaboration d'une écriture ou l'adaptation d'une écriture étrangère à la langue maternelle ne peut pas ne pas être influencée par l'intuition linguistique des locuteurs natifs qui, à son tour, est le reflet de la structure de leur langue. D'autre part, l'influence du système d'écriture sur la conception phonologique de ses usagers est indéniable. Elle ne peut cependant être à la base du comportement linguistique inconscient d'une communauté linguistique entière.

Nous nous rallierons donc à Eric BUYSSENS qui, dans un travail récent, écrit ce qui suit en défense des phonologues accusés par TWADDELL et FIRTH d'être influencés par l'alphabet :

> Il est certain que les phonologues accusés ont appris l'alphabet avant de s'intéresser aux phonèmes, et l'on peut soupçonner qu'ils en soient influencés. Mais l'invention de l'alphabet dans la Grèce ancienne ne se comprend que si l'on admet que son inventeur avait *préalablement* acquis la notion de phonème... ; l'alphabet a été inventé pour représenter les phonèmes préexistants.
> Les phonologues d'aujourd'hui ne font qu'expliciter le processus psychologique qui a donné naissance à la notion de phonème, et, par suite, à l'invention de l'alphabet. Si l'alphabet n'avait pas été inventé dans l'Antiquité, les phonologues d'aujourd'hui l'auraient immanquablement inventé... (1980 : 1980 : 28).

Le phonème et les universaux du langage

L'intérêt croissant que les linguistes portent aux problèmes des universaux du langage et de la typologie linguistique incite naturellement à une révision des concepts utilisés en linguistique et en premier lieu des concepts de base parmi lesquels figure celui du phonème. Il est en effet opportun de poser le problème de savoir si le phonème tel qu'on l'a défini doit nécessairement exister en tant qu'unité linguistique dans toutes les langues humaines ou, dans le cas contraire, s'il est réellement présent en tant que tel dans toutes les langues connues.

Le problème n'a pas manqué d'être posé au cours de la Première Conférence Internationale sur les universaux linguistiques tenue en 1961 à Dobbs Ferry, New-York. Dans sa contribution à la conférence, "Phoneme Distribution and Language Universals", Sol SAPORTA a posé la question en ces termes :

> We now ask the following sets of questions about the terms *phoneme*, *syllable*, and *phonological word* : (1a) Are they terms in the metatheory, that is can we define *phoneme*, or can we define only *phoneme-in-L*, where L is some language ? (1b) If they are in the metatheory, we ask : are they formal terms, that is, definissable without reference to phonetics ? (2a) If they are in the metatheory, that is, universally available, we ask : Are they universally present ? (2b) If they are universally present, we ask whether they are present by definition, that is, universally necessary, or not. To say that they are universally necessary will mean that they are universally present no matter what model of description is used (SAPORTA, 1963 : 64).

et a répondu à la question de la façon suivante :

> ... phoneme, syllable, and phonological word are all formal terms in the metatheory, that is, universally available[11]. But it is, in theory, possible to have a language in which all words are exactly one syllable long, in which case the distinction between syllable and phonological word disappears. Similarly, if they were a language in which syllables were exactly one phoneme long, the distinction between syllable and phoneme would disappear (and incidentally, so would the distinction between vowel and consonant). Phoneme and phonological word are, therefore, universally present by definition, that is, universally necessary. Syllable, if it is universally present, is so by empirical observation (*ibid.* : 66).

La "nécessité universelle du phonème" est déduite du fait que dans toutes les langues, en comparant les mots on doit à la fin arriver à des quasi-homonymes, de sorte que toute phonologie adéquate aura à décrire les chaînes (séquences) acceptables comme des combinaisons d'éléments récurrents, ces derniers étant précisément les phonèmes.

Le problème est traité par Ch.F. HOCKETT de la façon suivante dans son rapport à la même conférence :

> 5.2. Phonemes are not fruitful universals.
>
> We can, indeed, speak quite validly of phonemes in the discussion of any language, but their status in the hierarchy of phonological units varies from one language to another, and also, to some extent, through varying preference and prejudice of analysts. The status of phonological components, on the other hand, is fixed once and for all by definition — phonological components are the minimum (not further divisible) units of a phonological system —. Given that all phonological patterning is hierarchical, the exact organization of the hierarchy, varying from one language to another, becomes taxonomic consideration of importance, but not a basis for a generalization in the present context.
>
> There are certain languages of the Caucasus (KUIPERS, 1960)[12] where one can, if one wishes, describe the phonological system in terms of perhaps a dozen phonological features organized into seventy or eighty phonemes, which in turn appear in about twice that many syllables. Each syllable consists of one of the seventy-odd consonant phonemes, followed by one of the two vowel phonemes. It seems clear in such a case that the vowel 'phonemes' are better regarded simply as two additional phonological features, so that a unit such as /ka/ is just a phoneme — or, alternatively, that the term 'phoneme' be

(11) La réponse est évidemment fausse. Le phonème, en particulier, n'est pas un terme formel, puisqu'il est défini, comme nous l'avons vu, par référence à la notion de "son" et à celle de "simultanéité" de réalisation, qui relèvent de la phonétique.

(12) A. KUIPERS, dans une thèse dirigée par André MARTINET, est arrivé à l'interprétation du kabardien comme une langue à voyelle unique (1960), laquelle doit son existence en tant que phonème à son opposition à son absence (cf. MARTINET, 1972 : 302). MARTINET admet également l'interprétation de systèmes analogues (dont celui du proto-indo-européen) comme des systèmes sans voyelle (*ibid.*). Pour la discussion de ce problème, voir SCHEBEK, 1965 : 113sq.; SZEMERENYI, 1964, 1967; ALLEN, 1966; HALLE, 1970 ; cf. notre point de vue Chap. II.

discarded and one discuss the participation of features directly in syllables —. Either way, ones does not need both the term 'phoneme' and the term 'syllable'. The case may be extreme, but it is real, and underscores the importance of the 'anti-universal' given as 5.2 (1963 : 24sq.).

Dans ses notes, SAPORTA rapporte que, dans ses commentaires par écrit, HOCKETT voit dans l'abandon de l'un ou de l'autre terme lors de la description d'une langue de ce type une "simple question de commodité" et conclut que ni le phonème, ni la syllabe n'est universelle (SAPORTA, 1963 : 71sq.). Selon le même SAPORTA, R. JAKOBSON, au contraire, semble affirmer dans ses interventions à la Conférence que phonème et syllabe sont également universels, et que toute discrimination dans ce domaine est risquée (*ibid.* : 72) :

> The distinction of phonemic entities 'universally present by definition, i.e. universally necessary' like the phoneme, from those 'universally present by empirical observation' like the syllable, makes no sence whatever. SAPORTA affirmes that 'in a language in which all syllables are exactly one phoneme long, the distinction between syllable and phoneme disappear' ; but such a language is absolutely impossible, because the only form of syllable universally admitted is the sequence 'consonant plus vowel'. SAPORTA's assumption is as aimless and arbitrary as if he referred to some imaginary language where all words are one phoneme long, or where each phoneme contains only one feature. The hierarchy of universal linguistic units, from the utterance to the distinctive feature, must be a formal definition applicable to world wide verbal experience (JAKOBSON, 1963 : 267).

On voit quelle opportunité a négligée la conférence faute d'une attitude sérieuse vis-à-vis du problème posé de façon tout à fait correcte par Sol SAPORTA. Si on avait examiné de plus près le concept de phonème à la lumière de la question 1b formulée par lui, qui est de savoir si le phonème est un concept formel, c'est-à-dire défini sans référence à la substance phonique, la discussion aurait été beaucoup plus féconde, et la "révolution sans effusion de sang" qu'aurait été la Conférence, si l'on en croit Ch. OSGOOD (1963 : 299), aurait eu beaucoup plus l'air d'une révolution. Or il n'en fut rien.

SAPORTA lui-même était arrivé à une conclusion qui ne découlait nullement de ce qu'il avait avancé. La réponse qu'il donnait à sa propre question était fausse.

Le comportement de Charles F. HOCKETT à l'égard du problème est plutôt désinvolte. L'exemple qu'il emprunte à KUIPERS est traité par lui de façon parfaitement correcte, et cependant il trouve toujours qu'"on peut parler de phonèmes de façon valide en discutant de n'importe quelle langue". Mais si HOCKETT a en vue le phonème tel qu'on le conçoit en phonologie classique, le traitement qu'il donne du fait cité sera inacceptable ; et, en fait, il ne songe nullement à redéfinir ce concept. La façon dont il présente le problème laisse supposer que la possibilité qu'il suggère repose surtout sur des considérations d'économie dans la description.

JAKOBSON rejette la supposition de SAPORTA comme absurde et inutile par un raisonnement dont le fond consiste en ceci : les consonnes et les voyelles, qui sont présentes dans toutes les langues, sont des phonèmes ; donc le phonème est universel, et, étant toujours réalisé comme une consonne ou une voyelle, ne peut être identique à la syllabe dans aucune langue, parce que dans toutes les langues il y a des syllabes CV. Cependant, résoudre le problème de savoir si le phonème est universel consiste précisément à démontrer que les consonnes et les voyelles ont (ou n'ont pas) dans toutes les langues le statut phonématique. De sorte que le raisonnement se réduit à une tautologie : toutes les langues ont des phonèmes, donc les phonèmes sont présents dans toutes les langues.

L'exemple de KUIPERS est présenté comme un cas plus ou moins exceptionnel, une curiosité, un ornithorynque de la linguistique. Or les langues dont la structure phonologique appelle un traitement semblable sont certainement beaucoup plus nombreuses qu'on ne le croit généralement. Même en ne tenant compte que des langues sur lesquelles on est assez bien renseigné pour pouvoir les ranger sans hésitation dans la catégorie des langues macrophonématiques (ou syllabiques) en se basant sur les critères discutés au chapitre II, on a déjà un chiffre assez important pour faire abandonner l'idée d'un phénomène exceptionnel. Et la liste pourra certainement s'allonger en comptant les langues de ce type dont la structure phonologique est rendue méconnaissable par les masques et les grilles que leur ont imposé les systèmes d'écriture alphabétiques et/ou les descriptions segmentalistes ou prosodistes, ceci lorsqu'une approche adéquate en aura révélé le vrai visage. Ces langues présentent précisément ce que JAKOBSON trouve absolument impossible.

Dans les langues syllabiques isolantes, par exemple, le mot consiste en une syllabe, et la syllabe est l'unité minimale sans dimension temporelle, le segment minimal, c'est-à-dire le phonème.

En lisant les jugements catégoriques que JAKOBSON porte sur les suggestions de ses collègues, on ne peut s'empêcher de se rappeler les réflexions suivantes dont son disciple et collaborateur John LOTZ fit part au VIe Congrès des Linguistes en 1948 en lui présentant la contribution du même JAKOBSON :

> In the history of linguistics, phonemics meant a clarification of the notions of phonetics, rather than the realization of a program of purely

> structural analysis... But at the same time, phonemics was 'spellbound' by the concept of letter. It is evident, however, that **p t b d** are not four independent units with certain qualities in common, but complexes built up of two pairs of oppositions. This view, first developed by JAKOBSON in 1938, allows us to break down the speech sequence into its ultimate constituents. The whole analysis thus becomes simple and exact...
>
> The concept of the letter forced phonemics to analyse *ki* and *ku* in a non realistic way, so that the labiality and the illabiality of the **k** sounds are regarded as accessory varying qualities and the vowels are 'appointed' to carry the entire phonemic distinction, while in reality these features are present in the whole phonic sequence. Hungarian vowel harmony was analysed as a sequence of a free vowel and of following half free vowels, whereas in reality there is one bound feature scattered throughout all the vowels of the 'harmonized' morpheme sequence — usually called simplex — and the other features of the 'vocalic points' are free. Such an exact analysis is impossible when the phonemes are regarded as ultimate units. This view has important implications for the whole of morphology... Many pseudo-problems would disappear (LOTZ, 1949 : 452sq., 468).

Il est clair maintenant que ces espoirs, qui étaient pourtant fondés, ont été vains. L'analyse en traits distinctifs, telle qu'on la trouve chez JAKOBSON et ses collaborateurs aussi bien que chez les représentants d'autres courants, n'a pas libéré la phonologie du lit de Procuste du concept de segment phonique, parce que ses promoteurs et ses partisans n'ont jamais essayé d'élucider le sens véritable de ce concept. Les traits distinctifs continuent à être représentés comme rangés en colonnes "perpendiculaires à l'axe du temps". Il est maintenant de mise de parler en termes de traits distinctifs plutôt qu'en termes de phonèmes, mais en parlant en termes de traits distinctifs, on pense toujours en termes de phonèmes, et le phonème est toujours représenté comme un segment. Les éléments distinctifs qui dépassent les limites de ce segment sont toujours *a priori* déclarés redondants. Et cette règle fait figure d'un dogme absolu au nom duquel toute constatation fondée sur des considérations d'ordre fonctionnel et structural qui le contredit est traitée d'hérésie.

JAKOBSON nous rappelle que "la seule forme de syllabe universellement admise est la suite 'consonne plus voyelle'". C'est on ne peut plus vrai, à condition cependant d'entendre par "consonne" et "voyelle" des faits purement physiques, c'est-à-dire de se placer d'un point de vue non linguistique. Pour un linguiste, cette constatation n'a pas de sens, surtout quand elle est érigée en "universel linguistique", car l'opposition entre voyelle et consonne, et par suite l'existence même de ces catégories, dérivent d'une organisation syntagmatique particulière des unités phonologiques qu'on ne trouve que dans certaines langues d'un type défini. On ne peut parler de consonnes et de voyelles que dans une langue où elles sont des unités phonématiques, c'est-à-dire où elles sont combinées en syntagmes linéaires. Dans une langue à syllabes non linéaires, c'est-à-dire dans une langue à structure syllabique uniforme, les voyelles et les consonnes n'existent simplement pas.

Charles F. HOCKETT rapporte (1955 : 57) qu'il y a plus d'un demi-siècle Franz BOAS envoya à une revue philologique allemande un article sur le bella coola qui se vit refusé par le rédacteur de la revue pour la raison que, "comme chacun le sait", il ne peut y avoir de mots sans voyelle tels que ceux de cette langue invraisemblable qui sont transcrits /k'xtc/ "je regardais", /sk'lxlxc/ "je prends froid", /nm-nm-k/ "animal", etc.

L'histoire se répète.

SAPORTA (*ibid.* : 63) et HOCKETT (*ibid.* : 24) ont parfaitement raison en accordant une certaine préférence au trait distinctif en matière d'universalité, car ce concept est défini formellement en termes de fonction et de statut structural et, par conséquent, est nécessairement universel. D'autre part, une unité minimale à syntagmatique linéaire doit nécessairement exister quelque part dans la hiérarchie des unités de la langue, car il est difficilement concevable qu'une langue quelconque ne fasse pas usage d'une façon ou d'une autre d'une dimension aussi maniable de la substance phonique que celle de l'ordre temporel. Mais quant au niveau où elle peut se placer (la grandeur phonétique dans laquelle elle peut se réaliser) dans les différentes langues, il est théoriquement impossible de le préciser *a priori*. Ceci rend douteuse la pertinence formelle (structurale) de la détermination de linéarité pour l'établissement du statut linguistique d'un ensemble de traits distinctifs.

Il est caractéristique que HOCKETT n'ait pas introduit le problème de la structure phonologique du chinois (ou du japonais) dans sa discussion. Il avait auparavant (1947) constaté la non-linéarité de la syllabe chinoise, et on pourrait s'attendre à ce qu'il associât d'une façon quelconque le cas du chinois à celui du kabardien qu'il a discuté dans son rapport. Le phonème-syllabe kabardien comporte un nombre de traits distinctifs à peine plus élevé que celui en lequel on analyserait un phonème-son consonantique de la même langue si on procède selon la méthode classique : la proportion sera p : n + 1. Pour le japonais, la proportion sera n = n + 2. Pour le chinois, elle sera approximativement n = n + 7. Pour le kabardien, le nombre de phonèmes sera doublé si la syllabe est reconnue comme phonème à la place du son ; pour le japonais, il sera cinq fois plus grand ; pour le chinois, près de cent fois. C'est probablement cette circonstance qui a empêché HOCKETT d'envisager la possibilité d'un traitement syllabo-phonématique de la phonologie chinoise — celui-ci aurait donné un nombre trop élevé d'unités phonématiques —. Il y a lieu de supposer que HOCKETT, n'ayant jamais considéré le problème sous un angle proprement théorique, ne s'est jamais posé la question du statut linguistique du phonème en examinant le cas du kabardien aussi bien que celui du chinois. Pour lui, la non-linéarité de la syllabe chinoise n'a rien à voir avec la monophonémacité de la syllabe kabardienne, et les deux n'ont rien à voir ni avec le statut du phonème, ni avec sa définition.

Le problème de l'universalité de la syllabe n'a pas non plus été résolu de façon satisfaisante à la Conférence, faute également d'une prise de position explicite. Il est pourtant évident que la syllabe en tant que telle, c'est-à-dire en tant que grandeur phonétique, ne peut être considérée comme une unité linguistique. De quelque type de langue qu'il soit question, la syllabe ne peut avoir un statut linguistique qu'en tant que mot, morphème et/ou phonème, ou en tant que porteuse ("domaine") d'unités structurales "prosodiques" — ton, accent, etc. —, ce qui signifie simplement qu'il n'existe dans aucune langue une unité qui doive son statut linguistique au simple fait qu'elle soit réalisée sous forme de syllabe.

Ce dont la typologie des systèmes phonologiques et la recherche des universaux phonologiques devrait tenir compte en tout premier lieu, c'est précisément du rapport qu'il peut y avoir entre cette grandeur naturellement délimitée dans la substance phonique qu'est la syllabe et les unités structurales de la langue — coïncidence ou non-coïncidence entre syllabes et mots ou morphèmes, entre frontières syllabiques et frontières lexicales ou morphématiques, nombre de syllabes dans les mots, constance ou variabilité de ce nombre, etc. —.

La détermination de l'appartenance de la langue étudiée à tel ou tel type d'après ces indices doit en effet précéder toute analyse phonologique, car le statut des unités phonologiques en dépend, et elle est la condition nécessaire d'une structuration adéquate qui, à son tour, servira de base à une typologie authentiquement structurale. Il sera temps alors dans ces conditions de se mettre à la recherche d'universaux phonologiques qui pourront avoir quelque chance d'être autre chose que des constatations tautologiques sur le seul et même système phonologique SAE qui est à la base de la théorie phonologique contemporaine et dont la structuration spécifique est imposée à tous les autres systèmes.

La phonologie générative et le principe de linéarité

La phonologie générative telle que la conçoivent Noam CHOMSKY et ses disciples se propose d'élaborer un modèle du niveau phonique de la production et de la recognition du langage, en tant que partie intégrante de la grammaire, qui atteindrait un niveau d'adéquation plus élevé que celui de la *taxonomic phonemics* comme ils appellent la phonologie descriptive américaine, qui est censée chez eux représenter toute la phonologie contemporaine.

Il n'est pas du ressort du présent ouvrage d'examiner en entier les enseignements de cette école dont on ne peut qu'applaudir à la prise de position radicalement réaliste ("mentaliste") et à sa critique sévère, mais juste, du mécanicisme et du compartimentalisme propres aux linguistes descriptivistes qui représentent un des spécimens les plus typiques de la *hocus-pocus linguistics*.

Nous ne nous étendrons pas non plus sur son rejet du niveau phonématique proprement dit (*autonomous phonemics*) au profit du niveau morphophonologique (*systematic phonemics*) qui nous paraît bien fondé, surtout quand il s'agit des langues flexionnelles du type européen, et qui est cependant interprété par certains linguistes comme faisant partie d'une certaine croisade contre le phonème (HAGÈGE, 1976). Nous nous bornerons à faire remarquer que les bases théoriques de ce rejet du niveau phonématique autonome ne semblent pas être rendues suffisamment explicites, et que les générativistes ne semblent pas se rendre compte que la composante phonologique de la grammaire peut comporter un nombre de niveaux qui varie d'une langue à l'autre. Ainsi, comme nous l'avons vu au chapitre II, la phonologie des langues flexionnelles d'Europe semble comporter deux niveaux distincts marqués par deux types différents d'alternances phonétiques, qui semblent être reflétés aussi nettement l'un que l'autre dans la conscience linguistique du sujet parlant, et dont le second est ignoré dans l'analyse des générativistes qui le renvoient au niveau de la phonématique autonome. Quoi qu'il en soit, le problème invite à une étude critique approfondie qui dépasse les limites du présent ouvrage.

Ce que nous jugeons surtout pertinent pour la présente discussion, c'est d'examiner la critique chomskyenne du principe de linéarité en phonologie et la conception générativiste de la réalité linguistique du niveau phonétique censé représenter le résultat final des transformations et obtenu par l'application d'un système de règles sur la structure de surface qui constitue la composante phonologique de la grammaire générative, — conception dont dépend la pertinence de la critique en question —.

CHOMSKY présente les principes explicites et implicites de la phonologie "taxinomique" sous la forme de quatre conditions, que toute analyse phonématique effectuée sous le signe de cette dernière doit satisfaire : la linéarité, l'invariance, la biunivocité, la détermination locale — conditions qui sont impliquées dans les définitions généralement acceptées du phonème, et qui par suite sont solidaires —, et en démontre l'inadéquation en citant des cas où ces principes doivent forcément être violés pour arriver à une solution acceptable, et sont effectivement violés par les "taxinomistes" eux-mêmes.

Ainsi, la seule différence phonétique observable qui permet au locuteur natif de l'anglais américain de distinguer *writer* [rayDɨr] de *rider* [ra·yDɨr] est localisée dans le second segment phonique de ces deux mots, et une analyse phonématique effectuée en observant ces principes devrait reconnaître sa pertinence dans ce même segment, c'est-à-dire dégager deux phonèmes /ay/ et /a˙y/ et interpréter [D] comme la réalisation d'un phonème unique. Mais les phonologues se gardent bien de le faire, tant le résultat obtenu semblerait absurde. Ils sont forcés de déclarer [ay] et [a˙y] allophones d'un même phonème /ay/ et traiter [D] comme la réalisation de deux phonèmes différents, /t/ et /d/, ce qui constitue une violation flagrante des principes mentionnés (CHOMSKY, 1964).

Quoi qu'en disent les critiques de CHOMSKY, sa démonstration est irréfutable, si l'on s'en tient à ce que les phonologues (taxinomistes et autres) croient faire en effectuant les diverses opérations de l'analyse phonématique, en faisant abstraction de ce qu'ils font effectivement et dont ni CHOMSKY ni eux-mêmes n'ont une idée assez nette.

Comme nous l'avons vu, en analysant phonologiquement un énoncé transcrit à l'aide de l'alphabet phonétique, les phonologues se figurent qu'ils vérifient la pertinence des propriétés physiques contenues dans les segments phoniques que les lettres de cet alphabet sont censées représenter de façon univoque, alors que celles-ci représentent en réalité des faits transsegmentaux. Ils s'imaginent que l'ensemble des traits qu'ils représentent par une lettre est effectivement localisé dans le segment qui est censé correspondre à cette lettre, alors que ces traits sont objectivement distribués sur plusieurs segments et que ce sont eux-mêmes qui les ont replacés sans s'en rendre compte dans le segment censé contenir le "son" en question. C'est cette illusion qui leur a dicté l'acceptation explicite ou implicite des conditions formulées par CHOMSKY. Or le principe de linéarité et de localisation segmentale qui gouverne effectivement l'analyse phonologique de l'énoncé en unités discrètes telle que l'effectuent le linguiste aussi bien que le sujet parlant n'équivaut pas à ces conditions. Il consiste exactement à regrouper les traits distinctifs, qui s'étendent toujours sur une portion plurisegmentale de l'énoncé en se recouvrant largement, en ensembles définis et à replacer chacun de ces ensembles dans un segment et un seul. Les traits caractéristiques d'une consonne qui sont détectés dans le segment vocalique sont replacés dans le segment qui correspond à la tenue de cette consonne. Les traits caractéristiques d'une voyelle qui s'étendent sur toute la syllabe sont regroupés dans le segment qui correspond à la tenue de cette voyelle.

Ainsi, en analysant les deux chaînons [am] et [an] qui consistent en deux voyelles de spectres différents précédant le même bourdonnement nasal, on doit, au lieu de reconnaître deux phonèmes vocaliques différents et interpréter le bourdonnement nasal comme la réalisation d'un seul et même phonème, attribuer la différence localisée dans le segment vocalique à l'"influence" de la consonne subséquente, c'est-à-dire soustraire les traits caractéristiques constitués par l'effet acoustique des deux mouvements de fermeture différents du segment vocalique et les replacer dans le segment censé contenir la consonne. Les deux sons vocaliques seront donc considérés comme des variantes combinatoires d'un même phonème, tandis que le bourdonnement nasal sera interprété comme la réalisation de deux phonèmes différents [13].

On voit que le cas cité par CHOMSKY comme contre-exemple est essentiellement le même, et constitue, non une violation, mais une application parfaitement orthodoxe du principe général. C'est en effet de cette façon que procèdent tous les linguistes pour tous les cas où il s'agit d'une combinaison VC, surtout quand le second élément est représenté par une occlusive. La seule différence réside en ce que dans le cas cité par CHOMSKY, le replacement des traits n'est pas prévu dans le système standard représenté par l'API, de sorte que cette opération reste à effectuer après la transcription phonétique

(13) Il est vrai que le [D] dans l'exemple de CHOMSKY est le même pour les deux mots au point de vue articulatoire aussi bien qu'au point de vue acoustique, tandis que le bourdonnement nasal dans notre exemple n'est le même qu'au point de vue acoustique. Mais la différence n'est pas pertinente pour la présente discussion, car le mécanisme du replacement des traits est le même.

au lieu d'être effectuée pendant (ou avant) cette dernière, comme dans les autres cas. Il va sans dire que cette différence n'est sensible que pour l'usager de l'API. Pour le locuteur natif du dialecte en question, elle est inexistante, car le replacement requis pour le cas cité est prévu comme pour tous les autres dans le système phonologique de ce dialecte. Si l'analyse des combinaisons VC autres que celles citées par CHOMSKY ne constitue pas à ses yeux une violation des principes mentionnés, c'est uniquement grâce à la coïncidence fortuite entre le mode de replacement standard implicitement codifié par l'API et celui qui est de règle dans l'anglais américain. Naturellement cette coïncidence est hautement probable quand il s'agit d'une langue européenne, puisque le système API est élaboré sur la base des langues européennes par des locuteurs natifs de ces langues mêmes. Et c'est la haute probabilité de cette coïncidence qui semble précisément être à la base de l'idée que se font CHOMSKY et ses disciples de la réalité perceptuelle qui sous-tend les transcriptions phonétiques.

La base perceptuelle de la transcription phonétique et son caractère subjectif sont, comme nous l'avons vu, indéniables, et les promoteurs de la phonologie générative se trouvent parmi les linguistes qui s'en rendent compte le plus nettement. On ne peut que les approuver entièrement quand ils nous mettent en garde contre l'illusion d'une objectivité quelconque de la représentation phonétique des énoncés :

> Our conception differs from an alternative view that the phonetic transcription is primarily a device for recording facts observed in actual utterances. That the latter view is not tenable, in any very strict sense, has been known at least since mechanical and electrical recordings of utterances have revealed that even the most skillful transcriber is unable to note certain aspects of the signal, while commonly recording in his transcriptions items for which there seems to be no direct warrant in the physical record (CHOMSKY and HALLE, 1968 : 293)... Thus it is no longer a problem that the transcription is composed of discrete symbols whereas the signal is quasi-continuous or that the transcription provides only informations only about some properties of the signal... (*ibid.* : 294).

Il nous est facile d'être d'accord avec ces auteurs quand ils parlent d'une réalité perceptuelle des faits représentés par la transcription phonétique chez le phonéticien qui connaît la langue transcrite.

> ...phonetic facts that are recorded by careful phoneticians... constitute some sort of perceptual reality for those who know the language in question. A person who knows the language should 'hear' the predicted phonetic shapes. In particular, the careful and sophisticated impressionistic phonetician who knows the language should be able to bring this perceptual reality to the level of awareness, and there is ample evidence that phoneticians are capable of doing this. We take for granted, then, that phonetic representations describe a perceptual reality (CHOMSKY and HALLE, 1968 : 25).

Mais il devient moins facile de les suivre quand ils précisent :

> ... phonetic transcriptions consistently disregard many overt physical properties of speech. Among these are phonetic effects that are not locatable in particular segments but rather extend over entire utterances... In addition, phonetic transcriptions omit properties of the signal that are supplied by universal rules. These properties include, for example, the different articulatory gestures and various coarticulation effects — the transition between a vowel and an adjacent consonant, the adjustments in the vocal tract shape made in anticipation of subsequent motions, etc. (CHOMSKY and HALLE, 1968 : 295).

En fait, les transcriptions phonétiques n'omettent pas ces propriétés. Comme nous l'avons vu, elles les replacent dans les segments appropriés. Si elles les ignoraient pour de bon, elles seraient inutilisables, car elles identifieraient, par exemple, les combinaisons du type [at, ak, ap] prononcées avec des consonnes implosives sans détente (cf. KARLGREN, 1926 : 261sq. ; CAO, 1975 : 111). Ensuite, l'affirmation de l'existence de règles universelles gouvernant les "gestes articulatoires" (les mouvements effectués par les organes phonateurs en se déplaçant d'une position à une autre), les effets de coarticulation, etc., est démentie par les faits. Les dites règles diffèrent avec les langues, ou au moins avec les types de langues. Si elles étaient universelles, la transcription dite phonétique coïnciderait avec la transcription phonématique, car les variantes combinatoires ou allophones qui, on l'a vu, sont précisément le produit de la divergence qu'il peut y avoir entre le mode de replacement des traits propres à la langue étudiée et celui du système standard utilisé par le phonéticien, cesseraient de figurer dans les descriptions phonologiques, et la notion même de variante combinatoire n'aurait jamais existé dans la théorie phonologique. Mais nous trouvons particulièrement difficile de suivre CHOMSKY et HALLE quand ils placent la réalité perceptuelle de la transcription phonétique dans la représentation du sujet parlant lui-même :

> Phonetic transcription is a representation of what the speaker of a language takes to be the phonetic properties of an utterance, given this hypothesis as to its surface structure and his knowledge of the rules of phonological component. Since in this view phonetics is concerned with grammatically determined aspects of the signal, there can be no question about the relevance of phonetics to the study of language. Moreover, since the phonetic transcription, in this sense, represents the speaker-hearer's interpretation rather than directly observable properties of the signal, the existence of certain discrepancies between the transcription and the signal can be understood (*ibid.* : 294).

La réalité perceptuelle du mode d'interprétation représenté par la transcription phonétique n'est possible que dans le psychisme du phonéticien transcripteur. Que ce mode d'interprétation coïncide ou non avec celui du locuteur-auditeur natif est une question de pur hasard. En tout cas, l'usager d'une langue isolante monosyllabique qui n'est pas familiarisé avec l'écriture alphabétique ne peut en aucune façon "interpréter" les faits phoniques d'un énoncé de sa langue de la même manière que le phonéticien le fait en les notant à l'aide des signes de l'API. Les règles qui gouvernent l'activité phonatoire du locuteur quand il transforme les éléments structuraux discrets dont est composé l'énoncé en un signal acoustique continu ne sont pas identifiables *a priori* à celles qui gouvernent la lecture de la transcription par le linguiste : les deux arrivent au même résultat par des voies différentes, car les unités structurales manipulées par chacun d'eux sont différentes. Le linguiste qui "connaît la langue" peut bien être capable de prononcer l'énoncé de façon impeccable en lisant sa transcription, mais la structuration phonologique et le mécanisme neuro-moteur qui sous-tendent sa phonation restent ceux de sa langue (ou du système standard représenté par l'API) tant qu'il n'aura pas assimilé la structuration phonologique authentique de la langue étudiée. Chez le locuteur natif d'une langue syllabique qui utilise un alphabet (micro)phonématique (latin, grec, cyrillique, etc.) on peut observer une sorte de dualité assez curieuse. La "connaissance" qu'il a de la phonologie de sa langue est dédoublée en deux niveaux distincts qui représentent deux interprétations phonologiques différentes du même parler. D'une part, au niveau du conscient, il analyse les énoncés de sa langue selon le modèle alphabétique (qui est appris assez tard, quand il a déjà assimilé le modèle phonologique de sa langue maternelle). Quand il est interrogé sur les sons de celle-ci, il répond en termes des lettres de l'alphabet, et il croit assez fermement en une correspondance essentiellement univoque entre celles-ci et les unités phonologiques de sa langue, bien que les émergences sporadiques du modèle maternel occasionnent souvent des *lapsus calami*, des fautes d'orthographe caractéristiques. D'autre part, son comportement linguistique spontané continue à être entièrement gouverné par le modèle maternel, et témoigne d'une analyse structurale qui ne cadre pas avec celle représentée par l'orthographe. Ses constructions *ad hoc*, ses rimes et ses calembours sont faits en dépit de celle-ci.

La transcription phonétique représente donc bien une interprétation subjective, mais c'est celle du phonéticien usager d'un système (micro)phonématique standard qui normalise sa perception, et non celle du locuteur-auditeur natif, et on n'a aucune raison pour supposer *a priori* une interprétation qui leur serait commune.

Un autre représentant de l'école générativiste, Paul M. POSTAL, soutient que la représentation phonétique fait "partie d'une théorie sur les instructions envoyées par le système nerveux central à l'appareil phonateur" (POSTAL, 1968 : 6); elle décrit non les faits physiques présents dans l'énoncé, mais les impulsions nerveuses "discrètes (et universelles)" dont ils sont les "effets de performance" "continus et non discrets" (*ibid.* : 274). En d'autres termes, elle donne "l'information idéale sur la façon dont l'appareil vocal a à se comporter", et c'est en vertu de ce caractère "mentaliste" que la représentation phonétique est partie intégrante de la linguistique au même titre que n'importe quel autre niveau de description (*ibid.* : 274).

La confusion est évidente. Elle est la même que chez CHOMSKY et HALLE. Il ne serait pas superflu, cependant, de s'arrêter un moment sur l'aspect neurologique du langage auquel POSTAL s'est référé, et qui semble constituer chez lui un argument en faveur de l'universalité de la représentation phonétique. L'hypothèse formulée par POSTAL d'une correspondance entre les signes de transcription phonétique et les ordres neuro-moteurs qui régissent les contractions musculaires requises pour la phonation semble fort plausible et paraît concorder avec le modèle proposé par les chercheurs du groupe HASKINS pour le mécanisme de la production des sons du langage. Selon ce modèle, les invariants constitués par les traits distinctifs et leurs groupements seraient à chercher au niveau neuro-moteur. Les impulsions nerveuses qui commandent aux muscles de l'appareil vocal sont les mêmes pour chaque trait articulatoire (les "kinèmes" de BAUDOIN DE COURTENAY). Un certain centre de contrôle régit la disposition temporelle de ces traits de façon à former des syllabes. La relation qui existe entre les contractions musculaires et la forme des résonateurs qui en résulte est complexe, bien que prévisible, en raison de l'interdépendance et des recouvrements spatiaux des parties composantes du système musculaire articulatoire. Les recouvrements temporels sont dûs à ce que chaque nouvelle combinaison de contractions musculaires a pour point de départ une configuration qui résulte des contractions précédentes et commence généralement avant que ces dernières soient terminées, de sorte que la forme des résonateurs vocaux représente à chaque instant les effets amalgamés des instructions présentes et passées du système nerveux central (LIBERMAN et al., 1968 : 129sq.). Le modèle du groupe HASKINS, fruit de recherches très poussées dans le domaine de la perception des sons du langage, représente ce que la phonétique moderne a pu avancer de plus probant et de plus positif.

Il est cependànt important de remarquer que les invariants visés par LIBERMAN et al. sont le trait distinctif perceptuel et le phonème perceptuel, non les allophones représentés par la notation phonétique. Et il n'y a aucune raison pour supposer que toutes les langues ont les mêmes phonèmes perceptuels. La faiblesse du modèle (peut-être la seule) réside précisément en ce qu'il ne rend pas compte de l'aspect linguistique du problème, et ses promoteurs semblent admettre l'hypothèse de l'existence d'unités perceptuelles qui ne seront pas identifiables aux unités structurales dégagées pour chaque langue par l'analyse phonologique, ce qui équivaut à nier tout rapport entre le système phonologique et la perception du sujet parlant, alors que celle-ci est en fait entièrement déterminée par celui-là.

Les unités phonologiques des langues différentes étant différemment organisées et structurées, il est raisonnable de supposer que les instructions neuromotrices pour la combinaison des traits au sein de la syllabe ou d'unités plus grandes ne sont pas les mêmes pour toutes les langues, bien que leur effet de performance non discret puisse coïncider largement — ce dont les générativistes eux-mêmes se rendent parfaitement compte, par ailleurs —.

CHOMSKY et HALLE croient en l'existence de règles universelles qui déterminent une fois pour toutes certaines propriétés physiques du signal, lesquelles sont par suite dépourvues de valeur informative et sont ignorées par le locuteur-auditeur et le phonéticien transcripteur. Ainsi, certaines règles sont supposées prévoir pour toutes les langues la façon dont les organes phonateurs ont à se mouvoir pour passer d'une position à une autre, de sorte que les mouvements effectués par ces organes, étant automatiquement déterminés, n'ont aucune fonction linguistique, et par suite échappent à la perception et sont omis dans la transcription phonétique. Les instructions provenant du système nerveux central concerneraient donc uniquement les positions, non les mouvements. Il suffirait que des ordres neuromoteurs soient donnés aux organes vocaux de prendre telles ou telles positions, et les mouvements requis s'ensuivraient automatiquement.

Or on sait, au moins depuis MENZERATH, que le discours, sur le plan articulatoire aussi bien que sur le plan acoustique, consiste en un mouvement continu, avec cependant de courtes phases stationnaires ou quasi stationnaires. Les mouvements sont donc au moins aussi réels que les positions[14]. En tout cas mouvements et positions sont à titre

(14) Cf. LINDNER (1962 : 204) : "Nur 10-13% der Reidezeit sind quasi stationäre Schallerscheinungen bei stimmhaften Lauten ; d.h. der Hauptteil der quasi stationären

égal constamment et nécessairement présents dans chaque acte phonatoire, quelle qu'en soit la dimension. De sorte que si on peut supposer que ce sont les positions qui comptent, étant seules voulues, tandis que les mouvements sont à ignorer, étant involontaires, il est tout aussi raisonnable de supposer que ce sont les mouvements qui comptent, les positions étant le point de départ et l'aboutissement inévitables de ces mouvements, ou que mouvements et positions sont à titre égal volontaires et pertinents.

Il doit donc y avoir des raisons qui décident la phonétique classique européenne, et à sa suite CHOMSKY et HALLE, à opter pour la première version et non pour la seconde ou la troisième.

Une des particularités typiques des langues européennes consiste dans l'identité phonologique des consonnes explosives et implosives, qui se trouvent en rapport de distribution complémentaire dans le même paradigme et à l'intérieur du même morphème. La consonne /t/ d'une langue européenne, par exemple, est tantôt [t⃖], tantôt [t⃗], suivant le contexte, lequel peut varier presque à l'infini, si bien que les mouvements d'ouverture et de fermeture, étant automatiquement déterminés par ce contexte, n'ont aucune valeur distinctive. La seule phase qui soit présente dans tous les contextes est la phase quasi stationnaire de la tenue. Il est donc naturel que pour un locuteur-auditeur de langue européenne, la position des organes phonateurs pendant la tenue importe seule. La raison du choix est donc d'ordre phonologique, et réside dans la structure phonique spécifique des langues microphonématiques européennes.

Par contre, dans une langue syllabique, où la distribution d'une consonne est rigoureusement limitée à l'une des deux positions initiale ou finale, c'est-à-dire où certaines consonnes sont toujours suivies d'une voyelle et précédées d'une frontière de syllabe tandis que certaines autres sont toujours précédées d'une voyelle et suivies d'une frontière de syllabe, la situation est radicalement différente. Ici, le mouvement est un attribut constant et pertinent de la consonne. Les traits spécifiques des mouvements d'ouverture et de fermeture, dont l'effet acoustique consiste dans les modulations spécifiques de la couleur de la voyelle adjacente (les incurvations de ses formants),

---

Teile bezieht sich auf stimmlose Laute, und hierbei entfällt ein grosser Teil auf die Verschluss-phasen der Verschlusslaute und auf Zischlaute, die wir deutlich hören, haben überhaupt keinen stationären Klanganteil".

sont même souvent beaucoup plus importants que ceux de la phase stationnaire, qui sont souvent sans effet acoustique. Ainsi, en vietnamien, la consonne /p̉/, qui n'apparaît qu'en position finale, est reconnue uniquement grâce aux modulations de couleur vocalique qui ont lieu dans le segment attribué communément à la voyelle "précédente", sa tenue étant un zéro acoustique, et l'explosion faisant complètement défaut. L'occlusion elle-même peut être incomplète sans que la recognition en souffre. Le /p̉/ vietnamien est donc essentiellement un mouvement de fermeture labiale, ou, en termes acoustiques, une modulation de la couleur vocalique vers une résonance grave (une incurvation des deux premiers formants vers un *locus* de basse fréquence).

Il est évident que pour les systèmes de ce type, le modèle classique réaffirmé par CHOMSKY et HALLE comme universel ne peut être valide. S'il est légitime de supposer que chez les locuteurs natifs des langues microphonématiques les impulsions nerveuses transmettent aux organes phonateurs l'ordre d'occuper telle ou telle position, il semble tout aussi légitime de supposer que chez les locuteurs natifs des langues syllabiques ce sont des mouvements qui sont prescrits par le centre d'encodage.

Il est vain de supposer, même au niveau de la représentation phonétique, l'existence d'on ne sait quelles règles universelles qui prescriraient aux sujets parlants de toutes les langues de percevoir telles propriétés physiques du signal et d'ignorer telles autres. La reconnaissance d'un mécanisme universel de perception phonétique implique la coexistence de deux niveaux distincts de perception : le niveau phonologique systématique, soumis aux règles propres à la langue en question, et le niveau phonétique systématique, soumis aux règles universelles. Cependant, les générativistes n'ont jamais envisagé les conséquences logiques de cette coexistence difficilement concevable.

L'hypothèse de POSTAL n'est pas "intolérable au linguiste moderne parce qu'elle est mentaliste" (POSTAL, 1968 : 6), mais parce qu'elle est aprioriste et ne concorde ni avec le principe fondamental de la pertinence linguistique, ni avec les faits.

Ce n'est pas non plus parce que la représentation phonétique est mentaliste et impressioniste qu'elle a droit au statut linguistique : son mentalisme et son impressionisme relèvent du comportement du phonéticien, non du sujet parlant de la langue à l'étude.

La thèse générativiste de la réalité linguistique d'un niveau phonétique universel est fondée sur la reconnaissance d'un ensemble de postulats sur lequel reposent toutes les procédures analytiques de la phonologie contemporaine (CHOMSKY, 1964 : 92) et que CHOMSKY appelle une "théorie phonétique universelle".

Parmi ces postulats figure celui-ci, le seul formulé explicitement par CHOMSKY, si on fait abstraction de la liste des traits distinctifs universels qu'il donne dans quelques-uns de ses travaux :

> In any event, we can assume that each utterance of any language can be uniquely represented as a sequence of *phones*, each of which can be regarded as an abbreviation for a set of features (1964 : 93).

Ce postulat semble bien être aux yeux de CHOMSKY le plus fondamental, celui dont la validité est la plus évidente de toute la théorie phonétique, la base minimale, nécessaire et réelle, de la phonologie.

On accepterait volontiers le postulat si la "représentation" en question était entendue comme une notation provisoire en vue d'une réinterprétation visant à reconstituer la structure phonologique authentique de l'énoncé, structure qui est plus ou moins défigurée par le crible perceptuel du phonéticien (tous les "taxinomistes" réalistes l'entendent à peu près ainsi). Mais dans la conception des générativistes, cette représentation constitue un niveau réel dans le système étudié, et cela rend le postulat inacceptable par son apriorisme.

Il est d'ailleurs difficile d'associer ce postulat à la critique du principe de linéarité et de détermination locale, car ce principe est un simple corollaire de ce postulat. En fait, la critique chomskyenne du principe de linéarité ne porte pas sur ce principe lui-même tel qu'il est réellement appliqué en phonologie classique, mais sur une fausse interprétation de ce principe, due à l'illusion qui fait confondre "son" et "segment", et dont sont victimes non seulement les phonologues taxinomistes, mais aussi CHOMSKY et les générativistes eux-mêmes. Il est par conséquent naturel que le modèle phonologique proposé par ceux-ci reste tout aussi segmentaliste et linéariste que le modèle "taxinomique", ce qui est assez étonnant, étant donné que les phonèmes taxinomiques ont été congédiés au profit des traits distinctifs qui, ainsi libérés, n'ont plus aucune raison d'être couchés au lit de Procuste des segments phonémiques comme ils le sont, en fait, dans les matrices bidimensionnelles de la grammaire générative, dans lesquelles les colonnes représentent précisément "les segments discrets consécutifs" formés par la combinaison des traits phonétiques (CHOMSKY et HALLE, 1968 : 5,294sq.).

Il n'y a donc rien d'étonnant dans le "retour du phonème" dans les descriptions générativistes (HAGÈGE, 1976 : 170sq.), retour apparamment sporadique, il est vrai, mais inéluctable, parce que les vrais fondements phonologiques et psychologiques de sa réalité n'ont jamais été élucidés et que, par suite, le mythe de son universalité persiste.

Efforts vers une phonologie générative non segmentale

L'emprise du segmentalisme sur la théorie "standard" de la phonologie générative (CHOMSKY et HALLE, 1968) qui, à la suite de la critique manquée du principe de linéarité, reste prisonnière de la notion du son, a été fort heureusement sentie par un certain nombre de générativistes qui, dans les années 70, n'ont pas manqué de poser : 1. le problème de l'intégrité et de la réalité du "segment" (cf. ANDERSON, 1976, 1979 ; LINELL, 1979 ; cf. aussi les références fin du Ch. III), de l'importance des unités phonématiques plus grandes que le son, telles que la syllabe (HOOPER, 1972 ; VENNEMAN, 1972 ; CHENG, 1975) et aussi le "pied" (SELKIRK, 1978 ; cf. SCHANE, 1979 : 304sq.) et 2. celui de l'élaboration d'une représentation adéquate des faits prosodiques : l'incapacité du modèle standard dans ce domaine est notoire[15].

Les travaux appartenant à la première catégorie sont pour la plupart des études psycholinguistiques sur la réalité psychologique respective des unités phonologiques envisagée comme indépendante de la structure phonologique et morphologique des langues (cf. Ch. III, dernière section). Nous bénéficions cependant de quelques travaux qui abordent ce problème sous un angle proprement linguistique et le traitent dans le cadre d'une langue concrète (CHENG, 1970, 1975; SELKIRK, 1978). Nous examinerons brièvement l'un d'eux (CHENG, 1975), qui nous paraît assez représentatif.

Dans son article, intitulé "Phonological Units and the Japanese Syllabary", Robert L. CHENG montre qu'une description de la structure phonologique du japonais en termes de moras (unités équivalant *grosso modo* à notre syllabe phonologique ou macrophonème), description qui semble être à la base des kanas, est aussi économique que conforme à

---

(15) La seule unité prosodique utilisée dans CHOMSKY et HALLE (1968) est le [± stress] représenté comme un trait phonétique du segment vocalique au même titre que les traits "locaux" (les traits "inhérents" chez JAKOBSON et al.). L'analyse impliquée, qui produit une syntagmatique rigoureusement unilinéaire, est naturellement d'une gaucherie et d'un manque de réalisme inacceptable pour la plupart des "structuralistes".

l'intuition linguistique des locuteurs natifs, au moins en ce qui concerne une représentation de surface. L'apparente non-économie du nombre d'unités (100 moras au lieu de 20 phonèmes) est compensée par l'économie des relations d'ordre séquentiel (ou de "location") qui constituent également, toujours selon CHENG (1970), une information phonologique, et qui sont en japonais redondantes à l'intérieur du mora. D'ailleurs, comme la simplicité se mesure par les spécifications de traits exigées dans les règles, la segmentation en phonèmes ne donnerait guère un nombre plus restreint de spécifications.

CHENG juge cette description plus adéquate que celles formulées en termes de phonèmes, car elle est la seule qui soit apte à rendre compte de la réalité psychologique frappante de la syllabe japonaise en comparaison de celle du son segmental qui est probablement nulle dans cette langue :

> ... in spite of their knowledge of the Roman alphabet and the phonemic theory of the structuralists, many native Japanese linguists have claimed that in the mind of the native speaker the basic sound units are the syllables (or the moras in the terminology to be used in this paper) which are represented by the kanas, and further divisions of the moras into smaller units of sound has no psychological reality (cf. KIKUZAWA 1935, KAMEI 1956, KINDAICHI 1967).
>
> It might be said that this claim about native intuition has been affected by the writing system and the customary way of referring to one or two moras and not consonant or vowel as one or two 'sounds' in their culture. It is my conviction, however, that there is a level of phonological representation... that has moras as the basic units in Japanese and that their claim about the psychological reality of the mora over the segmental phoneme should be captured in a description of Japanese phonology (1975 : 67-68).

Les résultats des expériences audio-orales effectuées sur les locuteurs natifs visant à mettre en évidence la facilité avec laquelle ils manipulent les syllabes et les sons (insertion, omission et permutation de syllabes et de sons, insertion d'un groupe phonique entre des syllabes et entre des sons tautosyllabiques) parlent sans ambiguïté en faveur de cette thèse. L'auteur affirme la supériorité des kanas en tant qu'écriture par rapport au romaji, et rejette l'hypothèse émise par MILLER (1967) selon laquelle le caractère syllabique de l'écriture japonaise est déterminé par celui du système emprunté à l'étranger plutôt que par la structure phonologique de la langue japonaise.

> In conclusion I should like to show my sympathy with R. FIRTH, who said that the phonemes are products of linguistic theory which had developed in a culture that uses the Roman alphabet. CHOMSKY and HALLE (1968) have not broken from the segment tradition of the West, which gives no formal recognition to the syllable. How writing systems and other cultural factors have influenced the history of linguistics is something we ought to investigate (*ibid.* : 83).

Remarquons dans cette conclusion, à côté du reproche parfaitement pertinent adressé aux promoteurs de la phonologie générative, la tendance à se joindre à l'explication de la doctrine segmentaliste par l'influence de l'écriture alphabétique, explication à rebours qui est pourtant identique à celle qu'on a donnée de la réalité psychologique de la syllabe japonaise et que CHENG lui-même a rejetée (*ibid.* : 67). Par ailleurs, bien qu'il ait donné une description élégante de la structure phonologique du japonais qui est sûrement plus adéquate que les descriptions en termes de (micro)phonèmes, CHENG n'est pas parvenu à expliquer en termes proprement linguistiques la réalité psychologique de la syllabe japonaise, faute d'avoir établi le statut structural de cette unité qui, comme on le sait, est celui du phonème.

Les travaux appartenant à la seconde catégorie représentent des efforts visant à combler une lacune importante de la théorie "standard" constituée par son incapacité à traiter des faits dits prosodiques ou suprasegmentaux. Comme le constate un des adeptes de la phonologie générative,

> ... even the rudiments of a successful theory of suprasegmentals isn't to be found in generative phonology. Generative systems have not to this date been able to deal with the kind of prosodic systems Harris system (or ... Firthian prosodic analysis) could handle (GOLDSMITH, 1979a : 15).

C'est en se rendant compte de cet état de choses que plusieurs travaux générativistes récents se sont donné pour tâche d'édifier dans le cadre de la phonologie générative une théorie apte à rendre compte des faits prosodiques de façon acceptable et de "sauver ainsi les apparences" (*ibid.* : 165) (LEBEN, 1973 ; GOLDSMITH, 1974, 1976, 1979a, 1979b ; ANDERSON, 1976 ; CLEMENTS, 1976a, 1976b, 1976c ; WILLIAMS, 1976 ; cf. SCHANE, 1979).

Parmi les théories et approches proposées, la plus représentative et la plus explicite semble être celle appelée *autosegmental phonology* élaborée par J.A. GOLDSMITH et reprise par plusieurs autres auteurs (dont CLEMENTS, WILLIAMS, MENN), et qui parfois est aussi qualifiée de "phonologie non-segmentale" ou "phonologie non-linéaire".

En voici les grandes lignes.

GOLDSMITH propose à la place de la représentation unilinéaire prônée par le modèle "standard" une représentation en plusieurs étages ("tiers") superposés qui sont chacun segmentés de façon indépendante mais dont les segments de l'un entretiennent avec ceux de l'autre des relations (*linkages*) représentées par des "lignes d'association" (GOLDSMITH, 1979a, 1979b; cf. HOUSEHOLDER, 1979). Ces étages et les segments qui les constituent sont appelés autosegmentaux. Le terme "suprasegmental" est rejeté pour ce qu'il fait entendre que les étages ne seraient pas divisés chacun en ses propres segments *in their own right* (1979a : 20).

1) Ce traitement est en particulier justifié par l'existence des tons mélodiques placés sur une voyelle (brève) qui dans certaines langues (par ex. en igbo) doivent être traités comme une suite de deux tons pleins, ce qui rend évidente l'absence de coïncidence temporelle entre les segments appartenant à des étages différents (*ibid.* : 22) et qui rend absurde le traitement du ton comme un trait de la voyelle : la voyelle en cause contiendrait *en même temps* deux traits opposés (par ex. "Haut" et "Bas") (p. 21sq.).

2) Une autre motivation de la représentation autonome des segments prosodiques tels que les tons réside dans leur *stabilité* : quand une voyelle se "dessyllabifie" ou est omise par certaine règle phonologique, le ton qu'elle est censée porter ne disparaît pas, mais se reporte sur une autre voyelle (p. 30). Si le dit ton appartenait à la voyelle, il disparaîtrait avec elle, car une omission est toujours l'omission d'un segment entier (*in any phonology, a deletion rule deletes a segment*, p. 33). Par ailleurs, un ton peut être en tant que tel omis par une règle : il est donc un segment "*in its own right*" (p. 35).

3) La grammaire de certaines langues présente des "niveaux mélodiques", c'est-à-dire des niveaux linguistiquement significatifs qui ne se réfèrent qu'à un ou deux traits dans l'énoncé (p. 20). Par exemple en tiv le temps du verbe se réfère à sa mélodie tonale (p. 36).

4) On observe dans certaines langues des tons "flottants", c'est-à-dire des tons qui ne sont placés sur aucune voyelle de façon définitive, mais peuvent être unis à une voyelle quelconque durant la dérivation. En bambara par exemple l'affixe signifiant "défini" prend la forme d'un ton flottant (p. 45). Un tel ton ne peut être dit appartenir à une voyelle.

5) Finalement, il y a des traits qui s'étendent de façon automatique dans les deux directions au lieu d'être confinés dans les limites de la longueur d'une unité déterminée, ainsi la nasalité en guarani (p. 50) qui s'étend du radical du mot à ses préfixes. Ces traits constituent un étage autosegmental.

Les faits phonétiques susceptibles de former un étage autosegmental sont surtout les traits de hauteur tonale, d'intensité, de position glottale (aspiration, constriction), de nasalité, de tension vocalique, de couleur vocalique (timbre des voyelles dans les langues à harmonie vocalique) (cf. GOLDSMITH, 1979a, 1979b; HOUSEHOLDER, 1979; SCHANE, 1979; ANDERSON, 1979).

La première remarque qu'on est en droit de formuler est qu'il s'agit non d'une certaine "phonologie non-segmentale" ou "non-linéaire", mais d'une approche radicalement segmentaliste dont la vraie originalité consiste dans l'extension de la segmentation linéaire à d'autres plans que celui des "sons" (consonnes et voyelles), et dans l'affirmation de l'autonomie de ces suites linéaires de segments.

Les arguments que GOLDSMITH avance en justification de la représentation multilinéaire ne portent que sur le modèle "standard" tel qu'il est présenté par CHOMSKY et HALLE, car toutes les approches "structuralistes" dans lesquelles il est question d'intonation, d'accent, de ton, d'unités prosodiques ou suprasegmentales, sont par ce fait même explicitement multilinéaires. Ce qui distingue l'approche autosegmentale de celle de la phonologie classique consiste essentiellement en ceci que, à la suite de la phonologie prosodique firthienne, elle rejette le principe phonéticiste qui classe les propriétés telles que la hauteur tonale et l'intensité dans la catégorie des traits universellement prosodiques et les propriétés telles que la nasalité et la couleur vocalique dans celle des traits universellement phonématiques, et reconnaît explicitement que les traits phonétiques peuvent être autosegmentaux dans certaines langues sans l'être dans certaines autres : ainsi, la nasalité est un trait phonématique en anglais, mais un trait autosegmental en guarani (p. 18).

La phonologie autosegmentale n'est cependant pas identifiable à la phonologie prosodique, même si on fait abstraction des différences de formulation. Selon GOLDSMITH, l'approche autosegmentale diffère de celle des prosodistes sur "au moins deux points importants" :

> The first is the centrality of the distinction maintained in the autosegmental approach among the notions of *segment*, *feature*, *rule*, and *association* ... The notion of *feature* in the generative framework correspond in the Firthian framework to the notion *prosody*... But the only types of prosodies that correspond to autosegmental analyse are those in which the prosodies are phonetically homogenous (1979b : 203).
>
> The second major difference... lies in the emphasis, in the latter, placed upon rules and their interactions with Well-Formedness Condition[16] (*ibid.* : 204).

Nous laisserons de côté les différences qui séparent l'approche générativiste en général de l'approche "structuraliste" (règles de transformation, etc.), pour ne nous occuper que de deux points, selon nous essentiels : la détermination de l'autosegmentalité des traits et l'établissement d'un rapport entre les différents étages (entre les unités prosodiques et phonématiques, en termes "structuralistes").

Quels sont donc les critères qui permettent de distinguer les traits autosegmentaux de ceux qui ne le sont pas ? Autrement dit, de réunir certains traits comme appartenant au même étage ?

Il ressort directement des cinq arguments présentés dans GOLDSMITH (1979a)[17] en faveur de l'approche autosegmentale que l'auteur

---

(16) "Stated formally, the Well-Formedness Condition reads : 1. Each vowel must be associated with (at least) one toneme. 2. Each toneme must be associated with (at least) one vowel. 3. No association lines may cross (207)".

(17) Cf. GOLDSMITH (1979b : 222) : "One criticism of autosegmental theory which has been raised (e.g. in unpublished work by A.R. WALTON) is that explicit criteria

dégage comme autosegmentaux les traits : 1. dont la longueur dépasse celle d'un segment formé par d'autres traits sur un étage préalablement établi (p. 50) ou qui lui est inférieur (p. 21) ; 2. qui ne sont pas omis quand le segment auquel il est associé l'est (p. 30), ou qui sont omis quand ce dernier ne l'est pas (p. 35); 3. qui ne sont associés à aucun segment défini d'un autre étage (qui sont "flottants") (p. 45) ; 4. qui se réfèrent à un niveau grammatical (qui constituent en tant que tels le représentant d'un morphème) (p. 36); et finalement, si l'on s'en tient à ce que dit l'auteur dans le passage précité (1979b : 203), 5. qui sont phonétiquement homogènes.

Le critère 1 (p. 50), celui du domaine d'extension, est familier aux phonologues de toutes les écoles et a déjà été examiné dans le chapitre II du présent ouvrage ; le critère 4, authentiquement linguistique, est bien connu des firthiens (voir section "L'Ecole de Londres") ; le critère 5 nous est incompréhensible, n'étant dérivé d'aucun principe ou postulat connu en linguistique générale ou préalablement établi par l'auteur. Nous nous concentrerons donc sur les critères 1 (p. 21), 2 et 3.

L'argument qui fait ressortir le critère 1 (p. 21) — l'existence de cas où deux tons sont associés à une seule voyelle brève — et que l'auteur considère comme l'argument le plus puissant pour la justification du traitement autosegmental, est illustré par l'exemple suivant pris à la langue igbo. Dans cette langue, quand un nom se terminant par le ton "Haut" précède en tant que sujet un verbe commençant par le ton "Bas", la dernière voyelle de ce nom, en plus de son ton "Haut" original, est affectée d'un ton "Bas" supplémentaire, de sorte qu'elle est associée à une séquence de deux tons, "Haut - Bas" (´-` ou ^). Comparer :

Ékwé (n. propre) — Ékwê cì àkhwá "Ekwe porte des oeufs"
Àdhá (n. propre) — Àdhâ cì àkhwá "Adha porte des oeufs"

Cet exemple, aussi bien que les autres qui sont invoqués par l'auteur, représente un cas banal d'anticipation (ou d'assimilation régressive) observable dans toutes les langues à tons que nous con-

---

have not been given for determining which features are autosegmental within a specific language". Comme le premier critère donné dans la réponse qui suit nous est peu intelligible ("whether the change in value of that feature coincide or not with the change in value of other features"), que le second est le critère 4 ci-dessus, et que l'auteur lui-même nous renvoie à 1979a, nous nous en tiendrons à ce dernier ouvrage.

naissons. Du point de vue phonétique, cependant, on peut constater un décalage temporel entre le ton et le segment vocalique. Mais si ce décalage constitue un critère pour déterminer l'autosegmentalité d'un trait, on ne voit pas pourquoi l'auteur n'accorderait pas la même autosegmentalité aux autres traits également placés dans des voyelles et également anticipés dans les segments précédents tels que l'antériorité, la postériorité, la labialité, et aux traits consonantiques sujets à anticipation, tels que le voisement, le non-voisement, la palatalisation, la vélarisation, la labialisation, la nasalité. Les phonologues firthiens qui opèrent avec le même critère phonétique de l'extension plurisegmentale, sont cependant beaucoup plus conséquents en analysant les traits énumérés comme des prosodies dans les langues où ils jugent une telle analyse adéquate.

Le même critère a servi également à déterminer l'autosegmentalité de la nasalité en guarani, de la tension vocalique en igbo, des traits de tonalité vocalique dans les langues à harmonie vocalique. La motivation légitime du dégagement de ces traits comme formant une couche à part, cependant, est indubitablement leur morphématicité, ce dont les prosodistes semblent se rendre compte beaucoup plus clairement que les autosegmentalistes.

Quant au critère de la "stabilité", il est manifestement lié à un préjugé segmentaliste consacré par la phonétique traditionnelle : si les générativistes trouvent possible d'affirmer que les chutes qui se produisent en vertu de règles de transformation synchronique ou de changements historiques sont toujours des chutes de segments, c'est parce que toutes les alternances et changements qui consistent en la perte d'un ou de plusieurs traits sont uniformément reflétés dans la transcription traditionnelle comme l'omission d'une (ou de quelques) lettre(s), sinon comme son remplacement par une autre lettre.

Dans les langues microphonématiques, où les "sons" ont le statut phonématique, il est naturel que l'unité d'alternance et de changement soit fréquemment le son. Mais même dans ces langues, il est loin d'en être toujours ainsi. Le dévoisement d'une consonne est la chute d'un trait, non d'un segment. La sonorité serait-elle donc un trait autosegmental ? Quand on parle de la chute du /n/ final en français, il s'agit en réalité de la perte des traits "occlusif" et "dental" ; le trait "nasal" demeure, et est reporté sur la voyelle précédente : serait-il donc, en vertu de sa stabilité et de son replacement dans un autre segment, un trait autosegmental ? Ce qui est communément décrit comme la chute d'une voyelle consiste souvent dans son amuïssement, c'est-à-dire dans l'omission du trait de plénitude vocale (aperture) et de celui de voisement (lequel n'est même pas un trait pertinent), les traits de tonalité étant conservés (et gardant leur pertinence) sous la forme d'une palatalisation, d'une vélarisation et/ou labialisation de la consonne précédente : ces traits seraient-ils donc autosegmentaux en vertu de leur stabilité ?

La phonologie autosegmentale diffère également de la phonologie classique et de la phonologie prosodique sur un autre point essentiel : la manière de concevoir le rapport qui lie les différents "étages" de traits. Alors que la phonologie classique établit en premier lieu les rapports structuraux et fonctionnels qui unissent les prosodèmes aux unités des niveaux supérieurs qu'ils caractérisent en tant qu'éléments constituants, ces unités pouvant être des syllabes, des mots, des syntagmes, des phrases, etc., et que la phonologie prosodique envisage les prosodies surtout en tant qu'exposants d'unités grammaticales ou démarcatives, la phonologie autosegmentale, elle, se donne pour tâche de formuler des règles d'association qui gouvernent un seul rapport, celui des segments d'un étage aux segments d'un autre étage, ce qui équivaut en réalité, dans la pratique de GOLDSMITH, à une description purement phonétique du placement des traits autosegmentaux sur les *voyelles* (cf. les *Well-Formedness Principles* cités ci-dessus). Description d'une inexactitude grossière, d'ailleurs, qui ressuscite un préjugé depuis longtemps abandonné. Du point de vue phonétique, le ton n'est synchrone avec le segment vocalique que lorsque ce dernier constitue à lui seul une syllabe, ou qu'il est entouré exclusivement de consonnes sourdes; le ton s'étend sur tous les sons de la syllabe qui sont assez sonores pour le porter. Du point de vue phonologique, le ton est encore moins susceptible d'être associé à une voyelle, et c'est précisément ce qui, de l'avis de GOLDSMITH lui-même aussi bien que des phonologues non autosegmentalistes, fait du ton une unité autosegmentale ou prosodique. Un ton est toujours associé soit à une syllabe, soit à un mot, soit à un morphème, mais jamais à une (ou des) voyelle(s) en tant que phonème(s).

Et c'est en ignorant ainsi les rapports linguistiques qui unissent les unités en cause aux autres unités de la langue au profit d'une association arbitraire qui n'est même pas justifiée du point de vue phonétique, en ne tenant aucun compte de leur fonction et de leur place dans la structure de la langue, que la phonologie autosegmentale met sur le même plan des faits aussi profondément différents l'un de l'autre que les morphèmes mélodiques du tiv, les hauteurs tonales de syllabes en igbo et l'intonation de phrase en anglais, cette dernière langue étant promue "langue à tons" (GOLDSMITH, 1974, 1979a : 26sq., 117sq.).

Les unités dites prosodiques ou suprasegmentales ne le sont pas par le fait qu'elles représentent des segments qui ne coïncident pas avec les voyelles sur la ligne du temps. Elles le sont par le fait que les traits qui les représentent, à la différence des traits phonématiques qui constituent l'unité permutable minimale de la langue, constituent directement une unité d'un niveau supérieur, et par suite se trouvent sur un niveau supérieur à celui des traits phonématiques.

Si un certain trait (ou ensemble de traits solidaires) représente en tant que tel un morphème dans une langue où les autres morphèmes sont représentés par un ou plusieurs ensembles de traits (par un ou plusieurs (micro)phonèmes par exemple), il est évident que ce trait (ou ensemble de traits) doté du statut morphématique se trouve sur un niveau supérieur à celui des traits non morphématiques. En qualité de morphème, il constitue directement le mot au même titre que les autres morphèmes constitués par des unités segmentales (permutables), mais en tant que trait (ou ensemble de traits non permutable), il s'en distingue par sa non-segmentalité, ce qui motive sa qualification de "prosodique" ou "suprasegmental".

Si un certain trait caractérise directement une syllabe par exemple, alors que dans la même langue les autres traits caractérisent un (micro)phonème, ce trait se trouve, par ce fait, à un niveau supérieur au leur, à savoir celui du phonème, bien qu'il se distingue de celui-ci par sa non-permutabilité. Les unités prosodiques se distinguent donc des traits phonématiques par leur appartenance à un niveau supérieur, et d'autre part elles se distinguent des unités du même niveau par leur non-segmentalité (par le fait qu'elles ne sont pas permutables ou constituées d'éléments permutables). Et ce sont ces facteurs linguistiques, non les propriétés temporelles, qui font de l'intonation, trait(s) appartenant à la phrase, de l'accent, trait(s) appartenant au mot (au syntagme ou au groupe rythmique), du ton dans les langues microphonématiques ou dans les langues à morphèmes tonals, des unités prosodiques. D'autre part, toute unité linguistique qui n'est pas permutable ou n'est pas constituée par des éléments permutables doit être reconnue comme une unité prosodique si elle caractérise (constitue) directement une unité qui est en même temps caractérisée (constituée) directement par une unité permutable ou constituée d'unités permutables. (Autrement dit, si elle se trouve sur le même niveau qu'une unité permutable ou constituée d'unités permutables). Il va sans dire qu'un trait caractérisé par ces déterminations est prosodique même s'il est connu comme "inhérent" dans les langues européennes (nasalité, arrondissement, antériorité, postériorité, aspiration, etc.), même s'il occupe à lui seul une portion du temps (aspiration, stød, etc.), et même s'il est réalisé dans les limites d'un seul segment.

Le dessin mélodique qu'on appelle ton en suédois ou en norvégien est un trait prosodique parce qu'il caractérise le mot (dissyllabique) au même titre que le phonème, au lieu de caractériser le phonème comme les autres traits pertinents. Le "ton" du japonais est prosodique parce qu'il caractérise le mot ou le syntagme au même titre que la syllabe (le macrophonème) au lieu de caractériser celle-ci comme les autres traits pertinents. Le ton du chinois ou du vietnamien n'est pas un fait prosodique : il caractérise la syllabe (le macrophonème) au même titre que les autres traits pertinents, ou, selon l'analyse de la phonologie chinoise antique reprise par GORDINA (1959) et par HOANG et HOANG (1975), au même titre que l'initiale et la rime, qui sont elles-mêmes non-permutables à l'intérieur de la syllabe, laquelle est non-linéaire et représente l'unité permutable minimale de la langue, c'est-à-dire le phonème. Il en est de même en igbo : dans cette langue macrophonématique (syllabique), où le phonème (la syllabe) est caractérisé par trois éléments également non permutables : le ton, l'initiale et le noyau, il n'y a aucune raison pour placer l'un de ces éléments sur un étage autosegmental comme GOLDSMITH le fait pour le ton en se basant sur son anticipation, fait dépourvu de toute pertinence linguistique.

De tout ce qui vient d'être dit il semble assez clair que les unités prosodiques *ne sont pas* autosegmentales, c'est-à-dire ne forment pas des segments qui se succéderaient sur une ligne autonome distincte de celle sur laquelle se succèdent les phonèmes, les morphèmes, les mots, les syntagmes, les phrases, pour la bonne raison qu'elles sont des éléments faisant partie intégrante de ces unités mêmes, et qui ne sont prosodiques ou suprasegmentaux qu'au sein de ces unités, par opposition aux éléments segmentaux de ces dernières. Pour qui fait abstraction de la fonction constitutive des unités linguistiques, les unités prosodiques peuvent sembler se succéder dans le temps (cf. les intonations de deux phrases successives, les tons de deux mots successifs) ; en réalité elles ne sont pas plus segmentales que les traits inhérents de deux phonèmes successifs, qui semblent également se réaliser l'un après l'autre. Les traits prosodiques de mots, de syntagmes ou de phrases, aussi bien que les traits inhérents de phonèmes, ne se succèdent dans le temps que dans la mesure où les unités segmentales qui les contiennent sont successives ; en tant que tels, ils ne peuvent former à eux seuls des segments successifs.

Comme toutes les autres unités linguistiques, les unités prosodiques ont leur place dans la hiérarchie du système et leur fonction, dans la constitution de l'énoncé. C'est en ignorant ce fait qu'on en est venu à se créer l'illusion d'une pluralité d'étages autonomes et segmentés indépendamment les uns des autres, illusion qui à son tour donne naissance à des faux problèmes comme celui des tons flottants ou des voyelles à deux tons.

Le seul cas à notre connaissance où l'on puisse parler d'étages autosegmentaux est peut-être celui de la structure morphologique du mot chamito-sémitique : la racine et le schème du mot forment deux lignes constituées chacune par des éléments permutables dans son propre domaine (cf. Ch. II ; voir aussi ci-dessous à propos de McCARTHY, 1977) [18]. On doit cependant garder en vue que l'autosegmentalité est confinée dans les limites du mot et n'atteint pas les niveaux supérieurs.

La partie la plus intéressante de l'ouvrage de GOLDSMITH est sans doute représentée par sa tentative de donner une explication à l'organisation du niveau phonétique en couches segmentées.

L'activité phonatoire de l'homme, selon GOLDSMITH, est comparable à celle d'un orchestre dans lequel chaque instrument joue sa propre partie : il est donc naturel de supposer que chacun des organes phonateurs (c'est-à-dire chaque partie des organes qui est responsable d'un trait phonétique) produit sa propre séquence, de sorte que la chaîne parlée est composée d'autant de lignes autonomes qu'il y a d'organes phonateurs. Et pourtant le locuteur-auditeur se représente cette chaîne comme étant formée d'une seule ligne ou au moins d'un certain nombre de lignes qui serait nettement inférieur au nombre réel des parties de l'instrumentation (1979a : 17, 159).

On peut donc se demander *pourquoi* et *comment* les traits produits par les divers organes se groupent en segments au niveau le plus profond.

---

(18) On pourrait y ajouter le tiv avec son système tonal morphématique tel que GOLDSMITH (1976, 1979) nous le décrit, à condition d'être sûr que les mélodies verbales sont bien des séquences de tons, non d'unités indivisibles.

L'hypothèse avancée par GOLDSMITH est que l'activité des organes est essentiellement parallèle, et qu'il en est de même pour le mécanisme de la perception, comme l'image de l'orchestre et de l'audition musicale le suggère. Si chaque dimension phonétique constitue une ligne à part, il y aura un nombre trop grand de formes sous-jacentes et d'autre part trop peu de redondance pour une mémorisation assez aisée de ces dernières (p. 160). On doit donc supposer que l'acquisition du langage comporte un procès de désautosegmentalisation au bout duquel les traits originellement autosegmentaux sont regroupés en un nombre minimal de niveaux tel que l'apprenant puisse réaliser un inventaire réduit de phonèmes (p. 160). Le mécanisme de la désautosegmentalisation est illustré à l'aide de l'exemple suivant.

Supposons qu'un enfant qui apprend sa langue maternelle (disons l'anglais) entende le mot (peut-être anglais) *ha*. L'enfant, doté de la faculté (innée ?) de détecter les traits phonétiques, y perçoit une multitude de traits qui sont disposés d'une certaine façon, qu'on peut représenter schématiquement par :

$$(1)\quad \begin{bmatrix}\text{+Spread}\\ \text{glottis}\end{bmatrix} \quad \begin{bmatrix}\text{-Spread}\\ \text{glottis}\end{bmatrix}$$

$$\begin{bmatrix}\text{+Constr.}\\ \text{pharynx}\\ \text{-High}\\ \text{-Round}\\ \text{etc.}\end{bmatrix}$$

ou plus simplement

(2)

breathiness (spread glott.)	breathy	non-breathy
mouth position	a	

La désautosegmentalisation peut selon l'auteur produire les structures phonologiques ("sous-jacentes") suivantes (nous simplifions en mettant "h" pour *Breathy* (+*Spread glottis*) et "-" pour *Non-breathy* (-*Spread glottis*) :

$$(a)\ \begin{bmatrix}\text{h}\\ \text{a}\end{bmatrix}\begin{bmatrix}-\\ \ \end{bmatrix} \qquad (b)\ \begin{bmatrix}\text{h}\\ \ \end{bmatrix}\begin{bmatrix}-\\ \text{a}\end{bmatrix} \qquad (c)\ \begin{bmatrix}\text{h}\\ \text{a}\end{bmatrix}\begin{bmatrix}-\\ \text{a}\end{bmatrix}$$

solutions parmi lesquelles, selon l'auteur, "(b) est bien entendu essentiellement la solution correcte" (p. 162), bien que les autres donnent également (1) et (2) au niveau phonétique. La désautosegmentalisation aboutit ainsi à un regroupement des traits dans deux segments situés sur un même étage, dont chacun est spécifié pour certains traits et non-spécifié pour certains autres. Ainsi le segment /h/ est spécifié pour le trait [+Breathy] seulement, et non-spécifié pour les autres, qui sont groupés dans le segment /a/.

Jamais, à notre connaissance, une représentation telle que [ha] n'a été reconnue aussi explicitement comme le résultat d'un procès d'interprétation phonologique, et non considérée comme un enregistrement phonétique de faits physiques objectifs ou de faits perceptuels naturels et universels. Il reste seulement à regretter que l'auteur ne cherche pas à expliquer pourquoi le sujet (anglais) désautosegmente le mot de cette façon et non d'une autre. Il a pourtant envisagé de façon assez explicite l'alternative suivante :

> The child will eventually learn that there are no breathy vowels, but this is a fact about English, not language in general.
> Should the child not find any consistent system by which to merge come autosegmental tier with the other sets of features, or should the separate tier warrant status as an entry in the lexicon, this leaves the grammar with more than one linear sequence of segments at the underlying level. And in such a way, autosegmental phonology would arise. The separate linear sequences of segments would then each constitute items that would have a place in the lexicon of that language (p. 164-65).

Assertions d'une teneur authentiquement linguistique qui entrent cependant en contradiction directe avec la théorie autosegmentale en entier, laquelle repose lourdement sur les postulats segmentalistes qui sous-tendent la conception générativiste du niveau phonétique "systématique" universel. En particulier, elles suggèrent deux autres solutions dont la possibilité n'est pas prévue par l'auteur lors du traitement de l'exemple cité, la première étant l'interprétation de l'aspiration comme un trait prosodique :

(d) [h]
[a]

solution choisie par l'écriture grecque pour l'"esprit rude", à laquelle nous ajouterons une seconde, indubitablement licite pour les langues à syllabes ouvertes, qui est adoptée par l'écriture japonaise :

(e) $\begin{bmatrix} h \\ a \end{bmatrix}$ ou [a̤] ("a" aspiré, - le signe de transcription est emprunté à l'auteur)

où le tout constitue un seul segment (un seul phonème).

La tâche du phonologue consiste précisément à rendre explicites les facteurs qui décident du choix de l'une ou de l'autre solution. Il s'agit en l'occurrence de savoir pourquoi et comment l'enfant de langue anglaise arrive à la solution (b), et non à (a), (c), (d) ou (e), et aussi pourquoi GOLDSMITH voit dans (b) la solution évidemment correcte.

La théorie autosegmentale, qui postule la segmentation naturelle et l'autonomie originelle des étages, est évidemment incapable de résoudre le problème avec ses critères phonétiques de la stabilité, du flottement, de l'extension et de la non-coïncidence temporelle. Le seul critère linguistique dont elle dispose est celui de la morphématicité : si dans *ha* on peut dégager un morphème (ou un indice de partie du discours, etc.), ou une partie de celui-ci, représenté(e) par [h] par exemple, on pourra dégager l'aspiration comme une unité autosegmentale, à l'instar des prosodistes (cf. ALLEN, 1962sq.). Si ce n'est pas le cas, il est clair que les autres critères, purement phonétiques, ne sont d'aucune utilité, car on est en présence d'un seul et même fait phonétique. Les étages qui le composent étant segmentés d'avance, on ne voit pas comment plusieurs solutions seraient possibles, ni comment des langues différentes pourraient le structurer chacune à sa façon comme GOLDSMITH l'admet dans le passage précité.

L'hypothèse de l'autosegmentalité originelle des traits est d'ailleurs difficilement soutenable. L'enfant qui apprend le langage ne commence pas par percevoir les traits phonétiques de façon autosegmentale. Le signal acoustique qui atteint son ouïe est bien complexe. Mais l'enfant ne peut le percevoir d'abord dans toute cette complexité. Il le peut encore moins que l'auditeur de musique ne pourrait percevoir d'abord séparément les diverses parties contrapunctuelles jouées par chaque instrument de l'orchestre pour les regrouper ensuite et obtenir ainsi une symphonie ou un concerto. Les nombreuses observations faites sur les premières périodes de l'acquisition du langage permettent de supposer que l'enfant perçoit les énoncés d'abord holophoniquement, comme des *Gestalt*. C'est seulement par la comparaison avec les autres énoncés qu'il arrive peu à peu à les analyser en unités signifiantes, puis à analyser ces dernières en unités phonologiques. C'est seulement à un certain moment de ce stade que s'effectue la segmentation intrasyllabique ou le groupement des traits en sons. On observe un processus à peu près parallèle sur le plan de la production. L'enfant s'efforce d'abord de reproduire les énoncés et les unités signifiantes en entier sous forme de *Gestalt* plus ou moins reconnaissables. Ces énoncés se font de moins en moins grossiers à mesure que le besoin de distinguer les unités signifiantes de plus en plus nombreuses contraint l'enfant à prendre soin des détails phonologiques qu'il ne discernait pas. L'existence d'un stade d'harmonie vocalique n'est pas un témoignage en faveur de l'hypothèse autosegmentale. Les harmonies vocaliques fautives représentent simplement des vestiges du stade holophonique dans un stade d'analyse et de segmentation peu avancées.

La solution du problème laissé ouvert par GOLDSMITH ne peut être trouvée que dans une théorie libre de tout segmentalisme aprioriste qui puisse rendre compte de la diversité des structurations phonologiques des langues de types différents en se fondant sur le principe de la pertinence linguistique de façon conséquente et radicale.

Pour le cas d'un *ha* (ou *pa*, *ta*, *ka*, etc.) non divisé par une frontière morphématique, l'explication du choix de telle ou telle solution réside nécessairement dans la structuration, propre à la langue en cause, des unités signifiantes en unités phonologiques linéaires et non linéaires.

Dans une langue macrophonématique à syllabes ouvertes comme le japonais ou l'igbo, la comparaison de *ha* (ou *ka*, etc.) à *pa*, *ta*, *da*, *sa*, *ga*, etc. permet de dégager les traits +Continu, +Glottal, -Voisé, etc. ; sa comparaison avec *hi*, *hu*, *he*, *ho*, etc. (ou *ki*, *ku*, *ke*, *ko*, etc.) permet de dégager les traits +Compact, -Arrondi, etc. La seule énumération de ces traits permet d'identifier *ha* (ou *ka*) dans la langue. Nous avons donc les (macro)phonèmes :

$$/\overset{h}{a}/ \quad \text{ou} \quad \begin{bmatrix} +\text{compact} \\ +\text{glottal} \\ +\text{continu} \\ -\text{voisé} \\ -\text{arrondi} \\ \text{etc.} \end{bmatrix} \qquad \text{et} \quad /\overset{k}{a}/ \quad \text{ou} \quad \begin{bmatrix} +\text{compact} \\ +\text{vélaire} \\ -\text{continu} \\ -\text{voisé} \\ -\text{arrondi} \\ \text{etc.} \end{bmatrix}$$

L'analyse implicite du locuteur natif en faveur de la syllabe consiste donc en tout et pour tout dans la détermination de ses traits pertinents. Il ne se rend pas compte du fait, par exemple, que dans *ha* l'aspiration cesse à un moment donné, et que la vocalisation ne commence qu'à ce moment (ce qui, d'ailleurs, n'est pas obligatoire dans toutes les langues de ce type), pour la bonne raison que rien ne l'y oblige : ces choses se retrouvent dans toutes les syllabes, de sorte qu'elles ne jouent aucun rôle dans la recognition.

S'il s'agit au contraire d'une langue microphonématique du type européen où *ha* et *ah* (ou *ka* et *ak*) représentent deux morphèmes différents, le locuteur est obligé de tenir compte de ces décalages temporels, et en plus d'ignorer le fait que certains traits de *h* apparaissent en même temps que certains traits de *a*. Et c'est ainsi que les traits pertinents de la syllabe se groupent en deux ensembles distincts parce que permutables.

En anglais, la situation est un peu plus compliquée pour *ha* : *h* n'est pas permutable avec la voyelle, sa place étant fixée à l'initiale de syllabe. Mais comme dans cette langue microphonématique les éléments d'une syllabe CV sont partout permutables, et que *a* possède le statut intégral d'un phonème grâce à sa morphématicité virtuelle et sa permutabilité avec la presque totalité des consonnes, *ha* est quand même segmenté suivant le modèle général, par analogie avec *ta*, *ba*, *sa*, *ga*, etc. La situation est analogue en grec ancien, avec cependant cette différence importante que l'aspiration dans cette langue n'est pas seulement non-permutable à l'intérieur de la syllabe, mais qu'en plus, sa place ne peut être qu'à l'initiale du mot ou de la racine, de sorte qu'elle assume une fonction démarcative que les autres consonnes de la langue n'ont pas, ce qui rend l'analogie avec ces dernières plus difficile et qui, d'autre part, la rapproche des accents. C'est ainsi qu'elle acquiert le statut d'un trait prosodique de mot ou de racine.

La situation est toute différente dans une langue où les syllabes sont scindées non par la permutabilité de ses sons, mais par une frontière morphématique constante comme c'est le cas dans les langues chamito-sémitiques. Dans ces langues, la syllabe perd définitivement son intégrité, et la division morphologique du mot se fait par une frontière qui longe la ligne du temps au lieu de la couper transversalement. Racine et flexion sont essentiellement simultanées, mais l'une et l'autre sont au même titre phonologiquement linéaires. L'analyse d'un *ha* (ou *ka*) dans une langue de ce type rappellerait celle de la voyelle initiale aspirée en grec, avec cependant cette différence importante que si en grec l'aspiration est une unité prosodique (non permutable et non segmentale à l'intérieur de la syllabe et du mot) tandis que *a* est un phonème, dans les langues du type chamito-sémitiques *h* et *a* (ou *k* et *a*, etc.) sont au même titre permutables et segmentales sur leurs lignes respectives, qui sont proprement autosegmentales.

Et c'est à peu près ainsi que la structure phonologique de l'arabe classique est représentée dans l'analyse autosegmentale de J. McCarty (1977) mentionnée dans Goldsmith (1979 : 214), analyse qui a permis à l'auteur de constater que le système vocalique de l'arabe est équivalent au système tonal du tiv par la forme et par la fonction. Cette analyse, qui implique le rejet des principes et de l'esprit radicalement phonéticistes de Goldsmith (1979a), a semblé cependant "convaincante" au même auteur (1979b), bien qu'il se demande toujours "si on peut étendre l'approche autosegmentale à des faits de nature locale, c'est-à-dire non prosodiques dans l'acception usuelle" (1979b : 214).

Cette perplexité, qui trahit l'absence d'un principe directeur précis, est compréhensible si on a en vue que GOLDSMITH, en s'efforçant de combler les lacunes de la phonologie générative par des éléments empruntés à la phonologie prosodique, n'a jamais essayé d'expliciter ni les principes segmentalistes que la première a repris à la phonologie classique, ni les principes autosegmentalistes qui gouvernent implicitement les démarches de la seconde, et s'est contenté de les atteler à une nouvelle théorie dépourvue de principes de base explicites. Il en résulte que cette dernière est encore plus inconséquente que celle qu'elle se donne pour but de "réviser de façon radicale" (GOLDSMITH, 1979b : 220).

Une révision qui n'est pas en mesure de rendre explicite ce qui précisément est à l'origine des faiblesses de la théorie révisée n'a naturellement aucune chance d'être radicale et ne pourra rien sauver de cette dernière, ne fût-ce que "les apparences".

Un modèle dynamique de la phonation comme base de la théorie phonologique

Un des traits les plus caractéristiques de la phonétique classique est, comme nous l'avons vu, sa représentation statique des sons du langage, qui mène nécessairement au schématisme et à l'arbitraire. En effet ce modèle phonétique écarte froidement l'aspect dynamique de la phonation et ignore délibérément toute une catégorie de faits importants comme n'ayant aucune signification pour la linguistique. Les données récentes de la phonétique expérimentale, en mettant en évidence le manque de réalisme de la représentation traditionnelle, ont suggéré à certains linguistes l'idée de donner à la théorie phonologique une base phonétique telle qu'elle puisse tenir compte de tous les faits susceptibles d'être pertinents pour la communication linguistique, notamment ceux qui relèvent de l'aspect dynamique de la substance du langage. Cette idée est si bien fondée et si prometteuse que nous jugeons nécessaire d'examiner brièvement à titre d'exemple un des travaux qui suivent cette direction, à savoir l'article de T.D. GRIFFEN (1976) intitulé "Towards a non-segmental phonology". L'auteur rejette le modèle statique et segmentaliste de la phonétique classique au profit d'un modèle proposé par MERMELSTEIN (1973) qui envisage la chaîne parlée comme un système dynamique dans lequel la configuration vocalique (c'est-à-dire l'émission de la voix avec ses modulations de timbre) est jalonnée d'éléments d'obstruction et de restriction et affectée de prosodies. Au lieu d'une succession de segments vocaliques et consonantiques intrinsèques homogènes, les uns contenant exclusivement des traits consonantiques, les autres exclusivement des traits vocaliques, telle que la phonétique nous le fait croire, nous avons en réalité des complexes de mouvements continus formant plusieurs plans parallèles, exécutés par des complexes distincts d'articulateurs. Cette représentation de la phonation permet de saisir la réalité phonétique dans toute sa complexité et sa mobilité, ce dont une vue segmentaliste est manifestement incapable (cf. aussi PERKELL, 1969 ; ÖHMANN, 1966).

Une phonologie fondée sur ce modèle de la substance phonique pourra opérer directement sur les données physio-acoustiques et sera beaucoup moins abstraite que celle qui les manipule à travers la segmentation, car "les segments qu'on obtient par le regroupement des oppositions phonétiques ni ne sont donnés naturellement, ni ne sont basés sur aucun fait psychologique" (GRIFFEN, 1976 : 6). Voici les concepts de base d'une phonologie de ce genre, telle qu'elle est présentée par GRIFFEN :

Une *configuration vocalique* (*vocalic pattern*) est une portion continue d'énoncé formée par le mouvement qui va d'une approximation vocalique à une autre, et sur le trajet duquel sont surimposés des mouvements d'obstruction ou de restriction. Sa longueur est celle d'un "son soutenu" de la durée d'une syllabe ou celle d'un groupe de souffle.

Une *syllabe* est caractérisée par une approximation vocalique. Elle représente l'unité segmentale la plus courte.

Le mouvement qui va d'une approximation vocalique à une autre donne des *transitions* relativement lentes. Les transitions plus rapides sont formées par les éléments d'*obstruction* et de *restriction* (traditionnellement : consonnes et *glides*). Les obstructions "ne sont pas réalisées séquentiellement avec les configurations vocaliques, mais concurremment avec elles et surimposées sur elles" (p. 10-11).

Les *prosodies* caractérisent la configuration vocalique ou la syllabe. Une prosodie de configuration vocalique, ou intonation, consiste en des fluctuations d'intensité ou de hauteur tonale. Une prosodie syllabique peut être un ton ou un accent, mais les traits vocaliques (acuité, compacité, etc.) sont aussi des prosodies de syllabe. Elle peut être obscurcie par des obstructions, mais n'en reste pas moins reliée à (et réalisée durant) la syllabe en entier, non à son seul noyau. Elle peut aussi affecter plusieurs syllabes, comme dans le cas des langues à harmonie vocalique ou à *Umlaut*.

Egalement surimposées sur la configuration vocalique, il y a aussi les prosodies d'obstruction, qui sont cependant associées aux obstructions : tension, nasalité, aspiration, etc. Elles peuvent néanmoins apparaître là où il n'y a pas d'obstruction (par exemple la nasalité des voyelles).

La réalisation des restrictions, des obstructions et des prosodies forme des *degrés*. Dans ce système, les valeurs calculables et prévisibles mathématiquement telles que le registre d'une prosodie ou le degré précis d'une obstruction relèvent de la phonétique tandis que les combinaisons (étendue des contraintes, valeur vocalique) fonctionnellement contrastées relèvent de la phonologie. Le modèle hiérarchique en lequel sont organisées les structures phonétique et phonologique peuvent cependant être les mêmes (cf. la hiérarchie des degrés d'obstruction).

Appliqué au gallois moderne, le modèle semble donner une description plus simple et plus compréhensive de la mutation des consonnes initiales, qui selon ce modèle présente un système de gradation d'obstructions. Ce que la phonologie classique représente comme l'apparition de nouveaux segments est ici traité comme une surimposition graduelle de prosodies sur les obstructions originelles (p. 13sq.). La désaspiration des occlusives sourdes du gallois (et de l'anglais) est expliquée, dans le cadre de ce modèle, par le fait que la prosodie d'aspiration, qui ne consiste pas dans l'adjonction d'un segment *h* après l'occlusive mais qui est surimposée de façon non linéaire sur l'obstruction, trouve déjà sa réalisation dans le *s* (p. 19).

Naturellement il serait difficile de juger de la valeur cognitive et des mérites techniques d'une théorie en se basant sur une esquisse aussi sommaire. Nous trouvons néanmoins possible de formuler les quelques remarques suivantes sur des points de principe qui nous semblent les plus importantes du point de vue métathéorique.

En tant que théorie phonétique, le modèle proposé par MERMELSTEIN et GRIFFEN qui représente une brillante synthèse des données de la phonétique expérimentale moderne, est nettement supérieur au modèle classique par son objectivité, si l'on admet que la théorie et la technique phonologiques doivent en premier lieu reposer sur une représentation objective de la réalité phonétique. La représentation segmentaliste de la phonétique classique qui, comme nous l'avons vu, est le résultat d'une analyse phonologique presque achevée, effectuée de façon implicite par l'ouïe des usagers de langues microphonématiques, ne peut servir de base à une phonologie qui se veut libre de l'emprise d'un modèle préconçu. Par contre, le modèle proposé nous présente la réalité phonétique à peu près telle qu'elle est, sans guère y introduire autre chose qu'un regroupement et une classification, très élégants d'ailleurs, des faits qui rendent le tableau plus simple et plus clair. Rien qui soit susceptible de porter des informations linguistiques n'y est ignoré *a priori*. Il y a lieu d'espérer que les futurs traités de phonétique générale, présentés en se conformant à un canevas analogue donneront aux étudiants une image non déformée de la substance sonore du discours, les aideront à surmonter les préjugés engendrés par le modèle de leur langue maternelle et/ou de leur écriture et, en leur montrant toute la distance qui sépare les faits phoniques objectifs de l'image qu'ils s'en font en tant qu'usagers d'une langue et/ou d'un système d'écriture définis, leur feront mieux comprendre la structuration intensive que leur langue maternelle et la langue humaine en général imposent à ces faits. Bien entendu, le modèle proposé et les concepts qu'il met en oeuvre peuvent ne pas être les meilleurs, et les progrès de la phonétique articulatoire, acoustique et auditive suggéreront sans doute d'autres modèles qui pourront lui être supérieurs. En tout cas, nous sommes convaincu qu'il est grand temps que le vieux modèle de la phonétique des "sons" cède la place à un modèle de ce genre. Il est vraiment étonnant que les tentatives d'élaborer une théorie phonétique générale, qui soit conforme aux faits enregistrés par les recherches expérimentales, soient encore aussi rares, étant donné le nombre énorme et la portée décisive de ces faits.

Cependant le modèle examiné plus haut est conçu chez GRIFFEN comme représentant également un système théorique de phonologie générale, et cette manière de voir pose maints problèmes. Les différentes rubriques sous lesquelles sont regroupés les faits phonétiques sont censées représenter des unités phonologiques, bien que le regroupement soit fait en vertu de critères phonétiques, et que, par suite, les unités en question n'aient aucun statut structural propre, hormis la fonction oppositive qui leur est commune. La hiérarchie dont parle GRIFFEN n'a rien à voir avec la hiérarchie des unités linguistiques organisées en niveaux, et nulle part dans le modèle proposé nous ne trouvons la moindre allusion à une organisation de ce genre, laquelle est pourtant le principe premier de tout système structuré. GRIFFEN semble donc admettre *a priori* que la structure phonologique de la langue coïncide avec la structuration naturelle de la substance phonétique telle qu'elle est décrite en termes de configurations vocaliques et de contraintes consonantiques, et que toute constatation sur les éléments de la structure phonétique est valide pour les éléments de la structure phonologique.

Certes cette supposition n'a rien d'invraisemblable, mais la variété des structures phonologiques rendue évidente par les descriptions phonologiques classiques elles-mêmes semblent s'y opposer. Ainsi, les assertions sur la prépondérance de la configuration vocalique par rapport aux contraintes consonantiques sont sans doute vraies tant qu'on se place sur le plan phonétique. Elles ne le sont plus toujours quand il s'agit d'un système phonologique déterminé. Cette prépondérance est réelle dans les langues à harmonie vocalique ou à *Umlaut*. La configuration vocalique est dans ces langues une grandeur phonologique dotée d'une valeur morphologique (ou lexicale) qui embrasse tout un syntagme morphématique. Dans les langues syllabiques isolantes, la couleur vocalique caractérise la syllabe-morphème en entier, mais sa prépondérance par rapport aux "prosodies" (tons, "hu", etc.) est déjà difficilement démontrable. La situation est tout autre dans les langues à racines consonantiques : ici les consonnes ne peuvent plus être traitées comme des contraintes surimposées aux configurations vocaliques, car ce sont elles qui représentent l'armature lexicale de la chaîne, tandis que la couleur vocalique n'est qu'une teinture morphologique dont les modulations, qui constituent la configuration vocalique du mot, n'ont aucune pertinence. Dans les langues flexionnelles d'Europe, couleurs vocaliques et obstructions sont utilisées de telle sorte qu'elles sont perçues comme si elles alternaient sur la ligne du temps ; elles sont en plus structurellement égales entre elles, ne fût-ce que par la morphématicité virtuelle et la permutabilité qui les caractérisent au même titre[19].

(19) Pour la majorité des langues microphonématiques, le modèle proposé par GRIFFEN reste valable au point de vue phonétique, bien que dans ces langues la couleur vocalique réalisée dans les segments consonantiques soit phonologiquement non pertinente (c'est-à-dire qu'elle appartient à la voyelle adjacente et est replacée par l'ouïe du sujet dans le segment vocalique). Cependant dans certaines langues du même type telles que les langues slaves, le modèle est moins facilement applicable même au point de vue phonétique. En russe par exemple, les consonnes ont leur propre couleur "vocalique" constituée par la palatalisation *vs* la vélarisation qui fait partie de leurs traits pertinents et qui ne dépend pas de la couleur vocalique de la syllabe comme dans d'autres langues. Cette couleur propre aux consonnes s'étend largement sur les segments vocaliques, altérant fortement la couleur des voyelles, de sorte que le tableau a de la peine à rentrer dans le cadre de la "configuration vocalique", laquelle occupe une place centrale dans le modèle proposé.

Les exemples d'application donnés par GRIFFEN concernent tous des initiales constituées par des éléments non permutables ou susceptibles d'être traités comme tels. On se demande quels résultats donnerait cette méthode si elle était appliquée à des groupes tels que [pl] ou [tr], dont les éléments sont permutables.

En rejetant le modèle phonétique classique comme non-réaliste, GRIFFEN semble ne pas se rendre compte que c'est en réalité le modèle phonologique d'un type de langues défini, ce qu'une critique approfondie lui aurait révélé. En métathéorie linguistique, étant donné le caractère spécifique du langage comme phénomène intersubjectif et la situation particulière du linguiste par rapport à l'objet de ses investigations, le rejet d'une ancienne théorie et l'élaboration d'une nouvelle supposent nécessairement une critique telle qu'elle puisse non seulement mettre en évidence la non-correspondance entre la théorie critiquée et les faits, mais aussi les raisons profondes de cette non-correspondance, surtout quand il s'agit non de faits nouvellement découverts, mais de la résistance persistante de la théorie critiquée au démenti réitéré des faits accumulés depuis un demi-siècle. C'est seulement à cette condition que la théorie nouvelle pourra surmonter les faiblesses de l'ancienne et en même temps éviter le risque de "jeter l'enfant avec l'eau sale du baquet".

En fin de compte, si la phonétique segmentale classique porte les marques trop profondes de la structure des langues microphonématiques pour être authentiquement phonétique, la phonologie non segmentale de GRIFFEN, en se voulant concrète, fait trop peu de cas de la structure de la langue pour être authentiquement phonologique.

Il ne s'agit pas de dresser en face de la phonologie segmentaliste classique une phonologie aprioriquement non-segmentale. Il s'agit de faire en sorte que la phonologie soit en mesure de rendre compte en termes proprement linguistiques de la segmentalité ou de la non-segmentalité phonologiques des différentes unités structurales de la langue telles qu'elles sont déterminées par l'organisation interne de celle-ci.

Les linguistes vietnamiens et la phonologie de leur langue

La langue vietnamienne représente l'un des spécimens les plus typiques de langue syllabique isolante qui soit plus ou moins connue en linguistique. En vietnamien, le mot, le morphème et la syllabe semblent coïncider presque entièrement (STANKEVIČ et NGUYEN, 1975; HOANG et HOANG, 1975; CAO, 1975). Même la structuration microphonématique qui est imposée à la phonologie par l'écriture officielle romanisée et les transcriptions phonétiques et phonématiques ne peut cacher entièrement la différence profonde qui sépare sa structure de celle des langues européennes. L'application explicite de ce modèle de structuration à l'étude de son système phonologique mène à des difficultés théoriques telles que les linguistes vietnamiens qui étudient leur langue maternelle finissent par réagir contre la méthode d'analyse phonologique qui leur a été apprise à l'école, qui leur est rendue familière dès leur enfance par l'écriture officielle et pour laquelle ils éprouvent toujours un profond respect.

Les Vietnamiens utilisent un système d'écriture élaboré, sur la base des alphabets romans, par des missionnaires européens vers le milieu du XVIIe siècle et amélioré peu à peu au cours des deux siècles qui ont suivi. Ce système représente le résultat d'un travail d'analyse phonématique qui pour être implicite, n'en est pas moins brillamment mené, et qui témoigne d'une finesse digne de l'envie de tous les phonéticiens. Si bien que le premier linguiste qui entreprit l'étude de la langue vietnamienne suivant les méthodes structurales (LÊ V.L., 1948) n'eut qu'à retoucher l'alphabet vietnamien dans quelques menus détails pour obtenir une transcription et une description phonologique impeccables.

Au cours des années 50 et 60, des retouches supplémentaires furent proposées par d'autres linguistes, vietnamiens et étrangers, qui travaillaient dans le cadre de la méthode traditionnelle de description phonologique (NGUYEN B.T., 1950, 1953 ; HAUDRICOURT, 1952 ; EMENEAU, 1951 ; LÊ N.T., 1951 ; NGUYEN Đ.H., 1957 ; CAO, 1957, 1963 ; NGUYÊN H.D., 1963 ; HOANG et NGUYÊN, 1963 ; JONES et HUYNH, 1960 ; NGUYÊN P.C., 1964 ; THOMPSON, 1965, etc.).

La description qui satisfait au maximum les critères d'évaluation généralement admis en phonologie semble être celle présentée par HOANG et NGUYÊN dans leur Cours de grammaire vietnamienne à l'usage des élèves de la classe de Cinquième (1963) et dont un des traits particuliers est représenté par l'interprétation des "rimes" à voyelles brèves argumentée par CAO (1963).

Ceux de ces travaux qui entreprennent une description complète du système phonologique commencent généralement par le dégagement (argumenté ou non) des phonèmes segmentaux (des sons) et leur classification, suivie de la description des tons, pour finir par des constatations sur la distribution des unités segmentales et suprasegmentales à l'intérieur de la syllabe, parfois avec des commentaires sur les alternances morphonologiques, des données statistiques, etc. Les autres traitent de problèmes particuliers d'analyse et d'interprétation phonologique dans le même esprit de la phonologie classique ("pragoise" ou descriptiviste).

On peut cependant remarquer que les descriptions phonologiques que donnent ces travaux ne peuvent être entièrement orthodoxes : le traitement des tons, ici comme partout ailleurs où il s'agit de langues à tons, est nécessairement contraire aux principes de la phonologie classique (cf. *infra*) [20]. Mais comme ce traitement semble toujours recevoir l'approbation tacite de tous les linguistes, il ne soulève aucun problème.

Les discussions interminables sur le choix de l'une ou de l'autre solution, à l'issue desquelles personne n'arrivait à convaincre personne, ne manquèrent pas cependant de susciter chez les linguistes un certain sentiment de désarroi. Les linguistes professionnels et les étudiants en linguistique proposaient les uns après les autres des centaines de solutions nouvelles pour les divers problèmes d'analyse et d'interprétation phonologique, dont beaucoup sont intuitivement fausses ou invraisemblables, mais tout aussi correctes que les autres du point de vue des principes de la phonologie classique. L'interpénétration des traits articulatoires et acoustiques à l'intérieur de la syllabe est telle que certaines syllabes peuvent être segmentées n'importe comment, en n'importe quel nombre de sons (cf. les différentes analyses phonologiques de la syllabe écrite *quanh* : /kwaɲ/, /kwăɲ/, /kweŋ/, /kweɲ/, /qeŋ/, /qeɲ/, /qaɲ/, /kwayŋ/, /kwăỹ/, etc., ou de celle écrite *ong* : /ɔŋ/, /ɔ̆ŋ/, /awŋ/, /ăŋm/, /ɔɲ/, /aŋ°/, /aw̃/, etc.[21].

---

(20) La seule exception est représentée par le traitement du ton comme un trait vocalique, au même titre que le trait d'aperture et de timbre (traitement qui donne un système de 72 ou 84 voyelles), proposé par NGUYÊN BAT TUY (1950, 1953) lequel est pourtant l'auteur qui semble le moins soucieux des principes classiques qu'il ignore d'ailleurs délibérément.

(21) Les critères d'évaluation tels que la simplicité, la vraisemblance phonétique, la congruence au modèle, le pouvoir explicatif par rapport aux niveaux supérieurs, etc., n'avaient pas la même force de persuasion pour tous les phonologues, d'autant plus qu'on ne dispose d'aucun barème pour mesurer le degré d'économie, et que l'économie du nombre d'unités sur le plan paradigmatique est généralement contrebalancée par la non-économie sur le plan syntagmatique et dans la formulation des règles, etc.

Cette situation a conduit certains linguistes vietnamiens à entreprendre un réexamen critique des fondements épistémologiques et méthodologiques de la phonologie, et, en même temps, à faire plus ample connaissance avec les résultats des recherches récentes en phonétique acoustique et des expériences psycholinguistiques, dans l'espoir de trouver une issue à la situation.

Entre temps, ils firent la connaissance des travaux de GORDINA sur la phonologie vietnamienne (ANDREJEV et GORDINA, 1958 ; GORDINA, 1959, 1960a, 1960b). Habitués à la séparation de niveaux qui est de règle en phonologie classique, les phonologues vietnamiens eurent d'abord une attitude plutôt sceptique vis-à-vis de l'introduction du critère de la divisibilité morphologique dans la segmentation phonématique. La direction indiquée par GORDINA représentait cependant la seule qui pût mener à une issue. La concordance des résultats obtenus par GORDINA avec l'analyse traditionnelle qui était en honneur chez nos anciens lettrés ne pouvait être une coïncidence fortuite. Les linguistes vietnamiens se mirent donc à étudier la phonologie chinoise ancienne et à réexaminer le problème de l'analyse phonologique sous un angle moins dogmatique. Bien que la plupart d'entre eux ne suivissent pas précisément la direction prise par GORDINA, c'est dans une large mesure grâce à elle que leurs illusions sur la prétendue rigueur de la méthode phonologique classique furent à jamais dissipées.

A la Conférence scientifique de la Faculté de Philologie à l'Université de Hanoi en 1965, l'auteur de ces lignes présenta un rapport intitulé "L'approche non-segmentale du phonème et la structure de la syllabe vietnamienne". Le premier chapitre du rapport consistait en une critique de la représentation segmentale des sons du langage avec les difficultés qui en résultent, en particulier celle de la situation appelée "non-unicité des solutions phonologiques". La critique étant fondée sur l'application conséquente du principe de la pertinence linguistique aux traitements des faits phoniques vus sous l'angle des données récentes de la phonétique acoustique et auditive. L'auteur y constatait que "le phonème est non-segmental dans son essence (*sic*)" (CAO, 1965 : 21) et proposait une méthode d'analyse qui rendrait compte de toutes les propriétés distinctives des phonèmes, celles qui se trouvent hors du segment attribué au phonème en cause aussi bien que celles qui se trouvent dans ce segment. Il comparait la segmentation de la chaîne parlée en sons, telle qu'on la représente en phonologie classique, au découpage vertical d'une photographie de groupe dans laquelle les personnages auraient les épaules entourées par les bras de leurs voisins, découpage qui donnerait des tranches contenant des personnages avec en plus des bras qui ne leur appartiendraient pas. Selon les principes en vigueur en phonologie classique, ces tranches seraient appelées "variantes combinatoires" des personnages respectifs, et les bras qui les entourent seraient déclarés "non-pertinents", c'est-à-dire n'appartenant à personne (à aucun phonème). Une analyse réaliste, par contre, rendrait ces bras découpés à leurs propriétaires naturels. Identifier les phonèmes consiste pareillement à rendre à chaque phonème les traits distinctifs qui se trouvent dans les segments attribués aux phonèmes adjacents.

Le deuxième chapitre du rapport présentait un essai de description non linéaire (non segmentale) de la structure syllabique du vietnamien. La syllabe y était analysée comme une combinaison non linéaire de six éléments non segmentaux qui se chevauchent les uns les autres et dont les trois premiers se réalisent simultanément :

1. le ton (registre haut et bas, dessin mélodique plat ou modulant, présence ou absence de constriction glottale) ;
2. la tonalité dominante (gravité, acuité ou timbre neutre ; constance ou décoloration, c'est-à-dire diphtongaison centralisante) ;
3. la plénitude vocale (compacité ou degré d'aperture) ;
4. l'initiale (traits consonantiques d'attaque plus coloration bémolisée ou non bémolisée) ;
5. la finale (traits consonantiques de fermeture de syllabe) ;
6. le contact des deux segments vocalique et consonantique (ou semi-vocalique) qui terminent la syllabe, ferme (voyelle brève, consonne longue et articulée énergiquement) ou lâche (voyelle longue, consonne brève et articulée faiblement).

Ces éléments sont des ensembles de traits pertinents groupés d'après leur place et leur extension dans la syllabe ("leur fonction constituante de syllabe") (CAO, 1965 : 50).

Cette description annulait certains faux problèmes posés par l'analyse segmentale et jetait quelque lumière sur certains cas équivoques. Ainsi elle confirmait l'interprétation des "rimes" écrites *anh* et *ang* (CAO, 1963 ; HOANG et NGUYÊN, 1963) respectivement comme /ɛŋ/ et /aŋ/ (phonétiquement [ăⁱɲ] et [ăŋ]), en donnant une explication convaincante de la perception du sujet parlant qui concorde avec cette interprétation et de certaines règles de distribution et d'alternances (cf. HOANG et HOANG, 1975 : 86sq.)[22]. Cependant, à la lumière de ses

(22) Le contenu revisé du premier chapitre du rapport constitue le fond essentiel du Ch. III du présent ouvrage.

recherches ultérieures, l'auteur trouve nécessaire de faire les remarques suivantes sur le contenu du rapport de 1965.

Sur le plan théorique, l'auteur s'élevait contre le principe de l'analyse linéaire et de la localisation segmentale en général, n'ayant pas été à même d'élucider la motivation phonologique de ce principe. L'affirmation de la non-linéarité de la syllabe représentait en conséquence une constatation phonétique plutôt qu'une conclusion proprement phonologique fondée sur des critères linguistiques. En ceci, il se rapprochait des démarches prosodistes. Son analyse non segmentale de la syllabe en six éléments était effectuée à tâtons, faute de principes théoriques qui auraient pu guider le regroupement des traits distinctifs en ensembles intégraux. Ainsi, on ne voit pas pourquoi le trait de tonalité est censé constituer à lui seul un élément de syllabe, alors que le trait de hauteur est réuni à celui de constriction glottale. Enfin, la description ne rend pas compte de la division de la syllabe en ses trois éléments constitutifs directs — le ton, la rime et l'initiale —, division réelle et importante que la phonologie ancienne a constatée et que les travaux de GORDINA ont confirmée.

A la Conférence de 1965, le rapport suscita par son allure hérétique et paradoxale quelques réactions assez violentes, tandis que la majorité des participants à la Conférence gardait un silence circonspect. Dans les milieux linguistiques de Hanoi on commençait à parler d'une certaine "phonologie non linéaire", ce qui représente un malentendu évident dont l'auteur du rapport est en partie responsable à cause de ses formulations imprécises et imprudentes.

En 1969, dans sa thèse de doctorat de troisième cycle présentée à la Sorbonne, intitulée "Structure économique de la phonologie vietnamienne", PHAM HUU LAI, qui travaillait à Saigon et en France et n'avait aucune information sur les travaux menés par ses collègues de Hanoi, bien qu'il fût plus ou moins au courant des recherches sur la langue vietnamienne effectuées en Union Soviétique, donna une description phonologique du mot (syllabe) vietnamien en termes de ses traits pertinents et de leur groupement en UDIMs (unités distinctives immédiates du mot), ces dernières consistant en sons (phonèmes) et en unités prosodiques (prosodèmes). L'analyse commence par le dégagement et l'identification par commutation des traits pertinents qui représentent, selon l'auteur, en tant qu'éléments ultimes de la langue, les vrais unités phonologiques de base. L'auteur met en doute le principe de la linéarité du signifiant appliqué au niveau des unités à une seule face et la détermination de la successivité dans le concept de phonème.

> Si cette présupposition est efficace pour la description de plusieurs langues, elle ne peut être appliquée à la langue vietnamienne sans poser de problèmes.
> Prenant au préalable la successivité comme un caractère essentiel de toutes les unités phonologiques, on ne sait pas comment traiter les tons. Sont-ils des phonèmes ? Ils remplissent la fonction distinctive exactement comme les phonèmes. Mais ils ne sont pas successifs. Donc il faut considérer les tons comme des traits pertinents. Mais alors la description phonologique devient extrêmement compliquée... (cf. NGUYÊN, 1950, p. 245, n.1).
>
> Pour simplifier la description, on est tenté de considérer les tons comme des unités distinctives indépendantes en se fondant sur le fait qu'ils affectent non la voyelle seule mais la syllabe toute entière. Mais ce fait, constaté ou non, contredit la supposition préalable (PHAM, 1969 : 11).

Cependant PHAM se borne à ces réflexions et s'abstient d'en tirer les conséquences logiques. Dans sa description, les traits pertinents sont classés en traits phonétiques et traits prosodiques au nom du critère phonétique de l'extension. Les traits prosodiques, qui "affectent en général plus d'un phonème", comprennent les traits tonaux, le trait quantitatif (le rapport de durée entre la voyelle et la consonne finale) et la labialisation initiale.

Les traits phonématiques forment les phonèmes et les traits prosodiques les prosodèmes. Les phonèmes sont classés en voyelles et consonnes, les premières apparaissent en position centrale, les secondes en positions initiales et finales. Au total, la syllabe comprend six UDIMs réparties en phonèmes et prosodèmes :

Prosodèmes	LABIALISATION	TON	R. QUANTITATIF
Phonèmes	C. INITIALE	V. MEDIANE	C. ou SV FINALE

Ce que les descriptions classiques localisent dans le segment vocalique comme un trait "inhérent" — la durée de la voyelle — est interprété par PHAM comme un prosodème (le trait de rapport quantitatif entre la voyelle et la consonne finale), — interprétation qui rappelle celles de NGUYÊN B.T. (1950, 1951) et de CAO (1965) —.

Le [w] prétonal est, comme chez GORDINA (1960a) et HENDERSON (1966), interprété comme un trait prosodique, mais cette interprétation est ici fondée sur l'extension du trait sur "plus d'un phonème". Or, si l'extension est reconnue comme un critère, on ne voit pas pourquoi l'auteur ne traite pas comme prosodiques les traits de résonance de la voyelle médiane qui s'étendent sur toute la syllabe, sauf quand celle-ci comporte une labialisation initiale et/ou une finale semi-vocalique[23].

Le critère de la simultanéité est pris comme base pour le regroupement des traits pertinents en phonèmes. Or la "labialisation" est réalisée en même temps que les autres traits de la consonne initiale; elle dépasse le segment attribué à celle-ci exactement dans la même mesure où ces traits le dépassent. On ne voit donc pas pourquoi l'auteur ne la traite pas comme un trait "inhérent" de la consonne initiale, comme chez LÊ V.L. par exemple (1948).

La distinction entre tons et phonèmes est argumentée de la façon suivante :

> ... le ton et le phonème ne sont pas différents sur le plan de la fonction, mais ils diffèrent l'un de l'autre sur le plan de la structure. Le phonème est constitué de deux traits pertinents essentiels tandis que le ton d'un seul (*ibid.* : 52).

Cette dernière constatation est rendue possible par le traitement du registre "haut" comme l'absence du trait "bas", après quoi le trait de registre est déclaré non-essentiel parce que non constamment présent. Or toutes les oppositions privatives et binaires peuvent théoriquement être traitées comme des oppositions entre la présence d'un trait et son absence. On ne voit donc pas pourquoi les traits tels que "mélodique/non-mélodique", "glottal/non-glottal", "antérieur/non-antérieur" sont traités par l'auteur comme "essentiels".

Ces inconséquences et contradictions sont le résultat inévitable de l'usage de critères phonétiques, tels que l'extension ou la simultanéité, dans l'analyse phonologique d'une langue dont on a senti, ne fût-ce que confusément, la non-linéarité de la structure syllabique.

En fin de compte, la description reste pour l'essentiel dans le cadre de l'analyse linéaire et segmentale, et les quelques interprétations originales qui la distinguent des descriptions traditionnelles ne sont fondées sur aucun critère proprement linguistique. Les réflexions théoriques émises au début restent purement déclaratives.

---

(23) PHAM parle de la "labialisation" comme d'un trait autonome qui "ne se réalise pas simultanément avec les autres traits phonématiques pour former un phonème" (*ibid.* : 42). Il semble oublier que le [w] pré-tonal n'est pas constitué d'un seul trait ("labial"), mais d'un ensemble de traits identiques à ceux de la médiane [u] ou de la finale [w̃] (labial, vélaire, fermé). D'autre part, étant donné qu'il reconnaît l'identité phonématique des consonnes initiales et finales malgré leurs paradigmes différents, on ne voit pas pourquoi il ne fait pas la même chose avec les semi-voyelles [w] pré- et post-tonales.

Le mérite d'avoir posé le problème et essayé de le résoudre par une méthode nouvelle de description est cependant incontestable, surtout si l'on a en vue que l'auteur travaille sous l'égide d'une école classique de longue et glorieuse tradition.

Quand PHAM présenta sa thèse à la Sorbonne, André MARTINET qui présidait la séance, la critiqua sévèrement pour ce qu'il considérait comme une violation du principe de la double articulation. La thèse obtint cependant le suffrage unanime du jury, et MARTINET lui-même vota pour elle.

Le travail de PHAM ne retint pas l'attention qu'il méritait à Saigon où la phonologie descriptiviste régnait presque sans partage, et resta inconnu des linguistes de Hanoi jusqu'à la libération du Sud-Vietnam.

Dix ans après, au Symposium de Phonétique organisé par l'Institut de Linguistique à Hanoi en Août 1979, PHAM présenta un rapport intitulé "Le ton, pierre d'achoppement de la théorie du phonème", où il montrait que la détermination de linéarité dans la définition du phonème est infirmée par le statut phonématique du ton, et proposait d'écarter cette détermination du concept de phonème. Mais comme elle constitue le seul critère qui puisse délimiter le phonème des traits pertinents, on aura à approfondir le problème du statut de cette unité. Le point de vue et les raisonnements de PHAM montrent une affinité profonde avec les conceptions de CAO (1975). Cependant, avec la prudence modeste qui le caractérise, PHAM laisse le problème ouvert et s'abstient de tirer de ces raisonnements les conclusions théoriques qui semblent pourtant s'imposer. Il ne discute pas non plus les conclusions que CAO a tirées de raisonnements analogues.

En 1974, dans sa thèse de Candidature des Sciences soutenue à Moscou, intitulée "Le problème du syllabème comme unité phonique de base de la langue", NGUYEN QUANG HÔNG entreprit une défense argumentée de la doctrine des DRAGUNOV et une critique détaillée de la méthode d'analyse de GORDINA (cf. *infra*), en particulier en démontrant que les frontières dites morphologiques établies par cet auteur ne sont pas des frontières de morphèmes comme celles qui séparent les phonèmes européens, et que "l'enveloppe phonique d'un morphème chinois ou vietnamien ne peut être plus petite qu'une syllabe" (NGUYÊN Q.H., 1974 : 10). Les faits de réduction et de contraction syllabiques qu'on peut observer dans la prononciation colloquiale négligée n'invalident pas cette constatation : les syllabes sujettes à ces réductions restent phonologiquement des syllabes et sont toujours senties comme telles par le sujet parlant (*ibid.* : 13). Le syllabème est donc l'unité phonique de base de la langue isolante, l'unité minimale susceptible de constituer en elle-même une unité signifiante de la langue.

La division du syllabème en deux unités linéaires minimales (*kratčajšije jedinicy*), une initiale et une finale (une "rime" chez GORDINA, CAO et d'autres), devenue traditionnelle en philologie orientaliste européenne, devra être complétée par la reconnaissance, comme éléments intégrants et immédiats de la structure syllabique, du ton et du "hu" (la présence *vs* l'absence de la prétonale [w]), éléments "suprasegmentaux" qui, en étant des constituants obligatoires de la syllabe au même titre que l'initiale et la finale, sont aussi réellement séparés de celles-ci qu'elles le sont l'une de l'autre. La structure de la syllabe isolante peut donc être représentée à l'aide du schéma suivant :

<table>
<tr><td colspan="2">T O N</td></tr>
<tr><td colspan="2">H U</td></tr>
<tr><td>INITIALE</td><td>FINALE</td></tr>
</table>

En comparant les éléments constituants immédiats de la syllabe isolante aux phonèmes européens, NGUYÊN nous dit :

> Si le nombre et l'ordre séquentiel des phonèmes-sons dans les syllabes phonologiques du russe peuvent varier indéfiniment, tous les syllabèmes du chinois et du vietnamien comportent invariablement deux unités linéaires minimales (*kratčajšije jedinicy*) — une initiale (consonantique ou nulle) et une finale (simple ou complexe, c'est-à-dire comportant des traits contrastuels supplémentaires) —, et par conséquent la variation du nombre et de l'ordre séquentiel des unités qui constituent la syllabe ne sont pas pertinents... Le ton et le "hu" représentent des propriétés phoniques qui, d'un point de vue fonctionnel, appartiennent à la syllabe en entier et constituent des unités suprasegmentales dans la structure générale de la syllabe (*ibid.* : 24).

Le terme *kratčajšije jedinicy* (littéralement : "unités les plus courtes") est équivoque. Si l'auteur use ce terme dans le sens que lui donne TRUBETZKOY (1939 : 34), l'initiale et la finale seront des phonèmes. Or le phonème est déjà identifié à la syllabe, et d'autre part l'auteur souligne la non-pertinence de l'ordre séquentiel de ces éléments. Le départ fait par l'auteur entre *kratčajšije jedinicy* et "unités suprasegmentales" s'avère donc sans fondements. On ne voit pas pourquoi l'initiale et la finale n'appartiendraient pas "à la syllabe en entier" au même titre que le ton et le "hu". A quoi appartiendraient-ils donc ? On ne voit pas non plus pourquoi le ton et le "hu" ne seraient pas des *kratčajšije jedinicy* — seraient-ils donc divisibles dans le temps ? —

Tout laisse supposer que l'auteur tout en justifiant ses distinctions par des motifs formulés en termes phonologiques, se base en fait de façon implicite sur des critères phonétiques de segmentalité et d'extension multisegmentale.

Pour l'essentiel, les réflexions de NGUYEN QUANG HÔNG semblent tendre vers une synthèse entre les idées impliquées dans les démarches de la phonologie chinoise ancienne et celles de ŠČERBA, des DRAGUNOV et de GORDINA. Et les résultats qu'il a obtenus constituent incontestablement un pas de plus dans la direction d'une analyse plus adéquate des systèmes macrophonématiques. On ne peut cependant s'empêcher de regretter que cet auteur n'ait pas tiré de son analyse, qui s'est pourtant libérée des entraves des dogmes de la phonologie classique, les conclusions qui s'imposent avec force. N'ayant pas plus que ses prédécesseurs élucidé le contenu véritable du concept de phonème en linguistique classique, il tourne en rond parmi des constatations originales et tout à fait correctes sans pouvoir se débarrasser des représentations traditionnelles.

En 1975 parut dans *Etudes Vietnamiennes*, n° 40, Essais Linguistiques, les "Remarques sur la structure phonologique du vietnamien" de HOANG TUÊ et HOANG MINH, qui constituent en réalité une description exhaustive, bien que succincte du système. La description prend pour point de départ la syllabe, "l'unité linguistique qui s'impose d'emblée dès qu'on entreprend l'analyse de l'énoncé, unité nettement délimitée dans la chaîne par des frontières phonétiques doublées de frontières morphologiques" (p. 67). La syllabe est analysable en éléments représentés par des ensembles de traits distinctifs ayant chacun "une fonction constituante déterminée et un paradigme autonome" dans la syllabe et "sont organisés en une hiérarchie de deux niveaux distincts" (p. 69). Le premier niveau d'éléments syllabiques est formé par le ton, l'initiale et la rime, qu'on peut dégager grâce aux alternances qui mettent en évidence des frontières "sub-morphologiques", "vestiges probables de frontières morphématiques anciennes qui auraient délimité une racine, un préfixe et un suffixe" (p. 82).

L'initiale est composée d'un ensemble de traits consonantiques et d'un trait de résonance (labio-vélarisation). La rime est composée d'un ensemble de traits représentant le timbre dominant de la syllabe (tonale), du mode de terminaison de la syllabe (finale) et du trait de liaison (ferme ou lâche) qui unit le segment vocalique à la finale quand celle-ci n'est pas "extinctive" (ou nulle). Tous ces éléments, excepté la "liaison", sont toujours présents dans la syllabe.

La structure de la syllabe peut donc être représentée à l'aide du schéma suivant :

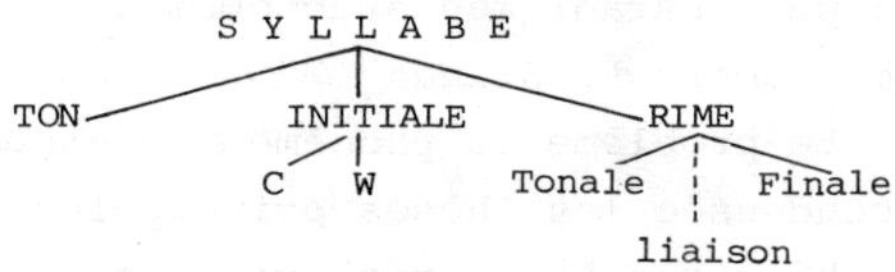

Le ton et les éléments du niveau inférieur sont appelés "phonèmes" en raison de leur fonction distinctive et de l'autonomie de leurs paradigmes respectifs.

La description des éléments de la syllabe est non-segmentale, et est presque la même que celle de CAO 1965, avec cependant cette différence que les traits de tonalité et de plénitude vocale, séparés chez CAO, sont réunis en un phonème appelé "tonale", qui représente "le timbre dominant de la syllabe", c'est-à-dire une qualité qui n'est pas réalisée dans le seul segment vocalique, mais englobe la syllabe en entier (en tenant compte des traits dits "accessoires" — labialisation, vélarisation, palatalisation — localisés dans les segments consonantiques). Ce traitement est d'autant plus légitime que le segment vocalique est obligatoirement présent dans toutes les syllabes à la place fixe qui lui est assignée et, partant, est dépourvu de fonction distinctive, de sorte qu'il serait arbitraire de traiter des traits qui s'étendent sur toute la longueur de la syllabe comme appartenant à ce seul segment (cf. le traitement généralement admis des tons). Le rôle exclusif du segment vocalique dans la syllabe vietnamienne est de servir de support aux phonèmes (les traits distinctifs de tous les éléments de la syllabe — ton, tonale, initiale, finale — sont au moins en partie réalisés dans ce segment, sous la forme d'incurvations de formants vocaliques, etc.).

L'article comporte aussi des constatations originales, formulées pour la première fois, sur l'accent d'intensité qui constitue un signal de démarcation entre syntagmes (ou "groupes rythmiques" — STANKEVIČ et NG. 1975) et sur les faits de neutralisation : celle du trait de liaison et celle de certains tons dans les syllabes inaccentuées.

En raison de l'orientation générale des *Etudes Vietnamiennes*, une revue non spécialisée destinée au grand public, les auteurs de l'article cherchaient un compromis avec les descriptions classiques, ce qui mène inévitablement à des inconséquences et des contradictions. Ainsi, pour se rapprocher de la tradition, ils réunissent sous le nom de phonèmes le ton et les unités du niveau inférieur, ce qui implique l'existence de deux niveaux différents de phonèmes. De plus, on ne voit pas comment ils dégagent les unités du niveau inférieur, ni ce qu'ils entendent par "paradigmes autonomes".

Dans le même numéro des *Etudes Vietnamiennes* était publié l'article de CAO intitulé "Le problème du phonème en vietnamien" où sont exposées sous une forme condensée les thèses principales du présent ouvrage qui servent de base théorique à des réflexions sur la structure phonologique de la langue vietnamienne tout en trouvant dans celle-ci une illustration appropriée.

La structure syllabique de cette langue est telle qu'on ne peut trouver aucune raison proprement linguistique pour en parler en termes de "sons" et de "prosodies" : tous ses éléments constituants sont nomsegmentaux, car elle est phonologiquement non linéaire. La syllabe est l'unité segmentale minimale de la langue vietnamienne.

L'auteur donne p. 118 le schéma suivant de la structure d'une syllabe vietnamienne comparée à celle d'une syllabe européenne qui lui est à peu près identique au point de vue phonétique (les deux pouvant être au même titre transcrites comme [lu:n]).

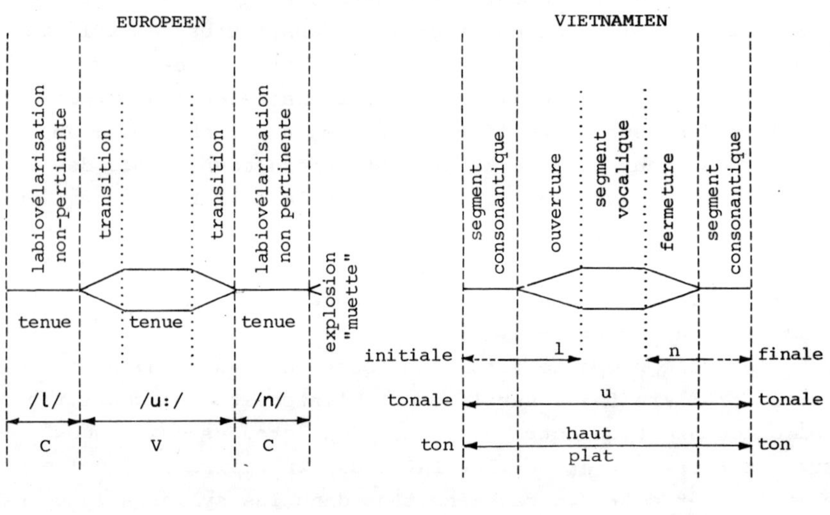

Il signale que, le problème du statut proprement linguistique du phonème n'ayant même pas été posé en linguistique générale, on ne peut savoir au juste quelle est l'unité qu'il conviendrait d'appeler phonème dans la langue vietnamienne. Si la linéarité est acceptée comme une détermination du phonème, ce sera la syllabe qui est phonème en vietnamien. Si au contraire on admet que les ensembles de traits qui forment les "sons" peuvent être reconnus comme phonèmes si leur autonomie est prouvée d'une façon ou d'une autre par des faits structuraux propres à la langue en cause, ce seront le ton, l'initiale et la rime qui seront les phonèmes dans cette langue.

Depuis le rapport à la Conférence de 1965, les conceptions de CAO ont évolué. Le caractère conséquent et systématique des préjugés dont est remplie la théorie phonologique classique, leur étonnante imperméabilité à la critique et au témoignage des faits, le caractère presque occulte de leur vitalité, ont forcé cet auteur à approfondir le problème, à se mettre à la recherche des vrais fondements de ces préjugés. Or ce qu'il a pris pour une erreur fortuite enracinée dans l'esprit des linguistes européens, erreur qu'une tradition ancienne et glorieuse aurait consacrée comme un dogme, est en fait une *vérité* qui est au-dessus de toute critique et de tout témoignage factuel : celle qui est indissolublement liée à la structure des langues européennes, langues maternelles de ceux à qui nous devons la théorie phonétique et phonologique contemporaines. Comme la langue représente le cadre mental dans lequel on vit, cette *vérité* intersubjective est pour le sujet parlant une vérité absolue.

C'est la prise de conscience de ce fait qui fut à la base des remarques critiques formulées dans ce bref article.

L'exposé trop succinct des problèmes n'a pas manqué de susciter des malentendus. A.G. HAUDRICOURT dans son compte rendu des *Essais Linguistiques* (1975) croit retrouver dans les thèses de CAO la théorie prosodique de J.R. FIRTH, ce dont une lecture un tant soit peu attentive de l'article aurait pu révéler la fausseté.

L'article reçut cependant un accueil assez favorable dans certains milieux linguistiques de l'URSS.

Un autre compte rendu, dû à J.P. CHAMBON (1978) et réservé exclusivement à l'article de CAO, fait en particulier remarquer :

> CAO montre avec force que la phonologie traditionnelle reflète seulement en définitive "les lois de certains systèmes linguistiques d'un type défini, celui des langues européennes" (p. 113). Abordant la description de langues dont le fonctionnement phonologique est tout différent, elle ne pouvait que les coucher au lit de Procuste. La phonologie, pièce maîtresse d'une linguistique structurale dont une des plus belles et plus vantées conquêtes aurait été, soi-disant, de se dégager, contre la grammaire traditionnelle, de l'emprise de la structure des langues européennes, se voit prise en flagrant délit d'européocentrisme et mise en demeure d'abdiquer ses prétentions à l'universalité (CHAMBON, 1978 : 207).

En 1976, dans sa thèse d'agrégation présentée à l'Université de Prague et intitulée "Essai d'une description non discrète de la phonologie vietnamienne", NGUYÊN PHAN CANH, qui, douze ans auparavant, avait réagi le plus violemment à la critique de la phonologie traditionnelle formulée par CAO à la Conférence de 1965, reprit point par point son argumentation pour critiquer le manque de réalisme de l'analyse phonématique traditionnelle dont la conséquence inévitable est la situation dite "non-unicité des solutions". Cependant, la critique est chez NGUYÊN dirigée non contre le principe de linéarité et de segmentalité, mais contre l'analyse de la langue en unités discrètes, qui, selon lui, est à l'origine des difficultés auxquelles se heurte la description de la phonologie vietnamienne. NGUYÊN s'appuie sur une assertion de C.E. BAZELL dans un article de 1952 :

> The search for a unique discrete analysis is a vain one. Indeterminacy is the price paid for discreteness (p. 297).

Les unités phonologiques de la langue vietnamienne furent déclarées non-discrètes. Cependant il est évident que l'expression "unités non-discrètes de la langue" constitue une flagrante contradiction dans les termes. L'assertion de BAZELL résulte d'un simple malentendu sur le sens du mot "discret". A son sens, discret signifie simplement distinct et/ou non-simultané (*ibid.*).

Le terme "discret" est employé en linguistique dans le sens qu'il a en mathématique. Employé sur le plan paradigmatique, il signifie simplement "invariant" ou "identique à soi-même". Une unité linguistique discrète est sur ce plan une entité pourvue d'une identité constante déterminée par son opposition aux autres unités du même paradigme qui sont en nombre fini. Sur le plan syntagmatique, elle peut être dégagée du continuum de la substance phonique comme une grandeur discrète, malgré les faits de coarticulation et de transition, précisément grâce à son caractère discret sur le plan paradigmatique.

La structuration en unités discrètes est un trait définitoire de la langue. L'absence d'unités discrètes équivaut simplement au caractère asystématique, non-structuré, inanalysable, du code, ou, plus exactement, à l'absence de tout code. La non-successivité d'une combinaison d'unités n'équivaut pas à leur caractère non-discret. Dans la mesure où l'on peut analyser une grandeur phonétique et ses composants, ceux-ci sont nécessairement discrets. Les chevauchements et transitions entre les éléments de la syllabe, sur lesquels se base NGUYÊN pour constater leur caractère non-discret n'ont en réalité rien à voir avec celui-ci.

NGUYÊN trouve possible de donner une description non-discrète en établissant entre les unités discrètes, qu'il reprend telles quelles aux autres descriptions, des unités transitoires dites "de contact". S'il l'avait fait effectivement, on aurait eu simplement un plus grand nombre d'unités discrètes (car si les "unités de contact" n'étaient pas discrètes, on ne voit pas comment il aurait pu les dégager). Mais le fait est qu'il n'établit pas lui-même de telles unités. Il ne se soucie pas non plus de vérifier la validité de l'analyse en unités discrètes (initiales, tonales, finales, tons, etc.) qu'il a sévèrement critiquée et rejetée dans la première partie de la thèse pour la reprendre telle quelle dans la seconde partie. Il ne fait que rebaptiser certaines des unités établies par d'autres auteurs (liaison ou rapport quantitatif, labialisation ou "hu", assourdissement de la consonne finale comme trait du ton "rentrant") du nom d'"unités de contact". Cette innovation terminologique constitue toute l'originalité de la description dite non-discrète de NGUYÊN par rapport à celles qui l'ont précédée.

Le travail est cependant intéressant en tant que témoignage de l'influence grandissante du courant anti-segmentaliste, laquelle a su faire abandonner à un adversaire déclaré toutes ses anciennes positions (cf. NGUYÊN P.C., 1965) pour adopter, jusque dans les détails, les raisonnements et les solutions phonologiques qu'il a résolument combattu, (cf. NGUYÊN P.C., 1978). Il reste seulement à regretter que NGUYÊN, en reprenant les thèses de CAO (1965) les ait comprises de façon superficielle et se soit évertué à les répéter dans les détails plutôt qu'à en pénétrer le sens véritable, qui consiste dans la recherche de fondements proprement linguistiques à une analyse réaliste qui soit libérée de tout apriorisme.

La naissance et le développement du courant anti-segmentaliste dans les milieux linguistiques du Viet-Nam ne sont pas fortuits. Ils ne sont pas non plus dûs uniquement à l'influence des linguistes orientalistes soviétiques, dont on ne saurait cependant nier l'importance. Le facteur déterminant semble en être le sentiment linguistique des phonologues vietnamiens qu'une formation segmentaliste n'a pas réussi à réduire au silence. Il est clair que malgré les divergences qui peuvent exister entre leurs descriptions, les traits communs qui unissent leurs représentations de la structure phonologique du vietnamien, et qui en même temps les distinguent des représentations traditionnelles, sont réels et profonds.

Ce sont en premier lieu :

1. la représentation non-nécessairement monophonique et segmentale du phonème ;

2. le rôle de point de départ reconnu à la syllabe, comme unité morphologique et phonologique de base, pour l'analyse phonologique ;

3. l'importance reconnue au trait pertinent comme unité phonologique minimale ;

4. la conception radicalement fonctionnaliste et structuraliste de la parfaite égalité du phonème et du ton au point de vue du statut linguistique.

*

Le chapitre qu'on vient de lire montre que les idées professées dans les chapitres précédents ne sont ni originales ni inédites. Nous y voulions, dans la mesure où les documents dont nous disposons, qui sont loin d'être assez fournis, nous le permettent, tracer les grandes lignes du développement d'un courant de fond qui existe depuis presque un demi-siècle et dont les émergences à la surface sont assez fréquentes et même continuelles, ce dont témoignent les exemples cités ci-dessus.

Le présent ouvrage est un effort vers l'explicitation systématique de ce que les diverses manifestations de ce courant comportent de rationnel et de fécond, effort qui ne semble pas superflu, étant donné que, sauf dans quelques cas assez rares, les auteurs concernés se sont contentés d'avancer des thèses et des méthodes nouvelles sans chercher à les argumenter de façon plus ou moins systématique, et, surtout, sans entreprendre une critique approfondie des théories qu'ils rejettent explicitement ou implicitement, critique qui pourrait servir de base à l'élaboration de leurs propres théories.

Il n'est pas rare d'entendre les linguistes occidentaux se plaindre de ce que leurs collègues orientalistes (et en premier lieu les sinologues), en faisant la description du système phonologique des langues et dialectes à l'étude en termes d'entités différentes de celles qui sont consacrées en linguistique générale, ne prennent presque jamais la peine de présenter une argumentation tant soit peu formelle, ni pour justifier leur démarche, ni pour démontrer l'inadéquation de la démarche traditionnelle qu'ils rejettent. Ainsi, dans un compte rendu de l'ouvrage de Diana L. KAO sur la structure syllabique du cantonnais, A. LYOVIN écrit :

> Her claim that 'the syllable in Cantonese is a basic phonological unit' is not supported by any formal arguments. Like most linguists working on Chinese dialects, KAO probably considers such arguments to be superfluous ; nevertheless, a clear statement of relevant factors motivating this claim would be of

great theoretical interest, at least to those linguists who are not familiar with Cantonese or other languages of the same phonological type (1973 : 955).

Ce reproche, qui semble bien être justifié dans une très large mesure, équivaut également à un défi. Il est de notre devoir à nous autres linguistes orientalistes de relever loyalement ce défi en proposant à nos collègues un terrain neutre : celui de la théorie générale de la phonologie.

S'il n'y a jamais eu de dialogue véritable sur ce terrain, c'est que non seulement les principes théoriques qui sont à la base des assertions émises par les phonologues orientalistes, mais aussi et surtout ceux qui sont à la base de la méthode phonologique contemporaine en général, sont restés implicites.

C'est pourquoi cet ouvrage devait forcément consister en premier lieu en une étude critique des fondements de la théorie phonologique contemporaine, étude sans laquelle aucune explicitation n'est possible, et qui pourra peut-être servir de base à un travail futur d'édification. L'auteur est loin d'avoir l'ambition de faire lui-même ce travail. Il a dû laisser pendants maints problèmes épineux dont la résolution est pourtant la condition *sine qua non* de l'élaboration d'un système théorique de la phonologie qui soit digne de ce nom, de sorte que le travail de déblayage du terrain lui-même ne saurait être considéré comme achevé. La seule chose dont il se sent capable après les réflexions critiques qu'il a émises, c'est d'essayer d'en tirer les quelques conclusions qui en découlent le plus directement. C'est en quoi consistera la teneur du dernier chapitre de ce livre.

V. POUR UNE THÉORIE EUROCENTRIQUE DE LA PHONOLOGIE

De tout ce qui a été dit dans les chapitres précédents, il est clair que la théorie phonologique contemporaine est celle d'un cas particulier, représenté par un type de langues déterminé, celui des langues flexionnelles européennes. C'est la théorie des systèmes "microphonématiques", dans lesquels l'unité phonologique minimale à syntagmatique linéaire est réalisée dans un "son", grandeur indéfinissable en termes phonétiques, mais nettement délimitée dans la chaîne par des frontières morphématiques à l'intérieur des syllabes et par des frontières syllabiques à l'intérieur des morphèmes, aussi bien que par la pertinence de sa place par rapport à celle de ses homologues sur la ligne du temps (sa permutabilité). Cette théorie a été dans une large mesure élaborée intuitivement. Le problème du statut linguistique de l'unité qui lui sert de base, le phonème, et, par suite, celui de la méthode de son dégagement, n'a jamais été posé. La conséquence en est l'illusion qu'une certaine grandeur physique appelée "son" est naturellement délimitée dans la chaîne parlée, et, par suite, la reconnaissance injustifiée de cette grandeur comme un corrélat nécessaire et universel du phonème.

La phonologie classique contemporaine a fait ses preuves en tant que méthode de description pratique des langues et de leur réduction en écriture alphabétique. Sa maniabilité et son efficacité pratique ne peuvent faire de doute, et elle gardera toute sa valeur à travers les changements qui pourront avoir lieu dans notre discipline. Elle est en effet irremplaçable en tant que méthode et technique de travail.

Les transcriptions en usage en phonologie actuelle, qui servent de base à toutes les constatations et les formulations qu'on peut trouver dans les travaux de phonologie, représentent un recodage extrêmement commode et probablement inévitable de la structure phonologique des langues à l'étude en termes d'unités et de concepts propres à la structure microphonématique des langues européennes. Une transcription "phonétique" représente la façon dont un Européen ou un linguiste formé à l'école européenne perçoit les énoncés de la langue à l'étude en les analysant intuitivement en termes de "sons" en lesquels il est habitué à analyser les énoncés de sa langue maternelle. Les correctifs généralement insignifiants qui résultent de ce qu'on appelle la transcription phonologique consistent à éliminer les distinctions superflues entre certains sons pour arriver à une notation plus économique en gardant intacte la segmentation effectuée lors de la transcription "phonétique". La description phonologique est une réinterprétation des faits phoniques de la langue à l'étude qui permet au linguiste européen de les identifier et de les reproduire assez correctement tout en les percevant à travers le crible de la structure phonologique de sa langue maternelle. Elle ne sert à rien pour découvrir la structure phonologique de la langue à l'étude.

Quelle que soit la langue à l'étude, la phonologie classique décrit toujours un seul et même système phonologique, celui d'une langue européenne standardisée, à quelques détails près. Si bien qu'on pourrait rédiger des formulaires avec des blancs à remplir et des listes accompagnées de la mention "Biffer les phonèmes (ou les combinaisons, etc.) inexistants", les distribuer aux phonologues, et être sûr qu'après quelques semaines passées à remplir ces formulaires ils donneraient des descriptions phonologiques impeccables des langues à étudier, quelles qu'elles soient.

Naturellement, aux yeux des linguistes formés à l'esprit nominaliste et pragmatique, une telle méthode représenterait l'idéal même de la recherche scientifique. Mais, pour ceux qui aspirent à découvrir la structure véritable de la langue étudiée, elle est inacceptable, car elle sert à masquer la réalité, non à la découvrir.

Le linguiste qui commence à douter de l'objectivité de la méthode classique et qui se met à feuilleter les descriptions phonologiques des langues non européennes dans l'espoir d'y découvrir quelques indices d'une structure particulière doit bientôt renoncer à cette vaine entreprise. Il se heurte partout à l'écran opaque du modèle européen qui cache entièrement la structure des langues décrites. Au lieu de descriptions, il ne trouve que des traductions.

La situation est loin d'être réjouissante pour le linguiste réaliste. Elle n'est pas cependant sans issue. L'issue en est même toute indiquée, et depuis longtemps. Elle réside dans les principes fondamentaux de la linguistique structurale et de la phonologie. Il suffit en effet, pour sortir de cette situation, de revenir aux principes définitoires de la langue, aux principes de base de l'approche sémiotique, c'est-à-dire fonctionnelle et structurale, de se guider de façon conséquente et radicale sur le critère de la pertinence linguistique, sur la fonction remplie par les faits phoniques dans la communication verbale et sur leur statut dans la hiérarchie du système des signes et des figures de la langue, et d'abandonner tout ce qui ne découle pas de ces principes.

Ceci n'est rien d'autre que l'idéal visé par la linguistique moderne depuis ses débuts, idéal qu'elle croit avoir réalisé, au moins dans l'essentiel. Si, en fait, cet idéal n'est pas réalisé en phonologie classique, c'est uniquement parce que celle-ci enfreint ces principes sans le savoir, parce qu'elle se fonde, tout aussi inconsciemment, sur d'autres principes, sur d'autres postulats, qui n'ont jamais été formulés explicitement, et qui sont entièrement étrangers à ces principes de base, bien qu'ils reflètent des représentations qui sont liées de façon organique au comportement linguistique des locuteurs de langues européennes et qui résultent nécessairement, et de façon légitime, de la structuration particulière des langues de ce type. C'est précisément parce qu'ils reflètent ces représentations que ces postulats sont admis inconsciemment et sont restés implicites, car, pour le sujet parlant, les lois qui régissent son comportement linguistique constituent un cadre mental dont il ne peut se détacher pour en prendre conscience. Le sujet parlant ne peut songer à formuler explicitement les postulats qui sont à la base de son sentiment linguistique et de la façon dont il se représente la structure phonologique de sa langue, parce que ce sentiment, cette représentation constituent pour lui la *vérité première* qui est à la base de tout principe et de tout postulat.

C'est le caractère implicite et inconscient de ces postulats qui a empêché la théorie phonologique de poser les problèmes qui auraient dû être posés dès le début. Si ces postulats sont formulés explicitement, le problème de leur fondement linguistique et de leur validité universelle se posera tout naturellement, et ce problème une fois posé, sa solution se présentera d'elle-même, car les principes qui doivent être à sa base ont été établis depuis les origines de la phonologie.

Il n'y a rien de nouveau à chercher. Il n'y a rien à inventer. Il s'agit toujours de mener à bout la tâche que Ferdinand de SAUSSURE a assignée à la théorie linguistique et dont l'accomplissement est mis à notre portée par les principes qu'il a lui-même formulés : celle de "montrer au linguiste ce qu'il fait".

Les chapitres qui précèdent ont été écrits dans l'espoir d'apporter une contribution à l'accomplissement de cette tâche en essayant de rendre explicites certains postulats posés implicitement à la base de la phonologie contemporaine.

Il est maintenant utile de reformuler ces postulats sous une forme plus complète et de les réunir en un ensemble plus ou moins cohérent.

Les postulats de la phonologie classique contemporaine

A. PHONÉTIQUE

1. *La chaîne parlée est naturellement divisée en segments consécutifs appelés "sons".*

Sur le plan acoustique, ces sons représentent des segments phoniques relativement homogènes (c'est-à-dire que les changements qu'il peut y avoir à l'intérieur de ces segments sont imperceptibles ou négligeables) qui occupent chacun une portion de temps à lui et sont délimités des segments voisins par un changement de source sonore et/ou de fonction de transfert, ou par un changement brusque de qualité.

Sur le plan articulatoire, ils correspondent chacun à une position particulière des organes vocaux.

> *Remarque* : un son peut être constitué par une absence de tout son (par exemple dans le cas des occlusives implosives sourdes sans détente). Cette absence de tout son constitue un son parce qu'elle correspond à une position des organes vocaux.

2. *Les propriétés caractéristiques des sons résident dans leur mode d'articulation et leur point d'articulation.*

Chaque son est caractérisé par des propriétés physiques descriptibles en termes de mode d'articulation (vocalique, consonantique, nasal, oral, voisé, non-voisé, occlusif, fricatif, latéral, vibrant, etc.) et de point d'articulation (antérieur, postérieur, arrondi, labial, dental, palatal, vélaire, uvulaire, glottal, etc.).

3. Les sons se divisent en consonnes et voyelles.

Les consonnes sont caractérisées par une fermeture ou un rétrécissement du canal vocal qui produit généralement un bruit perceptible. Ce bruit est presque inaudible dans les "sonantes" et fait défaut dans les occlusives implosives non relâchées.

Les voyelles sont caractérisées par un passage libre de l'air à travers le canal buccal (d'où absence de bruit). Elles sont constituées exclusivement du son musical émis par les cordes vocales, qui acquiert un timbre caractéristique grâce à la forme des résonateurs buccaux et pharyngiens, etc.

4. Les propriétés qui ne relèvent pas du mode d'articulation et du point d'articulation sont des faits prosodiques ou suprasegmentaux.

Les propriétés ayant trait à l'intensité de la phonation, à la hauteur musicale de la voix, à la quantité, ne peuvent constituer les traits caractéristiques des sons, d'autant plus qu'elles englobent généralement plusieurs segments phoniques.

5. Entre les sons adjacents, il y a généralement de courtes phases de transition dues aux mouvements involontaires des organes vocaux.

L'acte phonatoire consiste à émettre l'un après l'autre les sons dans un ordre défini, c'est-à-dire à faire prendre aux organes phonateurs les positions requises l'une après l'autre. Cependant, pour passer d'une position à une autre, les organes sont forcés d'effectuer des mouvements involontaires qui donnent lieu à des sons transitoires parasitaires que l'ouïe ignore.

6. Les sons adjacents sont souvent influencés l'un par l'autre.

A cause de la maladresse des organes vocaux et de leur tendance à l'inertie, les mouvements de transition peuvent entraîner une modification sensible des sons adjacents. Cette influence modificatrice est descriptible en termes d'assimilation, d'anticipation, de coarticulation, etc.

B. PHONOLOGIE

1. Les différences physiques qui existent entre les sons d'une langue peuvent être pertinentes ou non-pertinentes.

Une différence pertinente est susceptible de distinguer à elle seule deux unités signifiantes. Elle constitue une opposition phonologique. Une différence qui n'en est pas susceptible est non-pertinente.

2. *Deux sons dont la différence est pertinente sont des réalisations de deux phonèmes différents.*

Deux sons dont la différence n'est pas pertinente sont des réalisations différentes (des variantes) d'un même phonème.

Les variantes d'un phonème sont dites facultatives si elles peuvent être librement substituées l'une à l'autre dans le même contexte phonique ; elles sont dites combinatoires ou contextuelles si elles n'apparaissent jamais dans le même contexte phonique, de sorte qu'on peut supposer que leur différence est déterminée par celle de leur contexte respectif.

3. *Le phonème est l'unité segmentale minimale d'une langue.*

L'énoncé est entièrement analysable en phonèmes consécutifs sans laisser de résidus, et ne peut être analysé plus loin en segments qui constitueraient des unités phonologiques successives plus petites.

4. *Le phonème est toujours réalisé dans un son et un seul, à l'exception des cas prévus dans la remarque suivante.*

Remarque : beaucoup de langues connaissent des phonèmes qui sont réalisés dans deux sons. Dans ces cas exceptionnels, les deux sons :
a) ne forment jamais, ni n'appartiennent à, deux syllabes ;
b) possèdent toujours la même propriété, vocalique ou consonantique ;
c) s'ils sont consonantiques, ils ont toujours le même point d'articulation, le son précédent étant occlusif, le son subséquent fricatif ;
d) s'ils n'ont pas le même point d'articulation, le son subséquent est toujours un [h].

5. *Le phonème est un ensemble de traits pertinents réalisés simultanément dans les limites d'un son.*

Le phonème est constitué par l'ensemble des traits contenus dans un son qui sont les termes d'une différence pertinente (d'une opposition phonologique) et sont, par suite, appelés traits pertinents. Ces unités sont toujours représentées par des propriétés de mode et de point d'articulation (cf. A2), jamais par d'autres (cf. A3).

Corollaire 1. Les traits pertinents qui ne sont pas réalisés simultanément n'appartiennent pas au même phonème, sauf pour les cas où le phonème est réalisé dans deux sons (cf. B4).

Corollaire 2. Les traits qui servent à distinguer les unités signifiantes ne sont pertinents que dans le segment occupé par le phonème auquel ils sont censés appartenir. S'ils sont réalisés dans un autre segment, ils sont non-pertinents, même s'ils constituent la seule différence qui permet de distinguer une unité signifiante d'une autre.

Corollaire 3. Les traits conditionnés (prévisibles) sont non-pertinents : si dans une langue donnée on peut dire que quand le trait x apparaît dans le segment A, le trait y apparaît nécessairement dans le segment B, un seul de ces traits est pertinent (lequel des deux est pertinent dépend de la solution choisie).

6. Les traits qui ne peuvent être décrits en termes de mode et de point d'articulation sont des traits prosodiques et constituent des prosodèmes.

Les prosodèmes, ou phonèmes suprasegmentaux, sont réalisés en même temps qu'un segment non minimal (non monophonématique).

Les prosodèmes sont décrits en termes de tons, d'accent et d'intonation selon les propriétés qui les représentent et les dimensions des segments qui leur sont simultanés.

Corollaire 1 (se rapportant a B5 et B6). Un phonème occupe une portion de temps à lui dans la chaîne ; un prosodème, un trait prosodique ou un trait distinctif ("inhérent") n'en occupe aucune.

Corollaire 2. Il n'y a pas de phonèmes simultanés et de prosodèmes segmentaux.

Remarque : les traits prosodiques s'étendent sur plusieurs sons, mais tous les traits qui s'étendent sur plusieurs sons ne sont pas des prosodèmes. Exemple : les traits de résonance vocalique (labialisation, palatalisation, vélarisation, etc.). Ces traits appartiennent au segment vocalique et sont toujours non-pertinents dans les segments consonantiques pré- et post-vocaliques.

7. Certaines propriétés phoniques sont toujours pertinentes.

Ce sont :
1. le caractère consonantique ou vocalique ;
2. la simultanéité ou la successivité ;
3. l'ordre séquentiel des sons ;
4. les changements de source sonore et/ou de fonction de transfert, qui marquent toujours des frontières de phonèmes et déterminent ainsi la pertinence ou la non-pertinence des traits (cf. B5, Cor. 2).

8. Certaines propriétés phoniques sont toujours non-pertinentes.

Ce sont :
1. les propriétés qui relèvent des particularités et de l'idiosyncrasie du locuteur, ou de la base articulatoire de la langue en question ;
2. les propriétés qui se rapportent aux mouvements des organes phonateurs : explosion et implosion ;
3. les propriétés qui permettent d'identifier les voyelles mais qui se trouvent dans les segments attribués aux consonnes ;
4. les propriétés qui permettent d'identifier les consonnes mais qui se trouvent dans les segments attribués aux voyelles.

C. MÉTHODE ET TECHNIQUE

1. L'analyse phonologique peut être effectuée indépendamment de la morphologie.

La segmentation naturelle de la chaîne parlée en sons permet d'effectuer l'analyse phonologique sans avoir recours à la grammaire, car l'unité phonologique qui peut servir de base aux diverses opérations d'analyse et d'interprétation, le phonème, peut être considéré comme dégagé d'avance : il correspond de façon quasi-univoque au son, et aucune technique spéciale n'est nécessaire pour le délimiter dans la chaîne.

2. La transcription phonétique représente une base objective pour l'analyse phonologique.

La transcription phonétique représente la chaîne parlée telle qu'elle est objectivement (ou telle qu'elle est entendue par les hommes indépendamment de leur langue maternelle), avec sa segmentation naturelle en sons. Chaque son y est représenté par une lettre, sans tenir compte de la pertinence ou de la non-pertinence des différences notées par rapport à la langue étudiée. Naturellement, les propriétés qui ne sont pertinentes dans aucune langue (cf. B7) n'ont pas à être représentées dans la transcription phonétique.

3. La pertinence des propriétés notées dans la transcription phonétique est vérifiée au moyen du test de commutation.

On vérifie la pertinence (a) des propriétés caractéristiques des sons représentés par les lettres de la transcription en substituant les lettres l'une à l'autre, et (b) celle de la présence d'un son en effaçant la lettre qui le représente (commutation avec zéro) : si cette substitution, ou cette soustraction, donne une autre unité signifiante de la langue en cause, la pertinence en question est prouvée. Sinon, on a affaire à (a) des variantes d'un même phonème, ou (b) un élément (son) non-phonématique d'un phonème phonétiquement complexe.

> *Remarque* : on n'a pas à vérifier la pertinence de toutes les propriétés physiques, car certaines d'entre elles sont universellement pertinentes (B6), certaines autres universellement non-pertinentes (B7).

4. Les variantes d'un même phonème contiennent les mêmes traits pertinents.

Les sons dont la différence n'est pas pertinente (les sons non-commutables) sont des variantes d'un même phonème. Si leur différence est facultative, ce sont des variantes facultatives ; si leur différence est conditionnée par le contexte, ce sont des variantes conditionnées, ou contextuelles, ou combinatoires. Les variantes d'un même phonème contiennent les mêmes traits pertinents.

Dans certains cas, cependant, on peut réunir des sons qui n'ont pas les mêmes traits pertinents parce qu'ils appartiennent à des paradigmes différents en un seul phonème en expliquant leur différence de structure par leurs positions différentes (variantes positionnelles).

5. *Dans les cas où une différence pertinente entre deux unités signifiantes est toujours contenue dans deux sons adjacents, on doit l'attribuer à un seul des deux.*

Après avoir choisi le son auquel la différence pertinente sera attribuée, la différence contenue dans l'autre son est à déclarer non-pertinente.

6. *Le choix (cf. B5) peut se baser sur les critères suivants :*

1. la simplicité (ou l'économie) de la description ;
2. la vraisemblance phonétique ;
3. la congruence par rapport à la structure générale ;
4. le pouvoir d'explication par rapport aux faits des niveaux supérieurs.

*

Ces postulats, principes et prescriptions sont ceux qui semblent le plus généralement admis, explicitement ou implicitement, par les différentes écoles phonologiques contemporaines, excepté celle dite prosodique, dont la méthode est fondée sur d'autres postulats non moins aprioriques. La phonémique américaine, bien qu'elle utilise une autre terminologie, et formule d'autres postulats et d'autres définitions, se fonde en réalité sur ces mêmes postulats de façon assez conséquente bien que souvent implicite. La phonologie générative ne constitue pas non plus une exception.

Au point de vue technique, ces principes et postulats peuvent servir de base à une représentation univoque et maniable applicable à n'importe quelle langue. Elle est particulièrement utile pour la création d'alphabets. L'écriture alphabétique, qui est fondée sur ces principes, est sans aucun doute l'écriture la plus commode que le genre humain ait connue.

Du point de vue empirique, ces principes et postulats sont pleinement justifiés par les résultats que donnent les analyses phonologiques des langues européennes qui reposent sur eux. Ils cadrent parfaitement avec le sentiment linguistique des locuteurs-auditeurs natifs des langues européennes. Mais ils ne peuvent être à la base d'une théorie générale de la phonologie qui soit valide pour toutes les langues, car on peut voir sans difficulté que, hormis quelques-uns d'entre eux qui découlent effectivement des principes de base du fonctionnement de la langue humaine en général, ils sont presque tous d'un apriorisme et d'un arbitraire évidents.

Aucun postulat phonétique ne concorde avec les faits phoniques objectifs. Tous ces postulats phonétiques ne rendent compte de rien d'autre que de la façon dont les sujets parlants des langues européennes se représentent la structuration des faits phoniques du langage et de ce qu'ils y perçoivent. Certes, cette collection d'illusions auditives est du plus haut intérêt pour la phonologie, et surtout pour les linguistes qui veulent pénétrer au plus profond du mécanisme phonologique des langues européennes. Mais elle ne peut servir de base objective pour l'élaboration d'une théorie phonologique, car elle ne présente que des faits subjectifs entièrement déterminés par la structure phonologique particulière d'un type de langue défini.

Aucun postulat phonologique n'est fondé de façon rigoureuse sur la fonction et le statut structural des faits en cause, car tout repose lourdement sur la notion de son qui n'est même pas une notion phonétique. Les critères d'interprétation et de classification sont substantialistes.

Bref, les faits phonétiques postulés sont en réalité impressionnistes, c'est-à-dire phonologiquement déterminés, et les principes phonologiques sont profondément phonéticistes.

La phonologie générale aura à élaborer un autre ensemble de principes, entièrement explicites et libres de tout apriorisme, qui seraient déduits directement des principes de base du fonctionnement de la langue comme système sémiotique structuré et hiérarchisé. L'ensemble de principes que nous soumettons ci-dessous au lecteur représente un essai encore hésitant dans cette direction.

Principes fondamentaux de phonologie

PRINCIPES THÉORIQUES

1. *La langue organise la substance phonique pour l'utiliser à ses fins communicatives.*

Le code linguistique organise les sons émis par les organes dits vocaux de l'homme pour les utiliser comme support matériel de ses unités. La discipline linguistique qui étudie l'organisation et l'utilisation de cette substance phonique aux fins communicatives de la langue est la phonologie.

2. *Chaque langue choisit un certain nombre de dimensions de la substance phonique pour les utiliser à ses fins propres.*

Les langues différentes utilisent un nombre déterminé de propriétés phoniques qui peuvent ne pas coïncider malgré le caractère restreint des dimensions de la substance phonique et de la capacité des organes phonateurs et auditifs. Les propriétés et dimensions qui sont utilisées par plusieurs langues ou par toutes les langues peuvent l'être à des fins qui diffèrent avec les langues.

3. *La langue organise et structure la substance phonique en un système hiérarchisé d'unités discrètes de niveaux différents.*

Toute langue structure la substance phonique en unités discrètes organisées en une hiérarchie de plusieurs niveaux différents en fonction directe du système des unités signifiantes (des signes) de son code. Les langues différentes peuvent réaliser cette structuration de façons différentes.

4. *Tout message verbal est analysable en unités signifiantes réalisées dans une forme phonique déterminée.*

Un message verbal (un énoncé) peut être décrit comme étant constitué par un signe ou étant composé de signes, c'est-à-dire d'unités discrètes du code porteuses de signification qui sont en nombre fini et qui se retrouvent constamment dans d'autres messages. Chacune de ces unités signifiantes, hormis les rares cas d'homophonie, est caractérisée par une forme phonique qui lui est propre et qui est différente de celles des autres unités signifiantes.

La différence qui existe entre la forme phonique des unités signifiantes permet au sujet parlant de les distinguer et les identifier.

5. *Les différences dans la forme phonique des unités signifiantes qui servent à les distinguer peuvent être analysables en différences plus petites.*

Les différences dites *pertinentes* qui servent à distinguer les unités significatives d'une langue donnée, et à constituer des *oppositions phonologiques*, peuvent être totales ou partielles. Les différences partielles permettent d'analyser l'altérité formelle des unités signifiantes en des différences pertinentes toujours plus petites et plus simples et, partant, d'analyser la forme phonique de ces unités en propriétés pertinentes toujours plus petites et plus simples, qui sont en nombre de plus en plus restreint et qui se retrouvent constamment dans les autres unités signifiantes de la langue.

6. *Une différence pertinente partielle entre deux unités signifiantes est constituée soit par une opposition qualitative ou privative, soit par une opposition d'ordre séquentiel.*

Une opposition qualitative distingue deux unités signifiantes par la présence dans l'une d'une certaine propriété (simple ou complexe) et la présence dans l'autre, à la place correspondante, d'une autre propriété. Les propriétés ainsi opposées sont dites *commutables* entre elles.

Une opposition privative distingue deux unités signifiantes par la présence dans l'une d'une certaine propriété et l'absence dans l'autre, à la place correspondante, de cette même propriété. La propriété ainsi opposée à sa propre absence est dite *commutable avec zéro*.

Une opposition d'ordre séquentiel distingue deux unités signifiantes constituées par les mêmes propriétés phoniques disposées dans un ordre séquentiel différent. Si la suite *ab* de deux propriétés *a* et *b* est phonologiquement opposée à la suite inverse *ba* ou à la combinaison simultanée ou quasi simultanée $\frac{a}{b}$, ces propriétés sont dites *permutables*.

7. *La différence minima qui est susceptible de distinguer à elle seule deux unités signifiantes est constituée par l'opposition phonologique de deux propriétés non-analysables appelées traits pertinents.*

Le *trait pertinent* est le terme d'une opposition phonologique minima ou simple (non analysable en oppositions plus petites). Il est *l'unité linguistique ultime* en laquelle toute unité linguistique peut être analysée. Il est l'unité phonologique de base nécessaire de toute langue naturelle. Toutes les unités phonologiques en lesquelles les langues peuvent être organisées sont descriptibles comme des combinaisons diverses de traits pertinents.

Le trait pertinent est soit qualitatif ou privatif, soit d'ordre séquentiel. Un trait pertinent d'ordre séquentiel est constitué par un ordre séquentiel déterminé de deux propriétés, phonologiquement opposé à l'ordre inverse ou à une combinaison simultanée de ces propriétés.

8. *Les traits pertinents sont souvent groupés en ensembles en vertu de la solidarité de leurs paradigmes* (des oppositions phonologiques simples qui contractent un rapport d'interdépendance).

Certaines oppositions phonologiques simples sont interdépendantes, c'est-à-dire sont telles que l'un des termes de chacune d'elles apparaît toujours accompagné de l'un des termes de l'autre (ou des autres). Cette interdépendance permet parfois de grouper les termes de ces oppositions — les traits pertinents — en ensembles de grandeur variable selon les langues et pourvus d'une certaine autonomie.

9. Certains traits pertinents autonomes et certains ensembles de traits pertinents à paradigmes solidaires sont commutables avec zéro.

Il peut y avoir opposition phonologique entre la présence et l'absence de certains traits pertinents et ensembles de traits pertinents à l'intérieur de deux unités signifiantes. Cette commutabilité avec zéro détermine une certaine autonomie des grandeurs en cause. Elle est cependant fonction du statut de ces dernières dans l'unité phonologique du niveau supérieur.

10. Certains traits pertinents autonomes et ensembles de traits pertinents peuvent acquérir le statut structural d'une unité phonologique d'un niveau supérieur à celui des traits pertinents en vertu des propriétés suivantes ou en vertu de l'une d'elles :

1. La possibilité de constituer à eux seuls des unités signifiantes ou d'être séparés des autres traits pertinents ou ensembles de traits pertinents par des frontières morphologiques ou morphonologiques.

2. La permutabilité avec un autre trait pertinent ou ensemble de traits pertinents, c'est-à-dire la possibilité d'être combinés en tant que tels à un trait d'ordre séquentiel.

11. Les ensembles de traits pertinents permutables sont appelés phonèmes.

Le *phonème* est l'unité phonologique permutable minimale. Autrement dit, c'est l'unité phonologique la plus petite qui soit susceptible de participer à une opposition d'ordre séquentiel.

L'autonomie du phonème dans la chaîne est souvent renforcée par les frontières morphologiques qui le séparent de ses homologues et des unités non-phonématiques.

Le phonème est en général commutable avec zéro. Les traits pertinents qui constituent le phonème sont appelés *traits phonématiques*.

Le phonème caractérise un morphème ou un mot.

Il peut constituer à lui seul ou en combinaison avec d'autres phonèmes et/ou avec des traits prosodiques le signifiant d'un morphème ou d'un mot.

12. Les traits pertinents et ensembles de traits pertinents qui caractérisent des unités supérieures au phonème sans constituer à l'intérieur de ces dernières des unités permutables sont des traits prosodiques ou prosodèmes.

Le *trait prosodique* est un trait pertinent qui, ni en tant que tel, ni à l'intérieur d'un ensemble de traits pertinents, ne participe à une opposition d'ordre séquentiel à l'intérieur de l'unité signifiante qu'il caractérise.

Le *prosodème* est constitué par un trait prosodique autonome ou un ensemble de traits prosodiques à paradigmes solidaires.

A la différence des traits phonématiques, le trait prosodique et le prosodème caractérisent non un phonème, mais une unité d'un niveau supérieur, en général une unité signifiante, ou une grandeur phonétique plus grande qu'un phonème (une syllabe par exemple).

A la différence du phonème, le prosodème peut caractériser des unités signifiantes complexes plus grandes que le mot, le syntagme grammatical ou lexical, la phrase, etc.

En général, le trait prosodique et le prosodème ne sont pas commutables avec zéro.

Un trait prosodique ou un prosodème peut constituer à lui seul le signifiant d'un morphème grammatical, mais non un mot ou un morphème lexical.

13. *Certains traits pertinents ou ensembles de traits pertinents remplissent une fonction démarcative* : ils servent à délimiter les unités signifiantes les unes des autres.

Ils sont appelés *jonctures*.

La fonction des jonctures peut souvent être assumée à titre supplémentaire par certains phonèmes ou prosodèmes et certains traits phonématiques ou prosodiques.

Les jonctures proprement dites se distinguent des phonèmes en ce qu'elles se trouvent en dehors des unités signifiantes et caractérisent des constructions qui englobent les unités caractérisées par les phonèmes.

Elles se distinguent des prosodèmes en ce que leur place dans le syntagme phonématique est pertinente (elles sont permutables avec les phonèmes), et en ce qu'elles ne peuvent caractériser comme les prosodèmes des unités signifiantes simples.

14. *Phonèmes, prosodèmes et "jonctures" forment par leur combinaison des unités phonologiques complexes.*

Ce peut être des mots phonologiques, des syntagmes phonologiques, des phrases phonologiques, etc., unités qui sont à définir en termes de leur fonction et de leur statut particuliers dans le système auquel elles appartiennent.

15. *La forme phonique d'une unité signifiante peut varier partiellement, ou parfois totalement, en fonction de son amalgame avec d'autres unités signifiantes.*

Ces variantes, dites alternances phonétiques ou morphonologiques, servent à distinguer et reconnaître non les unités signifiantes qui contiennent les propriétés alternées, mais l'amalgame de l'unité signifiante avec les différentes unités en cause. La différence qui existe entre les formes phoniques d'une unité signifiante signale la présence de l'unité (ou de la catégorie d'unités) qui lui est amalgamée. Elle constitue donc un trait pertinent de cette dernière.

Ces alternances tracent à l'intérieur des unités signifiantes des frontières qui peuvent être dites morphonologiques, lesquelles peuvent déterminer l'autonomie des unités alternées et des traits mis en jeu dans ces alternances, tout en réunissant les unités alternantes en une certaine classe.

Remarques phonétiques et psycholinguistiques

1. La syllabe est l'unité naturelle d'articulation et de perception. Elle est le segment naturel minimal.

2. Les positions indispensables à la production des sons d'une syllabe et qui ne sont pas physiquement incompatibles sont prises simultanément par les organes phonateurs.

3. Les positions physiquement incompatibles sont celles qui caractérisent le mode d'articulation (source sonore et fonction de transfert). Seules ces positions forment une succession linéaire dans la syllabe.

4. L'analyse la plus naturelle (la moins influencée par les facteurs phonologiques) de la syllabe est l'analyse componentielle. L'analyse segmentale est contre nature et suppose l'intervention intensive des facteurs phonologiques (structuraux).

5. Il n'y a pas de correspondance univoque entre les segments délimités par les changements de mode d'articulation et les ensembles de traits pertinents appelés "sons". Le son perceptuel, tel qu'il est transcrit par une lettre, est trans-segmental.

6. La perception de ces "sons" comme des segments suppose nécessairement le recodage des propriétés acoustiques distinctives de la syllabe en termes articulatoires de positions stationnaires, au moyen d'une déduction de ces positions à partir de ces propriétés.

7. Cette opération est nécessaire si, et seulement si, il y a opposition phonologique d'ordre séquentiel à l'intérieur de la syllabe, c'est-à-dire si dans la langue en question les ensembles de traits pertinents à paradigmes solidaires qui composent la syllabe sont permutables.

8. Les traits pertinents et ensembles de traits pertinents qui sont permutables entre eux à l'intérieur d'une syllabe sont perçus par le sujet parlant comme des segments successifs.

9. Un segment est une grandeur perceptuelle qui produit l'impression d'occuper une portion à elle sur la ligne du temps, et dont l'absence est sentie comme un vide et l'omission comme une diminution quantitative de la grandeur qui la contient.

10. Les traits pertinents et ensembles de traits pertinents qui ne sont pas permutables entre eux à l'intérieur d'une syllabe sont perçus par le sujet parlant comme simultanés et forment un seul segment (lequel est en l'occurrence représenté par la syllabe elle-même) même s'ils occupent objectivement chacun une portion propre sur la ligne du temps.

11. Un élément autonome, dont la place par rapport aux autres éléments de la même syllabe ou de la même unité signifiante n'est pas pertinente, est perçu comme réalisé en même temps que ("étendu sur") la syllabe ou l'unité signifiante constituée par ces derniers.

12. Les propriétés solidaires (interdépendantes) sont inanalysables linguistiquement et psycholinguistiquement, de sorte qu'aucune d'elles ne peut être dite redondante.

13. Les ensembles de traits pertinents et les traits pertinents autonomes qui ne sont pas permutables entre eux, mais entre lesquels passe une frontière morphologique sont perçus par le sujet parlant comme des unités distinctes ou des éléments d'unités distinctes réalisés simultanément ou consécutivement en dépendance du caractère (phonologiquement) simultané ou (phonologiquement) successif des unités du même niveau dans la langue en question.

Remarques typologiques

1. Le rapport qui unit la morphologie à la phonologie d'une langue est d'une importance capitale pour sa structure. En particulier, le rapport qui unit le signifiant minimal à la substance phonique, c'est-à-dire les dimensions de la grandeur phonétique dans laquelle

le morphème peut être réalisé, joue un rôle déterminant dans la structure de la langue, car c'est sur ce rapport qu'est basé le fonctionnement de la langue.

Les langues diffèrent en premier lieu par la façon dont le morphème est réalisé dans la substance phonique, et cette différence détermine des divergences profondes dans leur structure phonologique.

Dans certaines langues, l'enveloppe phonique (le signifiant) du morphème n'a pas de dimensions définies : ce peut être un trait pertinent ou un ensemble de traits pertinents ou des ensembles de traits pertinents en nombre indéfiniment variables (un son, deux sons ou plus, une syllabe, plusieurs syllabes, etc.) ; dans certaines autres, le signifiant du morphème est une grandeur phonétique définie : une syllabe par exemple.

Dans certaines langues, le signifiant du morphème peut être écrit en termes de "sons", dans certaines autres, il ne peut être décrit qu'en termes de syllabes (il peut s'agir de langues à morphèmes monosyllabiques ou à morphèmes polysyllabiques).

Cette circonstance ne peut être indifférente à l'organisation et à la structuration de la substance phonique dans les langues différentes.

2. La façon dont le morphème est réalisé dans la substance phonique détermine le statut linguistique des groupements de traits pertinents.

Dans les langues où le signifiant du morphème peut être représenté par une grandeur moindre qu'une syllabe (un "son" par exemple), cette grandeur phonétique peut être séparée des autres par des frontières morphologiques à l'intérieur de la syllabe et acquérir ainsi l'autonomie et la liberté de distribution qui conditionnent sa permutabilité avec les autres éléments de la même syllabe, c'est-à-dire son statut phonématique. Dans ces langues, le phonème est constitué par un trait pertinent ou un ensemble très restreint de traits pertinents, et forme le niveau d'unités phonologiques immédiatement supérieur à celui des traits pertinents.

Dans les langues où le signifiant du morphème est invariablement représenté par une syllabe ou ne peut être décrit qu'en termes de syllabes, la syllabe acquiert par ce fait même le statut d'une unité linguistique, et les traits pertinents et ensembles de traits pertinents qui la composent ne peuvent acquérir une autonomie quelconque que grâce aux alternances morphonologiques qui peuvent avoir lieu à l'intérieur de cette syllabe-morphème (ou ce morphème plurisyllabique) et qui peuvent permettre de dégager des unités intermédiaires entre le trait pertinent et la syllabe. Ces unités — des traits pertinents ou des ensembles de traits pertinents qui ne coïncident pas toujours avec les "sons" même au point de vue purement phonétique — sont généralement disposés en ordre rigoureusement fixe et il ne peut y avoir de permutation à l'intérieur de la syllabe-morphème, de sorte que c'est celle-ci qui représente l'unité minimale permutable, c'est-à-dire le phonème. L'autonomie des unités intermédiaires qu'il peut y avoir à l'intérieur de cette syllabe-phonème est souvent d'ordre plutôt phonétique que phonologique, et ne suffira pas à les doter d'un statut linguistique. Comme ces traits pertinents et ensembles de traits pertinents sont phonologiquement non-segmentaux, les dimensions de la syllabe-phonème sont constantes, et il est par suite difficile de prouver la solidarité exclusive de leurs paradigmes et leur commutabilité avec zéro.

3. Dans les langues où le phonème est réalisé dans un "son", c'est-à-dire un trait pertinent ou un ensemble de traits pertinents non-syllabiques à paradigmes solidaires commutables avec zéro (langues "microphonématiques"), et où les "sons", grâce à leur statut phonématique, jouissent d'une grande liberté de distribution, la phase articulatoire quasi stationnaire des sons, dite "tenue", qui est la seule qui soit constamment présente, acquiert une grande importance. A l'inverse les mouvements articulatoires, représentés par les phases dites de "tension" et de "détente" qui sont souvent absentes et sont entièrement déterminées par le contexte, se trouvent réduits à des faits de transition, et leurs effets acoustiques sont utilisés simplement comme des indices pour identifier les traits articulatoires contenus dans les tenues où ils sont souvent insignifiants et parfois nuls.

Par contre, dans les langues où le phonème est réalisé dans une syllabe, dans laquelle la distribution des éléments est rigoureusement fixe (langues "macrophonématiques")[1], les mouvements (les phases non-stationnaires), qui ne sont pas moins constants que les tenues (les initiales consistent toujours en un mouvement ouvrant, les finales en un mouvement fermant) et dont les effets acoustiques sont beaucoup plus informatifs que les leurs, constituent les éléments les plus importants pour la recognition.

---

(1) Nous faisons abstraction des langues macrophonématiques non-syllabiques.

4. Dans les langues microphonématiques, le plan articulatoire (proprioceptif et moteur) doit être le plus important pour l'encodage aussi bien que pour le décodage du message verbal, lesquels sont effectués au niveau neuromoteur, l'audition jouant le rôle de *feed-back* chez le locuteur et celui d'un chaînon intermédiaire entre le signal acoustique et la perception kinesthésique chez l'auditeur. Ceci est rendu nécessaire par :

a. le besoin de distinguer l'ordre temporel d'unités qui ne sont successives qu'à la condition d'être réduites à des positions articulatoires stationnaires, c'est-à-dire à condition d'être considérées sous le seul angle de l'articulation, et

b. la constance exclusive de ces seules phases stationnaires dont l'effet acoustique est souvent insignifiant et parfois nul.

Dans les langues macrophonématiques, le plan acoustique (auditif) peut être supposé prévaloir sur, ou au moins avoir la même importance que, le plan articulatoire. En effet, étant donné que l'ordre temporel des éléments de la syllabe n'est pas pertinent, il ne peut être question d'un décalage temporel quelconque entre les deux plans acoustique et articulatoire, et rien n'oblige le sujet parlant à ignorer les propriétés acoustiques en tant que telles pour en déduire la position des organes dans les phases stationnaires. Il semble raisonnable de supposer que chez les locuteurs-auditeurs natifs de ces langues les sensations auditives et motrices se fondent en un seul complexe perceptuel audio-moteur pour être identifiées directement comme des unités phonologiques.

5. Les propriétés phoniques ayant trait à la hauteur du ton fondamental, à l'activité de la glotte, et en général à la distinction phonétique entre segmentalité et non-segmentalité, sont utilisées par les langues différentes à des fonctions différentes. Ainsi un son segmental comme ? ou h est fréquemment utilisé phonologiquement comme un tonème, et un dessin mélodique peut être utilisé comme un morphème (cf. les tons dans certaines langues microphononématiques).

Les langues macrophonématiques dites à tons utilisent le registre et le dessin mélodique du ton fondamental comme un élément constituant du (macro)phonème au même titre que les "sons" qui sont dans ces langues des éléments phonologiquement tout aussi non-segmentaux que les tons. La qualification de "langues à tons" est par conséquent inappropriée à ces langues, qui ne connaissent pas la distinction entre sons et tons.

ESSAI DE CLASSIFICATION TYPOLOGIQUE DES SYSTEMES PHONOLOGIQUES

La typologie phonologique des langues est à l'heure actuelle dans une impasse, parce que les descriptions phonologiques des langues non européennes dont nous disposons représentent, comme nous l'avons vu, des traductions qui réduisent tous les systèmes phonologiques à un seul. On aura à attendre que les systèmes phonologiques des langues différentes soient décrits de façon moins arbitraire pour disposer d'une base empirique assez solide de classification.

Nous donnons ci-dessous, à titre de simple suggestion, une esquisse sommaire qui représente simplement la récapitulation des cas que nous avons cités en exemples provisoires et hypothétiques au cours de notre exposé des problèmes théoriques ayant trait au statut linguistique du phonème. Cette esquisse est donc loin de prétendre à l'exhaustivité[2].

Types de systèmes phonologiques

A. Systèmes microphonématiques

I. S. à ressyllabation

1. à syllabes uniformes (swahili, vieux slave)
2. à syllabes variformes (langues européennes, turc)

II. S. sans ressyllabation (arabe)

---

(2) Cf. une classification typologique suivant des principes analogues par V.B. KASEVIČ (1977 : 137sq.). Cette classification sommaire, qui est simple, élégante et hautement pertinente, est fondée sur deux seuls critères (A) la réalisation du morphème dans une grandeur égale (-), ou inférieure (+) à une syllabe; (B) la possibilité (+) ou l'impossibilité (-) de ressyllabation. Ces deux critères sont mis en oeuvre pour dresser le tableau suivant :

LANGUES	(A)	(B)
indo-européennes modernes	+	+
chinoise, vietnamienne, etc.	-	-
indonésiennes	-	+
mon-khmères	+	-

La nôtre, un peu plus détaillée, utilise essentiellement les mêmes critères, en plaçant cependant à la base la réalisation phonique du phonème en tant qu'unité minimale permutable. La divergence entre les deux classifications en ce qui concerne la place des langues mon-khmères est due à une différence mineure dans le traitement des "présyllabes", qui sont interprétées chez KASEVIČ comme des consonnes, chez nous comme des syllabes.

B. Systèmes macrophonématiques

I. S. syllabiques

1. S. à nombre fixe de syllabes

a. monosyllabiques (langues isolantes) (vietnamien, chinois)

b. à "pieds" (syllabe+présyllabe(s) atone) (mon-khmer)

2. S. à nombre variable de syllabes

a. sans flexion intrasyllabique (maori)

b. avec flexion intrasyllabique (japonais)

II. Systèmes non-syllabiques

1. ordre séquentiel libre des ensembles de traits pertinents (aranta)

2. ordre séquentiel fixe des ensembles de traits pertinents avec ressyllabation (indonésien)

POINTS DE MÉTHODES

a. Principes généraux

1. Dans l'état actuel de la phonologie, il convient de supposer, au moins à titre provisoire, que les langues différentes utilisent et organisent la substance phonique de façon entièrement différente.

2. Il convient de limiter au minimum les axiomes mis à la base des méthodes d'investigation, de rejeter, au moins provisoirement, toute constatation d'universaux empiriques et de ne se baser que sur les concepts qui découlent nécessairement des propriétés définitoires de la langue.

3. Le critère unique de toute constatation phonologique doit être celui de la fonction distinctive et constitutive du fait en cause par rapport aux unités signifiantes de la langue.

4. L'établissement de toute unité phonologique doit être basé sur le statut structural de la grandeur en cause dans la hiérarchie des unités linguistiques.

Une grandeur phonétique est dotée d'un statut structural propre quand elle peut être définie en termes linguistiques de telle façon qu'elle soit distinguée des autres unités linguistiques par une qualité non-identifiable à celle d'un ensemble d'unités plus petites regroupées sur la base d'une certaine propriété phonétique ou d'une partie quelconque dégagée d'une unité plus grande à l'aide de critères phonétiques.

5. Il convient d'avoir en vue que les niveaux de la langue sont solidaires et entretiennent entre eux des rapports organiques.

6. Le comportement linguistique et paralinguistique du sujet parlant est la mesure suprême de l'adéquation de toute description linguistique.

b. Principes techniques

1. L'analyse phonologique ne peut être effectuée qu'après l'analyse morphématique, car la structuration morphématique de la langue détermine sa structuration phonologique.

2. L'analyse phonologique doit être effectuée en tenant compte des dimensions phonétiques du morphème, des rapports qu'il peut y avoir entre le morphème et la syllabe, de la coïncidence ou de la non-coïncidence des frontières morphologiques et syllabiques.

3. L'analyse phonologique doit consister en premier lieu dans l'analyse de la structure phonique des unités signifiantes dont le statut linguistique est le plus solidement établi (par exemple, le morphème ou le mot dans certaines langues, les deux dans certaines autres).

4. Les expériences psycholinguistiques peuvent être indispensables, ou d'une aide précieuse, pour la vérification des résultats de l'analyse phonologique.

5. Les procédures d'analyse phonologique consistent essentiellement dans l'établissement progressif du statut linguistique des groupements de plus en plus grands de traits pertinents.

6. Les langues de types différents peuvent exiger des procédures d'analyse et de description différentes. Pour les langues flexionnelles à alternances morphonologiques systématiques, une approche qui rende compte de la pluralité des niveaux morphonologiques semble plus adéquate qu'une approche phonématique faisant abstraction de la morphonologie.

7. Exemple de procédure d'analyse.

7.1. La première opération que le phonologue a à effectuer en vue d'établir les unités phonologiques d'une langue est la confrontation (la comparaison) des unités signifiantes de différents niveaux qui lui permette de dégager par commutation les unités distinctives minimales de la langue — les traits pertinents —.

7.2. La seconde opération est celle du regroupement des traits pertinents en ensembles sur la base de la solidarité (du rapport d'interdépendance) de leurs paradigmes.

Dans certaines langues, cette opération est assez simple à effectuer grâce à la commutabilité de ces ensembles avec zéro. Dans certaines autres, elle peut aboutir à des ensembles dont le nombre d'éléments à paradigmes solidaires est trop grand pour rien dégager à l'intérieur de la syllabe ou du morphème.

7.3. Vérification de la seconde opération par les alternances morphonologiques ou autres qui sont observables à l'intérieur de l'unité signifiante analysée. Pour les langues dont les ensembles de traits pertinents à paradigmes solidaires constituent des syllabes entières, ces alternances représentent la base unique de toute analyse effectuée à l'intérieur de la syllabe.

7.4. Si l'unité signifiante est le mot (polymorphématique), relever les frontières morphématiques, surtout celles qui passent à l'intérieur des syllabes. Cette opération permet de distinguer les langues syllabiques des langues non-syllabiques.

7.5. Rechercher la distribution des traits pertinents et ensembles de traits pertinents à l'intérieur de l'unité signifiante pour relever les oppositions d'ordre séquentiel et dégager les phonèmes.

Les résultats de cette opération peuvent coïncider ou ne pas coïncider avec ceux de l'opération 7.2. Si la non-coïncidence est sans grande importance, cette opération peut être considérée comme une rectification de 7.2. Dans le cas contraire, il pourra être nécessaire d'établir des unités intermédiaires subphonématiques.

7.6. Formuler les règles d'alternances morphonologiques et de variations combinatoires, en distinguant les contextes phonologiques des contextes morphologiques.

Remarque : le phonologue peut travailler avec une transcription phonétique alphabétique suffisamment détaillée, mais il semble plus rationnel de la compléter par une transcription multidimensionnelle qui puisse rendre compte des faits trans-segmentaux.

Institut des Sciences Sociales
Hochiminville 1980

BIBLIOGRAPHIE

ALARCOS-LLORACH (E.), 1968, L'acquisition du langage par l'enfant, *Le Langage*, "Encyclopédie de la Pléiade", Paris, pp. 323-366.

ALLEN (W.S.), 1962, Aspiration in the Harautî Nominal, *Studies in Linguistic Analysis*, Oxford, pp. 68-86.

- 1965, One vowel systems, *Lingua* 13, pp. 111-124.

AMACKER (R.), 1975, *Linguistique Saussurienne*, Genève.

ANDERSON (S.R.), 1976, Nasal Consonants and the Internal Structure of Segments, *Lang.* 52, pp. 326-44.

- 1979, On the subsequent Development of the 'Standard Theory' in Phonology, in DINNSEN 1979, 2-30.

ANDREJEV (N.D.), 1958, Struktura vjetnamskogo sloga, Uconyje zapiski, *LGU* n° 256, pp. 152-157.

- 1957, Gordina M.V., Sistema tonov vjetnamskogo jazyka (poeksperimentalnym dannym), *Vestnik LGU* n° 8, pp. 132-148.

ARAKIN (V.D.), 1965, *Indonezijskije jazyki*, Moscou.

AVANESOV (R.I.), 1956, *Fonetika sovremennogo literaturnogo jazyka*, Moscou.

BANKER (E.M.), 1964, Bahnar Affixation, *Mon-Khmer Studies L*, Saigon, pp. 99-117.

BANKER (J. et E.), MILLER (J. et C.), WATSON (R. et S.), THOMAS (D.D.) (éds.), 1964, *Mon-Khmer Studies I*, Saigon.

BASBØLL (H.), 1974, The Phonological Syllabe with Reference to Danish, *Annual Report of the Institute of Phonetics of the University of Copenhagen*, 8, pp. 39-128.

BAUDOUIN DE COURTENAY (J.A.), 1881, Nekotoryje otdely 'sravnitelnoj grammatiki slavjanskix jazykov, *Russkij Filologiceskij Vestnik*, t. V, pp. 265-344, (c.p. BAUDOUIN, 1963, t. I, pp. 118-126).

- 1895, *Versuch einer Theorie Phonetischer Alternationen*, Strasbourg, (c.p. BAUDOUIN, 1963, t. I, pp. 265-347).

- 1899a, Fonema, Fonemat, *Wielka Encyclopedia powscechena ilustrowana*, t. 22, Varsovie, pp. 787 sq., (c.p. BAUDOUIN, 1963, t. I, pp. 351 sq.).

- 1899b, Fonologia, *Wielka Encyclopedia powszechna ilustrowana*, t. 22, Varsovie, pp. 791 sq., (c.p. BAUDOIN, 1963, t. I, pp. 353-361).

- 1912, *Ob otnošenii russkogo pisma k russkomu jazyku*, Saint-Petersbourg, (c.p. BAUDOIN, 1963, t. 11, pp. 209-235).

- 1963, *Izbrannyje trudy po obščemu jazykoznaniju*, V dvux tomax, Moscou.

BAZELL (C.E.), 1948, On the Neutralization of Syntactic Oppositions, *TCLC* 5, pp. 77-86, (c.p. HAMP et al. (éds), 1966, pp. 208 sq.).

- 1952, The Correspondence Fallacy in Structural Linguistics, *Studies by members of the English Department*, Istanbul University, 3, pp. 1-41, (c.p. HAMP et al. (éds), 1966, pp. 271 sq.).

BAZELL (C.E.), CATFORD (J.C.), HALLIDAY (M.A.K.) and ROBINS (R.H.) (éds), 1966, *In Memory of J.R. Firth*, Londres.

BELL (A.M.), 1867, *Visible Speech : the Science of Universal Alphabetics*, Londres.

BELL (A.G.), 1911, *The Mechanism of Speech*, New-York et Londres.

BENDOR-SAMUEL (J.T.), 1960, Some Problems of Segmentation in the Phonological, Analysis of Tereno, *Word* 16, pp. 348-355.

BENVENISTE (E.), 1935, *Origine de la formation des noms en indoeuropéen*, Paris.

BERGSON (H.), 1922, *Durée et simultanéité*, Paris.

BERNSTEIN (S.I.), 1937, *Voprosy obučenija proiznošeniju russkogo jazyka inostrancam*, Moscou.

BLOCH (B.), 1941, Phonemic Overlapping, *American Speech*, 16, pp. 278-286.

- 1948, A Set of Postulates for phonemic Analysis, *Lang*. 24, pp. 3-46.

- 1950, Studies in Colloquial Japanese. IV, Phonemics, *Lang*. 24, pp. 86-125.

BLOCH (B.), TRAGER (G.L.), 1942, Outline of Linguistic Analysis, *Special Publications of the Linguistic Society of America*, Baltimore.

BLOOMFIELD (L.), 1933, *Language*, New-York.

BLUMSTEIN (S.), 1974, The use and theoretical implications of the dichotic technique for investigating distinctive features, *Brain and Language*, 4, pp. 337-350.

BOOMER (D.S.), LAVER (J.D.M.), 1968, Slips of the tongue, *British Journal of Disorders of Communication*, 3, pp. 1-12.

BORGSTRØM (C.Hj.), 1949, Thoughts about Indo-European Vowel Gradation, *Norsk Tidsskrift for Sprogsvidenskap* XV, Oslo, pp. 137-139.

- 1954, Internal Reconstruction of Proto-Indo European Word Forma, *Word* 10, n° 2-3, pp. 278 sq.

BRELET (G.), 1949, *Le temps musical*, P.U.F., Paris.

BUGARSKI (R.), 1970, Writing systems and phonological insight, *Papers of the 6th Regional Meeting of the Chicago Linguistic Society*, pp. 453-458.

BUYSSENS (E.), 1942, Les six linguistiques de F. de Saussure, *Revue des Langues vivantes*, n° 1, pp. 15-23 ; n° 2, pp. 46-55.

- 1980, *Epistémologie de la phonématique*, Bruxelles.

CAIRNS (H.S.), CAIRNS (C.E.), WILLIAMS (F.), 1974, Some theoretical considerations of articulation substitution phenomena, *Language and Speech*, 17, 1974, pp. 160-173.

CAO XÛAN HẠO, 1957, Ngữ âm Đại cương (giáo trình), Khoa Ngu van, Đai học Tông hop Hanoi (ronéo).

- 1963, Bàn về cách giái thuyết âm vị học một số vận mẫu có nguyên âm ngắn trong tiếng Việt hiện đại. Thông báo Khoa học Đại học tổng hợp. Ngữ văn, pp. 146-154.

- 1965, Quan điểm phi đoạn về âm vị và cấu trúc âm tiết Việt Nam. Báo cáo tại Hội nghị Khoa học Khoa Ngữ văn Đại học Tổng hợp Hà-nội.

- 1975, Le problème du phonème en vietnamien, *Etudes Vietnamiennes* n° 40, *Essais Linguistiques*, pp. 99-127.

CARNOCHAN (J.), 1952, Glottalization in Hausa, *Transactions of the Philological Society*.

- 1958, (Interventions), *Proceedings of the VIIIth International Congress of Linguists*, Oslo, pp. 197 sq., 492 sq.

CHAMBON (J.-P.), 1978, Compte rendu : Etudes Vietnamiennes n° 40, 1975, Essais Linguistiques, *Revue des Langues Romanes*, t. LXXXIII, 1978/1, pp. 205-210.

CHAO YUEN REN, 1942, The Non-Uniqueness of Phonemic Solutions of Phonetic Systems, *Bulletin of the Institute of History and Philologie Academia Sinica* 4/4, pp. 363-397 (c.p. JOOS (éd.), 1957, pp. 38 sq.).

- 1968, *Language and Symbolic Systems*, Cambridge.

CHENG (R.L.), 1970, *Economy and Locational Information in Phonology*, Bloomington, Indiana University, (c.p. CHENG, 1975).

- 1975, Phonological Units and the Japanese Syllabary, in Honor C.F. VOEGELIN, éd. by H.D. KINKADE, K.L. HALE, O. WERNER, Lisse.

CHLUMSKÝ (J.), 1912, La question du passage des sons, *Revue phonétique*, PARIS.

CHOMSKY (N.), 1964, Current Issues in Linguistic Theory, in FODOR and KATZ (éds), pp. 50-118.

CHOMSKY (N.), HALLE (M.), 1968, *The Sound Pattern of English*, New-York et Londres.

CLEMENTS (G.N.), 1976a, Vowel Harmony in Non-Linear Generative Phonology : the Autosegmental Theory, (c.p. DINNSEN, 1979).

- 1976b, The Autosegmental Treatment of Vowel Harmony, in DRESSLER, 1976.

- 1976c, Hungarian Vowel Harmony, in KEGL et al. (éds), *Proceedings of the 7th Meeting of the Northeast Linguistics Society*.

COHEN (D.), 1968, Les langues chamito-sémitiques, *Le langage*, "Encyclopédie de La Pléiade", Paris, pp. 1298-1329.

COLE (R.A.), SCOTT (B.), 1974, Towards a theory of speech perception, *Psychological Review* 1974, 81, pp. 348-374.

COOPER (F.S.), DELATTRE (P.C.), LIBERMAN (A.M.), BORST (J.M.), GERSTMAN (L.J.), 1952, Some Experiments on the Perception of Synthetic Speech Sounds, *J.A.S.A.* 24, pp. 597-606.

CUNY (A.), 1912, Indo-européen et sémitique, *Revue de Phonétique* 2, pp. 101-132.

- 1924, *Etudes prégrammaticales*, Paris.

ČISTOVIČ (L.A.), 1960, Klassifikacija zvukov reči pri ix bystrom povtorenii, *Akustičeskij Žurnal* T, pp. 392-398.

- 1961, Tekuščeje razpoznvanije reči čelovekom, *Mašinnyj perevod i Prikladnaja linguistika*, 6, Moscou.

ČISTOVIČ (L.A.), **BONDARKO** (L.V.), 1963, Ob upravlenii artkulacionnymi organami v processe reči, *Issledovanija po strukturmoj tipologii*, Moscou, pp. 169-182.

ČISTOVIČ (L.A.), **KOŽEVNIKOV** (V.A.), **ALAKRINSKIJ** (V.V.), **BONDARKO** (L.V.), **GOLUZINA** (A.G.) et al., 1965, *Reč, artkulacija i vosprijatije*, Moscou-Léningrad.

ČISTOVIČ (L.A.), **VENCOV** (A.V.), **GRANSTREM** (M.P.), **ŽUKOV** (S. Ja.), **ŽUKOVA** (M.G.) et al., 1976, *Fiziologija reči, Vosprijatije reči čelovekom*, Léningrad.

DELATTRE (P.), 1962, Le français et les laboratoires de langue, *Esprit* n° 10, pp. 598 sq.

- 1970, Des indices acoustiques aux traits pertinents, *Proceedings of the 6th International Congress of Phonetic Sciences*, Prague, pp. 40 sq.

DELATTRE (P.), **LIBERMAN** (A.M.), **COOPER** (F.S.), 1955, Acoustic Loci and Transitional Cues for Consonants, *J.A.S.A.* 27, pp. 769-773.

DE MAURO (T.), 1972, Notes, in SAUSSURE, 1972, Paris.

DIDERICHSEN (F.P.), 1958, The Importance of Distribution versus other Criteria in Linguistic Analysis, *Proceedings of the VIIIth International Congress of Linguists*, Oslo, pp. 156-182.

DINNEEN (F.P.), 1967, *An Introduction to General Linguistics*, New-York-Londres.

DINNSEN (D.A.) (éd.), 1979, *Current Approaches to Phonological Theory*, Bloomington.

DRAGUNOV (A.A.), 1941, *Grammatičeskaja sistema sovremennogo kitajskogo jazyka razgovornogo jazyka*, Moscou-Léningrad.

DRAGUNOVY (A. et E.), 1937, Dunganskij jazyk, *Zapiski Instituta Vostokovedenija* AN SSSR t. VI, Moscou, pp. 117-131.

- 1955, Struktura sloga v kitajskom nacionalnom jazyke, *Sovetskoje Vostokovedenije* n° 1, Moscou.

DUKELSKIJ (N.I.), 1962, *Principy segmentacii rečevogo potoka*, Léningrad.

EASTLACK (Ch. L.), 1968, Terena (Arakawan) Pronouns, *I.J.A.L.* 34, n° 1, pp. 1-8.

EBELING (C.L.), 1960, *Linguistic Units*, La Hague.

- 1968, On Accent in Dutch and the Phoneme /ə/, *Lingua* 21, pp. 135-143.

EIMAS (P.O.), 1974, Auditory and Linguistic processing of cues for place of articulation by infants, *Perception psychophysics* 16, pp. 513-521.

EMENEAU (M.B.), 1951, Studies in Vietnamese (Annamese) Grammar, *U.C.P.L.* 8, Berkeley et Los Angeles.

ESSEN (O. von), 1957, *Allgemeine und angewandte Phonetik*, Berlin.

FANT (C.G.M.), 1958, Modern Instruments and Methods for Acoustic Studies of Speech, *Proceedings of the VIIIth I.C. of Linguists*, Oslo, pp. 282-358.

- 1960, *Acoustic Theory of Speech Production*, La Haye.

- 1962, Descriptive Analysis of the Acoustic Aspects of Speech, *Logos* v.5, pp. 3-17.

- 1967, Acoustic Aspects of Speech, in LEHISTE, 1967.

- 1968, Analysis and Synthesis of Speech Processes, in MALMBERG, 1968, pp. 173-277.

FIRTH (J.R.), ROGERS (B.B.), 1937, The Structure of the Chinese Monosyllable in a Hunanese Dialect (Changsha), *Bulletin of SOAS*, t. 8, n° 4, pp. 1055 sq. (c.p. FIRTH, 1967, pp. 76-91).

FIRTH (J.R.), 1948, Sounds and Prosodies, *Transactions of the Philological Society*, pp. 127-152. (c.p. FIRTH, 1967, pp. 121-138).

- 1957, A Synopsis of Linguistic Theory 1930-1955 (in FIRTH, 1967, pp. 1-31).

- 1967, *Papers in Linguistics*, Oxford.

FISCHER-JØRGENSEN (E.), 1949, Remarques sur les principes de l'analyse phonématique, *TCLC* V.

- 1956, The Commutation Test and its Application to Phonemic Analysis, *For Roman Jakobson*, La Haye, pp. 140-151.

- 1958, What Can the New Techniques of Acoustic Phonetics Contribute to Linguistics, *Proceedings of the VIIIth International Congress of Linguists*, Oslo, pp. 433-478.

- 1972, Perceptual Studies of Danish stops consonants, *Annual Report* n° 6.

FODOR (J.), KATZ (J.) (éds), 1964, *The Structure of Language, Readings in the Philosophy of Language*, Englewood Cliffs.

FOLEY (J.), 1977, *Foundations of theoretical Phonology*, Cambridge.

FOSS (D.), SWINNEY (D.), 1973, On the psychological reality of the phoneme perception, identification and consciousness, *Journal of Verbal Learning and Verbal Behaviour* 12, pp. 246-257.

FOURCIN (A.J.), 1968, Speech sound inference, *IEEE Transactions on Audio- and Electro-acoustics*, AU-16, pp. 65-67.

FRAISSE (P.), 1957, *La psychologie du temps*, P.U.F., Paris.

FRANÇOIS (F.), 1968, La description linguistique, in *Le Langage*, "Encyclopédie de la Pléiade", Paris, pp. 171-182.

FROMKIN (V.A.), 1966, Neuromuscular Specification of Linguistic Units, *Language and Speech*, v. 9, pp. 170-199.

- 1971, The non-anomalous nature of anomalous utterances, *Language* 47, pp. 27-52.

- 1972, On the reality of linguistic constructs, *Proceedings of the 6th International Congress of Phonetic Sciences*, La Haye, pp. 1107-1110.

- 1973, (éd.), *Speech Errors as linguistic Evidence*, La Haye.

FRY (D.B.), 1964, Experimental Evidence for the Phoneme, *In Honour of Daniel Jones*, Londres, pp. 59-72.

FUJIMURA (O.), 1961a, Bilabial Stops and Nasal Consonants : a Motion Picture Study and its Acoustical Implications, *Journal of Speech and Hearing researches*, 4, pp. 233-247.

- 1961b, Effects of Vowel Context on the Articulation of Stop Consonants, *Programm of the 61. Meeting of the Acoustic Society of America*, p. 19.

GARDIN (D.), 1966, Consonantal Tone in Jeh Phonemics, in THOMAS et al. (éds), *Mon-Khmer Studies* II, Saigon, pp. 41-54.

GAY (T.), 1977, Articulatory movements in VCV sequences, *Status Report on Speech Research*, Haskins Laboratories, SR-49, pp. 121-147.

GELB (A), 1927, Die Farbenkonstanz der Sehdinge, *Handbuch der normalen und pathologischen Physiologie* XII/I.

GELB (I.J.), 1963, *A Study of Writing*, Chicago.

GODEL (R.), 1957, *Les sources manuscrites du Cours de linguistique générale de F. de Saussure*, Genève (c.p. 2e édition, Genève, 1969).

GOLDSMITH (J.A.), 1974, English as a Tone Language, Communication and Cognition, (c.p. DINNSEN, 1979).

- 1976, An Overview of Autosegmental Phonology, *Linguistic Analysis* 2, pp. 23-68.

- 1979a, *Autosegmental Phonology*, New-York.

- 1979b, The Aims of Autosegmental Phonology, in DINNSEN, 1979, pp. 202-222.

GORDINA (M.V.), 1959, K. voprosu o foneme vo vjetnamskom jazyke, *Vja* 1959, n° 6, pp. 106 sq.

- 1960, O nekotoryx spornyx voprosax fonetičeskogo stroja vjetnamskogo jazyka, *Uč. Zap. LGU* 237, v. 40, pp. 171-182.

- 1961, O fonologičeskoj traktovke vjetnamskix diftongov, *Uč. Zap. LGU* 301, v. 60, pp. 29-35.

- 1966, O različnyx funkcionalnyx zkukovyx jedinicax jazyka, *Issledovanija po fonologii*, Moscou, pp. 172-184.

GORDINA (M.V.), BYSTROV (I.S.), 1961, Priznaki sintagmatičeskogo členenija i frazovaja intonacija vo vjetnamskom jazyke, *Uč. Zap. LGU* 305, v. 12, pp. 15-29.

GREENBERG (H.) (éd), 1963, *Universals of Language*, Cambridge (Mass.).

GRIFFEN (T.D.), 1976, Towards a non-segmental phonology, *Lingua* 40, pp. 1-20.

GRIMES (J.E.), 1959, Huichol Tones and Intonation, *I.J.A.L.* 25, n° 4, pp. 221-232.

HAAS (W.), 1957, Zero in Linguistic Description, *Studies in Linguistic Analysis*, Oxford, pp. 33-53.

HAGEGE (C.), 1976, *La grammaire générative, Réflexions critiques*, P.U.F., Paris.

HAGEGE (C.), HAUDRICOURT (A.G.), 1978, *La phonologie panchronique*, Paris.

HALLE (M.), 1970, Is Kabardian a Vowel-less Language ? *Foundations of Language* 6, pp. 95-103.

- 1978, Knowledge untaught and unlearned. What speakers know about their language, in HALLE M. et al. (éd.), Linguistic Theory and Psychological Reality, Cambridge (Mass.), pp. 294-303.

HALLE (M.), HUGHES (G.W.), RADLEY (I.P.A.), 1957, Acoustic Properties of Stop Consonants, *J.A.S.A.* 29, pp. 109-116.

HALLIDAY (M.A.K.), 1961, Categories of the theory of grammar, *Word* 17, n° 3, pp. 241-292.

HAMMARSTRÖM (G.), 1976, *Linguistic Units and Items*, La Haye.

HAMP (E.P.), HOUSEHOLDER (F.W.), AUSTERLITZ (R.) (éds), 1966, *Readings in Linguistics* II, Chicago et Londres.

HARMS (R.), 1973, Some non-rules of English, *Publications of the Indiana University Linguistic Club*, Bloomington.

HARRIS (Z.S.), 1944, Simultaneous Components in Phonology, *Lang.* 20, pp. 181-205.

- 1951, *Methods in Structural Linguistics*, Chicago.

- 1970, *Papers in Structural and Transformational Linguistic*, New-York.

HAUDRICOURT (A.G.), 1952, Les voyelles brèves du vietnamien, *BSL* 48/1, Paris, pp. 90-93.

- 1954, De l'origine des tons en vietnamien, *Journal Asiatique*, 242, (c.p. HAUDRICOURT, 1972, pp. 147-160).

- 1970, Sur le degré d'inconscience des infrastructures, in *Echanges et communications* (Mélanges Lévi-Strauss), La Haye, pp. 606-608..

- 1972, *Problèmes de phonologie diachronique*, Paris.

HAUGEN (E.), 1949, Phoneme or Prosodeme ? *Lang.* 25, pp. 278-282.

HENDERSON (E.J.A.), 1949, Prosodies in Siamese, *Asia Minor*, New Seri Series I.

- 1966, Towards a Prosodic Statement of Vietnamese Syllable Structure, in BAZELL et al. (éd.), 1966, pp. 163-197.

HILL (A.A.), 1958, *Introduction to Linguistic Structures*, New-York.

- 1961, Suprasegmentals, Prosodies, Prosodemes, *Lang.* 37, n° 4.

HIRSCH (I.J.), 1959, Auditory Perception of Temporal Order, *J.A.S.A.* 31, pp. 759-765.

HJELMSLEV (L.), 1935, On the Principles of Phonematics, *Proceedings of the IInd International Congress of Phonetic Sciences*, Cambridge 1937, pp. 49-54.

- 1937, Accent, intonation, quantité, *Studii baltici* 6, pp. 1-57.

- 1943, Omkring Sprogteoriens Grundlaegelse, Copenhague, (c.p. HJELMSLEV, 1968).

- 1958, Dans quelle mesure les significations des mots peuvent-elles être considérées comme formant une structure ?, *Proceedings of the VIIIth I.C. of Linguists*, Oslo, pp. 636-666.

- 1966, La structure fondamentale du langage, in HJELMSLEV 1968, p.175sq.

- 1968, *Prolégomènes à une théorie du langage*, Paris.

HOÀNG TUỆ, HOÀNG MINH, 1975, Remarques sur la structure phonologique du vietnamien, *Etudes vietnamiennes* n° 40, *Essais Linguistiques*, pp. 67-98.

HOÀNG TUỆ, NGUYỄN TÀI CẨN, 1963, Ngữ Pháp, Lớp năm, Hanoi.

HOCKETT (C.F.), 1942, A System of Descriptive Phonology, *Lang*. 18, pp. 3-21.

- 1947a, Peiping Phonology, *J.A.O.S.* 67, pp. 253-267 (c.p. JOOS (éd.), 1957, pp. 217-228).

- 1947b, Componential Analysis of Sierra Populuca, *I.J.A.L.* 13, pp. 258-267.

- 1954, Two Models of Grammatical Description, *Word* 10, pp. 210-231.

- 1955, A Manual of Phonology, *I.J.A.L.* Part I, v. 21, n° 4, Baltimore.

- 1963, The Problem of Universals in Language, in GREENBERB (éd.), 1963, pp. 1-28.

- 1965, Sound Change, *Lang*. 41.

HOMBERT (J.M.), OHALA (J.J.), EWAN (W.G.), 1979, Phonetic Explanations for Development of Tones, *Lang*. 55, pp. 37-58.

HOOPER (J.B.), 1976, *Aspects of natural generative phonology*, New-York.

HORMANN (H.), 1972, *Introduction à la psycholinguistique*, Paris.

HOUSEHOLDER (F.W.), 1979, How Different are They ?, in DINNSEN, 1979, pp. 254-264.

HUGHES (G.W.), HALLE (M.), 1956, Spectral Properties of Fricative Consonants, *J.A.S.A.* 28, pp. 303-312.

IVANOV (A.I.), POLIVANOV (E.D.), s.d., *Grammatika sovremennogo kitajskogo jazyka*, Moscou.

JAKOBSON (R.), 1929, *Remarques sur l'évolution phonologique du russe*, Prague.

- 1931, Die Betonung und ihr Rolle in der Wort- und Syntagma Phonologie, *TCLP* 4, pp. 164-183.

- 1939a, Zur Struktur des Phonems (c.p. JAKOBSON, 1962, pp. 280-310).

- 1939b, Signe Zéro, in *Mélanges Ch. Bally*, Genève, pp. 143-152.

- 1949, On the Identification of Phonemic Entities, *TCLC* V, pp. 205-213.

- 1960, Linguistics and Poetics, Closing statements, in SEBEOK T.A. (éd.), *Style in Language*, New-York, pp. 350-377.

- 1962, *Selected Writings*, t. I, *Phonological Studies*, La Hague.

- 1963, Implications of Language Universals for Linguistics, in GREENBERG (éd.), 1963, pp. 263-277.

JAKOBSON (R.), FANT (G.), HALLE (M.), 1952, *Preliminaries to Speech Analysis*, *M.I.T. Technical Report* 13, Cambridge (Mass.).

JAKOBSON (R.), HALLE (M.), 1956, *Fundamentals of Language*, La Hague.

JAKOBSON (R.), WAUGH (L.), 1979, *The sound shape of Language*, Bloomington et Londres.

JAKOVLEV (N.), 1930, Kurze Ubersicht über die Tcherkessischen (Adygheischen) Dialekt und Sprachen, *Çaucasica* 6, Leipzig, pp. 1-19.

- 1948, *Grammatika literaturnogo kabardino-čerkesskogo jazyka*, Moscou-Léningrad.

JAKOVLEV (N.), ASXAMAF (D.), 1941, *Grammatika adygejskogo literaturnogo jazyka*, Moscou-Léningrad.

JESPERSEN (O.), 1889, *The Articulations of Speech Sounds Represented by Means of Analphabetic Symbols*, Marburg in Hessen.

JOHNSON (N.F.), 1965, Linguistic Models and Functional Units of Language Behavior, in ROSENBERG (éd.), *Directions in Psycholinguistics*, New-York.

JONES (D.), 1918, *Outline of English Phonetics*, Cambridge (c.p. 8e édition, Cambridge, 1957).

- 1951, *The Phoneme, its nature and use*, Cambridge.

JONES (R.B.), HUYNH SANH THÔNG, 1960, *Introduction to Spoken Vietnamese*, Washington D.C.

JOOS (M.), 1948, Acoustic Phonetics, *Lang. Monograph*, n° 23, Baltimore.

JOOS (M.) (éd.), 1957, *Readings in Linguistics*, Washington D.C.

KACNELSON (S.D.), 1958, K fonologičeskoj interpretacii protoindojevropejskoj zvukovoj sistemy, *Vja* n° 3, pp. 46-57.

KAMEI (T.), 1956, Is the Concept of Phoneme useful in Japanese ?, *Kokubun Gakkoo* 15, pp. 1-11.

KARLGREN (B.), 1926, Etudes sur la phonologie chinoise, *Archives d'Etudes Orientales*, v. 25, Stockholm.

KASEVIČ (V.B.), 1974, O vosprijatii reči, *Vja* 1974, n° 4.

- 1977a, O fonologičeskix jedinicax ispolzujemyx pri poroždenii reči v slogovyx jazykax, *Uč. Zap. LGU* n° 396, v.21, 'Vostokovedenije' 5, pp. 41-48.

- 1977b, *Elementy obščej lingvistiki*, Moscou.

KIEFER (F.), 1968, *Mathematical Linguistics in Eastern Europe*, New-York.

KIKUZAWA (S.), 1935, *Kokugo on 'in-ron*, TOKYO.

KIM (Ch.-W.), 1971, Experimental Phonetics, in W.O. DINGWALL, *A survey of Linguistic science*, Linguistic Program, University of Maryland, pp. 16-128.

KINDAICHI (H.), 1967, *A study on Japanese Phonology*, Tokyo.

KOFFKA (K.), 1935, *Principles of Gestaltpsychologie*, New-York.

KOLPAKŠI (E.M.), 1945, *Drevnejaponskij literaturnyj jazyk po pamjatnikam epoxi Nara*, Léningrad.

KORTLANDT (F.H.H.), 1972, *Modelling the Phoneme, New Trends in East-European Phonemic Theory*, La Haye-Paris.

KROHN (R.), 1972, On the sequencing of tautosegmental features, *Papers in Linguistics* 5, pp. 114-123.

KUIPERS (A.H.), *Phoneme and Morpheme in Kabardian*, La Haye.

KURYLOWICZ (J.), 1948, Contribution à la théorie de la syllabe, *Biuletyn Polskiego Towarzystwa jezykoznawczego*, z. VIII.

KUZNECOV (P.S.), 1966, Problema differencialnyx priznakov, in *Issledovanija po fonologii*, Moscou, pp. 199-216.

LADEFOGED (P.), 1957, Use of Palatography, *Journal of Speech and Hearing Disorders*, n° 22, pp. 764-774.

- 1959, The Perception of Speech, *Proceedings of the Symposium of Mechanization of Thought Processes*, v.I, Londres, pp. 399-409.

LADEFOGED (P.), BROADBENT (D.E.), 1957, Information Conveyed by Vowels, *J.A.S.A.* 29, pp. 98-104.

LASS (N.J.) (éd.), 1976, *Contemporary issues in experimental phonetics*, New-York.

LAVER (J.), 1972, The production of speech, in J. LYONS (éd.), *New Horizons in Linguistics*, Hammondsworth.

LEBEN (W.R.), 1973, *Suprasegmental Phonology*, New-York.

LEE (E.W.), 1974, South-East Asian Areal Features in Austronesian Strata of the Chamic Languages, *Oceanic Linguistics*, vol. XIII, n° 1-2.

LEONTJEV (A.A.), 1969, *Psixolingvističeskije jedinicy i poroždenije rečevogo vyskazynanija*, Moscou.

LÊ NGỌC TRỤ, 1951, Chính tả Việt Nam, Saigon.

LE VAN LY, 1948, *Le parler vietnamien*, Paris.

LIBERMAN (A.M.), 1957, Some Results of Research on Speech Perception, *J.A.S.A.* 29, pp. 117-123.

LIBERMAN (A.M.), COOPER (F.S.), SHANKWEILER (D.P.), STUDDERT-KENNEDY (M.), 1967, Perception of the Speech Code, *Psychological Review*, vol. 74, pp. 431-461, (c.p. PRIBRAM K.H. (éd.), *Brain and Behaviour* 4, Middlesex, 1969, pp. 105-149).

LIEBERMAN (P.), 1973, On the evolution of language : a unified view, *Cognition* 2, pp. 59-94.

LINDNER (G.), 1961, Die Problematik der Lautabgrenzung im Kontinuierlich Sprechvorgang, *Proceedings of the 4th Intern. Congr. of Phon. Sci.*, La Haye.

LINELL (P.), 1979, *Psychological reality in phonology, A theoretical study*, Cambridge.

LOMTJEV (T.P.), 1972, *Fonologija sovremennogo russkogo jazyka*, Moscou.

LOTZ (J.), 1949, (Intervention), *Actes du VIe Congrès International des Linguistes*, Paris, pp. 468 sq.

LÜDTKE (H.), 1969, Die Alphabetschrift und das Problem des Lautsegmentierung, *Phonetica* 20, pp. 147-176.

LURIJA (A.R.), 1948, *Vosstanovlenije funkcii mozga posle vojennoj travmy*, Moscou.

LYONS (J.), 1969, *Introduction to Theoretical Linguistics*, Cambridge.

LYOVIN (A.), 1973, Review of 'Structure of the syllabe in Cantonese', (by Diana L. KAO, La Haye, 1971), *Language* vol. 49, n° 4, pp. 954-961.

MACCARTHY (J.), 1977, Paper presented to the 5th North American Conference of Afro-Asiatic Linguistics, New-York (c.p. GOLDSMITH, 1979b : 214).

MAC KAY (D.G.), 1970, Spoonerisms : the anatomy of errors in the serial order of speech, *Neuropsychologia* 8, pp. 323-350.

MALECOT (A.), 1956, Acoustic Cues for Nasal Consonants, *Lang*. 32, pp. 274-284.

MALMBERG (B.), 1963, *Structural Linguistics and Human Communication*, Berlin-Heidelberg.

- 1964, Juncture and Syllable Division, *In Honour of Daniel Jones*, Londres, pp. 116-119.

- 1971, *Les domaines de la phonétique*, P.U.F., Paris.

- 1968 (éd.), *Manual of Phonetics*, Amsterdam-Londres-New-York.

MARTINET (A.), 1934, La nature phonologique du Stød danois, *BSL* 35/1, pp. 52-52.

- 1937, La phonologie du mot en danois, *BSL* 38, pp. 169-266.

- 1945, Compte rendu : N.S. Trubetzkoy, Grundzüge der Phonologie TCLP VII, 1939, *BSL* 42/2, pp. 23-33.

- 1955, *Economie des changements phonétiques*, Berne.

- 1956a, Compte rendu : E. Coseriu, Forma y sustancia en los sonidos del lenguaje, Montevideo 1954, *BSL* 52/2, pp. 20-23.

- 1956b, *La description phonologique, avec application au parler franco-provençal d'Hauteville (Savoie)*, Genève.

- 1957, Arbitraire linguistique et double articulation, *Cahiers Ferdinand de Saussure* 15, pp. 105-116.

- 1960, *Eléments de linguistique générale*, Paris (c.p. 1970).

- 1965, *La linguistique synchronique*, P.U.F., Paris, (c.p. 1974).

- 1969, *Langue et fonction. Une théorie fonctionnelle du langage*, Paris.

- 1972, Réflexion sur le vocalisme de l'indo-européen commun, in A. MARTINET, *Evolution des langues et reconstruction*, Paris, 1975, pp. 108-113.

MASPERO (H.), 1912, Etudes sur la phonétique historique de la langue annamite - Les initiales, *BEFEO* XII.

MATTINGLY (I.G.), 1971, Synthesis by rule as a tool for phonological research, *Language and Speech* 14, pp. 47-56.

1977, Syllable synthesis, *Status Report on Speech Research*, Haskins Laboratories, SR-49, pp. 111-119.

MENZERATH (P.), LACERDA (A. de), 1933, *Koartikulation, Steuerung und Lautabgrenzung*, Berlin-Bonn.

MERMELSTEIN (P.), 1973, Articulatory model for the study of speech production, *Journal of the Acoustic Society of America* 53, pp. 1070-1083.

MILLER (R.), 1967, *The Japanese Language*, Chicago et Londres.

MOLES (A.), 1963, Aspect temporel de l'intégration du modèle linguistique et les modèles de l'audition, *Communication et langages*, Paris, pp. 81-89.

MÖLLER (H.), 1906, *Semitisch und Indogermanisch*, Copenhague.

MOUNIN (G.), 1967, *Histoire de la linguistique*, Paris.

NGUYỄN BẠT TỤY, 1950, Cữ và vần Việđ khwua họk, Hanoi.

- 1953, Ngôn ngữ hòc Việt Nam, Saigon.

NGUYỄN ĐÌNH HÒA, 1957, *Speak Vietnamese*, Saigon.

NGUYỄN HÀM DƯƠNG, 1963, Sistema tonov i spektr glasnyx vjetnamskogo jazyka, Avtoreferat kandidatskoj dissertacii, Moscou.

NGUYỄN PHAN CẢNH, 1976, *Essai sur une description non discrète de la phonologie vietnamienne*, Prague.

- 1978, Bản chất cấu trúc âm tiếtn tính của ngôn ngữ : dẫn luận vào mốt miêu tả không phân lập đối vớ i âm vị học Việt Nam, Ngôn ngữ s.2, pp. 5-18.

NGUYỄN QUANG HỒNG, 1974, Problema sillabemy kak osnovnoj zvukovo jedinicy jazyka, Avtoreferat kandidatskoj dissertacii Institut Vostokovedenija AN SSSR, Moscou.

- 1976, O vjetnamskoj sillabeme i jejo delimosti, in Vjetnamskij Lingvističeskij Sbornik, Moscou.

NGUYỄN TÀI CẦN, 1966, Một vài suy nghĩ xung quanh vấn đề quan hệ giữ a moocphem và âm tiết trong tiếng Việt. Thông báo khoa học. Đại học Tổng hợ p. Ngữ Văn, Hanoi, pp. 88-93.

- 1979, Nguồn gốc và quá trình hình thành cách đọc Hán Việt, Hanoi.

NOVÁK (L.), 1939, Projet d'une nouvelle définition du phonème, *TCLP* 8, pp. 66-70.

O'CONNOR (J.D.D.), TOOLEY (O.M.), 1964, The Perceptibility of Certain Word Boundaries, *In Honour of Daniel Jones*, Londres, pp. 171-176.

ÖHMANN (S.E.G.), 1966, Coarticulation in VCV utterances : spectrographic measurements, *Journal of the Acoustic Society of America* 39, pp. 151-157.

OLSON (R.D.), 1969, The Syllable in Chipaya, *I.J.A.L.* 33, n° 4, pp. 300-304.

ORR (J.), 1963, *Essais d'étymologie et de philologie françaises*, Paris.

OSGOOD (C.E.), 1963, Language Universal and Psycholinguistics, in GREENBERG (éd.), 1963, pp. 299-320.

PALMER (F.R.), 1974, Ordre et Séquence, *Langages* 34, pp. 17-24.

PASSY (P.), 1914, *The Sounds of the French Language, Their Formation, Combination and Representation*, 2e éd., Oxford.

PERRY (T.A.), 1977, A program for syllabic phonology, in G. DRACHMAN (éd.), *Akten der 2. Salzburger Frühlingstagung für Linguistik*, Tübingen.

PERKELL (J.S.), 1969, *Physiology of speech production*, Cambridge (Mass.).

PETROVICI (E.), 1963, Un ou deux phonèmes ? Application de la méthode de la commutation à la détermination du statut phonologique des semi-voyelles roumaines e$^{(i)}$ et o$^{(u)}$, *Revue de Linguistique Roumaine*, t. VIII, n° 1, pp. 17-18.

PETROVICI (E.), NEIESCU (P.), 1959, Un ou deux phonèmes ? Le cas des phonèmes consonantiques diésés et bémolisés finals du roumain, *Revue de Linguistique Roumaine*, t. IV, n° 1, pp. 9-16.

PHAM DUC DƯƠNG, 1970, Sistema tonov i spektr glasnyx laosskogo jazyka, Dissertacija na soiskanije naučnoj stepeni Kandidata Filologičesnix Nauk, Moscou.

PHAM HUU LAI, 1969, Structure économique de la phonologie vietnamienne, Thèse de Doctorat de 3e cycle présentée à la Sorbonne, Paris.

- 1979, Thử thách và ánh sáng trong vấn đề thang điệu tiếng Việt. Báo cáo tại Hôi nghị Ngữ âm học tháng Tám 1979, Hanoi.

PICKETT (J.M.), 1980, *The sounds of speech communication, A primer of acoustic phonetics and speech perception*, Baltimore.

PIKE (K.L.), 1943, *Phonetics. A Critical Analysis of Phonetic Theory and a Technic for the Practical Description of Sounds*, Ann Arbor.

- 1947, *Phonemics. A Technique for Reducing Languages to Writing*, Ann Arbor.

- 1948, *Tone Languages. A Technique for Determining the Number and Type of Pitch Contrasts in a Language*, Ann Arbor.

- 1955, *Language in Relation to a Unified Theory of the Structure of Human Behaviour*, Part II, Glendale, California.

- 1958, Interpenetration of Phonology, Morphology and Syntax, *Proceedings of the VIIIth International Congress of Linguists*, Oslo, pp. 363-371.

POLIVANOV (E.D.), 1917, *Psixofoničeskije nabludenija nad japonskimi dialektami*, Petersburg.

- 1928, *Vvedenije v jazykoznanije dla vostokovedčeskix vuzov*, Léningrad.

POSTAL (P.), 1968, *Aspects of Phonological Theory*, New-York et Londres.

POTTER (R.), KOPP (G.), GREEN (H.), 1947, *Visible Speech*, New-York.

PROJET DE TERMINOLOGIE PHONOLOGIQUE STANDARDISEE, 1931, *TCPL* 4, 1931, pp. 309-322.

REFORMATSKIJ (A.A.), 1961, Dixotomičeskaja klassifikacija differencialnyx priznakev i fonematičeskaja model jazyka, Voprosy teorii jazyka v sovremennoj zarubežnoj lingvistike, Moscou, pp. 106-122.

- 1975, *Fonologičeskije etjudy*, Moscou.

REVZIN (I.I.), 1962, *Ob odnom podxode k modeliam distributivnogo fonologičeskogo analiza*, Problemy strukturnoj lingvistiki, Moscou.

- 1977, *Sovremennaja strukturnaja lingvistika, Problemy i metody*, Moscou.

- 1978, *Struktura jazyka kak modelirujuščejasistemy*, Moscou.

ROBINS (R.H.), 1953, The Phonology of the Nasalized Verbal Forms in Sundanese, *BSOAS* 15, pp. 138-145 (c.p. HAMP et al. (éds), 1966, pp. 322 sq.).

- 1957, Aspects of Prosodic Analysis, *Proceedings of the University of Durham Philosophical Society*, series B (Arts) 1, pp. 1-12.

- 1964, *General Linguistics, An Introductory Survey*, Londres.

RYGALOFF (A.), 1973, *Grammaire élémentaire du chinois*, Paris.

SAMPSON (G.), 1980, *Schools of linguistics*, Stanford.

SAPIR (E.), 1921, *Language. An Introduction to the Study of Speech*, New-York.

- 1925, Sound Patterns in Language, *Lang.* 1, pp. 37-51.

- 1933, La réalité psychologique des phonèmes, *Psychologie du langage*, Paris, pp. 247-265.

SAPORTA (S.), 1963, Phoneme Distribution and Language Universals, in GREENBERG (éd.), 1963, pp. 61-72.

SAPORTA (S.) (éd.), 1961, *Psycholinguistics : A Book of Readings*, New-York.

SAUSSURE (F. de), 1879, *Mémoire sur le système primitif des voyelles dans les langues indo-européennes*, Leipzig.

- 1916, *Cours de linguistique générale*, publié par Ch. BALLY, A. SECHEHAYE, A. RIEDLINGER, Paris.

- 1954, Notes inédites, *Cahiers Ferdinand de Saussure* 12, pp. 49-71.

- 1964, Lettre à Meillet du 4 janvier 1894, *Cahiers Ferdinand de Saussure* 21, p. 95.

- 1972, *Cours de linguistique générale*, Edition critique préparée par Tullio DE MAURO, Paris.

SAVIN (H.), 1972, What the child knows about speech when he starts to learn to read, in J. KAVANAGH et J. MATTINGLY (éds), *Language by ear and by eye*, Cambridge, Mass., pp. 319-326.

SAVIN (H.), BEVER (T.), 1970, The nonperceptual reality of the phoneme, *Journal of verbal learning and verbal behaviour* 9, pp. 295-302.

SCHAEFFNER (A.), 1936, *Origines des instruments de musique*, Paris.

SCHANE (S.A.), 1979, Nonsegmental Phonology, in DINNSEN, 1979, pp. 303-309.

SCHATZ (C.D.), 1954, The Role of Context in the Perception of Stops, *IRE Transaction of Information Theory* 7, pp. 44-50.

SCHEBEK (B.), 1965, The Structure of Kabardian, *La Linguistique* I, pp. 113-119.

SCHMITT (A.), 1952, *Der Buchstabe H im Griechischen*, Münster.

SELKIRK (E.O.), 1978, The French Foot : on the Status of 'Mute' **e**, *Studies in French Linguistics* 1, pp. 140-150.

SIEVERS (E.), 1876, *Grundzüge der Lautphysiologie*, Leipzig (c.p. fünfte Auflage, Leipzig 1901).

SOMMERFELT (A.), 1935, Can Syllable Divisions Have Phonological Importance ? *Proceedings of the 2nd International Congress of Phonetic Sciences*, Cambridge, pp. 30-33.

- 1938, La langue et la société, *Instituttet for sammenlignende Kulturforskning*, serie A, t. XVIII, Oslo.

- 1939, Le système phonologique d'une langue australienne, *TCLP* 8, pp. 209 sq.

SOMMERSTEIN (A.N.), 1977, *Modern Phonology*, Londres.

SOUVTCHINSKY (P.), 1939, La notion du temps et la musique, *Revue Musicale*, mai-juin 1939, pp. 312 sq.

SPANG-HANSSEN (H.), 1958, Typological and Statistical Aspects of Distribution as a Criterion in Linguistic Analysis, *Proceedings of the VIII International Congress of Linguists*, Oslo, pp. 183-195.

SPRIGG (R.K.), 1962, Junction in Spoken Burmese, *Studies in Linguistic Analysis*, Oxford, pp. 104-138.

STANKEVITCH (N.V.), NGUYỄN TAI CẦN, 1975, Le problème du mot dans ses rapports avec le système grammatical du Vietnamien, *Etudes Vietnamiennes* n° 40, *Essais Linguistiques*, pp. 233 sq.

STETSON (R.H.), 1951, *Motor Phonetics*, Amsterdam.

STEVENS (K.N.), 1967, *Acoustic correlates of certain consonantal features*, Paper presented at the Conference on Speech Communication and Processing M.I.T., November 6-8, 1967.

- 1968, On the relation between speech movements and speech perception, *Zeitschrift für Phonetik*, 213, pp. 102-106.

- 1973, The potential role of property detectors in the perception of consonants, *Quarterly Progress Report*, Research Laboratory of Electronics n° 110, M.I.T., pp. 155-168.

STEVENS (K.N.), HALLE (M.), 1967, Remarks on analysis by synthesis and distinctive features, in *Models for the perception of Speech and Visual Form*, New-York, pp. 88-102.

STEVENS (K.N.), HOUSE (A.S.), 1972, The perception of speech, in J. TOBIAS (éd.), *Foundations of modern auditory theory*, vol. 2, New-York, pp. 3-62.

STRANGE (W.), VERBRUGGE (R.), SHANKWEILER (D.P.), ERDMAN (T.), 1976, Consonantal environment specifies vowel identity, *Journal of the Acoustic Society of America* 60, pp. 213-224.

STUDDERT-KENNEDY (M.), 1975, From continuous signal to discrete message : syllable to phoneme, in J.F. KAVANAGH et J.E. CUTTING (éds), *On the role of speech in language*, Cambridge (Mass.).

- 1976, Speech Perception, in N. LASS (éd.), *Contemporary Issues in Experimental Phonetics*, New-York, pp. 243-293.

STUDDERT-KENNEDY (M.), SHANKWEILER (D.P.), PISONI (D.B.), 1972, Auditory and phonetic processes in speech perception : evidence from a dichotic study, *Cognitive Psychology* 2, pp. 455-466.

SWEET (H.), 1906, *A Primer of Phonetics*, 3e éd., Oxford.

SYROMIATNIKOV (N.A.), 1972, *Drevnejaponskij jazyk*, Moscou.

SZEMERENY (O.), 1964, Structuralism and Substratum - Indo-Europeans and Semites in the Ancient Near East, *Lingua* 13, 1sq.

- 1967, The New Look on Indo-European Reconstruction and Typology, *Phonetica* 17, pp. 65-99.

ŠAUMJAN (S.K.), 1962, *Problemy teoreticeskoj fonologii*, Moscou.

ŠČERBA (L.V.), 1912, *Russkije glasnyje v kačestvennom i količestvenom otnošenii*, Saint-Petersbourg.

- 1925, *O diffuznyx zvukax*, Akademiku N.Ja. Marru (jubilejnyj sbornik), Moscou-Léningrad, pp. 433 sq.

- 1957, *Fonetika francuzskogo jazyka*, Moscou.

THOMAS (D.D.), NGUYEN DINH HOA, BLOOD (D.) (éds), 1966, *Mon-Khmer Studies* II, Saigon.

THOMPSON (L.C.), 1963, The Problem of the Word in Vietnamese, *Word* 19, n° 1, pp. 39-52.

- 1965, *A Vietnamese Grammar*, Seattle.

THRAINSON (H.), 1978, On the Phonology of Icelandic Preaspiration (c.p. GOLDSMITH, 1979b).

TOGEBY (K.), 1951, *Structure immanente de la langue française*, Paris.

TRAGER (G.L.), BLOCH (B.), 1941, The Syllabic Phonemes of English, *Lang.* 17, pp. 223-246.

TRÂN DUC THAC, 1951, *Phénoménologie et matérialisme dialectique*, Paris.

TRUBETZKOY (N.S.), 1933, La Phonologie actuelle, in *Psychologie du langage*, Paris, pp. 227-246.

- 1939, Grundzüge der Phonologie, *TCLP* 9, Prague.

TRUBY (H.M.), 1958, Visible and Undivisible Speech, *Proceedings of the VIIIth International Congress of Linguists*, Oslo, pp. 393-400.

- 1959, Acoustico-cineradiographic Analysis Considerations with Special Reference to Certain Consonantal Complexes, *Acta Radiologica*, Suppl. 182.

TWADDELL (W.F.), 1935, On Defining the Phoneme, *Language Monographs* n° 16 (c.p. JOOS (éd.), 1957, pp. 55-81).

- 1938, A Note on Old High German Umlaut, Monatsshefte für deutschen Unterricht 30, (c.p. JOOS (éd.), 1957, pp. 85 sq.).

VACHEK (J.), 1936, Phonemes and Phonological Units, *TCLP* 6, pp. 235-39.

- 1937, Can the Phoneme be Defined in Terms of Time ?, *Mélanges Van Ginneken*, Paris.

- 1964, Notes on the Phonematic Value of the Modern English-sound, *In Honour of Daniel Jones*, Londres, pp. 191-205.

VAN GINNEKEN, 1939, *La reconstruction typologique des langues archaîques de l'humanité*, Amsterdam.

VENNEMANN (T.), 1972a, On the theory of syllabic phonology, *Linguistische Berichte* 18, 1-18.

- 1972b, Sound change and markedness theory : on the history of the German consonant system, in R.P. STOCKWELL et R.K.S. MACAULEY (éds), *Linguistic Change and Generative Theorie*, Bloomington, pp. 230-274.

VEYRENC (J.), 1966, Un ou deux phonèmes ? Le cas de щ en russe, *La Linguistique* I, pp. 111-123.

VOGT (H.), 1942, The Structure of the Norvegian Monosyllabe, *Norsk Tiddsskrift for Sprogsvidenskap* 12, pp. 5-29.

VORONKOVA (G.V.), STEBLIN-KAMENSKIJ (M.I.), 1970, Fonema-pučok različitelnyx priznakov ?, *Vja* n° 6, pp. 16 sq.

WANG LI, 1956, *Hanjü jinjünhsue*, Shanghaï.

WARD (D.), 1964, A Critique of Russian Orthography, *In Honour of Daniel Jones*, Londres, pp. 384-395.

WARREN (R.M.), 1976, Auditory Illusions and perceptual processes, in LASS (éd.), 1976, pp. 389-417.

WHITNEY (W.D.), 1879, *Sanskrit Grammar* (c.p. WHITNEY W.D., *Sanskrit Grammar*, Delhi, 1969).

WHORF (B.L.), 1943, Phonemic Analysis of the English of Eastern Massachussets, *Studies in Linguistics*, Cambridge (Mass.).

- 1956, *Language, Thought, and Reality*, Cambridge (Mass.).

WICKELGREN (W.A.), 1969, Context-Sensitive Coding, Associative Memory, and Serial Order in (Speech) Behaviour, *Psychological Review*, v. I, pp. 1-15.

WILLIAMS (E.), 1976, Underlying tone in Margi and Igbo, *Linguistic Inquiry* 7, pp. 463-484.

ZINDER (L.R.), 1960, *Obščǎja fonetika*, Léningrad.

- 1963, Fonematičeskaja suščnost' dolgogo palatizovannogo [š':] v russkogo jazyke, *Filologičeskije nauki* 1963, 2, pp. 137-142.

- 1970, Materialnaja storona jazyka i fonema, in *Leninizm i teoretičeskije problemy jazykoznanija*, Moscou, pp. 379 sq.

TABLE DES MATIERES

Achevé d'imprimer le 15 Avril 1985
sur les presses de la SELAF
5, rue de Marseille 75010 Paris

ISBN: 2-85297-172-0